W0108264

Fred K. Prieberg

KRAFTPROBE
Wilhelm Furtwängler
im Dritten Reich

F. A. BROCKHAUS · WIESBADEN
1986

Schutzumschlag nach Entwurf von Peter Plasberg, Hamburg
unter Verwendung einer Aufnahme aus dem Archiv des
Süddeutschen Verlages, München.

Sämtliche Zitate aus den unveröffentlichten Aufzeichnungen und
Notizen von Wilhelm Furtwängler sind urheberrechtlich geschützt.
Sie dürfen daher nur mit schriftlicher Einwilligung der
Rechtsinhaberin Elisabeth Furtwängler bzw. ihrer Erben von Dritten
vervielfältigt, verbreitet und öffentlich wiedergegeben werden.

CIP-Kurztitelaufnahme der Deutschen Bibliothek

Prieberg, Fred K.:

Kraftprobe: Wilhelm Furtwängler im Dritten Reich/
Fred K. Prieberg. – Wiesbaden: Brockhaus, 1986.
ISBN 3-7653-0370-4

© F. A. Brockhaus GmbH, Wiesbaden 1986 – V. Nr. W1710 – ISBN 3-7653-0370-4
Das Werk einschließlich aller seiner Teile ist urheberrechtlich geschützt. Jede
Verwertung außerhalb der engen Grenzen des Urheberrechtsgesetzes ist ohne
Zustimmung des Verlages unzulässig und strafbar. Das gilt insbesondere für Verviel-
fältigungen, Übersetzungen, Mikroverfilmungen und die Einspeicherung und Ver-
arbeitung in elektronischen Systemen.

Satz: Bibliographisches Institut (DIACOS Siemens), Mannheim
Druck- und Bindearbeit: Klambt-Druck GmbH, Speyer
Printed in Germany

Ein Buch über Wilhelm Furtwängler

Ein Buch über Wilhelm Furtwängler kann nur ein weiteres Buch über diesen bemerkenswerten Musiker sein, denn die Bibliografie – Artikel in Zeitschriften und wenigen zentralen Tageszeitungen inbegriffen – zählt rund 200 Nummern, nicht gerechnet mehrere neue Biografien zum hundertsten Geburtstag des Dirigenten. Trotzdem schien es geboten, nicht nachzuerzählen, was da irgendwo schon berichtet war. Diese praktische und am wenigsten arbeitsaufwendige Methode, den Leser für dumm zu verkaufen, ist in unserer Musikliteratur leider weithin eingerissen. Nur wenige Autoren – und Verleger – sind übriggeblieben, die sich nicht mit der Selbstdarstellung durch Kolportage aus zweiter oder noch fernerer Hand zufriedengeben, für die ein Stoff mehr beinhaltet als die Möglichkeit, anläßlich eines Künstlerjubiläums in Erinnerung oder ins Geschäft zu kommen. Nicht erst das »Europäische Jahr der Musik 1985« läßt das Anliegen der Mehrheit legitim scheinen, zumal da Weihrauchduft im Zusammenhang mit der Tonkunst uns in Deutschland längst vertraut ist.

Nun hat Furtwängler Verehrung über sich ergehen lassen wie Verleumdung; er war das Opfer schwärmerischer Liebe wie sinnlosen Hasses. Gehört dies zu einem Künstlerschicksal? Aber in seinem Falle haben sich Liebe wie Haß nicht so sehr an dem genialen Musiker entzündet wie an dem Zeitgenossen politischer Barbarei. Daher mußte dieses weitere Buch über ihn zugleich ein ganz anderes sein, nicht Musikgeschichte, sondern Geschichte eines Musikers im NS-Regime. Das persönliche Verhalten eines namentlich bekannten Menschen unter den Bedingungen der Diktatur macht hierzulande – falls es sich nicht um »linke« Diktatur handelt – immer noch ungeliebten Stoff, weil damit die Frage nach der Mitverantwortung automatisch laut wird.

5

Wenn der Innenminister der Bundesrepublik Deutschland ein »Archivgesetz« vorlegt, das die Möglichkeit zur gängigen Praxis machen könnte, Personennamen aus Akten und Dokumenten zu tilgen, so klärt dies darüber auf, worauf solche »Anonymisierung« hinausläuft: Geschichte, seit jeher komplizierte Interaktion handelnder und erduldender Individuen, soll aus der Sphäre von Schuld und Verstrickung, Tat und Untat, Leid und Elend weggerückt und hochstilisiert werden zum »ewigen Völkerschicksal«, das ohne Aufmucken ertragen werden muß. Allerdings schützt die verfassungsmäßige Ordnung – wie sie jetzt ist – das Recht, mindestens bei Persönlichkeiten der Zeitgeschichte Taten und Namen in einem Atem zu nennen.

Dies ermutigte zum Rückgriff auf die bislang noch unverfälschte Aktenlage, die zum beträchtlichen Teil den Krieg überstanden hat. Außer unbekannten Dokumenten der Reichsmusikkammer, mehrerer Ministerien, des Reichsrundfunks und von Geheimen Staatspolizeiämtern konnten unveröffentlichte Tagebücher und Aufzeichnungen des Dirigenten, Korrespondenzen – auch die seiner Sekretärin Berta Geissmar – und zusätzliches Material aus dem Nachlaß sowie Presseberichte nutzbar gemacht werden. Da die Überlieferung Lücken aufweist, mußten Zeugenaussagen zur Abrundung des Bildes dienen, allerdings – da Erinnerungen unter dem Ablauf der Zeit und nach persönlicher Interessenlage »kompatibel« sind – lediglich ganz sparsam und nur nach Gegenprobe durch die dokumentierbare Faktizität. Diese Methodik zeigt kein generelles Mißtrauen gegen Zeugnisse von Zeitgenossen an; aber die Vergegenwärtigung eines musikbiografischen Sachverhalts ist kein Strafprozeß, in dem ein Zeuge nach bestem Wissen und Gewissen die Wahrheit sagen muß. Dennoch soll dieses Buch ähnliche Erkenntnisse vermitteln wie ein Gerichtsverfahren, nämlich »erweislich wahre Tatsachen« über Ablauf und Motive eines bestimmten Handlungszusammenhangs, hier jener zwölf Jahre Existenz Wilhelm Furtwänglers unter extremen politischen Bedingungen.

Anläßlich des hundertsten Geburtstags von Furtwängler haben mehrere Autoren und Verlage dem Thema Aufmerksamkeit geschenkt. Wie wenig aber Biografen und Darstellern musikalischer Zeitgeschichte an der fundamentalen Voraussetzung solcher Arbeiten liegt, nämlich an der Ermittlung historisch relevanter Fakten, erhellt sich aus dem erstaunlichen Umstand, daß der aufschlußreiche Archivbestand bislang entweder überhaupt nicht oder nur mit Zitaten aus wenigen bereits veröffentlichten Dokumenten Verwendung fand. Noch immer beschränkt sich die Furtwängler-Literatur daher auf Fortspinnung des Disputs zwischen Anhängern und Gegnern; noch immer werden karge Tatsachen vorgetragen, aber desto buntere Meinungen, noch immer ist der politische Streit um den Dirigenten nicht beigelegt. Wer Dokumente rechts und links liegen läßt, kann eben trefflich streiten.

Ich hoffe – in aller Bescheidenheit –, mit diesem Buch einen Beitrag gegen Heroisierung wie Verteufelung zu leisten, für die solide Sicherstellung jener Tatsachen und Zusammenhänge, ohne die Meinung nur Ressentiment pro oder kontra ist. Die Fakten und ihre Querbeziehungen zu ermitteln, war eine mühsame, aufwendige und zeitraubende Arbeit. Solches läßt sich nicht auf Dauer im Alleingang am Schreibtisch erledigen. Daher ist es angebracht, die Leser zur Mithilfe an künftigen Auflagen durch Mitteilung ihrer Erinnerungen und Ausleihe ihrer Furtwängler-Dokumente zu bitten.

Diersheim, Mitte Juni 1985   Fred K. Prieberg

Inhaltsverzeichnis

Der Sündenbock

Bei Betrachtung bisheriger Auslassungen über den deutschen Kapellmeister Furtwängler springt eines sogleich ins Auge, nämlich die psychologische Situation derer, die über ihn richteten, ihn ohne Ansehung der Tatsachen verurteilten. Es war der Typus, der blinden Haß zur Selbstbestätigung brauchte, der Blindheit zur Tugend erhob, weil sie den Haß überhaupt erst ermöglichte. In der Tat hatte die Emigration Konsequenzen, unter denen der Haß weithin an erster Stelle stand. Ein Emigrant, der hassen konnte, verbesserte seine Chancen. Dabei muß man berücksichtigen, daß das Gros der Emigranten Deutschland nicht demonstrativ und aus freien Stücken verlassen hatte. Die äußerlich zwanglos gingen, weil sie gegen das nationalsozialistische Regime Stellung nehmen wollten, blieben in der Minderzahl, und viele von ihnen entzogen sich der Zwangsherrschaft ohne große Schwierigkeiten, weil sie schon entweder Besitz, Arbeitsstätte, einen Freundeskreis im Ausland oder jene Weltläufigkeit besaßen, die existenzielle Grundlagen in kurzer Zeit zu schaffen vermag. Diese Gruppe etablierte sich in der Emigration ohne gefährliche Nöte. Die Mehrzahl der Emigranten bestand jedoch aus Flüchtlingen und Ausgewiesenen. Sie hatten keine Wahl. Sie waren nicht Bekenner, sondern Ausgestoßene, und die Machthaber, die Juden, Kommunisten, Sozialisten und sonstige »Staatsfeinde« über die Grenzen jagten, kümmerten sich nicht darum, was den Unerwünschten im fremden Land zustieß.

Wer emigrieren mußte, des Eigentums beraubt, jeder Lebensmöglichkeit bar, hatte den Verlust in Kauf zu nehmen, und es war ein mehrfacher, zuweilen totaler Verlust, der manchmal nur das nackte Leben aussparte. Die vertraute Umwelt, Haus oder Heim, die angestammte Sprache, Beruf, gesellschaftliche Funktion, Staatsbürgertum – alles das war plötzlich nicht mehr da. Entsprechend schrecklich war das Verlustgefühl auf dem Trümmerfeld des gewohnten Daseins. Als sich die Gewißheit durchgesetzt hatte, daß die demokratischen Nachbarn des Reiches das Regime Hitlers nicht hinwegzufegen gedachten, sondern diplomatische Beziehungen pflegten, Verträge abschlossen, Greueltaten ignorierten, daß eine Rückkehr in die Heimat also ausgeschlossen war, mußte der Verlust kompensiert werden. Der Status des Emigranten ist unverträglich und daher Übergang. Heimatlosigkeit bildet nur immer Ghetto. Eine neue Heimat, ja neue Identität mußte daher an die Stelle der alten gesetzt werden. Nicht die Erinnerung an Deutschland half mehr, nicht das Verbindende, sondern jede mögliche Anpassung an die Verhältnisse im neuen Land, in der neuen Umgebung. Wer dies schaffte, wer gar Muttersprache und Vatersnamen ablegen und ganz in der Gesellschaft der Gastgeber aufgehen konnte, der war nicht mehr Emigrant, sondern gewann ein neues Selbst.

Haß erleichterte diesen komplizierten Vorgang der Integration. Wer haßt, distanziert sich. Er legt seine Heimat, die nicht mehr ihm gehört, symbolisch in Trümmer; er tut sein Volk, das ihn verstoßen, als eine Gemeinschaft von Verbrechern und Barbaren ab. Glücklicherweise hat er mit diesem Deutschland und den Deutschen nichts mehr zu tun. Der Haß tröstet ihn, mildert den Schmerz des Verlustes, baut Möglichkeiten der Identifikation mit Volk, Kultur und Politik des Gastlandes auf. Das konnte keine kontinuierliche Entwicklung sein. Der Anpassungsprozeß litt unter Rückschlägen. Im Ausland galten die Emigranten weithin als lästig, waren gerade nur geduldet, mit bürokratischen Zwangsmaßnahmen zu Randexistenzen degradiert. Öffentlich bekundeter Haß gegen »die Nazis«, wann immer nicht diplomatische Rücksichten auf das erstarkende Hitler-Reich zur Einschränkung solcher »propagandistischen Aktivitäten« durch die Behörden des Gastlandes führten, konnte ein Zeugnis politischer Unbedenklichkeit sein. Denn das Verständnis der Vokabel »deutsch« veränderte

10

sich bei den Nachbarn des Reiches rapide. Deutsch gab nicht mehr nur die Herkunft an, sondern bezeichnete bald jene Eigenschaften, mit denen die nationalsozialistischen Führer der Welt zu imponieren versuchten; deutsch war rücksichtslos, inhuman, arrogant, gewalttätig, Synonym für Blut und Schande. Um nicht falsch eingeordnet zu werden, pflegten die Emigranten ihren Haß; aber diese Ortsbestimmung reichte am Ende doch nicht hin. Als Hitler 1939 seine Heere marschieren ließ, galten die Emigranten plötzlich als Sicherheitsrisiko, wurden überwacht oder verschwanden als »feindliche Ausländer« – und oft Seite an Seite mit den Parteigenossen der deutschen Botschaften, Konsulate oder Handelsvertretungen – in Lagern, die sich kaum von den Konzentrationslagern der Deutschen unterschieden.

Noch höher schlug nun der Haß gegen die Verursacher aus. Dennoch wäre es falsch, mit Vorwürfen zu antworten. Es genügt zu verstehen, daß die gewaltsame Entwurzelung Folgen hatte, die jeden kritischen Ansatz, ruhige Überlegung, gar Differenzierung ausschlossen. Auch auf dieser Seite verkümmerten Selbstbeherrschung, Sitte und Anstand, wie sie der – christliche oder jüdische – Bürger in der modernen Zivilisation erworben hatte. Der wütende, blinde, alttestamentarische Haß blieb bis lange über das Kriegsende hinaus Tatsache. So weit die Emigranten Kulturschaffende waren, kam noch ein weiteres psychologisches Moment hinzu, das den Haß erklärbar macht.

Gemeinhin halten sich die meisten Künstler – und Musiker insbesondere – für unersetzlich; die Musikgeschichte mag beantworten, warum das so ist. Ein Musiker, der seine Funktion im Musikbetrieb, sein Publikum, seine Presse in hartem Konkurrenzkampf erworben hat, neigt gern zu der Überzeugung, diese Position stünde ihm sozusagen per Naturrecht zu, und jeder andere werde in ihr versagen. Sein Abtreten müsse daher eine nie mehr zu füllende Lücke hinterlassen. Auch die 1933 und danach emigrierten oder hinausgewiesenen Musiker hielten sich für unentbehrlich. Deswegen glaubten sie ganz fest, das Deutschland Hitlers werde mit ihrem Abzug öde und leer werden, kulturelle Wüstenei werde sich ausbreiten, und, so prompt bestraft, müsse das Regime zusammenbrechen. Dahinter steckt die reichlich romantische Ansicht, daß hohe Kultur eine Art Lebenselixier für das Gemeinwesen und ein Staat ohne kulturell symbolisierte Größe nicht existenzfähig sei. Ein solcher Wunschtraum – verständlich, wie er ist – weckt Mitleid. Wie verzweifelt muß die Hoffnung sein, die ihn nährte, nämlich die Hoffnung, der Künstler sei Inhaber einer geistig-moralischen Macht und jener Erlösungspotenz teilhaftig, die Menschenseelen verändert und Throne stürzt.

Die Realität im Musikbetrieb des NS-Staats war anders, anders auch als die antisemitische Propaganda vorspiegelte. Der Anteil der jüdischen Population am Musikleben des Reiches – vom Generalmusikdirektor bis zum Privatmusikerzieher – lag zwar fast zehnfach über ihrem Anteil an der Gesamtbevölkerung, unter anderem fraglos wegen ihrer hochentwickelten Musikbegabung; aber diese sechs bis sieben Prozent »bestimmten« nicht die Musikkultur, noch nahmen sie den »Ariern« die Stellungen weg. Als sie dennoch durch Terror und Gesetzgebung von der Kunstausübung ausgeschlossen waren – ein Prozeß, der sich über mehrere Jahre hinzog –, entstanden zwar Vakanzen, aber auch lebhafte Positionswechsel. Hier und dort zeigten sich daher Engpässe durch Besetzungsschwierigkeiten, auch Qualitätsmängel, jedoch nicht auf Dauer. Der Ersatz der außer Landes gejagten jüdischen Musikschaffenden konnte auch deswegen bewerkstelligt werden, weil es sich keineswegs ohne Ausnahme um Spitzenkräfte handelte, sondern um einen breiten Querschnitt mit Vertretern eines jeden Niveaus. Diese unleugbare Tatsache ist von der Nachkriegsgeschichtsschreibung gründlich kaschiert worden; es bestand ein gewisses Interesse, uns glauben zu machen, nur Genies seien der »Säuberung« damals zum Opfer gefallen.

Der Musikbetrieb im Reich ging jedenfalls weiter, anders als zuvor, doch mit nicht weniger Intensität. Die Emigranten bemerkten dies mit Unbehagen, denn wenn ihr Ausfall nicht die erwarteten Folgen zeitigte, dann zerbrach die Illusion von der eigenen Unersetzbarkeit. Damit erhielt der Haß neue Nahrung und vor allem eine Richtung. Denn waren es nicht die im Reich verbliebenen Musiker ganz generell, die es fertiggebracht hatten, ihre ehemaligen jüdischen Kollegen vergessen und überflüssig zu machen? So weit diese »Verräter« prominent genug waren, verbot sich ein Angriff gegen ihre künstlerische Qualität. Es reichte indessen hin, sie als Lakaien Hitlers zu denunzieren. Beliebteste Zielscheibe dieser Kampagne des Hasses: Wilhelm Furtwängler. Gegen ihn war gut zu Felde zu ziehen. Er wehrte sich nämlich nicht, und wiederholt gab er zu erkennen, wie tief er getroffen war.

Daß sich der Haß so mächtig gegen ihn entlud, hängt mit seiner Position zusammen. Er war ein Symbol. Er verkörperte – vor der großen Öffentlichkeit, ja in den Schlagzeilen der Weltpresse – wie kein anderer deutscher Musiker die deutsche Tonkunst. Er hatte, nicht erst seit 1933, sondern schon während der Republik, eine so fest etablierte Machtstellung, daß in der öffentlichen Meinung Aufgabe und Person verschmolzen: Furtwängler, Begriff für genialische Kunstübung, Symbol der treibenden Kraft im Musikbetrieb des Reiches. Welche Herausforderung für Emigranten! Da lebte ein unvergleichlicher Künstler in Deutschland unter der Herrschaft der Nationalsozialisten, und er weigerte sich, sie – die Emigranten – dadurch in ihrer Rolle zu bestätigen oder wenigstens ihr erzwungenes Los zu teilen, daß er der Barbarei den Rücken kehrte. Er blieb, was immer geschah, und wer seine Gründe etwa erfuhr, verstand sie nicht, denn sie schienen persönlicher und keineswegs politischer Natur.

Wohl keiner der deutschen Musiker begegnete einem solchen Sturm der moralischen Entrüstung wie Furtwängler. Er war ein willkommenes Opfer. Die Angriffe setzten ein, als nach der Machtübernahme durch Hitler die ersten antisemitischen Ausschreitungen in der internationalen Presse Schlagzeilen machten. Die Emigranten, die aus persönlicher Betroffenheit Anklage erhoben, wurden ergänzt oder abgelöst durch Nachahmer, die vielleicht nur etwas Profil nötig hatten ... Antifaschismus in Wort und Schrift und weit vom Schuß hat durchaus auch einen modischen Aspekt. Der Gestus der Anklage ist demonstrativ; er weist aus: Ich bin nicht wie jener. Er spiegelt Würde und Wert vor ... wie notwendig in jenen Jahren nach 1933. Haben nicht die sogenannten Demokratien mit Hitler gehandelt, verhandelt, Verträge geschlossen? Hat nicht selbst der Vatikan ihn als Partner für ein Konkordat akzeptiert? Unterhielten die Republiken nicht diplomatische Beziehungen zum NS-Staat, behandelten sie den »Führer« nicht, als sei er ein ebenbürtiger, in keiner Weise krimineller Staatsmann? Ließ nicht sogar Stalin einen Nichtangriffspakt mit ihm unterzeichnen und eine Ortsgruppe der NSDAP in Moskau dulden? Sicher sprachen politische Motive dafür; aber wer politisch denkt, kann sich nicht auf Moral berufen. Moral paktiert nicht. Sie ist rigoros. Der Politik blieb es vorbehalten, die nationalsozialistische Diktatur, als sei nichts geschehen, in die internationale Völkerfamilie aufzunehmen, nicht ohne Kritik freilich; aber prägte hin und wieder ein Journalist in London, Paris oder Zürich ein gar zu deutliches Wort, dann galt das in solchen Rechtsstaaten schon als »Beleidigung eines fremden Staatsoberhaupts«.

Kein besonderes Gesetz schützte dagegen Furtwängler. Er war den Angriffen ausgeliefert, die immer wieder versuchten, ihm Mitschuld zuzuweisen, wenn nicht gar Hauptschuld, 1933 bis 1945, danach und selbst noch – wie in einer Zwangshandlung – posthum. Er sei »Nazi« gewesen, war erst der mildeste Vorwurf. Absurd für den so verdächtigten, denn rund zwanzig Millionen Deutsche standen in den Mitgliederlisten der NSDAP, ihrer Gliederungen und angeschlossenen Verbände; der Name Wilhelm Furtwängler war nicht darunter. Dies störte die Gegner nicht weiter; sie operierten mit Unterstellungen statt Tatsachen. Es ging ihnen um die Zerstörung des Symbols. Die Unternehmung hatte unterschiedliche Schwerpunkte und Taktiken. Be-

14

stimmte Zeitungen in den USA und die Lizenzpresse der amerikanischen Nachkriegsbesatzungszone taten sich eifrig hervor, schweizerische Journalisten kopierten den Stil. Klaus Mann beschuldigte Furtwängler, »13 Jahre lang die wirkungsvollste Kulturpropaganda für ein imperialistisches Regime« gemacht zu haben, »ohne sich über den Charakter des eigenen Amtes klar zu werden«[1]. Erika Mann stimmte ein und taufte ihn »Hitlers Lieblingsmaestro und musikalischen Propagandisten im Ausland«[2].

Ausreichenden Anlaß bot ihr ein Bericht des US-Blattes aus Berlin, daß der Dirigent beim ersten Konzert nach dem Krieg mit dem Berliner Philharmonischen Orchester fünfzehn Minuten lang Beifall erhalten habe. Bruno Walter erhob den Vorwurf, *daß Ihre Kunst Jahre hindurch als ein äußerst wirksames Mittel der Auslandspropaganda für das Regime der Teufel verwendet wurde, daß Sie durch Ihre bedeutende Persönlichkeit und Ihr großes Talent diesem Regime wertvolle Dienste leisteten und daß Anwesenheit und Tätigkeit eines Künstlers Ihres Ranges auch in Deutschland selbst jenen*

Opfer werden Täter. Anonyme Drohung 1948

*furchtbaren Verbrechern zu kulturellem und moralischen Kre-
dit verhalf, oder mindestens ihm beträchtlich zu Hilfe kam.*[3]

Aber was Furtwänglers Musik tatsächlich bewirkt, worin
sein wertvoller Dienst bestanden, solche Fragen gingen in
der Kollektivschuld-Propaganda unter; Emotion, damals
begreiflich, heute datiert, verhinderte die nötige Analyse.
Der Romancier Fritz von Unruh tat sein Teil dazu und
zitierte, als sei es Reportage und nicht freie Erfindung, ein
imaginäres Plakat der Pariser Opéra mit Ankündigung des
Gastdirigenten, »der berühmte Bayreuth-Festspielleiter
und Freund Adolf Hitlers: Herr Staatsrat Professor Doktor
Wilhelm Furtwängler«[4].

Der schweizerische Verleger ließ dies so stehen. Er
wußte, daß er keinen Verleumdungsprozeß zu befürchten
brauchte. Der Dirigent, der nach seiner Ausreise aus
Deutschland im Februar 1945 in der Schweiz wohnhaft
war, erhielt – mit Mühe und Not – jeweils befristete Auf-
enthaltsgenehmigungen und nur unter der Bedingung, daß
sein Fall endlich zur Ruhe käme, also nicht immer wieder
Schlagzeilen mache. Diese schwankende Situation zog sich
Jahre dahin; erst am 19. Januar 1953 fertigte das Office
Cantonal de Contrôle des Habitants et de Police des Etran-
gers in Lausanne die endgültige Niederlassungserlaubnis
aus. Jede juristische Aktion gegen einen der Verleumder in
der Schweiz hätte zur Ausweisung des Klägers geführt. Gewisse Journalisten des vorgeblichen Musterlandes der Demokratie nutzten diese Zwangslage schamlos aus:

*Dieser Musiker ist das typische Beispiel für jene Deutschen,
die bis zum Zusammenbruch dem Hitlerregime die Treue hielten, die stramm gestanden sind, wenn der »Führer« befahl,
und die nachher behaupteten, sie seien an allem unschuldig.
(...) Furtwängler, der Hitler herzlichst zum Überfall auf Österreich gratulierte, der in Anwesenheit Hitlers und der ganzen
Naziverbrecherbande das «Horst-Wessel-Lied« dirigierte,
»Wenns Judenblut vom Messer spritzt ...«, Furtwängler, der
unter dem Naziregime Titel und massenhaft Geld von den
Kriegsverbrechern erhalten hatte (...)*[5]

Die schweizerische Sozialdemokratische Partei benutzte den Fall Furtwängler rüde als Munition gegen das »Züricher Bürgertum« und summierte:

Und darum bleibt Wilhelm Furtwängler, der ehemalige Staatsrat von Görings Gnaden und der Generalmusikführer in Goebbels' Diensten, für uns eine der verhängnisvollsten Figuren des Nazireiches. Seine Anwesenheit in Zürich ist uns für alle Zeiten unerwünscht.[6]

Zwar versuchte der Beschuldigte, nachdem er sein Gastspiel in Zürich absolviert hatte, die ärgsten, gleichwohl von den Genossen genüßlich ausgewalzten Irrtümer und Mißverständnisse in einem privaten Brief zu berichtigen; doch bewies er darin wenig Geschick, wie übrigens ganz generell in seiner Verteidigungsstrategie. So kam es, daß über ihn herfallen konnte, wer immer Lust verspürte. Da brauchte niemand so zu tun, als ob ... Sachlichkeit und Anstand waren ohnehin hinderlich. Man übernahm sogar das Vokabular des NS-Regimes und hetzte ihn damit[7]. Von einem bestimmten Zeitpunkt an scheint sich Furtwängler mit seiner Rolle abgefunden, vielleicht sogar identifiziert zu haben. Er war das Opfer. Er ertrug Schmähungen. Er nahm tückischen Rufmord hin wie dümmliche Verhöhnung. Der Redakteur eines Basler Blattes tat sich ungestraft mit der Bemerkung hervor:

Sollten sie uns auf diesen Brief erneut schreiben, so würden wir das sehr begrüßen, da unsre Autographen sammelnde Telephonistin uns gesagt hat, sie bekäme für zwei »Furtwängler« einen »Ansermet«.[8]

Es war keineswegs nur die Demütigung, die ihn traf. Die Gegner begnügten sich nicht mit friedlichen, wenngleich üblen Mitteln. Sie boykottierten zum Beispiel die geplanten Gastspiele in Amerika, und um der Ablehnung des »Nazis« Nachdruck zu verleihen, kündigten sie – anonym natürlich, obwohl sie im »freien« Amerika nicht das geringste Risiko liefen – Gewalt an:

*Ihr Erscheinen in den Vereinigten Staaten von Nordameri-
ka, insbesondere aber in Chicago, ist denkbar unerwuenscht.
Das Klima in Chicago, einer sehr bekannten Stadt, duerfte
Ihrer Gesundheit bestimmt unertraeglich sein und zu fatalen
Abbruechen fuehren, wogegen die Reyerson, Kuyper, Aaron
u.s.w. vermutlich kein garantiertes Schutzmittel vertraglich
geben koennen. Erwaegen Sie diese einzige Warnung, die ergeht.*[9]

Terror und Feigheit gehen Hand in Hand; das ist eine geläufige Erfahrung, denn Angst machen kann man nur dem
Schwachen. Der Starke könnte sich zur Wehr setzen. Also
verkrochen sich die Verfolger in den Schutz der Namenlo-
sigkeit. Sie blieben im Hinterhalt. Natürlich hätten sie sich
informieren können über die Tätigkeit des Dirigenten im

Chicago, Illinois, December 48.

Mr.Wilhelm Furtwaengler

Vienna.

Ihr Erscheinen in den Vereinigten Staaten von
Nordamerika, insbesondere aber in Chicago, ist
denkbar unerwuenscht. Das Klima in Chicago, einer
sehr bekannten Stadt, duerfte Ihrer Gesundheit
bestimmt unertraeglich sein und zu fatalen
Abbruechen fuehren, wogegen die Reyerson, Kuyper,
Aaron u.s.w.vermutlich kein garantiertes Schutzmittel vertraglich geben koennen,
Erwaegen Sie diese einzige Warnung, die ergeht,

18

Hitler-Regime. Immerhin hatte die US-Militärregierung in Berlin – Office of Military Government US (OMGUS) – in einem Vorgang vom Dezember und Januar 1947/48 deutlich gemacht, daß und warum sie keine Einwände gegen den Aufenthalt Furtwänglers in den Vereinigten Staaten unterstützen werde. Wenn Information vorhanden und leicht erreichbar ist, kann sich niemand auf Nichtwissen berufen. Tatsächlich steckte Absicht hinter dem Verfahren. Die braunen Machthaber hatten die »Sippenhaftung« eingeführt, ihre Opfer revanchierten sich mit der ebenso unsinnigen »Kollektivschuld«, und diese wie jene handhaben ihre Instrumente des Terrors ohne Bedenken. Wer jeden Staatsbürger persönlich für das haftbar machte, was die Regierung des Landes, in dem dieser lebte, zu tun oder lassen beliebte, der hatte sich natürlich interessantere Möglichkeiten der Rache gesichert als Hitlers Geheime Staatspolizei mit der »Sippenhaftung«. Daß nicht einmal der Tod den beflissenen Rächern Schranken entgegensetzen konnte, schien daher nur konsequent. Zudem können Verstorbene keine Prozeßvollmacht mehr unterschreiben. Sie sind völlig wehrlos. So durfte ein Nachruf auf Furtwängler ganz ohne Risiko behaupten:

Er dirigierte mitten im Flammenmeer, das um ihn herum loderte und die Synagogen in Brand aufgehen ließ. Er warf den Taktstock nicht in die Flammen, sondern dirigierte weiter. Als Staatskapellmeister von Hitler, Göring und Göbbels Gnaden. Als preußischer Staatsrat, als Senator, als Vizepräsident der Reichsmusikkammer, als vergötterter Liebling eben jener Brandstifter und Mörder, als musikalischer Handlanger der nazistischen Blutjustiz.[10]

Seither ist es nie ganz still geworden. Erst vor wenigen Jahren hat einer der bösartigsten Verfolger – per Leserbrief in der »New York Times« – wieder alten Rachedurst gestillt, und sein Text beleuchtet die stereotype Technik der Verleumdung. Sie wiegt um so schwerer als sich Hirschmann darauf berief, daß er nach dem Kriege in Berlin Zugang zu amtlichen Unterlagen der US-Besatzungsbehörde erhalten und dort dokumentarische Beweise für »Furtwänglers Kollaboration mit dem Nazi-Regime« festgestellt habe, die jetzt in seinem Besitz seien. Doch bezog er sich nicht auf diese Dokumente, sondern blieb recht allgemein; allerdings vergaß er nicht, eben die Wahrheit anzurufen, die er dann bis zu ihrem Verlöschen strapazierte:

Die unbestreitbare Wahrheit ist, daß Furtwängler als Dirigent der Berliner Philharmoniker Hitlers antisemitischen Forderungen nachgab und die jüdischen Mitglieder des Orchesters feuerte. Einige von ihnen flohen nach Ankara, Türkei, wo ich zu jener Zeit als Mitglied des diplomatischen Corps der USA Dienst tat. Furtwängler blieb auf seinem Posten in Deutschland, während die meisten seiner Kollegen einschließlich Artur Schnabel, Adolf Busch und Bronislaw Hubermann das Land in einem öffentlichen Akt der Herausforderung verließen. In der New York Times wurde ein Foto veröffentlicht, das Furtwängler zeigt, wie er sich vom Podium der Berliner Philharmoniker herab vor Hitler und seiner Bande in der ersten Reihe des Parketts verbeugt.[11]

Da mischt sich Hörensagen mit Fehlinformation. Hirschmanns Ahnungslosigkeit in Fragen der NS-Musikpolitik springt peinlich ins Auge. Er weiß nicht – oder verschweigt bewußt –, daß der Dirigent des Berliner Philharmonischen Orchesters keine Befugnis hatte, irgendeinen Musiker zu entlassen. Er täuschte die Leser weiter, indem er gegen den »Diener Hitlers« seine »Helden des Widerstands« ins Feld ruft. Aber weder Adolf Busch noch Hubermann oder Schnabel »verließen das Land in einem öffentlichen Akt der Herausforderung«; denn Busch hatte sich schon 1927 in Basel ansässig gemacht, Hubermann besaß einen Wohnsitz in Wien, und Schnabel, übrigens österreichischer Nationalität, verließ zwar Berlin in aller Stille, behielt aber zunächst Wohnung und Sekretariat bei, um sich spätere Rückkehr zu erleichtern. Hirschmann allerdings diente gar nicht »in jener Zeit« in Ankara, sondern erst 1946, und diese Lüge sollte ihn zum persönlichen Zeugen adeln. Jene Fotografie gehört in die lange Reihe der Presseaufnahmen, die zum Beispiel Diplomaten und Staatsmänner der demokratischen Länder bei der Verbeugung vor Hitler und gelegentlich sogar beim »Deutschen Gruß« festhielten. Sie beweist, daß der Dirigent eben nicht mit »Heil Hitler« grüßte, sondern sich wie eh und je vor dem Publikum verbeugte. Ersichtlich möchte Hirschmann die Leser daran hindern, sich vorzustellen, was geschehen wäre, wenn Furtwängler die übliche Verbeugung unterlassen hätte, weil Hitler in der ersten Reihe saß.

Leider war auch die Redaktion Partei, denn durch sie blieben der Öffentlichkeit mindestens zwei Richtigstellungen vorenthalten, darunter eine von Joanna Graudan, der Witwe eines jüdischen Solocellisten, der bis 1935 im Berliner Philharmonischen Orchester aushielt, ehe er freiwillig ausschied, und eine andere von dem korrekt informierten Musikhistoriker Daniel Gillis. Ins Bild paßt, daß es sich bei den angeblich belastenden Dokumenten im Besitz Hirschmanns um Material handelt, das allgemein bekannt und in die Spruchkammerverhandlung gegen Furtwängler eingegangen ist, die – wie erinnerlich – im Dezember 1946 zur Entlastung von allen Vorwürfen führte. Geschichtsfälscher brauchen – wie Betrüger und Heiratsschwindler – ein verläßliches Gedächtnis. Daran fehlte es hier. Denn es war Hirschmann entfallen, daß er 38 Jahre zuvor schon zugegeben hatte:

Diese Information war mir zugänglich, aber jedermann zu gut bekannt, um die Sache zu strapazieren.[12]

Nächst der privaten Kampagne gegen das Symbol Furtwängler existiert auch eine weniger plumpe mit dem Anspruch höchster Objektivität, nämlich die »wissenschaftliche«. Ihre Urheber sind Historiker, Musikologen, Musiker, Politikwissenschaftler; gemeinsam ist ihnen die Scheu vor jener Unbequemlichkeit, die Archivforschung leider mit sich bringt. Jenes Interview, das der Dirigent Michael Gie-

len im Fernsehen gab, mag noch als unüberlegt hinge-
schwätzte Meinung durchgehen; er fand es traurig, *daß ein
Mann wie Furtwängler, der ja ohne weiteres im Ausland die
größten Erfolge gehabt hätte und der von New York sogar
hofiert wurde, dageblieben ist und irgendwie, obwohl er Ge-
sten gemacht hat, obwohl er Juden geholfen hat, obwohl er
von Göring die Autos nicht angenommen hat, er ist doch geblieben und hat mit seinem Namen die Schande gedeckt.*[13]

Andere erheben durch Namen, Titel oder Publikations-
zusammenhang aber Anspruch auf Korrektheit der Fakten
und des Urteils und spiegeln Autorität vor, die arglose Leser irreführt. So bringt es ein Autor fertig, in einer umfas-
senden Analyse des NS-Regimes, die als Sammelwerk eines
renommierten Verlages von einem untadeligen Spezialisten
für Zeitgeschichte editorisch betreut worden ist, über Furtwängler im Dritten Reich einen einzigen Satz niederzuschreiben, und in dem ganzen Buch kommt der Musiker
sonst nirgends vor:

*Wilhelm Furtwängler dirigierte im Dienste der NS-Volksge-
meinschaftsideologie sogenannte Werkpausenkonzerte.*[14]

Die Information selber ist korrekt. Unzulässige Verkür-
zung der dirigentischen Wirksamkeit jener zwölf Jahre auf
wenige Stunden fälscht dennoch Geschichte. Der Schreiber
hätte sich kontrollieren können, denn die Programme des
Berliner Philharmonischen Orchesters lagen bereits in ver-
läßlicher Dokumentation vor. Dann hätte er entdeckt, daß
es sich um zwei solcher Veranstaltungen handelte; ein
Konzert am 21. Dezember 1939 fand in der Panzerfabrik
R. Stock & Co. in Berlin-Marienfelde statt, das andere am
26. Februar 1942 in der Werkhalle der AEG. Solche Konzerte gab es – mit verschiedenen Kapellmeistern und
Klangkörpern – im ganzen Reich. Mehrere davon, sowohl
mit der Staatskapelle wie mit den Berliner Philharmonikern, leitete Herbert von Karajan. Natürlich veranstalteten
auch die Kriegsgegner NS-Deutschlands Konzerte in Rü-
stungsbetrieben, und so stellt sich am Ende die Frage, wie

präzise das Etikett »im Dienste der NS-Volksgemeinschaftsideologie« die Tatsache abdeckt, daß auf beiden Seiten der Front Musik zur Erholung und Erbauung der Waffenschmiede verordnet wurde. Und womöglich möchte der aufmerksame Leser dann noch wissen, was Furtwängler alle diese Jahre hindurch weiteres tat, wenn er nicht gerade seine zwei »Werkpausenkonzerte« dirigierte.

Gelegentlich entspringt der Verzicht auf Information einer Zwangslage. Wer den Bestand des Berlin Document Center – hier aus politischen Gründen – nicht nutzen kann, dem bleiben nur die üblichen Sentenzen, die aus jeder Gleichzeitigkeit eine Wesensbeziehung »herausanalysieren«, es sei denn, er zöge vor zu schweigen; aber Musikwissenschaft steht und fällt mit ihrer Publizierung, und so erfährt dann der gewöhnlich sehr viel besser orientierte sowjetische Musikfreund:

Er konnte es sich leisten, auch inmitten der Nazisten mit der genialen Interpretation Beethovens und Wagners fortzufahren und dabei in den Grenzen seines musikalischen Geschmacks und Gefühls rechtschaffener Interpret des Willens dieser großen nationalen Künstler selber zu bleiben, obgleich er gesellschaftlich, psychologisch und politisch »dem Regime diente« und Veranstalter von Festen am Hof der Mörder war. Unter dem gediegenen Klang der von ihm geleiteten Orchester vollendete sich das ganze schreckliche Leben des dritten Reiches, und Furtwänglers Beethoven, Furtwänglers Wagner waren ebensolche charakteristischen Symbole dieser Welt wie ihre Hakenkreuze, ihre Trommeln, Paraden und erschöpfenden Brüllereien der »Führer«-Reden.[15]

Nur diese wenigen Beispiele seien angeführt, um zu belegen, wie mangelhaft sogar die wissenschaftliche Perspektive der politischen Vita des Dirigenten Sachlichkeit zu sichern vermochte. Natürlich existieren auf der anderen Seite mindestens so viele Exempel für jene Art Geniekult, der aus lauter besitzergreifender Liebe jede Frage unterdrückt; sie müssen hier nicht besonders hervorgehoben werden. Zwar blieb die Prozession der Verehrung gegenüber Fakten kaum weniger blind als die Kampagne des Hasses; doch richtete sie kein Unheil an, wirkte nicht vergiftend, zerstörerisch. Die Gegner wiederum haben dadurch, daß sie diesen Künstler als Sündenbock mißbrauchten, für die notwendige und gerechte Sache des Antifaschismus nicht das geringste bewirken können. Aber vielleicht ging es ihnen gerade darum, jenes Risiko zu vermeiden, das mit der Tat – bis hin zum Tyrannenmord – nun einmal einhergeht. Jedenfalls war Hitler in mehrfacher Beziehung so weit entfernt, daß er nicht mehr leibhaftig schien; Furtwängler dagegen konnte sich nicht entziehen, sondern stand, wann immer er seine Arbeit tat, im Rampenlicht der Öffentlichkeit.

Gleichwohl scheint es sinnvoll zu untersuchen, weswegen dieser Mann sozusagen stellvertretend für die in der Tat ungeheuerlichen Verbrechen des Regimes zu büßen hatte, obgleich niemand so weit ging zu behaupten, er habe mit eigner Hand Helfersdienste geleistet. Wieso war er ein »Nazi«, ohne Mitglied der Partei oder einer ihrer Gliederungen zu sein? Hat er sich etwa an nationalsozialistischer Ideologie berauscht, Hitler verehrt, eine Stellung bekleidet, die ein jüdischer Künstler hatte hergeben müssen? Nahm er Geschenke der Machthaber an oder profitierte er mehr von der Regierung Hitlers, als er von irgendeiner republikanischen hätte erwarten dürfen? Täuschte er die Weltöffentlichkeit konzertierend über die Greueltaten der Nationalsozialisten,hinweg? Verlängerte seine musikalische Wirksamkeit den Krieg? Hielten ihn die braunen Funktionäre auf Dauer für einen guten Freund, für einen loyalen Mitkämpfer? Alle diese Fragen harren der Antwort bis ins Detail; mögliche Motive werden ans Licht kommen, die sonst Unverständliches erklären; die Psychologie eines über der Durchschnittsexistenz stehenden, aber den extremen Bedingungen des NS-Regimes ausgelieferten Künstlers kann zusätzliche Aufschlüsse liefern. Ein Höchstmaß an Sachinformation soll ein neues, anderes Bild zeichnen helfen.

Wer war der Sündenbock W. F.? Gemäß hebräischer

Überlieferung brachte das Volk, wenn ein Sühneopfer fällig war, zwei Ziegenböcke dar, und um festzustellen, welcher von beiden Gott wohlgefiel, warf der Hohepriester das Los über sie. Der wohlgefällige wurde zur Versöhnung geschlachtet. Dem anderen, nach einer Deutung für den bösen Geist der Einöde – Asasel – bestimmten, legte der Hohepriester aus seinen Händen symbolisch alle Sünden Israels auf den Kopf und ließ ihn in die Wüste jagen, damit er des Volkes Missetaten weit forttrage und Gottes Rache auf sich lenke. Dieser war der „Sündenbock". Er hatte überhaupt nichts mit der aufgeladenen Schuld zu tun; er war Gegenstand eines Mythos, volkstümlich gesagt: Opfertier. In ähnlicher Weise verfuhren die Gegner der Nationalsozialisten. Da sie nicht »die Deutschen« für alles bestrafen konnten, was einige Deutsche an ihnen verbrochen hatten, erkoren sie einen aus diesem Volk als Ersatz und luden ihm die Schandtaten des Regimes auf. Allerdings steckte die Vernunft dem Verfahren enge Grenzen, denn es war offensichtlich, daß dieser nicht die judenfeindlichen »Nürnberger Gesetze« redigiert oder kommentiert, daß er kein Konzentrationslager erbaut oder als furchtbarer Militärrichter gedient, daß er keinen Eroberungskrieg geführt hatte. Also mußte der Vorwurf subtiler sein, weniger Angriffsfläche für Widerlegung bieten, möglichst den exakten Gegenbeweis sogar ausschließen. Dazu bedurfte es keiner komplizierten Kalkulation. Es genügte, Worte für das Gefühl zu finden, daß er – wie immer man die Situation betrachte – doch irgendwie »mitgemacht« habe, indem er wie siebzig oder achtzig Millionen anderer Deutscher im Lande geblieben sei, ohne dazu gezwungen zu sein. Wenn jemand etwas ganz Unverständliches tut, zumal im politischen Bereich, so ist zumeist rasch eine plausible Erklärung zur Hand: Er kann nur »gekauft« worden sein, weil er, obzwar kein »Hundertprozentiger«, doch den Machthabern so nützlich ist, daß sie ihn hofieren, damit er sich als Helfershelfer gebrauchen läßt und propagandistische Unternehmungen mit seinem Namen absegnet. Ein Blick auf die künstlerische und politische Biografie Furtwänglers während des NS-Regimes unter Heranziehung aller Tatsachen beweist einerseits, wie absurd dieses Gefühl war, andererseits aber auch, daß er nur um Haaresbreite davonkam, wenn es darum ging, bestimmte Ansprüche der Funktionäre, seien sie noch so unrealistisch, zu erfüllen. Das Gefühl, künstlerische Tätigkeit in diesem »neuen« Deutschland weiterzuführen, als sei nichts geschehen, begründe Mitschuld an der Politik der Regierung, läßt sich immerhin nachvollziehen. Man erlebt es nach so langer Zeit noch intensiv, wenn man liest, was Anna Geissmar, die Mutter der langjährigen jüdischen Sekretärin Furtwänglers, nach Kriegsende, 77 Jahre alt und in London exiliert, an den »lieben alten Freund« schrieb, dem sie durch die Tochter verbunden war:

Voll Angst und Sorge haben wir von hier aus auch Ihren Weg verfolgt mit der alten Treue und Freundschaft. Besonders ich habe Sie im Anfang gut begriffen, wie Sie, erfüllt von Vaterlandsliebe versucht haben, zu helfen. Wir haben nie den Glauben an Sie verloren. Aber mit Schrecken hat man verfolgt, wie sich zuhause Alles zugespitzt hat. Sie haben es wohl selbst nicht so gewußt, wie wir hier draußen, wir, die auch voll heißer Liebe erfüllt waren für das Land, das uns, wie die Pest hinaus gejagt und heimatlos gemacht hat. (...) Dann kamen die immer furchtbareren Nachrichten, von Greueltaten, Mord und Raub, Dinge, schlimmer wie die Inquisition und das tiefste Mittelalter. Da haben wir immer wieder gehofft, Sie würden hinaus gehen, gerade um zu beweisen, daß Sie – einer der Besten – nicht blieben, wo Bestien in Menschengestalt regieren und ein wahnsinniger Fanatiker das wunderbare Volk der Denker und Dichter in den Abgrund stürzt.[16]

Da schwingt – bei aller Verehrung – doch Enttäuschung mit, daß das erhoffte Signal ausgeblieben ist; warum es ausblieb, konnte sich die Briefschreiberin so wenig vorstellen wie die wütenden Gegner des Künstlers, die sich allerdings mit Motivforschung nicht unnütz belasteten. Der Sündenbock hatte seinen Dienst zu tun, und die Erkundung von

2. März 1945:
Der Karikaturist hetzt die Schweizer Leser gegen Furtwängler auf

Beweggründen hätte das Treiben in die Wüste eher behindern können. Zudem liefert nicht jede Erklärung zugleich die Entschuldigung.

Wilhelm Furtwängler, ein deutscher Musiker ... Er hat diese topografische Vokabel gern benutzt; Aufzeichnungen und Briefe weisen dies aus. Dies hatte er mit den Nationalsozialisten gemeinsam, doch auch mit vielen Dichtern und Philosophen des 19. Jahrhunderts. Uns Heutigen klingt der politische Mißbrauch dieses Wortes abschreckend nach; es war nach dem Ende des Hitler-Regimes jahrelang, jahrzehntelang nicht opportun, im weitesten Sinne »Flagge zu zeigen«. Das hatten die Ausländer uns voraus. Sie konnten sich ohne Hemmung bekennen: British, Français, Nederlands und dergleichen. »Deutsch« hingegen hatte den Ruch des Chauvinismus, der ungeheilten Großmannssucht unseligen Andenkens. Der Mißbrauch durch die Nationalsozialisten verdarb das Wort bis auf den heutigen Tag, so weit historisches Bewußtsein noch imstande ist, Ursache und Wirkung zu durchschauen. Wer geschichtslos lebt, trägt diese Last nicht. Der Gerechtigkeit halber muß aber

27

auch gesagt werden, daß keineswegs die braunen Ideologen für die Erfindung des Mißbrauchs verantwortlich waren. Sie ließen ihn nur, um ideologisch zu profitieren, vollends einreißen und modelten ihn in Alltagssprache um. Wenn ich hier schreibe »Furtwängler, ein deutscher Musiker«, so meint »deutsch« nichts weiter als eine Herkunftsbezeichnung: Aha, ein Musiker aus einem bestimmten Land, wo eine bestimmte Sprache gesprochen wird. Der Ort der Geburt eines Menschen hängt vom Zufall ab, und bloßer Zufall bedingt weder Rechte noch Pflichten. Folglich bleibt es dabei, daß »deutsch« keine Eigenschaft kennzeichnet, sondern lediglich die Provenienz, die Herkunft eben. Alles, was darüber hinaus will, ist bereits Ideologie – einschließlich jener Strophe des viel mißbrauchten »Liedes der Deutschen«: Deutsche Frauen, deutsche Treue, deutscher Wein und deutscher Sang ... Daß sie noch existiert, uns gar abermals ans Herz gelegt wird, zeugt von bemerkenswerter Dickfelligkeit gegenüber geschichtlichen Erfahrungen.

Für Furtwängler war es dagegen alltäglich, die Vokabel in solchem erweiterten Sinn zu verwenden. Er hatte keine Wahl, denn er wuchs in einer familiären, gesellschaftlichen und politischen Sphäre auf, in der es – nach 1890, und bis 1918 durch keinen Zweifel getrübt – gang und gäbe war, mit »deutsch« nicht nur die Herkunft zu benennen, sondern ein Bündel idealer Eigenschaften, gleichsam durch allerhöchste Gnade mit der Geburt verliehene Tugenden. Der Ausdruck »deutsche Musik« wollte viel mehr sagen als »Musik von Komponisten, die in Deutschland geboren sind«, nämlich im ideologischen Verständnis »Musik von der Qualität großer Meister wie Beethoven oder Wagner«, deutscher Meister, versteht sich; nichtdeutsche, also ausländische Musik war nun natürlich ein gegenteiliges Wertungskriterium, ja fast so etwas wie eine Mängelrüge. Um solche Ideologisierung zu durchschauen und zu durchbrechen, hätte Furtwängler aus seiner Haut hinaus müssen. Persönlichkeiten, die aus anderen sozialen Standards herrührten, weniger sichere Entwicklungswege gingen, konnten das zuweilen. Aber der Musiker scheint in relativ jungen Jahren die auf Dauer prägenden Eindrücke verinnerlicht zu haben. So ungebärdig der Sohn aus dem Münchner Professorenhaus sich auch gab, so wenig zielte sein Sturm und Drang gegen die scheinbar harmonische Welt der Erwachsenen, die fast ausschließlich seine Gefährten waren. An der ganz anders gearteten Schule ließ er den Übermut aus, bis er als unbrauchbar für dieses Erziehungsmedium galt. Hauslehrer übernahmen ihn, und fortan konnte sich Wilhelm als ein Privilegierter, Besonderer fühlen, als Mitglied jener geistigen und kulturellen Elite, die sich Gott und dem Kaiser näher wähnte als dem Volk, auch wenn es das deutsche war.

Da war das Erbe, das verpflichtete, der Mythos vom christlichen Abendland, den diese Gesellschaftsklasse usurpiert hatte, Kultur, klassische Bildung, wilhelminische Gesittung, ein Wertbewußtsein, das Zweifel gar nicht aufkommen ließ. Man hatte etwas zu vertreten, und man mußte bekämpfen – allerdings ritterlich und dem Ehrenkodex treu –, was solche Valeurs bedrohte. Daß auch diese hehre Welt Schattenseiten hatte, merkte der Halbwüchsige, als er seine Mutter dabei ertappte, wie sie ihrem Damenkränzchen eines Tages aus Liebesbriefen vorlas, die er für die etwa gleichaltrige Bertel von Hildebrand entworfen hatte, die Tochter eines Kunsthistorikers und Bildhauers, der zum Bekanntenkreis des Hauses Furtwängler gehörte. Es bedarf keiner Phantasie sich vorzustellen, was dieser Verrat im innersten Kreis dem Gemüt des sensiblen Jungen zufügte. Kein Wunder, daß er sich verschloß, daß ihn bald – und noch nach Jahrzehnten – Mißtrauen gegen Frauen überfiel, daß er mit zunehmender Anerkennung als Künstler von selber, wenngleich in aller Bescheidenheit, in ein Elitebewußtsein hineinglitt, das kein Rückschlag je erschüttern konnte. Es war eben die Entwicklung, die unweigerlich in die Isolation treibt. Denn er, Furtwängler, lebte mit der Überzeugung, das Höhere zu vertreten.

Nach jener erniedrigenden Erfahrung mit schriftlichen Äußerungen hat er erst im dritten Lebensjahrzehnt wieder begonnen, Gedanken und Eindrücke aufzuzeichnen, nicht in der Form eines Tagebuchs und dennoch im Notizkalender, gewiß aber ohne die geringste Rücksicht auf einen etwaigen Leser. Diese Aufzeichungen setzen in einem Lebensabschnitt ein, der ihn sogleich massiv mit der Gegenwelt konfrontierte, nachdem der erste Weltkrieg das zunichte gemacht hatte, was ihm Lebensinhalt gewesen. Das geistige und moralische Erbe erlag den Stahlgewittern; eine ganze Gesellschaftsklasse verlor die Basis, nicht nur die finanzielle. Die alte Ordnung wich der Revolution, das Kaiserreich stürzte, die Herrschaft des Volkes – fragwürdig für einen im Ancien Régime Beheimateten – begann mit dem Umsturz der Denkmäler und Mythen. Daß der Kaiser keine Deutschen mehr kannte und ins Ausland floh wie ein ehrvergessener Deserteur, war dies nicht wieder ein abschreckendes Beispiel von Verrat? Furtwängler behielt es im Gedächtnis.

Die Ereignisse – ein fataler Abschnitt Weltgeschichte, den die nationalen Kreise einiger europäischer Mächte verschuldeten – machten den jungen Kapellmeister keineswegs zum Umstürzler. Nicht noch stoßen wollte er, was ohnehin fiel. Dies entsprach nicht seinem Naturell, noch dem weltanschaulichen Erbe. Bewahrung schien ihm das Gebot der Stunde; der Erscheinungen Flucht verlangte soliden Boden, rettende Inseln. Unter anderm notierte er damals wiederholt, was ihn gefährliche Bedrohungen dünkten: Politik, Demokratie, Fortschritt, Technik, Theorie, Intellektualismus ... und – natürlich – der »Bolschewismus, d. h. eine Haß- und Tendenzreligion«[17].

Diese »revolutionären« Erscheinungen summierten sich ihm zum Gegenbild das geeignet war, seinen idealistischen Konservativismus als Zone existenzieller Sicherheit auszuweisen, als Pol der Ruhe, der Gewißheit, des Inbegriffs und Inbesitzes der alten und bewährten Werte. Es mutet merkwürdig an, daß ein derart überlegener Künstler noch jenseits der Kunst einen weltanschaulichen Halt brauchte; doch läßt dieses Bedürfnis darauf schließen, wie sehr ihn die Furcht beherrschte, im Strudel der allgemeinen Krise der ererbten und erworbenen Privilegien verlustig zu gehen. Sein Status – gesellschaftlich, künstlerisch, der innere wie der äußere – sollte intakt bleiben. Der Rückhalt eines unbeschädigten Maßsystems diente zugleich der Bewahrung und Steigerung des Elitebewußtseins. Da hatte natürlich die moderne Fortschrittsideologie keinen Platz; sie funktionierte lediglich abschreckend und trieb den Musiker immer tiefer in konservative Konsequenzen, vor allem wo abenteuerliches Experimentieren mit dem Fortschritt zu chaotischen Resultaten führte. Was außerhalb seines ideologischen Schneckenhauses geschah, nährte nur die bohrende Verlustangst. Ist es verwunderlich, wenn er unbehelligt von Skepsis und Ordnungsmöglichkeiten zu der Erkenntnis kam, Demokratie sei »die Losung derer, die nichts zu verlieren haben«?[18]

Nun läßt sich allerdings nicht nachweisen, daß er auf das regulierende Instrument Selbstkritik verzichtete – sei es, weil sie ihm nicht gegeben wäre, sei es, um die stark ausgebildete Gewißheit des eigenen Wertes nicht auszuhöhlen. Die Aufzeichnungen jedenfalls enthalten hier und dort durchaus selbstkritische Gedanken. Diese beziehen sich aber in aller Regel auf Verhaltensweisen der Privatperson Furtwängler. Die Künstlerpersönlichkeit – zumal in ihrer Identifikation mit dem Mythos des Kunsterbes – blieb unberührt, sakrosankt. Sein Augenmerk richtete sich vor allem auf die Verteidigung. Aus der Biografie läßt sich die Erklärung dafür ableiten. Furtwängler – dies ist offensichtlich – war von seiner Aufgabe besessen, und das bezog sich keineswegs nur auf den musikalischen Bereich. Sein Interesse und der Drang, überall etwas Positives auszurichten, gingen weit über den Musikbetrieb hinaus, in die bildende Kunst, Literatur, Philosophie, Morallehre, ja sogar in die Politik, obwohl er dies am wenigsten wahrhaben wollte. Wer sich im Vollbesitz der durch Tradition geheiligten

Wahrheit wähnt, ist immer geneigt, einen Machtanspruch daraus abzuleiten, sich am Ende auf so etwas wie eine Erlösungsfunktion zu verpflichten. Seine Umgebung brachte kein Verständnis dafür auf. Schließlich hatte die Republik ein Fragezeichen hinter die Macht gesetzt; aktuell waren demokratische Verfahren von der Diskussion bis zur Mehrheitsentscheidung, und Autorität mußte sich Zweifel bieten lassen. Daher waren Meinungsverschiedenheiten, Trennungen und Kräche für Furtwängler geläufige Erfahrung. Kaum je konnte er sich einer Aufgabe – nicht nur im Bereich der Tonkunst – von Anfang bis zur Vollendung widmen. Oft scheiterte er auf halbem Wege; aber die Enttäuschung richtete sich zumeist auf die »Verhinderer«, und das waren eben die anderen, die seine Macht nicht ertragen, seine Autorität nicht anerkennen wollten.

Seine ganze Psychostruktur stempelte ihn zum Antirevolutionär, zum Konservator und zum Übernehmer des Bewährten oder scheinbar Bewährten. Wer seine Energien derart aus der Nähe zur Tradition zieht, kann wohl nicht anders. Er war eines der außerordentlich seltenen Beispiele des konservativen Intellektuellen. Der Punkt, den er als nächste Distanz zum verhaßten „Intellektualismus" erlebte, war zugleich die Grenze, hinter der sein intellektuelles Inventar nicht mehr konkurrieren konnte. Hier begann das Areal des unerbittlich zergliedernden Verstandes, der scheinbar darauf erpicht war, die überkommene Ordnung zu unterwühlen, die abendländischen Werte zu liquidieren, Weltanschauung auf Bejahung der Realität zu reduzieren. Hier begann die Gefahr für das Fundament, das Furtwängler sich begründet, und hier setzte seine Abwehr ein, nicht argumentativ, nicht mit dem scharf geschliffenen Instrumentarium der Dialektik, das die Gegner – zumeist von »links« – so virtuos handhaben, sondern mit der Beweisführung, die er beherrschte, der er vertraute. Sie war ideologisch begrenzt, methodisch unzureichend; sie war so, wie sie ein psychologisch nicht unerfahrener Betrachter heute von einem Musiker erwarten würde.

Ich möchte nicht falsch verstanden werden. Furtwängler war keineswegs dumm; er verfügte über eine hohe Intelligenz. Aber er schöpfte sie nur so weit aus, wie sein Fundament ungefährdet blieb. Er war gewiß nicht jemand, der keine Ahnung hatte; er hatte zu viele Ahnungen. Analyse bedeutete ihm Auflösung, nicht im Sinne der wörtlichen Übersetzung als bloßes Phänomen, sondern als Begriff mit subjektiver »Beunwertung«. Analyse signalisierte Gefahr. Deswegen besaßen alle jene Vokabeln, die von den Nationalsozialisten in den propagandistischen Wortschatz eingereiht wurden, für ihn ganz persönliche Bedeutung: Zersetzung, Entartung, deutsch, Volk, Genie ... Er bezog denkerisch jeden solcher Begriffe auf sich und fügte ihn in das Mosaik seiner Werterfahrungen ein, hier positiv, da negativ, zum einem erhebend und beglückend, zum andern ängstigend und feindselig. Der Künstler dachte in Polarität und Analogie. Seine Aufzeichnungen enthalten höchst selten, was als Differenzierungen oder Deduktionen zu verstehen wäre; denkerische Abstrahierungen kommen nicht vor; jeder Begriff scheint an Bild und Wert gekoppelt. Solche Sprache ist mehr als bloßes Material zur Verständigung. Sie ist Herrschaftsinstrument, jedenfalls da überall, wo sie so spontan und zweckfrei existiert wie in den Aufzeichnungen. Leider hat sich Furtwängler damit einer Menge kommunikativer Möglichkeiten beraubt.

Nicht nur strapazierte er den guten Willen seiner Leser, ihn zu verstehen; er begab sich auch der Chance, geistigen Profit aus der Argumentation der »Intellektualisten« ziehen zu können, und sei es lediglich, um ihnen – so weit sie ihn bekriegten – mit gleicher Münze heimzuzahlen. Man mag das beklagen; dennoch muß man akzeptieren, daß diese Währung nicht die Seine war. Die Isolation erstreckte sich auch auf das verständigende Wort. Was jenseits seiner Begriffswelt lag, bereicherte ihn nicht, sondern verstörte ihn, und das war gewiß genügend Grund, sich vieles von Leib und Seele zu halten, zumal wenn jemand so weitgehend aus der Identifikation lebte. Dies wird deutlich bei

Betrachtung seines Lesestoffs, wobei die Kriminalromane, die ihm zur willkommenen Entspannung dienten, fraglos außer Betracht bleiben können. Wie allen Gebildeten waren ihm die wichtigsten Werke der deutschen Klassiker und Romantiker ohnedies vertraut, nicht nur Dichter und Romanciers. Natürlich kannte er seinen Nietzsche. Daß er auch Baudelaire las, war vielleicht ein kühner Vorstoß über die Grenze hinweg ... Doch von hier weiter zu den »linken Journalisten«, zu Tucholsky oder Brecht, fehlte die Motivation. Stefan George, Ferdinand Bruckner, Erwin Guido Kolbenheyer, wiewohl ungleiche Geister, interessierten ihn mehr, dazu – als irgendwo doch verwandter Außenseiter – Ernst Jünger.

Hermann Graf Keyserling stand schon jenseits, dünkte ihn zu wenig »tief«; ernüchtert notierte er 1936:

Der Grad der Weltoffenheit hat für den, der sich selbst leben muß – und das muß jeder – eine Grenze. Keyserling hat diese Grenze längst überschritten, er ist Virtuose. Daher die Opposition gegen ihn trotz seiner ersichtlich großen Leistungen. Vor allem das innig-idyllische Sich-selbst-leben deutscher Menschen wird von solchen weltläufigen Geistern mißverstanden. Sie sollten sich klarmachen, was von ihrer Weltoffenheit übrig bliebe, wenn alle Welt so nur-verbindend, d.h. substanzlos wäre, wie sie selber.[19]

Als dann aber – ein Jahr später – die Literaturfunktionäre des Reichspropagandaministers einen Maulkorb für den Schriftsteller erwirkten, jagte Furtwängler der verbotenen Frucht nach: *Keyserling auf der Liste: Unerwünscht. Buchhändler?*[20]

Zwar schätzte er ihn nicht als einen »wirklich Großen« ein, unterhielt aber doch recht gute Beziehungen zu ihm. Keyserling revanchierte sich, indem er verbreitete, daß er es gewesen, der Furtwängler überredet habe, im NS-Staat zu bleiben, gleich ihm und allen Schwierigkeiten zum Trotz[21]. Die Orientierung freilich, aus der der Dirigent seinen geistigen Standort weiter abzusichern gehofft, konnte Keyserling

nicht beisteuern. Gerade in den Jahren nach 1933 war Bestätigung rar. Der Musiker stürzte sich in die schwierig-
sten – und absonderlichsten – kulturhistorischen Studien
im weitesten Sinne, die zwischen Weltgeschichte und Psy-
choanalyse angesiedelt waren. Er las oder wiederholte, was
er bekommen konnte, von Johann Jakob Bachofen bis Carl
Gustav Jung, von Jacob Burckhardt bis Ludwig Klages,
und Oswald Spenglers »Untergang des Abendlandes« riß
ihn immer noch zwischen Bestätigung und Widerspruch
hin und her. Die Suche nach einem Leitfaden durch die
vielberufene Krise Europas hatte kein Ende. Manches war
auszusondern. Schon 1924 war Rudolf Pannwitz mit seiner
»Krise der europäischen Kultur« auf der Strecke geblieben, der atemlos fabulierte, ohne zu diskutieren, der eine
Sondersprache für Pauschalurteile, Georgesche Klein-
schreibung und eine Zeichensetzung pflegte, die entweder
chaotisch war oder nichtexistent. Furtwängler hatte ihm
zwar große und tiefe Gedanken attestiert, nannte ihn aber
fadenscheinig und rügte den maßlosen Ehrgeiz, der aus un-
physischer Geistigkeit stamme. Dies vor allem, die miß-
trauische Diagnose »Geistigkeit«, deutet darauf hin, wie
leicht sich der Musiker täuschen ließ, sobald eine Literaten-
masche einigermaßen raffiniert angelegt war. Für »Intellektualismus« hatte er allerdings ein seismografisches Ge-
spür.

In der Kategorie Kulturgeschichte – zumal wenn ein Titel seine Verlustangst mobilisierte – bediente er sich ziemlich wahllos jeder Neuerscheinung von Gewicht. So lernte
er 1940 »Das verlorene Paradies« von Edgar Dacqué kennen, ein Buch, das sich etwas ungeschickt als Beitrag zur
»Seelengeschichte des Menschen« anpries und dennoch
vielen Lesern ideologischen Halt lieh, die aus christlicher
Überzeugung Widerstand gegen das Hitler-Regime leisteten. Dacqué nämlich setzte den propagandistischen Ver-
kündigungen Alfred Rosenbergs seinen Entwurf eines ört-
lich und zeitlich universalen Mythos entgegen, der sehr absichtsvoll von einem »tausendjährigen Reich« ausgeht,

aber, völlig anders als erwartet, in der Gewißheit eines Gottesreiches mündet und christliche Erlösungshoffnung beschwört ... Gegenpropaganda für jemand, der aufmerksam las. Furtwängler war gewiß ein hellhöriger Leser. Er verstand, daß der Schriftsteller und Philosoph sein Bundesgenosse war, doch billigte er nicht dessen Angriff, weil ihm Verteidigung nötiger schien. Dacqués Buch enthielt ihm *zuviel zeitraubende Polemik gegen den modernen Intellektualismus, etwas, wovor auch ich mich hüten muß. Menschen mit wachem Gefühl für tiefere Schichten müssen darauf – d. h. auf ihre Verteidigung, denn sonst ist das nichts – mehr Kraft und Zeit als billig aufwenden.*[22]

Zuweilen war der Lesestoff eine einzige Herausforderung. Zum Beispiel stellte Hans Künkel in »Schicksal und Willensfreiheit« Furtwänglers ureigensten Bereich, den der Kultur, radikal infrage; diese abstruse »Philosophie der Astrologie« – erstaunlich, in welche Bereiche die Suche vordrang – war schon 1924 erschienen. Wann der Musiker das Buch in die Hand bekam, ist ungewiß. Er ging aber in den Aufzeichnungen 1940 darauf ein und vermerkte:

Eigentlich begreift in all diesen modernen Versuchen der sokratische Mensch von heute, daß er nichts weiß, nicht mehr. Da ist Goethe, da ist der Künstler wahrhaftig besser dran. Kunst ist Zugang zum »Mythos« in der eigenen Brust, durch die Darstellung. Einen anderen Zugang als diese »Selbstdarstellung« gibt es heute nicht, es sei denn im rein religiösen Erleben.[22]

Die Einübung in die Lektüre kulturhistorischer Entwürfe erwies sich immerhin als recht nützlich. Zwar brachte sie – wie gelegentliche Sitzungen bei der Wahrsagerin – keine Antwort auf letzte Fragen, bestätigte den Künstler aber in seiner Abgrenzung. Er hatte ohne Zweifel mehr erwartet. Deswegen reagierte er gelegentlich barsch; so auch im Urteil über Richard Benz, der überdies, da er eine unglückliche Liebe zur Musik kultivierte, von dem ausgezeichneten Kenner der Tonkunst leicht zu kontrollieren war. Benz mußte das Verdammungsurteil »Kulturschwätzer« einstekken. Die nähere Erläuterung dazu:

Die einen wissen etwas von den Dingen, die andern reden nur. Der große Überblick, die »historischen« Zusammenhänge werden um so leichter wahrgenommen, je weniger Wert und Gewicht auf das Einzelne gelegt wird. Hier ist geradezu ein Eldorado für intellektuelle Spielerei jeder Art. Kunstgeschichte von solchen, die Substantielles wissen und über die Dinge selbst etwas zu sagen wissen, gibt es sehr wenige. Da ist das in den Dingen stecken bleiben, wie es meistens dem Künstler selber eignet, noch besser. Es offenbart sich doch eine Liebesbeziehung.[23]

Diese Liebesbeziehung – in der allgemeinsten Bedeutung des Wortes – war eine Antwort auf die fortschreitende Verwirrung der Welt, wie sie Furtwängler nahelag. Er konnte sich damit entschuldigen, daß der Künstler anders reagiert als der Denker. Dennoch las er ein Werk, das ihn mit einem Grenzfall der Problematik bekanntmachte. Es handelte sich nicht um gewöhnliche Kulturgeschichte, sondern um nationalsozialistische Propaganda, die nicht – wie die Publikationen Hitlers, Rosenbergs oder Leys – offen sich als solche bekannte, sondern unter der Tarnkappe der Wissenschaftlichkeit als kulturhistorische Studie daherkam. Der sachliche Titel »Das Reich und die Krankheit der europäischen Kultur« und die Tatsache, daß er in der Schriftenreihe des Reichsinstituts für Geschichte des neuen Deutschlands erschien, konnten täuschen. Wer wußte denn schon, daß der Herausgeber, Leiter jenes Instituts, Prof. Walter Frank, vornehmlich Spezialist für antisemitische Propaganda war? Das Buch erschien posthum; sein Autor Christoph Steding war Anfang 1938, nur 34 Jahre alt, gestorben. Als große Hoffnung der NS-Geschichtswissenschaft wußte er, was er sollte. So formulierte er Ausreden für die gewollte Herrschaft der Barbarei. Da erfuhr der Leser:

Die neue Freiheit des Dritten Reiches wird nur von der »Kultur« und dem für sie besonders begabten, nicht nordischgermanischen Rassentypus als Unfreiheit empfunden.[24]

Das zielte vor allem gegen die Juden, aber auch gegen die Kultur, und an anderer Stelle lehrte Steding, Kultur entstehe erst durch Politik und Hitlers Machtübernahme sei gleichbedeutend mit der Erlösung von allen Übeln, zumal aber von einem:

Der Sieg dieser Kräfte 1933 ist die reale Widerlegung Freuds (...). Die politische Tat der Reichsgründung, die das Gesetz der Abweichung durch »Gleichschaltung« überwindet, widerlegt Freud dadurch, daß es den Menschentypus, der in der für ein großes Volk zur Selbstvernichtung treibenden Abweichung von sich selbst auch heute noch sein eigentliches Wesen sieht, ausschwitzt, ihn zur Emigration zwingt oder aber durch sein bloßes Dasein jenen Prozeß der Abweichung von sich selbst beschleunigt, daß er schnellstens im Nervenzusammenbruch oder Selbstmord endet. Denn die objektive Gewalt und geistige Autorität des Reiches ist von solcher Wucht, daß es jeden, der nur die Abweichung und nichts anderes will, bannt und zwingt, an ihm zu zerschellen.[25]

Furtwängler las auch dies und machte sich seine Gedanken dazu; das war im Frühjahr 1939. Die Aufzeichnungen lassen Stedings Antisemitismus dahingestellt, aber sie greifen scharf das vorgeblich wissenschaftliche Prinzip an, die an den Haaren herbeigezogene Interpretation, die zweckhafte Methodik, nämlich *sein gewaltsames Rückbeziehen aller Inhalte auf das Politisch-Männliche. Hier zeigt sich der Denker als versetzter Politiker – und damit die Fälschung der Wirklichkeit.*[26]

Zu diesem Zeitpunkt konnte der Leser noch nicht ahnen, daß Steding, sofern ihm nicht vordergründiger Zufall die Feder führte, auf schreckliche Art prophetische Vorausschau bewies. War es nicht Sicht auf künftige Greuel, wenn er stereotyp immer dort das Wort »ausschwitzen« verwendete, wo er erwähnte, wie Juden aus dem Reich auszusondern, in die Emigration zu zwingen, sonstwie zu eliminieren seien? Dieses Bild prägte er Jahre, ehe die nationalsozialistische Vernichtungsmaschinerie sich bei Auschwitz eine Zentrale schuf.

Furtwänglers Lesegewohnheit läßt auf das Bemühen eines gebildeten Menschen schließen, nicht nur neuer Information auf der Spur zu bleiben, sondern auch im weltanschaulichen Bereich zu profitieren, jedenfalls mehr Sicherheit zu gewinnen, den kulturellen Fundus zu ergänzen. Aber diese Hoffnung ließ sich nicht völlig verwirklichen, weil die Barriere des »Intellektualismus« unüberwindlich schien. Dennoch hatte diese Lektüre einen prägenden Effekt. Sie vermittelte ihm die Gewißheit, daß er sich die Suche im Grunde hätte ersparen können. Alle diese Autoren hatten seiner Ansicht nach eines gemeinsam: Mangel an Größe. Eine dauerhafte fruchtbare Beziehung zu ihren geistigen Leistungen – etwa im Sinne jener Ernte, die in die Scheuer gefahren werden kann – verbot sich daher von selber.

Daß der Künstler die Vokabel »Größe« im übertragenen Sinne als Trennzeichen benutzte und damit eigene Größe – und zwar deutlich mehr als nur seine beachtliche physische Statur – unterstellte, mag naiv erscheinen. Aber eigentlich ist es normal für einen Menschen, der solche Erfahrungen mit Publizität und Künstlerruhm machen mußte – oder sollte man sagen: durfte? Denn Kritiker, Biografen, Kunstbetrachter, Briefschreiber und vor allem liebende Frauen haben ihm in nicht endenwollender Litanei Größe bescheinigt. Nur allzu oft grenzte das an Heiligenverehrung. Die Anbeter stilisierten ihn zum Übermenschen; er war Prometheus und Demiurg, schon zu Lebzeiten unsterblich, verewigt. Größe evoziert Anrufung und Glauben, und so ist der Tonfall der Huldigungen hymnisch:

In einer lange währenden Zeit der Zersetzung, der Leere und Unsicherheit ist uns Wilhelm Furtwängler ein Führer gewesen, der uns durch die Musik aus dem Chaos der Welt zur Klarheit führte; aus der Unruhe, dem Lärm und dem Kampf zu Stille, Ruhe und Versunkenheit. Er hat – das sei noch einmal betont – die große alte Musik in Zeiten der Gefahr geschützt und uns ewige Werte erhalten. Und er hat in dunklen Stunden in uns den Glauben gestärkt an eine größere, reinere Zukunft.[27]

Wer solches als Erguß einer etwas verdrehten Verehrerin abtun möchte, wird durch Oswald Schrenk, den zweiten Biografen des Dirigenten nach Richard Specht, darüber belehrt, daß es eher die Regel war denn die Ausnahme:

Und der Strom der Musik ist es auch, der den Dirigenten Furtwängler in heiliger Exaltation fortreißt und ihn, seine Musiker und seine Hörer in die Regionen führt, die zum unberührbaren Erlebnis führen. Die Gnade des Schicksals hat ihm diese Kraft verliehen.[28]

Ein Mensch, dem derartige Wogen von Gefühl entgegenströmen – gewiß in aller Aufrichtigkeit und ohne Falsch –, ist sicherlich nicht zu beneiden. Wohl hat ein Künstler bestimmte Vorstellungen davon, was er kann, und wer er ist; aber sie können nur vage sein, wenn er – wie Furtwängler – die nötige Selbstanalyse oder Selbstkritik, weil sie »zersetzend« wirken könnte, nicht in Gang bringt. Klar, daß Selbstzweifel geweckt und Unsicherheit herbeianalysiert werden könnten, die für jemand, der absolute Selbstgewißheit braucht, tödlich wären. Aber penetrante Verehrung in derart hochtönender Stimmlage ist nicht weniger bedenklich. Sie desorientiert den Künstler und täuscht ihn über seine Möglichkeiten hinweg. Sie ist Versuchung, die falsche Macht vorspiegelt. Wie Furtwängler seine eigene Größe einschätzte, ist nicht – mindestens nicht schriftlich – überliefert. Er erfreute sich an Lob und Huldigung, so viel läßt sich sagen, bis sie ihm unentbehrlich schienen. Seine Aufzeichnungen berührten mehrfach das Problem der Größe, aber nie hat der Schreiber einen Bezug zu sich selber hergestellt. Eine Tatsache freilich mußte nicht besonders erwähnt werden. Jeder Dirigent symbolisiert zunächst schon einmal physisch Größe. Nicht nur überragt er da oben auf der Bühne das Publikum im Parkett, das nicht anders kann als zu ihm aufzublicken. Das Podium hebt ihn sogar noch über die Ebene der Orchestermusiker hinaus. Größe ist eine der Arbeitsbedingungen des Dirigenten – wie ähnlich des Geistlichen, des Lehrers, Schauspielers oder Politikers. Sie alle – im Blickfeld der Menge – sind sozusagen mechanisch exponiert und erhöht. Diese extreme Situation muß psychologische Folgen haben, die sich in der Selbsteinschätzung dieser Berufsgruppen reflektieren. Wie Pfarrer, Pädagoge, Mime und Politiker hat auch der Dirigent mit einem Publikum zu tun, das nicht kann, was er leistet, obwohl bestimmte Voraussetzungen durchaus erlernbar sind. Er ist »für die da unten« so sehr Spezialist, dabei nicht von dieser Welt, daß sie geneigt sind, ihm redemptorische Begabung zuzuschreiben. Damit ein normales Leben zu führen scheint problematisch. So weit der äußerliche Aspekt des »Aufstiegs«.

Den inneren hat Furtwängler in seinen Notizen umrissen. Ein Katalog der Assoziationen zeigt in etwa, was ihm vorschwebte. Der moderne Mensch – weiß er – habe kein Interesse an Größe, wie dann moderne Kunst auch nicht Größe ausdrücke. Größe nämlich bedürfe der Wärme, wie andererseits ihr der Heroismus entspringe. Zeichen der Größe sei aber das Ordnenkönnen. Er unterscheidet eine Größe des Alters und eine des Künstlers, doch objektive Maßstäbe entfallen, wo Glauben an menschliche Größe verlangt ist und Größe immer wahr sein müsse. Alles derart Große werde von der Gemeinheit bekämpft. Diese Konzeption »Größe« fügt sich dann auch harmonisch in seine individuelle Elite-Ideologie ein, ist – wie diese insgesamt – Verteidigungswaffe. Freilich muß sich der Einzelne, der groß ist, in acht nehmen vor der Kleinheit, den Kleinen oder der Niedrigkeit, die es, weil sie Größe nicht ertragen, auf ihn abgesehen haben; sie passen einen Augenblick der Schwäche ab, der Unsicherheit, um dann aus dem Hinterhalt anzugreifen. Dauernde Steigerung der Größe schafft mehr Sicherheit. Der Größte zu sein, könnte das Ende der Angst bedeuten.

Furtwängler war außerordentlich wortkarg, wenn es um sein Innenleben ging. Nur in Ausnahmesituationen hat er Persönliches, nie Intimes weitergereicht. Die Konzeption »Größe« derart zu Ende zu folgen, berührt aber doch wohl die Sphäre äußerster Vertraulichkeit. Daher kann so weit nichts dokumentiert, nur per Indiz erschlossen werden; mindestens dies sollte legitim sein. Fest steht, daß der Dirigent sich als zweites Ich, als neue Verkörperung jener Großen erlebte, deren Musik er aufführte, und Beethoven, der für ihn unübertrefflich Große, stand dabei an erster Stelle. Einmal, ein einziges Mal hat sich Furtwängler offenbart. Jedenfalls fast, und als sei ihm während des Schreibens noch rechtzeitig eingefallen, daß dies schon zu weit gehe, brach er mitten im Satz ab:

Ich sage und schreibe: der nicht selber Beeth ist, der hat nicht das Recht -------[29]

Man kann unterstellen, daß der Künstler – derart durch Erbe in jedem Sinne, Konditionierung und Akklamation festgelegt – nicht mehr die freie Wahl hatte, sondern mit Rücksicht auf Status und Image handeln mußte. Dies heißt aber, daß er nicht tun und lassen konnte, was er wollte – noch weniger, was seine Gegner oder andererseits die Freunde gern gesehen hätten. Dieser innere und äußere Zwang läuft dem Mythos von der freien Entscheidung des Menschen zuwider; daher ist er nichts, dessen sich jemand rühmen könnte. Sachzwänge sind allgemein akzeptiert. Seelenzwänge sozusagen gelten bestenfalls als Schwäche, die möglichst nicht publik werden sollte. Zwar lieferte Furtwängler in Verteidigungsschriften nach 1945 eine Menge Erklärungen dafür, weshalb er dies getan und jenes unterlassen habe, als das Hitler-Regime Forderungen stellte. Spruchkammerprotokolle und eigene Aufzeichnungen zeugen davon. Er führte in der Regel Sachzwänge an, denen er erlegen sei, in erster Linie den totalen politischen Zwang des nationalsozialistischen Systems. Unerwähnt blieb der per Disposition eingeengte Handlungsspielraum. Die Entnazifizierungskommissionen ließen es dabei bewenden; sie recherchierten an der Oberfläche und gerade nur so weit, daß ein sofortiger, ostentativer Freispruch vermieden werden konnte, denn dies war die Interessenlage des Gremiums, das an den Fäden jener Besatzungsmacht agierte, die ehrliche Aufklärung verhinderte, weil immer noch ein Sündenbock gebraucht wurde – nun als Trumpf gegen den östlichen Alliierten, der sehr rasch, menschlich und ohne politische Zweifel versucht hatte, den Künstler für den Wiederaufbau der Staatsoper im sowjetisch besetzten Sektor Berlins zu gewinnen. Hätte sonst die US-Militärbehörde – nach jahrelangem kostspieligen Krieg für »Freiheit und Demokratie« und mitten in der Mühsal der »demokratischen Umerziehung« der Deutschen – die Sache Furtwängler so offensichtlich manipuliert?

Das begann mit nervenaufreibenden, immer neuen Terminverschiebungen über viele Monate hinweg. Dann trat das Kommissionsmitglied Karl Fischer-Walden, ein anständiger Mann, aus Protest zurück, weil der übliche Einblick in die Verhandlungsakten plötzlich verwehrt und die Kommission zu einer nicht üblichen »Vorbesprechung« am Vortage des Spruchtermins zusammengeholt und in der gewünschten Richtung beeinflußt worden sei. Als sei es des Satyrspiels noch nicht genug, erfuhren die Berliner Ende Januar 1947, Konzerte mit dem entnazifizierten Furtwängler könnten leider erst nach Zulassung durch die Alliierten stattfinden, aber für den Zulassungsantrag fehlten der Kommission 2 000 Blatt Schreibmaschinenpapier. Noch monatelang hätte auf diese Weise die Freigabe des Künstlers hinausgeschoben werden können, wäre es Boleslaw Barlog, dem Intendanten des Schloßpark-Theaters, nicht eingefallen, die Musikfreunde zu einer Papierspende aufzurufen. Immerhin war dies – wider Willen jener vorgeblich vorbildlichen Demokraten – eine gute Lehre, daß Demokratie kein Ideal, sondern nur ein Personalproblem ist.

Führte selbst das Spruchkammerverfahren nicht zur Erkenntnis von Handlungsursachen, so offenbarte sich Furtwängler auch in anderem Zusammenhang nicht derart weit. Eine geplante Arbeit – »Hitlerdeutschland und ich« –, die als autobiografische Skizze gedacht war, also womöglich Erhellung ebenfalls ausgespart hätte, gedieh nur bis zum

Titel und Untertitel, wie sie im Kalender 1946 – unveröffentlicht – verzeichnet sind. Darüber hinaus liefert der Nachlaß kein Indiz dafür, daß der vielgeschmähte Künstler eine generelle Rechtfertigung oder Richtigstellung in Form von Lebenserinnerung oder Selbstbiografie je plante. Dies mag daran liegen, daß er in den letzten Jahrzehnten mit seiner Zeit kargte oder sich demütig in die Rolle des verhaßten und besudelten Sündenbocks schickte, weil er resignierte, weitere Verteidigung nicht für sinnvoll hielt, nachdem keines seiner Argumente hatte Frieden stiften können, und – durch Krankheit ohnehin körperlich geschwächt – die Bürde des Leidens ertrug, bis es ihn fällte. Bedingen nicht Größe und auch die Illusion der Größe gerade den ganz tiefen Fall?

»Die dynamische Kraft der Nationalen Bewegung«

Obwohl Hitler zunächst so legal an die Macht kam, wie das in der Weimarer Republik geschehen konnte, spiegelte er seinen Anhängern vor, es handele sich um den Sieg der nationalsozialistischen Revolution, und seine Ernennung zum Reichskanzler sei dessen Frucht. Ohne Frage sollte da parlamentarische Verfahrensordnung verbrämt werden; sie war nicht kämpferisch, schmeckte nach »Quasselbude« und dem verhaßten System der Majoritätsentscheidungen. Also mußte das Etikett »Revolution« her. Mitgedacht waren Umsturz, Blut, Gewalt; das »hohe« Ziel bedingte Opfer, und anders konnte das Reich angeblich nicht »gerettet« werden. Daher begann n a c h dem Aufstieg zur Macht und unter Mißbrauch dieser und Aneignung immer weiterer Macht die Inszenierung einer sogenannten Revolution, in Ermangelung einer »herrschenden Klasse« gegen Sozialisten, Kommunisten, Juden, gegen bestimmte Bücher und Ideen, die angeblich eine Gefahr für das »neue« Deutschland seien. Die Nationalsozialisten sollten sich als mutige Revolutionäre fühlen, als ganze Männer, die Unwertes beseitigten, das mythische deutsche Reich mit Leib und Leben verteidigten, das vom parlamentarischen Unwesen der »Systemzeit« unterdrückte Volk befreiten ... Dies alles unter der unfehlbaren Anleitung durch einen Genius, der bestes und höchstes Deutschtum verkörperte und über den Reichskanzler zum Führer emporwuchs. So weit die parteiamtliche Lesart. Obwohl der propagandistische Trick für uns Heutige leicht durchschaubar ist, brachten es politische und wirtschaftliche Umstände 1933 mit sich, daß die Täuschung weithin gelang. Erlösungshoffnung, die Erwartung eines Heros von Tatkraft und elementarem Willen, der den

Niedergang des im ersten Weltkrieg unterlegenen – aber »auf dem Schlachtfeld unbesiegten« – und in Versailles geknebelten Reiches in einen strahlenden Triumph verwandeln könne, trug sicher viel zum Erfolg der Nationalsozialisten bei. So gingen sie daran, die Realität mit ihrem Mythos zu bekleiden. Ihre Taktik – Terror, Demonstration, Verkündigung – mobilisierte binnen kurzem ungeahnte Kräfte. Angst wie überzeugte Solidarität drängten zur Aktion, denn Aktion war immer ein Beweis der Loyalität. Die Renegaten gaben Ton und Tempo an.

Das Musikleben Deutschlands lief zunächst weiter wie in der Weimarer Republik auch; Krise war fast zur Gewohnheit geworden. Zwar kamen – zumeist von lokaler Parteiseite – antisemitische Hetzparolen gegen jüdische Musiker vor, doch maßen ihnen selbst die Betroffenen keine umwerfende Bedeutung zu. Antisemitismus war in Deutschland kein Novum, und gerade die Freiheit, die erstmals in der Geschichte aus dem demokratischen Gedanken in die politische Praxis eingegangen war, hatte die massenhafte Publikation von Hetzschriften gegen die Juden noch begünstigt. Auch insoweit erregte dies kaum öffentliches Ärgernis, war Munition im Kampf zwischen rechter und linker Presse gewesen. Schließlich betraf es nur Einzelne. Die Deutschen hatten, so schien es, wichtigere Probleme, und diese lagen nicht so sehr auf dem Gebiet der Politik. Die Politik – und selbst heute ist diese Gewißheit noch weit verbreitet – war in den Händen der Fachmänner gut aufgehoben. So lange sie nicht geradezu störte, konnte man sein privates und berufliches Leben ohne Kümmernis leben.

Wilhelm Furtwängler, seit mehr als zehn Jahren künstlerischer Leiter des Berliner Philharmonischen Orchesters, begehrter Gastdirigent weit über die Grenzen hinaus, stand 1933 – im besten Künstleralter von 47 Jahren – auf dem unter damaligen Bedingungen möglichen Höhepunkt seiner Karriere. Er hatte eine ergebene Hörergemeinde, nicht nur in Berlin. Er war d i e Autorität in seinem Fach, ja so etwas wie der Musikpapst Deutschlands oder – genauer gesagt –

jenes Deutschlands, das an die traditionellen Werte glaubte und das künstlerische Erbe als Verpflichtung ehrte und nicht als fortschrittsfeindliche Last geringschätzte. Seine Meinung über die Tonkunst war Allgemeingut, und er sorgte mit missionarischem Eifer für ihre Verbreitung, denn er hielt diese Ernte intensiver Überlegungen – immer dicht an der Praxis des Musikschaffens – für unwiderlegliche Wahrheit, für höhere Offenbarung.

Eine Persönlichkeit solchen Zuschnitts macht sich nicht mit der Politik »gemein«, wie ihr Selbstverständnis wohl formulieren würde. Daß einige Musiker anders dachten, mußte ihn nicht kümmern. Er registrierte zwar, daß der Dirigent Hermann Scherchen sozialistische Neigungen pflegte; aber er sah darüber ebenso hinweg wie über den manischen Antisemitismus und Ausländerhaß Hans Pfitzners. Politik – dies äußerte er immer wieder und immer deutlicher als Beschwörung – habe nichts, aber auch gar nichts mit Musik zu tun. Denn die Tonkunst zumal stehe hoch über dem Parteiengezänk des Tages, sei geradezu ein heiliger Schutz- und Fluchtbezirk des Schönen, Wahren und Guten, in den einzudringen der unwürdigen Politik verwehrt bleiben müsse. Nun war Furtwängler nicht etwa blind. Spätestens als die Berliner Philharmoniker ihre Betriebskosten nicht mehr erarbeiten konnten und daher die öffentliche Hand in Anspruch nehmen mußten, also Mittel der Politik, müßte er für die leidige Realität geweckt worden sein. Schon vorher waren die meisten Opernbühnen, an denen er dirigierte, Subventionsbetriebe unter der Fuchtel städtischer oder staatlicher Behörden. Sicher wollte er nicht einmal über die Tatsachen hinwegtäuschen, die immerhin eine Notlage der Kunst auswiesen. Aber sein Weltbild war idealistisch, ein Traumreich der Vollkommenheiten, die nicht von dieser – schnöden, unreinen – Welt herrührten. Zusammenhänge, die dieses Gegenbild zum Alltag und seinen Lästereien und Entweihungen durchlöchert hätten, m u ß t e n negiert werden, obzwar dem Volk, das solchen Glauben nicht teilen konnte, mit der Hilfe eines informierten Spitzenkünstlers bei der Bewältigung der Wirklichkeit besser gedient wäre. Denn Furtwängler war geradezu der Typus des Helfers, der unbeugsame Hartnäckigkeit aufwenden konnte, wenn es darum ging, selbst ein fremdes, als gerecht erkanntes Anliegen durchzusetzen. Mit jener Realität aber, die seine sorgsam gehütete Innenwelt tangierte, tat er sich schwer.

Dabei hatte er politische Erfahrungen schon Jahre vor der Machtergreifung Hitlers gemacht. Auch die Weimarer Republik – so bekundete ihre Verfassung – pflegte und förderte die Kunst; daher versuchte auch sie, obwohl mit demokratischen Schachzügen, doch mit dem Machtanspruch des Mehrheitswillens, Kunst auf Zweckerfüllung hinzulenken. Musik, das war den Parlamentariern klar, schien geeignet, öffentliches Leben zu dekorieren, politisches Bekenntnis zu untermalen, Heroldsdienste für staatliche Selbstdarstellung zu leisten. Nicht anders als die Nationalsozialisten hielten die Demokraten die nämlichen großen Meister für brauchbar, wenn ähnliche Rituale anstanden: die deutschen Heroen der Klassik im weitesten Sinne, die erschütterten, rührten und eine mythische Vereinigung von Volk und Obrigkeit, wenn auch nicht schaffen, so doch glauben machen konnten. Der Reichstag wollte Symbole.

Im Sommer 1927 richtete eine Behörde den Antrag an Furtwängler, er möge anläßlich der geplanten Verfassungsfeier der Reichsregierung, der Preußischen Staatsregierung und der Stadt Berlin die musikalische Umrahmung besorgen und das Berliner Philharmonische Orchester dirigieren. Es handelte sich aus jeder Sicht um einen politischen Auftrag. Der amtierende Reichstag zählte zwar neun verschiedene Parteien, aber jeder dritte Abgeordnete war Sozialdemokrat, gehörte also einer Richtung an, der Furtwängler ganz und gar fernstand. Das Orchester empfing Gelder vom Fiskus, weil es sonst schon nicht mehr lebensfähig gewesen wäre, und – wer die Musik bezahlt, darf er sie nicht bestellen? In dieser Zwangslage entwickelte der Dirigent seine Maxime, daß Musik nichts mit Politik zu tun habe, die er später – unter dem rabiaten Zugriff der NS-Politik – immer wieder von neuem beschwor, und sei es, um die eigenen Zweifel zu verscheuchen. Gleichzeitig suchte er Erkundigungen einzuziehen, wie diese Frage in politischen Kreisen bewertet werde. In diesen Julitagen machte der Politiker, der Auskunft hätte geben sollen, Ferien in Kampen auf Sylt. Emil Berndt war Jurist, Richter, Stadtrat in Berlin, dazu Führer der deutschnationalen Beamtenschaft und bereits seit der ersten Wahlperiode Reichstagsabgeordneter der Deutschnationalen Volkspartei (DNVP). Auf schriftliche Anfrage – Berta Geissmar hatte Frau Berndt geschrieben, die zu ihrem Bekanntenkreis zählte – kam die beruhigende Auskunft:

Mein Mann ist derselben Meinung wie Herr Furtwängler: daß Kunst nichts mit Politik zu tun hat – u. findet deshalb, daß er ohne alle Bedenken bei der Verfassungsfeier dirigieren kann. Eine politische Stellungnahme kann darin in keiner Weise gesehen werden. Daß mein Mann als deutsch-nationaler Politiker nicht an der Feier teilnehmen würde, wenn er in Berlin wäre, ist etwas ganz anderes, denn die Deutsch-nationalen lehnen die Republik u. die republikanische Verfassung ab, haben deshalb auch keine Veranlassung, an Feiern zu Ehren dieser Verfassung teilzunehmen.[1]

Damit war alles klar. Der Dirigent, der sich nicht mit der parlamentarischen Politik der DNVP identifizierte, zudem in einer Zwangslage war, schmückte die Verfassungsfeier am 11. August 1927 mit Musik von Wagner, Schubert, Beethoven und dem passenden »Heimatgebet« von Hugo Kaun.

Doch tat er keinen Schritt weiter. Als 1928 die Vereinigten Vaterländischen Verbände die Reichsgründungsfeier begingen, nämlich den Jahrestag der Proklamation Wilhelms I. zum Deutschen Kaiser, die am 18. Januar 1871 demonstrativ im Spiegelsaal des Schlosses Versailles stattgefunden, überließ er es dem Kollegen Julius Prüwer, mit Beethoven, Wagner, Hummel und ein paar Militärmärschen Fest- und Weihestimmung zu schaffen. Die nächste Verfassungsfeier der Reichsregierung aber – am 11. August 1928 – sah ihn wieder auf dem Podium. Diese beiden Auftritte im Zusammenhang mit unleugbar politischen Veranstaltungen der Republik scheinen die einzigen geblieben zu sein; für soziale und karitative Zwecke zu musizieren, war dagegen nichts Außerordentliches. Die Politik stellte indessen weitere Forderungen.

1930 strich die Regierung auf der formaljuristischen Basis einer Notverordnung einen Zuschuß des Reiches für das Berliner Philharmonische Orchester, den der Reichstag bereits bindend bewilligt hatte. Die Stadt Berlin als zweite Subventionsgeberin weigerte sich, ausnahmsweise mehr zu zahlen. Furtwängler appellierte an Reichskanzler Dr. Heinrich Brüning, das Orchester zu retten. Er bediente sich hier – augenscheinlich zum ersten Male – einer politischen Argumentation, die so viel Verführungskraft ausstrahlte, daß er sie gegenüber den neuen Herren nach 1933 beibehielt. Noch einmal unterstrich er, *welche kulturelle Bedeutung diesem ersten und einzigen Konzertorchester ersten Ranges in Deutschland zukommt – eine Bedeutung, die gerade im Ausland (Paris, London, Schweiz usw.), wo wir infolge der zahlreichen Reisen in den letzten Jahren sehr bekannt geworden sind, fast noch mehr anerkannt wird als in Deutschland selbst. (...) So möchte ich nun an Sie, verehrter Herr Reichskanzler die Bitte richten, Ihren großen und bestimmenden Einfluß dahin geltend zu machen, daß es bei dem bleibt, was der letzte Reichstag bereits angenommen hatte, und so durch den Zuschuß die finanzielle Sicherstellung des Orchesters, und damit die Möglichkeit, dasselbe künstlerisch auf seinem hohen Niveau zu halten, gewährleistet bleibt. Sie würden, nach meiner festen Überzeugung, damit den kulturellen Interessen Deutschlands einen großen Dienst tun.*[2]

Der Vorgang ist interessant, denn ein Aktenvermerk macht deutlich, daß der Ministerialbürokratie die Streichung nicht paßte, *weil auf diese Weise dem Reich jede Möglichkeit einer Einflußnahme auf das Orchester genommen wird.*[3]

50

Auslandswerbung durch Musik war eine Sache, die sowohl der Politik wie der Tonkunst und den Tonkünstlern nützte; hier deckten sich die Interessen. Die Politiker folgten den Vorstellungen der Musik-Autorität. Das Ansehen des Reiches jenseits der Grenzen schien ihnen diese 120 000 Mark wert, und daher beschloß der Haushaltsausschuß des Reichstags – auf Antrag der Sozialdemokraten übrigens –, den Betrag für das Orchester wieder in den Etat zu setzen und lieber bei den allgemeinen Polizeiaufgaben zu kürzen. Dennoch könnte der Glaubenssatz »Musik hat mit Politik nichts zu tun«, von der Warte des Dirigenten aus verkündet, schon stimmen. Aber mindestens so richtig ist die Erfahrung, daß »Politik viel mit Musik« zu tun hat, und diese Beziehung beschränkt sich keineswegs auf eine Auslandstournee des Berliner Philharmonischen Orchesters unter seinem Chefdirigenten.

Die Weimarer Republik diente den nationalsozialistischen »Revolutionären« zwar keineswegs als Reservoir für Entlehnungen. Sie sahen ihre politischen Vorbilder anderswo. Daß aber ihre Politik – genau wie die der abgesetzten demokratischen Vorgänger – künstlerische Dekoration nötig hatte, vielleicht nötiger als alles andere, das begriffen sie wohl. Märsche und Kampflieder allein taten es nicht. Man bedurfte der künstlerischen Größe, um im Ausland Eindruck zu machen. Hitler, der sich auf fast jedem Gebiet für einen Könner und Kenner hielt, kalkulierte die Musik als Medium der Politik fest mit ein und ging dabei von Wagners Werk aus, das er kannte und liebte, denn seine Revolution sollte durch den Mythos komplettiert und verewigt werden. Dazu taugte der Mythenbildner Wagner besser als jeder andere:

Richard Wagner ist mehr als ein großer Künstler. In seiner Persönlichkeit und in seinem Werk hat die Sehnsucht der Deutschen nach der endlichen Einheit symbolische Gestalt gewonnen. Wenn das einige deutsche Volk ihn heute ehrt, so verehrt es in ihm aber auch den Meister, der an seinem gigantischen Beispiel gezeigt hat, daß echtes Schöpfertum scheinbar unüberwindliche Widerstände am Ende doch zu bezwingen mag.[4]

Hitler identifizierte sich mit dem Giganten, ganz und noch posthum der Usurpator, und wer er eigentlich sei, führte er vor, indem er mit den Geistesgrößen umging, als gehöre er rechtens zu ihnen. Ein Gespräch des damaligen Parteiführers und Reichstagsabgeordneten der NSDAP mit Furtwängler im Sommer 1932 ist verbürgt. Es war eine Begegnung höchst ungleicher Naturen, deren Interessen sich aber in Wagner trafen. Jeder meinte freilich einen anderen Wagner. Hitler wollte wissen, welche Gründe den Dirigenten zu seiner Absage an Bayreuth veranlaßt hatten. Daß der Konflikt mit Winifred Wagner eine Machtfrage berührte und damit die Sorge um die künstlerische Qualität, also kein Prestige, das für den Politiker offensichtlich gewesen wäre, ging über sein Verständnis, und er geriet ins Monologisieren. Der Musiker erfuhr verblüfft, aber nicht sonderlich beeindruckt, von den hochtrabenden Absichten, die Hitler eines Tages mit Bayreuth zu verwirklichen gedachte. Unter Freunden Wagners und Furtwänglers kursierten verschiedene Versionen über die Ursache jenes für das Musikleben gewiß schädlichen Bruchs, und in jeder steckte ein Körnchen Wahrheit – bis hin zu der Information, daß Hitler, gleichsam incognito, schon Stellung bezogen habe:

Eine prominente Persönlichkeit hat das Fernbleiben Furtwänglers zuerst stark getadelt, kam aber nach einer persönlichen Aussprache mit Frau Winifred W. zu einer ganz anderen Ansicht u. steht nun ganz entschieden auf ihrer Seite. Herr Furtwängler wollte anscheinend ganz selbständig die Künstler engagieren, ohne Frau Wagner zu befragen. Zudem soll er ziemlich jüdisch eingestellt sein.[5]

So wurde beiläufig ruchbar, daß es nicht nur um Macht ging, sondern auch um Ideologie. Die Position Hitlers konnte also nicht im mindesten zweifelhaft bleiben. Jemand, der seit vielen Jahren mit einer jüdischen Sekretärin arbeitete, der sich nicht schämte, jüdische Solisten vorzustellen, der sich von Leo Kestenberg, dem Referenten für musikalische Angelegenheiten im Preußischen Kultusministerium vor 1933, »benutzen« ließ, war kein Bundesgenosse der Nationalsozialisten, kein Herzensfreund, sondern höchstens ein befristetes Zweckverhältnis. Der Musiker hatte sich der Musik verschrieben, so viel war offensichtlich; ihn sacht einen anderen Weg zu führen, den zur Politik, mußte ein Versuch am untauglichen Objekt bleiben. Dennoch schenkte Furtwängler der neuen Regierung, seinem Abscheu vor jeder Art »Revolution« zum Trotz, zunächst einen Vorschuß an Vertrauen. Schließlich war er kein »Miesmacher und Kritikaster« und wollte erst abwarten, was autoritative Politik zustandebringe. Seine Äußerungen der folgenden Monate – während Hitler Schlag auf Schlag bewies, was er anzielte – waren immer noch die der Hoffnung, entweder werde der Spuk bald vorbei sein, oder alles werde sich schon irgendwie einrenken. Daß die Braunhemden sich mittlerweile den Staat einverleibten und mit den Ressourcen der öffentlichen Hand unschlagbar geworden waren, bemerkte der Musiker wahrscheinlich nicht, denn noch gegen Ende des Jahres vertraute er seinen Aufzeichnungen weiterhin diese kurzsichtige Hoffnung an. Gerade durch die Berufung auf »deutsche« Traditionen und Werte dünkte ihn das NS-Regime ein Bollwerk gegen die Gefahren des »Neuen«, und das Neue in solchem Verständnis waren jene mannigfaltigen, widersprüchlichen, disputablen, ja sogar chaotischen Phänomene, die das kurze Dasein der Weimarer Republik begleiteten und mit ihr ursächlich verknüpft schienen:

Durch die Erneuerung Deutschlands seit dem Umsturz sind moralische Kräfte freigeworden in einem Ausmaße wie nie zuvor. Darin allein liegt noch keinerlei Gewähr des Gelingens dieser Erneuerung; denn es kommt im Leben nicht auf den Willen, sei er noch so gut, sondern auf Tat und Erfüllung an. Aber die Erweckung und das zielbewußte In-Anspruch-nehmen der moralischen Grundkräfte durch das neue Deutschland schafft allerdings eine Verantwortung, die größer kaum

gedacht werden kann. (...) Dieser Verantwortung werden wir
nicht gerecht, indem wir immer von Verantwortlichkeit reden;
im Gegenteil, wenn wir zu prüfen versuchen – uns selbst und
die andern –, wieweit das Erstrebte gewünscht, das, von dem
wir sprechen, der Wirklichkeit entspricht. Auf die Musik ange-
wendet, ob tatsächlich eine neue nähere Berührung zwischen
ihr und dem Volke stattfindet und auf den eingeschlagenen
Wegen zu erreichen ist.[6]

Der Musiker, so viel ist deutlich, existierte in einem »er-
höhten«, transzendentalen Bezugssystem fernab vom politischen Alltag, den zu durchschauen ihm das spezielle Instrumentarium ermangelte. Information im Allgemeinen
bedeutete ihm nur dann etwas, wenn sie irgendwie sein inneres Reich der Musik oder wenigstens Fragen des Musiklebens berührte. Die Tonkunst dem Volk zurückzugeben,
war sein höchstes Interesse; dafür wollte er, so weit unerläßlich, mit den neuen Herren zusammenwirken, zumal da
er sie noch lange nicht als kriminell erkannte. Seine Besorgnis angesichts der verführerischen Kräfte des »Modernismus« jeglicher Art äußerte sich lediglich in der Frage nach
der zweckvollen Methode. Für ihn reduzierte sich die Beurteilung des Regimes anfänglich auf eine einzige Wirkung:

Es ist ein entscheidendes Verdienst des Nationalsozialis-
mus, das keiner seiner Gegner ihm bestreiten kann, daß er
rücksichtslos aller Welt offenbart hat, wie im innersten gefähr-
det das Verhältnis zwischen Schaffenden und Aufnehmenden,
zwischen Künstlern und Publikum, zwischen Kunst und Volk
heute ist.[6]

Gerade in diesen Monaten offenbarte der Nationalsozialismus rücksichtslos aller Welt sein wahres Gesicht, und
wer sehen wollte und konnte, dem gelang es trotz aller propagandistischen Schminkversuche. Von einem bestimmten
Punkt an macht Idealismus blind, wird Isolation als Schutz-
mantel absurd. Jedoch verkörperte Furtwängler darin einen
Typus. Daß er sich auch in seinen Konzertprogrammen –
sehr gegen die Wünsche der NS-Funktionäre – den Forde-

rungen der »Revolution« nicht anglich, paßt ins Bild. Unverändert stellte er gleichsam kanonisiertes Oeuvre vor, arbeitete »fundamentalistisch«, indem er bestimmte klassische Kompositionen als höhere Offenbarungen, nicht gerade Gottes Wort, aber doch geistiger Odem des Allerhöchsten, vor seiner Gemeinde zelebrierte. Daß er nur relativ sparsam zeitgenössischen Werken Förderung angedeihen ließe, hatte ihm die Kritik vor 1933 schon angekreidet, darunter der »berüchtigte« Hans Heinz Stuckenschmidt in rücksichtslos ironischer Schärfe.[7]

Die Statistik – weitgehend komplettiert – beweist allerdings, wie wenig der Dirigent die Auseinandersetzung mit aktuell-moderner Musik scheute; freilich entschied er nach strengsten Qualitätskriterien, die auf seiner metaphysischen Beziehung zu Beethoven fußten. »Nationalsozialistische« Musik blieb gänzlich aus dem Spiel. Er brachte für die Huldigungs- und Anpassungsstücke, die SS-Märsche, Morgenfeiern der SA oder Hitler-Jugend, die Parteikantaten und »Deutschen Gebete«, wie sie zu Hunderten und Tausenden erschienen, nicht das mindeste Interesse auf. Fast jeder Komponist, der etwas auf sich hielt oder »die dynamische Kraft der nationalen Bewegung« zu eignem Nutz und Frommen anzapfen wollte, beteiligte sich an der Konjunktur, die bis 1945 einen entsprechenden Werkbestand in der Größenordnung von 15 000 Nummern anhäufte. Seine Konzertprogramme blieben davon ungetrübt. Selbst indirekt, in noch so geschickter Verhüllung, erhielt die NS-Ideologie keinen Eingang; er verschmähte auch jene Werke der absoluten Musik, die Goebbels oder sonst einem Funktionär aus dem Führungskader gewidmet waren, darunter manche aus der Feder von ernsthaften Komponisten.

Der Reichspropagandaminister erkannte solche strikt beibehaltene Programm-Methodik als Flucht vor der – bejahenden – Stellungnahme, als Ausweichen vor dem Bekenntnis zu Führer und Reich. Daher wetterte er – so anläßlich der Eröffnung der 2. Reichs-Theaterfestwoche in Hamburg und im Hinblick auf die Bühnenspielpläne:

Es genügt nicht, ein ausdrucksloses Repertoire aufzustellen, das aus der Vergangenheit jene alten Schwarten hervorsucht, die zwar nicht direkt gegen den Nationalsozialismus geschrieben wurden, die aber auf der anderen Seite auch nichts von dem Geiste unserer Zeit in sich tragen. Es reicht auch nicht aus, wenn man diesen alten Schwarten von Anno dazumal ein paar nationalsozialistische Injektionen eingibt.[8]

So sehr Goebbels an seiner Idee von der totalen Propaganda hing, die jeden Lebensbereich – also auch Philharmonie und Staatsoper – zu durchdringen hatte, so wenig vermochte er Furtwängler vorzuschreiben, welches Stück aufgeführt werden müsse. Dazu reichten die Möglichkeiten der braunen Diktatur – mindestens in diesem Falle – nicht aus. Der Minister begriff schon früh, daß der Dirigent zwar kein freier, aber ein obstinater Geist mit unerschütterlichem Rückhalt in einer Ideologie war, die der nationalsozialistischen nicht gerade entgegenstand, aber doch mit strengen Grenzen benachbart war; eine unsichere, nicht belastbare Situation, in der mit Ausbruch, mit Abweichung gerechnet werden mußte. Deswegen versuchte der Minister, die unerläßliche Bürde zu erleichtern. Einerseits widersprach er der »reaktionären« Lehre, daß Kunst und Politik nichts miteinander zu tun hätten; andererseits baute er eine goldene Brücke, über die auch reine Klassikerkonzerte mit propagandistischer Fahne marschieren mußten, damit nur ja kein Vakuum bliebe:

Es ist nicht wahr, daß der Künstler unpolitisch sei, denn politisch sein heißt nichts anderes, als mit Verstand der Öffentlichkeit zu dienen. Und wenn einer, dann tut der Künstler das. Er hat die geistige und die seelische Kraft, dem Leben der Völker Werte zu geben, – Werte, die über den Tag hinauswirken und in die Ewigkeit hineinreichen. Die großen Würfe, mit denen die Künstler der Geschichte nach der Unsterblichkeit zielten, sind auch in die Unsterblichkeit eingegangen, und sie haben Millionen und Millionen Menschen Trost und innere Stärke im schweren Kampf des Lebens geben.[9]

Diese gerissene Argumentation – Goebbels kannte seine Künstler – hätte geradezu auf Furtwängler gemünzt sein können; daß er im Gespräch mit dem Politiker schon bald Ähnliches zu hören bekam, ist mehr als wahrscheinlich. Und daß er, der Künstler, Werte vermittle, die trösten und stärken, dies entsprach durchaus der Erfahrung, die ihm der Kontakt mit seiner Gemeinde jeden Tag zutrug. Geradezu starrsinnig behauptete er aber die Trennung von Kunst und Politik, so als sei seine idealistische Forderung feststehende Tatsache.

Der Tag der Machtübernahme – der 30. Januar 1933 – war ein Montag. Das Berliner Philharmonische Orchester probte unter Bruno Kittel und mit dessen Chor den »Messias« von Händel, der für Dienstag angesetzt war. Am Mittwoch erwartete der Kaufmännische Verein die Berliner Musiker unter Furtwängler in Magdeburg. Hier fand sich als Uraufführung das Divertimento op. 33 von Günter Raphael auf dem Programm, zusammen mit Wagner und der Fünften von Tschaikowskij. Im Foyer der Stadthalle standen Sammelbüchsen für die Winternothilfe, und der Programmzettel wies auf die bittere Wirklichkeit draußen vor der Tür hin. Am 2. Februar sah der Plan ein Konzert in Leipzig vor. Der 6. Februar war mit dem sechsten der Philharmonischen Konzerte belegt, die Furtwängler in dieser Saison leitete, und bot, kontrastiert gegen Beethovens Violinkonzert und die effektvolle Fünfte von Tschaikowskij, als Erstaufführung »Variationen und Fuge über ein deutsches Volkslied« des neunzehnjährigen Gottfried Müller. Am nächsten Tag begann die spätwinterliche Konzertreise mit dem Chefdirigenten nach Belgien, England und Holland. Die Tage und Wochen, in denen politische Entscheidungen von geschichtlicher Tragweite fielen, waren für die Musiker eine Arbeitsperiode wie andere auch, nur vielleicht härter und spannungsreicher, weil das Gerücht vom drohenden finanziellen Zusammenbruch der bewährten Gemeinschaft die Runde machte; daß die Gehälter oft erst Wochen nach Fälligkeit gezahlt werden konnten, hatten die

KAUFMÄNNISCHER VEREIN ZU MAGDEBURG

ZWEITES KONZERT
Mittwoch, den 1. Februar 1933, 20 Uhr, in der „Stadthalle"

Dr. Wilhelm Furtwängler

mit dem

Berliner Philharmonischen Orchester

★

SPIEL-FOLGE:

Günter Raphael
geb. 30. 4. 1903 in Berlin,
lebt in Leipzig

Divertimento (op. 33), Uraufführung
Allegro moderato
Vivace (Scherzo)
Moderato
Adagio
Allegro molto
Allegretto
Allegro moderato

Richard Wagner

Vorspiel und Liebestod aus „Tristan und Isolde"

Richard Wagner
(Zum Gedächtnis an den
50. Todestag Wagners:
13. Februar 1883)

Vorspiel zu „Die Meistersinger von Nürnberg"

Peter Tschaikowsky

Symphonie Nr. 5 in E-Moll (op. 64)
Andante-Allegro con anima
Andante cantabile, con alzuna licenza
Valse (Allegro moderato)
Finale (Andante maestoso-Allegro vivace)

Gedenket nach festlichen Stunden auch der Bedürftigen.
Sammelbüchsen für die Winternothilfe in der Vorhalle.

58

Musiker wiederholt erlebt. In dieser Situation interessierte Politik verständlicherweise wenig.

Auf der Rückreise von dem Gastkonzert in Den Haag – nächste Station sollte Bielefeld sein – geriet Furtwängler erstmals in Konflikt mit der braunen »Revolution«. Ein SS-Führer hörte im Speisewagen ein Gespräch mit an, das der Dirigent mit seiner Sekretärin führte. Aus Anlaß eines aktuellen Falles ging es um Devisen und Steuern; Willem Mengelberg, Chef des Concertgebouw-Orchesters in Amsterdam, hatte sich gerade eine Adresse in der Schweiz zugelegt, die – nicht nur von Holland aus betrachtet – ein Steuerparadies war. Der unbemerkte Lauscher horchte auf, als er beiläufig erfuhr, daß Furtwängler im Kanton Engadin ein Ferienhaus besäße. Im Arsenal der Rechten steckte seit langem der Pauschalvorwurf des »jüdischen Steuerbetrugs und Devisenschmuggels«. Also tat der Funktionär, was er für nationale Pflicht hielt, stieg in Bielefeld aus und versuchte, die Stadtverwaltung zur Absetzung des Konzerts »strafhalber« zu veranlassen. Dies mißlang zwar, doch ging ein Bericht nach Berlin, von dem auch Hitler Kenntnis erhielt, und er sah sich wieder einmal in seinem Vorurteil bestätigt, daß der Dirigent es mit Juden und jüdischen Umtrieben hielt.

Der Öffentlichkeit blieb verborgen, was sich hinter den Kulissen tat. Der Saal in Bielefeld, die Rudolf-Oetker-Halle, war überfüllt, sodaß auch vor die Orgel noch einige Sitzreihen gequetscht wurden. Wie mit einer Stimme registrierte die Presse das Ereignis der Saison und betonte, daß das Publikum *in eine klare und doch berauschende Welt der Idee hineingehoben wurde, wo der Atem tief, ruhig und weit wird. Wilhelm Furtwängler, der Führer, wurde Symbol und Ausdruck weiter geistiger Sphären.*[10]

Dieses Gastspiel war nicht das erste; man hatte zudem langfristig geplant, gerade auch, weil Bielefeld günstig an der Fahrtroute nach Holland und England lag, also »mitzunehmen« war. Dennoch äußerte sich der Kritiker des Konkurrenzblattes besorgt, als sei zu ihm etwas durchgesickert:

Hoffentlich ist es nicht das letzte Mal, daß wir die Schar mit ihrem Meister hören.[11]

Doch nichts geschah, was solche Befürchtungen bestätigt hätte. Furtwängler konzertierte. Auf der Straße fand »Revolution« statt; die selbsternannten »Säuberer« in brauner Uniform verrichteten die Schmutzarbeit, »kaschten« sich Rote und Demokraten, Juden und solche, die sie dafür hielten. In der Tagespresse addierten sich die Meldungen über Entlassungen von »unzuverlässigen« Elementen; Gesinnung war wichtiger als Leistung; Denunzianten erlebten ihre Sternstunden, und erschnüffelte politische Todsünden aus der »Systemzeit« gingen in die Dossiers von Behörden, Parteidienststellen und privaten Erpressern ein. Die Verunsicherung wuchs mit dem Terror. Eine Zeitlang schienen die Konzertsäle und Musikbühnen noch Sanktuarien, in die der Hakenkreuz-Pöbel nicht einzubrechen wagte.

Auch die Philharmonie galt als Bannkreis. Hier behaupteten jüdische Musiker ihr Feld. Furtwängler dirigierte, als sei nichts passiert. Mit ihm konzertierten am 27. Februar der Geiger Carl Flesch, am 13. März die Pianistin Lubka Kolessa; am 6. März sang der Bariton Wilhelm Guttmann unter den Solisten mit der Singakademie und den Philharmonikern unter Georg Schumann, einen Tag später leitete Prüwer wieder ein Konzert des Orchesters, und am 10. März dirigierte es Felix Maria Gatz für die Bruckner-Vereinigung und hatte mit dem Violinkonzert Mendelssohns beachtlichen Erfolg. Daß es zunächst ruhig blieb, lag vielleicht daran, daß die Reichshauptstadt immer doch auch ein Fenster zur Welt war, die nicht zu feindseligen Reaktionen provoziert werden sollte. Hier bissen die »Revolutionäre« zudem auf den Granit erprobter politischer Strukturen von »gestern«.

Nicht von ungefähr geschah der Einbruch in heilige Bezirke der Tonkunst in der Provinz, und weil nicht ein Jude hier Zielscheibe war, sondern der »deutschblütige« Generalmusikdirektor Fritz Busch, hielt sich die Signalwirkung in Grenzen. Busch hatte, eben von einer zweiwöchigen

Gastspielreise nach Kopenhagen und Hamburg zurückgekehrt, am 7. März in der Staatsoper Dresden »Rigoletto« zu dirigieren. Die Besetzung des Hauses durch einen SA-Sturm unterbrach ihn während der Probe. Äußerer Anlaß war die Wahl zum 8. Reichstag zwei Tage zuvor, die der NSDAP 288 Sitze beschert hatte, ein Erfolg, der örtlichen Parteiorganisationen auch anderswo Mut und Übermut machte. Der Schauspieler Alexis Posse präsentierte sich als Gaukunstwart der NSDAP und Bevollmächtigter des Gauleiters und setzte Busch ab, gestattete aber großzügig, die für den Abend vorbereitete Verdi-Aufführung noch zu dirigieren. Inzwischen wehte die Hakenkreuzfahne über der Staatsoper. In arrangierter Demonstration pfiffen Anhänger der Partei den Dirigenten nieder; Busch wartete das Ende des Skandals nicht ab, sondern verließ das Haus. Natürlich war die Presse, die ihn schon seit Monaten attackiert hatte, nachdem durchgesickert war, daß er zur Städtischen Oper Berlin strebte, am anderen Tage voll von den »revolutionären« Ereignissen. Worum es eigentlich ging, erhellt aus der Rechtfertigung, die der Verursacher auf umgehendes Ersuchen an Hermann Göring einreichte. Göring, derzeit noch Reichsminister ohne Geschäftsbereich, schätzte Fritz Busch und seinen Bruder Adolf, den Geiger; ihm schien der Dirigent der richtige Mann, bei der fälligen Neuordnung des deutschen Theaterwesens eine führende Rolle – natürlich in der Reichshauptstadt – zu spielen. Die Dresdner Unternehmung behinderte diese zunächst noch verschwommenen Absichten. Posse erläuterte mit dem Brustton des fanatischen Gleichschalters:

Wohl gehörte Busch keiner politischen Partei an. Es ist auch bewußte Unwahrheit, wenn eine gewisse Presse jetzt behauptet, Busch wäre zum Eintritt in die NSDAP. aufgefordert worden. Dazu lag nie Veranlassung vor. Jedenfalls ist Busch Mitglied des Rotary-Clubs und nach seinen eigenen Äußerungen ausgesprochener Pazifist und Demokrat. (...) Busch verkehrte ausschließlich in den Kreisen von Juden, Demokraten und Warenhaus-Besitzern.[12]

Als habe er geahnt, daß solche Vorwürfe bei Göring keinen besonderen Abscheu erwecken konnten, berief sich der Schreiber unter eifriger Versicherung, er habe nie bestritten, daß Busch ein guter Dirigent sei, auf eine Entschließung der Vorstände und »fast sämtlicher« Solomitglieder der Staatsoper. Es handelte sich – vor dem Hintergrund des Anwurfs, der GMD habe vor allem organisatorisch und fachlich versagt – um ein Ansuchen an den kommissarischen Generalintendanten Geheimrat Dr. Paul Adolph, das in der Behauptung gipfelte:

Wir halten Herrn Busch weder künstlerisch noch menschlich für qualifiziert, an der Staatsoper zu wirken. Durch seine Rückkehr würden Ruhe und künstlerische Arbeiten der Oper schwer gefährdet werden.[13]

Dieses Schriftstück mit Datum vom 12. März wirkte wie ein Dolchstoß von hinten; zu diesem Zweck war es in wenigen Tagen organisiert worden, obwohl Posse wortreich Freiwilligkeit beteuerte, und daß die »Anregung nicht von Angehörigen der NSDAP« ausgegangen sei. Das Klima der Angst bürgte von selber für weitgehende Vollständigkeit. Nicht nur Operndirektor Hermann Kutzschbach, sondern auch die Kapellmeister Kurt Striegler und Karl Maria Pembaur wie Korrepetitor Ernst Hintze gaben ihre Unterschrift, dazu die gesamte Spielleitung und das Gros der Solisten, unter ihnen Tino Pattiera, Maria Cebotari und Paul Schoeffler, der den handgeschriebenen Text als letzter unterzeichnete. Zwei abwesende Sänger – Erna Berger und Max Lorenz – erklärten ihr Einverständnis mündlich; so auch Viorica Ursuleac, deren Vertrag auf eigenen Wunsch nicht verlängert worden war, sodaß sie der Optik wegen nicht unterschreiben mochte. Vier mutige Frauen schlossen sich der Kampagne nicht an: Hilde Clairfried, Lotte Elsner, Martha Fuchs und Camilla Kallab.[14]

Während das Komplott sich hinter seinem Rücken vollendete, reiste Busch am 11. März nach Berlin, um Göring mit seiner Rehabilitierung zu befassen. In diesen Tagen telefonierte Hitler zweimal nach Dresden, befahl die Wiedereinsetzung Buschs und warnte vor Gewalt gegen ihn. Wie die Lage tatsächlich aussah, zeigte die Tatsache, daß er nur seine zweite Forderung bei den Provinzoberen von Staat und Partei, Reichskommissar Manfred von Killinger und Gauleiter Martin Mutschmann, durchsetzen konnte. Die »Revolution« war aus dem Zügel gelaufen. Selbst Göring vermochte nicht mehr zu bieten als ein Trostpflaster. Er wolle nach seiner Ernennung zum Preußischen Ministerpräsidenten dafür sorgen, daß der gedemütigte Künstler mit einer führenden Position im Musikleben der Reichshauptstadt entschädigt werde. Dem Politiker schwebte eine Neuordnung vor – nach Absprache mit Hitler, versteht sich –, bei der die musikalische Oberleitung der Staatsoper zu disponieren wäre, die dann in s e i n e m Verband der Preußischen Staatstheater das repräsentative Renommierobjekt abgäbe. In diesem Punkt kollidierte Buschs Schicksal mit dem Furtwänglers, und Furtwängler hatte plötzlich einen neuen Feind. Dabei trug er keine Schuld. Was geschah, schilderte er später so:

Nun hatte aber Generalintendant Tietjen mit mir bereits vor dem Machtantritt der Nazis, im Winter 1932, einen Vertrag auf Übernahme der Staatsoperndirektion unterschrieben. Als daher Göring an Tietjen mit dem Wunsch herantrat, Busch zum Operndirektor zu machen, mußte dieser ihn darauf aufmerksam machen, daß das nicht mehr möglich sei, da bereits ein Vertrag mit Furtwängler bestünde. Göring war darüber sehr ungehalten und hat noch in seiner ersten Zusammenkunft mit mir und Tietjen im Frühjahr 1933, wie ich mich sehr gut erinnere, unumwunden ausgesprochen, daß er eigentlich etwas anderes vorgehabt hätte.[15]

Dieser Bericht leuchtet ein. Leider reicht die Überlieferung nicht aus, ihn aus dem Dokument zu bestätigen. Die Archive geben keinen Vertrag aus dem Winter 1932/33 her, wogegen alle anderen, die Furtwängler betreffen, noch vorliegen. Weitere Fragen stellen sich: Warum hat der Generalintendant in diesem Falle nicht – wie üblich – die Presse von dem auch für die Staatsoper glücklichen Abschluß informiert? Wieso findet sich in der ziemlich geschlossen überlieferten Korrespondenz zwischen dem Dirigenten und seiner Sekretärin kein Hinweis auf die neue Position? Ist denkbar, daß die Musikjournalisten, die gerade in Berlin häufig das Gras wachsen hörten, hier monatelang taub blieben? Dabei hatte zum Beispiel das Preußische Finanzministerium gegenzuzeichnen, weil eine solche Verpflichtung den Theater-Etat berührte; aber selbst da schafft der Archivbestand keine Klarheit. Will man nicht annehmen, daß die Darstellung des Dirigenten in die Kategorie »Aura-Pflege« fiele, so muß man das Unwahrscheinliche akzeptieren, daß die Tücke des Zufalls sämtliche weitverstreuten Möglichkeiten der Beweiserhebung ausgerechnet in dieser Sache zunichte gemacht hätte. Zweifel gebiert Mythen.

Während Busch in seinen Erinnerungen davon erzählte, Göring habe nicht halten können, was er versprochen, nämlich wegen »längst getroffener Abmachungen«[16], bastelte sich seine Witwe einen heroischen Mythos, indem sie versicherte, daß es *unmenschlich, übermenschlich gewesen wäre, vom Gipfel des Hochgeachtetseins von heute auf morgen moralisch wie künstlerisch in Verfemung gestoßen zu werden, ohne sich zu wehren. Auch Fritz Busch hat sich gewehrt und ist damals dank einem gütigen Schicksal unterlegen gegen Furtwängler, der die größere Publizität und durch seine rechte Hand Berta Geißmar die wichtigen Verbindungen hatte.*[17]

Unbefangen suggerierte sie dem Leser, der verzweifelte Versuch, eine gleichwertige Position als Entschädigung zu erlangen, habe »sich wehren« bedeutet, und die Jüdin Geissmar sei mitten in der Eruption des antisemitischen Affekts noch imstande gewesen, ihre »wichtigen Verbindungen« zugunsten Furtwänglers zu mobilisieren. Ins Bild paßt, daß sie mit Einzelheiten geizte, als sie erzählte, wie der Verfemte dann doch noch – dank freundlicher Hilfe mehrerer NS-Dienststellen – zu einer Kompensation kam, nachdem er mehrere Angebote ausgeschlagen hatte.

In diesen turbulenten Wochen suchte auch Furtwängler nach Möglichkeiten, seinem Kollegen Busch zu helfen. Dies schien ihm natürlich und selbstverständlich. Denn seine Sorge galt dem Zustand des Musiklebens, das schon durch wirtschaftliche Nöte genug ruiniert war; politische Schädigungen mußten daher unter allen Umständen vermieden werden. Aber noch bot sich kein aussichtsreicher Ansprechpartner unter den Spitzenfunktionären. Kompetenzen und Machtbereiche liefen noch durcheinander. Erst allmählich kristallisierte sich eine organisatorische Ordnung heraus, der man musikpolitische Verantwortung abverlangen konnte. Das Chaos auf der unteren Ebene sorgte zunächst vollauf für eine Art von Beschäftigung, die bislang nicht zu der eines Dirigenten gerechnet worden war. Furtwängler mußte – von heute auf morgen – Entscheidungen von politischem Gewicht und mit politischen Folgen treffen. Dabei war er alles andere als frei, selbst wenn er sich jede Rücksicht auf die eigene Person versagte.

Ihm war klar, daß er die Berliner Philharmoniker – durch Neigung und Einübung in jeder Hinsicht s e i n Orchester – nicht im Stich lassen konnte. Er wußte, was der Öffentlichkeit ängstlich vorenthalten wurde, was selbst die zuständigen Behörden erst zwei Jahre später anläßlich einer Rechnungsprüfung durch die Deutsche Revisions- und Treuhand-AG erfuhren: Er war künstlerischer Leiter eines bankrotten Unternehmens. Das Orchester besaß die Rechtsform einer Gesellschaft mit beschränkter Haftung; der einzelne Musiker hatte einen bestimmten Anteil als Einlage beizusteuern und haftete persönlich mit dieser Summe. Bis zum Geschäftsjahr 1931/32 betrug das Stammkapital 48 000 RM und erhöhte sich dann – durch Aufnahme von 23 Musikern aus dem eingestellten Berliner Symphonie-Orchester – auf 66 000 RM. Als Reservefonds stand ein Bagatell-Betrag von ganzen 6 337,32 RM zur Verfügung. Schon die Bilanz des Rechnungsjahres 1930/31 wies rote Zahlen aus, und die Verluste addierten sich seither. Die Geschäftsführung ignorierte die im GmbH-Gesetz, § 64, festgeschriebene Pflicht, »ohne schuldhaftes Zögern, spätestens aber drei Wochen nach Eintritt der Zahlungsunfähigkeit« die Eröffnung des gerichtlichen Vergleichsverfahrens zu beantragen, also Konkurs zu machen. Ungerührt riskierten nicht nur die Geschäftsführer, sondern auch die Gesellschafter, also die Musiker, ein Jahr Gefängnis und Geldstrafe bis 5 000 Mark. Sie handelten kriminell wie irgendein mieser Konkursgauner; andernfalls hätte das Berliner Philharmonische Orchester zu existieren aufgehört.

Es war eine permanente Ausnahmesituation. Daß sich zur Erhaltung eines derart wichtigen Kulturguts auch ein Gesetzesbruch rechtfertigen ließ, bewies die Haltung der Behörden nach jener Betriebsprüfung; obwohl die Tat noch nicht verjährt war, unterblieb ihre Ahndung. Das Berliner Philharmonische Orchester im Gefängnis wäre dem Ansehen des NS-Staats nicht dienlich gewesen, so gnadenlos man sonst Finanzmanipulationen und Unterschleif bei tatsächlichen oder angeblichen politischen Gegnern verfolgen ließ. Vor dem Hintergrund dieser Situation konnte sich Furtwängler kein Auftrumpfen leisten, erst recht kein politisches. Denn es war offensichtlich, daß Hilfe nur von der nationalsozialistischen Regierung kommen konnte. In diesem Frühjahr schoben mehrere Behörden den schwierigen Fall jeweils auf andere Behörden ab. Erregte Konferenzen ventilierten das Problem. Die Stadt Berlin steuerte – wie auch das Innenministerium als Vertretung des Reichs – von Monat zu Monat Subventionen in Höhe von wenigen tausend Mark bei. Der Ausdruck äußersten Widerwillens war unverkennbar. Unter diesem Zwang hatte die Geschäftsführung viel Hoffnung auf die Einrichtung von »volkstümlichen Konzerten« gesetzt und die Leistung des Kollektivs an betuchte Leute mit Ehrgeiz und mehr oder weniger ausgeprägter Dirigierbegabung verkauft. Jeder Stümper konnte sich die Berliner Philharmoniker mieten.

Furtwängler kannte die Notlage. Seine Möglichkeiten hielten sich in engen Grenzen. Dennoch wagte er ab und zu etwas, und auch als wiederum die »dynamische Kraft der

Morgenfeier

anläßlich des Geburtstages des Herrn Reichskanzlers

A D O L F   H I T L E R

am 20. April 1933, vorm. 11.30 Uhr, in der Berliner Staats-Oper.

FESTKONZERT DES KAMPFBUNDORCHESTERS
verstärkt durch nationalsozialistische Musiker sämtlicher großen
Berliner Orchester (160 Künstler).

Leitung: **Prof. Dr. h. c. Gustav Havemann.**

Solisten: **Gerhard Hüsch** (Bariton), **Rudolf Schulz** (Violine),
Helmut Zernick (Violine), **Hanns Udo Müller** (Klavierbegleitg.).
Vortragsfolge: Sprechchor (verstärkt durch den Horst
Wessel-Sturm). — Leitung: **Herbert Molenaar.** — **Bach:**
Doppelkonzert für 2 Violinen und Orchester. Lieder von **Bach,
Schubert** und **Höser. Beethoven:** 5. Symphonie in c-moll.
Eintrittskarten zum Preise von 0,50 bis 6,00 RM. beim
Kampfbund für deutsche Kultur, Linkstr. 29, Bote & Bock, bei
den Geschäftsstellen des „Angriffs" u. „Völkischen Beobachters".

**Das gesamte deutsche Berlin
feiert den Geburtstag seines Führers!**

Havemann wirbt mit Hitler

nationalen Bewegung« in das geheiligte Odeon einbrach.
Für die Saison 1932/33 waren fünf Konzerte mit Bruno
Walter vereinbart worden, und Walter besaß in Berlin eine
Gemeinde von treuen Anhängern. Abermals revoltierte die
Provinz, und wieder in Sachsen. Volksstimmung, durch die
NSDAP angeheizt und organisiert, machte sich gegen den
jüdischen Dirigenten stark, der am 16. März ein Gewandhauskonzert hätte leiten sollen. Der Reichskommissar von
Sachsen unterband dieses Auftreten mit einer Verbotsdro-
hung wegen »Störung der öffentlichen Ordnung«. Das Berliner Abonnementskonzert, betreut von der – ebenfalls jüdischen – Konzertdirektion Wolff & Sachs, war für den
20. März vorgesehen. Vier Tage zuvor hatte Dr. Goebbels
sein Amt als Reichspropagandaminister angetreten; offen
war noch, ob die Musik endgültig ihm unterstellt oder beim
Ressort des Erziehungsministers bleiben werde, und für die
Behandlung »nichtarischer« Künstler existierten noch keine amtlichen Weisungen. Als daher die Bitte der Konzertdirektion um ein paar Polizisten als Saalschutz abgeschlagen

wurde und Walter Funk, Staatssekretär im neuen Ministerium, zur Vermeidung von Schwierigkeiten zu einem »arischen« Kapellmeister riet, verzichtete Walter.

Das Konzert absagen? Auf die mögliche Einnahme für das Orchester verzichten? Den Zusammenbruch noch beschleunigen? Solche schwierigen Fragen waren innerhalb weniger Stunden zu entscheiden. Politische Moral hat ihren Preis. Dennoch weigerte sich Furtwängler, für Bruno Walter einzuspringen. Ein gleich prominenter Musiker mußte her. Nach intensiven Bemühungen – unter anderem durch Pg. Hugo Rasch, der für den parteiamtlichen »Völkischen Beobachter« über Musik schrieb, und Pg. Julius Kopsch, Dr. jur. und SA-Sturmführer, Dirigent und Komponist, der sich unberechtigt mit dem GMD-Titel schmückte – erklärte sich Richard Strauss bereit, das Opfer zu bringen, und es war ein Opfer im mehrfachen Sinn. Der Meister spendete – ganz gegen seine Gewohnheit – das für Walter eingeplante Honorar von 1500 RM dem Orchester und trat unentgeltlich auf, freilich nicht ohne an seine »Sinfonia domestica« zu erinnern, und er ersparte den Braunhemden die Peinlichkeit, die eine Absage politisch, nämlich unter den Augen der in Berlin stationierten Auslandsjournalisten, mit sich gebracht hätte. Rasch und Kopsch sahen sich bestätigt: »Arier« sind mehr als Lückenbüßer. In den kommenden Tagen strafte das Publikum sie allerdings Lügen. So viele Abonnenten gaben ihre Karten für das letzte Konzert der Walter-Reihe am 3. April zurück, daß es ausfallen mußte.

Spätestens am Tage von Straussens Ersatzkonzert mußte Furtwängler einsehen, daß politische Entscheidungen für ihn, der sich vorgenommen hatte, Musik und Politik strikt auseinanderzuhalten, fortan gängige Übung bleiben würden. Der »Tag von Potsdam« zollte sogleich Tribut. Für den 21. März ließ Hitler, um Tradition und Legitimität zu demonstrieren, in der Potsdamer Garnisonkirche, ganz bewußt über der Gruft der Preußenkönige Friedrich Wilhelm I. und Friedrich II., ein Ritual zelebrieren, einen ersten »Staatsakt« mit Orgelhymnus und Marschklang und unübersehbaren Menschenmassen, denen im Echo der »weihevollen Stunden« nicht zu Bewußtsein kam, daß das zwei Tage später verkündete »Ermächtigungsgesetz«, als »Gesetz zur Behebung der Not von Volk und Staat« schwülstig getarnt, das Ende der gesetzgebenden Gewalt und den Anfang der Parteidiktatur anzeigte. Die Veranstaltung war eine Frucht des Reichspropagandaministeriums. Zur Krönung des Tages wurde die Staatsoper auserkoren – mit dem prominentesten Dirigenten des Reiches.

Der Generalintendant hatte für diesen Abend Straussens »Elektra« vorbereitet. Gertrud Kappel als Gast sollte die Titelrolle singen, Margarete Klose die Klytämnestra und Marcel Wittrisch den Aegisth. Goebbels bestellte jedoch – mit knappster Frist – Wagners »Meistersinger«, weil er eines Stoffs bedurfte, aus dem sich mythisches Feuer für den propagandistischen Zweck schlagen ließ. Es war ein Ministerauftrag, mehr noch: Anordnung der Reichsregierung. Während sich ein Fackelzug der braunen Formationen durch Berlins Straßen wälzte, spielte die Staatsoper das bewährte Repertoirewerk »Die Meistersinger von Nürnberg«. Daß Furtwängler dirigierte, ging im Trubel fast unter:

In der Ehrenloge sah man den Reichskanzler Adolf Hitler, den Reichsminister Hugenberg, die Reichsminister Göring, Frick, Eltz von Rübenach, den Staatssekretär von Bülow und andere mehr. Zum dritten Akt erschien auch Vizekanzler von Papen, Reichsarbeitsminister Seldte, Reichsjustizminister Dr. Gürtner. Sonst sah man sehr viele SA- und SS-Uniformen, viele Persönlichkeiten des öffentlichen Lebens, der Kunst, der Wissenschaft, der Politik.[18]

Noch war rechtsstaatliche Optik gewahrt, die den unbefangenen Betrachter beruhigen konnte. Noch präsentierte sich die Reichsregierung als Koalition, als »Nationaler Zusammenschluß«. Hitler, Göring und Frick vertraten die NSDAP; Hugenberg kam wie Gürtner von der DNVP, Seldte vom Stahlhelm, Papen gehörte zur Zentrumspartei und von Rübenach war parteilos. Demnach konnte diese

»Meistersinger«-Aufführung für Furtwängler kein schwereres und anderes Gewicht haben als seine Konzerte zur Verfassungsfeier der Weimarer Republik. An diesem Märzabend war – fast – alles beim Alten. Zwei Tagebuchschreiber, gegensätzliche Charaktere, notierten Neues. So schwärmte Goebbels:

Den Abschluß dieses Abends bildet eine berauschend schöne »Meistersinger«-Aufführung in der Lindenoper. Alles ist in Musik getaucht. Nun hat der strahlende »Wacht-auf!«-Chor wieder seinen Sinn erhalten.[19]

Thomas Mann zog zwei Musikereignisse zusammen, die ihm bedenklich erschienen:

Unwille, daß Strauss das Bruno Walter entzogene Konzert übernommen hat. Furtwängler dirigiert die von der »Regierung« für den heutigen Jubeltag angeordneten »Meistersinger«. Lakeien.[20]

Beide unterschieden sich freilich um Grade. Der Minister war über die Hintergründe informiert, der Dichter nicht.

Furtwängler konnte und mochte sich nicht gezwungenermaßen mit Politik abgeben; er mußte seine Konzerte wahrnehmen. Am Tage nach dem Potsdamer »Staatsakt« leitete er in der Staatsoper die verschobene Aufführung der »Elektra«; seine Heroine war nun die »nichtarische« Rose Pauly. Der 23. März sah ihn mit dem Orchester in Leipzig, der 24. war dem letzten Abonnementskonzert in Hamburg gewidmet, und am 27. stand er wieder in der Philharmonie auf dem Podium und bot – mit Elly Ney als Solistin – Schumann, Beethoven, Strauss und als Auftakt die Uraufführung des Sinfonischen Satzes Nr. 3 von Arthur Honegger. Aber vielleicht war das schon eine Art Flucht vor dem Zugriff der Politik; was ein Musiker, selbst der prominenteste, wollte und konnte oder nicht, interessierte die »Revolutionäre« kein bißchen.

Einer dieser »Revolutionäre«, der eifrigste und frechste, war selber Musiker und ein begabter dazu, der Violinvir-

70

Gustav Havemann

tuose Gustav Havemann, Professor an der Musikhochschule Berlin. Er agierte mit dem Rückhalt des »Kampfbundes für Deutsche Kultur« und des mächtigen Staatskommissars Hans Hinkel, allerdings so eigenwillig, daß er sehr bald in Konflikte mit der Parteilinie geriet. Hatten seine Gegner noch hingenommen, daß er, der in Berlin NS-Konzerte leitete, im Oktober 1932 mit dem Frankfurter Orchesterverein unter Hans Rosbaud das Konzert Mendelssohns aufführte und Protest im Saal provozierte, so sahen sie ihm seine inkonsequent persönliche Judenpolitik nicht nach. Havemann unterschied zwar nach »Rasse«, teilte aber die Juden durchaus in Freund und Feind ein; weil er das selbsterfundene Wort vom »deutschstämmigen Juden« motivisch vertrat, kam er zwei Jahre später sogar auf eine Liste von »Musik-Bolschewisten«, die das Amt für Kunstpflege in der NS-Kulturgemeinde zur internen Orientierung herumgehen ließ. Im März 1933 hatte diese verkappte Renegaten-Natur noch freie Bahn. Er nützte sie unter anderem, um ein Schreiben an die Geschäftsführung des Berliner Philharmonischen Orchesters zu schicken mit der Forderung, die jüdischen Musiker und vor allem Frl. Dr. Geissmar als »untragbar« für das nationalsozialistische Deutschland zu entlassen. Am 13. März wiederholte er dieses Verlangen in einer Besprechung mit Funk, Höber und dem Rundfunkkapellmeister Hanns Steinkopf; zusätzlich forderte er ein Konzert der Philharmoniker zugunsten des KfdK... Antwort gefälligst innerhalb von 48 Stunden! Nicht nur schaltete er mit freundlicher Hilfe des Reichsinnenministeriums den freigewerkschaftlichen Deutschen Musikerverband (DEMUV) gleich, eine Standesvertretung der Orchestermusiker; er ließ in diesen Tagen auch den »Deutschen Konzertgeberbund« wissen, er habe sich aufzulösen.[21] Dieser Verein leistete – äußerst rührig – einen Beitrag zur Belebung des Musikbetriebs, indem er für seine Mitglieder gegen eine Jahreszahlung von zwölf Mark Konzerte arrangierte. Vorsitzender war der jüdische Pianist Georg Bertram, und den Vorstand bildeten Bruno Eisner, Furtwängler, Hannah Hempel, Leonid Kreutzer, Kurt Singer, Richard Stern und Kurt von Wolfurt, die in Berlin und darüber hinaus durchweg einen Namen hatten. Qualität war Havemann völlig gleichgültig; er kämpfte für »Rasse«, und da zwei Drittel des Vorstands aus in- und ausländischen Juden bestand, deren keiner als »Schutzjude« seinen Gefallen fand, kündigte er »pflichtgemäß« amtliche Schritte an. Der Einschüchterungsversuch mißglückte, denn der Vorstand, der sich hilfesuchend um den prominenten Furtwängler scharte, pochte auf eine behördliche Entscheidung. Da der Gleichschalter sich bald in internen Querelen erschöpfte, konnte der Deutsche Konzertgeberbund noch monatelang weiter tätig sein. In der Neuordnung des Musiklebens, wie sie sich ab November 1933 durch die Reichsmusikkamer (RMK) etablierte, fand er dann allerdings keinen Platz mehr.

Obwohl diese beiden Attacken, die Furtwängler als gegen sich persönlich gerichtet vermerkte, ins Leere liefen, war ihm klar, daß er Bundesgenossen nötig hatte, um zu retten, was sich retten ließ. Einen rekrutierte er auf der Gegenseite. Auch diese Aktion fiel in den ereignisreichen Monat

März. Die NSDAP versuchte, Widerstände gegen die Gleichschaltung, das heißt gegen die Erzwingung einer »nationalen« und antisemitischen Politik, dadurch auszuräumen, daß sie jeder wichtigeren Organisation einen Kommissar aufdrängte, der als Verbindungsmann den Boden entsprechend vorzubereiten hatte. Nun war das Berliner Philharmonische Orchester zwar eine privatrechtliche GmbH, besaß aber – wie ein Zeitungsverlag, eine Rundfunkgesellschaft oder ein Verkehrsbetrieb – genau den Öffentlichkeitsbezug, der das Interesse der Partei weckte; Subventionsnehmer sind überdies jeder Pression »von oben« zugänglich. Daher gelang es, in der Geschäftsleitung einen Kommissar zu postieren, der offiziell gegen Furtwängler anzutreten hatte. Einige wenige Orchestermusiker besaßen zwar schon das Parteibuch, und unter den eingegliederten, von der Stadt Berlin »abgestellten« Symphonikern trug sogar etwa jeder zweite das Hakenkreuz-Abzeichen. Aber diese parteihörigen »kleinen« Leute wären vielleicht nicht fähig gewesen, Politik gegen einen Chef durchzusetzen, der überzeugt war, er könne die Kunst von allem »Niederen« freihalten.

Der Kommissar mußte etwas mehr an Ebenbürtigkeit herzeigen können. Es ist eine Ironie des Geschicks, daß es diese teilweise Ebenbürtigkeit war, die ihn zum Verbündeten machte. Rudolf von Schmidtseck, Jahrgang 1901, Dr. phil. und Kapellmeister, tauchte wie aus dem Nichts im März 1933 im Orchesterbüro auf und verschwand im Dezember des folgenden Jahres, als Furtwängler seine Ämter verlor, ebenso unauffällig wie und woher er gekommen war, nämlich nach Ostpreußen, wo er sein Gut Woplauken bestellte, der Konzertgemeinde Rastenburg vorstand und im lokalen Blättchen »Der Beobachter« Musikberichte schrieb. Zuvor hatte er 1927–28 in Kopenhagen als Korrepetitor gearbeitet, von 1930–31 in der Hauptstadt wie in der Provinz Schwedens als Kapellmeister; dann hatte er sporadisch in Bremen und Königsberg gewirkt und nach Berlin sein Parteibuch Nr. 1.118.274 mitgebracht, das er bei der

NSDAP-Ortsgruppe Rastenburg durch Beitrittserklärung vom 1. Januar 1932 erworben. Dies war der Mann, ohne den wohl fast alles anders und ganz gegen die Absichten Furtwänglers verlaufen wäre. Denn Schmidtseck erkannte sogleich, daß es auf Erhaltung und Verteidigung des Bestandes und der Qualität ankam, und er brachte jenes juristische Geschick mit, das dem impulsiven und gelegentlich explosiven »Chef« nicht gegeben war. Diese Kombination machte die Gleichschaltung der Berliner Philharmoniker zu einer aufregenden Auseinandersetzung.

Zunächst mußte Furtwängler Anfang April eine böse Niederlage einstecken – einfach deswegen, weil seine musikalische Autorität durch die politische überstimmt wurde. Seine Abneigung gegen Entscheidungen im Gremium bestätigte sich. Was geschah, verrät eine ebenso nüchterne wie inhaltsschwere Presseverlautbarung:

Im preußischen Kultusministerium haben zwischen der zuständigen Stelle und dem Oberbürgermeister von Berlin sowie den eingesetzten Kommissaren für die Berliner Stadtverwaltung Besprechungen über das Programm der Berliner Kunstwochen stattgefunden. An der Besprechung nahmen auch die Generalmusikdirektoren Max von Schillings und Wilhelm Furtwängler teil. Es wurde die Entscheidung getroffen, daß anstelle eines jüdischen Dirigenten der Komponist Hans Pfitzner die Oper Electra, ferner Richard Strauss seine Oper Salome dirigieren werden.[22]

Zwar saß der Dirigent im Programmausschuß für die Berliner Kunstwochen. Aber er konnte sich nicht durchsetzen mit seinem Verlangen nach Erhaltung der Qualität, jüdisch oder nicht. Max von Schillings war ihm keine Hilfe. Der Ausschuß mußte nicht nur die vorgesehenen Orchesterkonzerte mit Bruno Walter und Klemperer völlig absagen, sondern auch jene Konzertreihe mit Kammerwerken von Brahms, die Arthur Schnabel, Paul Hindemith, Bronislaw Hubermann und Gregor Piatigorsky bereichern sollten, und die Kunstwochen derart verkürzen, daß nur noch das Klingler-Quartett übrigblieb, um die Streicher-Kammermusiken von Brahms zu spielen. Dieser Vorfall wurmte Furtwängler über alle Maßen. Er begann zu überlegen, was man tun müsse, damit – reichsweit – eine einzige Autorität in Musikfragen programmatische Entscheidungen jenseits der Politik treffen konnte. Daß er so früh schon sich selber als höchster Schiedsrichter des deutschen Musiklebens sah, ist wahrscheinlich. Er muß aber zugleich erkannt haben, wie sehr er damit Macht und Politik als Helfer beanspruchte.

Immer noch arbeiteten private Sympathisanten für ihn. Zum Beispiel appellierte der Direktor der Dresdener Bank Bielefeld an den kommissarischen Leiter des Preußischen Ministeriums für Wissenschaft, Kunst und Volksbildung, einen unwürdigen Mißstand in Bayreuth von Amts wegen zu beheben:

Wenn Frau Winifred Wagner, die Engländerin, kein Empfinden für diesen Mißgriff hat, und das Andenken an den deutschen Dichter-Komponisten Wagner schändet, indem sie im Erinnerungsjahre an seinen 50. Todestag einem Ausländer die Leitung der deutschen Festspiele in Bayreuth übergibt, dann greifen Sie ein, Herr Reichsminister! (...) Ans Bayreuther Pult gehört ein Strauss oder ein Furtwängler und kein Welscher, kein Toscanini, der übrigens, wie seinerzeit bekannt wurde, ausländischen Pressevertretern gegenüber sich in schmähendsten Ausdrücken über Deutschland ergangen hat.[23]

Das Ministerium brauchte zwei Monate, um mitzuteilen, daß Eingreifen nicht möglich sei, da das Festspielhaus nie staatliche Hilfe in Anspruch genommen habe. Dieses Schreiben datiert vom 6. Juni; am Tage zuvor hatte Toscanini aus politischen Gründen seine Mitwirkung in Bayreuth aufgekündigt.

Solche Art Entscheidungsfreiheit in künstlerischen Dingen mochte auch Furtwängler vorgeschwebt haben. Jedenfalls wird deutlich, daß er die Niederlage im Programmausschuß der Berliner Kunstwochen wettmachen wollte. Die

Gelegenheit kam sofort. Allerdings konnte er sich vergewissern, daß der kulturpolitische Konflikt eskalierte. Als bekannt wurde, daß einige amerikanische Musiker sich wegen des Boykotts jüdischer und marxistischer Kollegen an den Reichskanzler gewandt hätten, verfügte der kommissarische Intendant des Deutschlandsenders, *daß Kompositionen und Schallplatten der vorstehenden Herren im Programm des Deutschlandsenders nicht mehr anzusetzen sind und daß auch keine musikalische Veranstaltung aus Konzertsälen oder von anderen Sendern übernommen wird, an denen vorstehende Herren in irgendeiner Form beteiligt sind.*[24]

Furtwängler, der einige jener Musiker kannte, las die Meldung. Zorn packte ihn, und er setzte sich hin und schrieb einen Brief nach Mannheim. Für den 26. April war nämlich im Zusammenhang mit der großen Frühjahrstournee des Orchesters durch Deutschland, Frankreich und die Schweiz ein Auftreten in Mannheim vorgesehen, und zwar gemeinsam mit dem dort beheimateten National-Orchester. Dessen Orchestervorstand, der Posaunist August Sander, hatte brieflich gebeten, die ersten Pulte zu diesem Anlaß mit örtlichen Musikern zu besetzen. Der Grund lag auf der Hand. Mannheim war inzwischen – unter den Hetztiraden der Parteizeitung »Hakenkreuzbanner« gegen die Juden, »Schluß mit der Juderei in Mannheim!«[25], zumal im Kunstleben der Stadt, und immer wieder propagandistisch bearbeitet durch Dr. Ing. Reinhold Roth, NSDAP-Kreisleiter und Führer der Ortsgruppe des KfdK – zu einer Hochburg das Antisemitismus geworden. Die jüdischen Berliner Konzertmeister sollten aus dem Vordergrund, von der Bildfläche verschwinden. Furtwängler schlug diese Begehren rundweg ab. Er teilte – unter dem 6. April – seine Gründe mit, unangreifbare künstlerische, und fügte hinzu, wenn in Mannheim die Anwesenheit einiger jüdischer Künstler in seinem Orchester Bedenken erwecke, müsse das gemeinsame Konzert unterbleiben.

An diesem Morgen brachten die Berliner Zeitungen eine Meldung aus New York, die andeutete, wie verworren die

Fronten der Auseinandersetzung um Qualität und Rasse in jenen Wochen noch waren, ein grausames Vexierspiel. Fritz Kreisler, eminenter Geiger mit Wohnsitz in Berlin, gastierte gerade in Amerika und hatte den Schlagzeilen entnommen, daß eine Gruppe amerikanischer Künstler den großen Toscanini durch mehr oder weniger intensives Zureden zur Absage seiner Verpflichtung bei den Bayreuther Festspielen zu bewegen gesucht. Sogar die Rede ging, man werde andernfalls nicht mehr mit ihm konzertieren. Der Jude Kreisler äußerte empört, *daß die dafür verantwortlichen Künstler die Bedeutung und die dynamische Kraft der nationalen Bewegung nicht verstehen, die die jetzige deutsche Regierung ans Ruder gebracht hat. Die nationalen Empfindungen, die heute das deutsche Volk beherrschen, stellen den Rückschlag dar von der Lethargie und stummen Verzweiflung, die die breiten Massen Deutschlands in der Nachkriegszeit erfaßt hatte. Ihre Ausbrüche scheinen ebenso unaufhaltsam und schicksalhaft wie die großen Umwälzungen in der Natur und im Weltall. Die Ursachen dieser Erscheinung sind offenbar. Jedermann kennt das tragische Schicksal, das vom deutschen Volk im letzten Jahrzehnt erlitten wurde.*[26]

Der Geiger war sicher, ein derartiger moralischer Druck müsse *gegen alle Grundsätze derselben Forderung verstoßen, die sie zu verteidigen vorgeben: nämlich der Forderung nach unbedingter Freiheit des künstlerischen Ausdrucks und nach seiner Erhebung über die Sphäre des politischen und Rassenstreits hinaus.*[26]

Sein Aufruf, den die Nationalsozialisten dankbar begrüßten, endet mit dem edlen Pathos eines Künstlers, der retten wollte, was zu retten war:

Mit allem Ernst beschwöre ich Toscanini, nach Bayreuth zu gehen. Wir können einen so starken Botschafter des Friedens und des guten Willens zu einer Zeit nicht entbehren, in der alle Völker sich in solcher Erregung befinden und Bedrohungen des Friedens überall laut werden.[26]

Furtwängler las auch diese Meldung. Seine nahezu täglichen Auseinandersetzungen mit den antisemitischen Quer-

77

schüssen hatten ihm aber die Erfahrung vermittelt, daß Kreislers Ansatzpunkt nicht der günstigste sei. Ihm paßten Protest und Boykott des Auslandes sogar sehr gut, denn nun verfügte er über ein unschlagbares Argument. Die neue Regierung legte gerade während der »Revolution« Wert auf das Image der Respektabilität, das Ausland mußte besänftigt, geradezu über Ziel und Ausmaß der Greuel getäuscht werden. Diese propagandistische Notlage mußte sich in Erfolg zugunsten des Musikbetriebs umsetzen lassen. In solcher Gewißheit schrieb er einen zweiten Brief. Der ging am 7. April – freitags – in der Kanzlei des Reichsministeriums für Volksaufklärung und Propaganda ein. Es war der Tag, an dem der Reichstag das »Gesetz zur Wiederherstellung des Berufsbeamtentums« beschloß, also die Aussperrung der Juden aus dem öffentlichen Dienst.

Daß Goebbels sogleich durchschaute, welche Taktik der Dirigent zu nutzen gedachte, ist wahrscheinlich, und der Politiker, mit allen Methoden der Massenbeeinflussung souverän vertraut und darin dem Musiker überlegen, verstand, daß er nun den spektakulären Sprung nach vorn tun müsse, einen propagandistischen Coup, raffiniert aus edler Aufrichtigkeit und gerissener Verstellung zusammengesetzt, um die Weltöffentlichkeit zu beruhigen. Er bat um die Genehmigung, den Brief in die Presse zu bringen. Gleichzeitig gab er sich sicher, was die Zukunft des Berliner Philharmonischen Orchesters in seinem gegenwärtigen Bestand – und das konnte nur bedeuten: einschließlich aller jüdischen Mitglieder – sowie in organisatorischer Hinsicht anbetraf. Das kurze Gespräch, aus dem hervorging, der Minister werde eine Art Schirmherrschaft über das Orchester ausüben, fand am Montagabend im Anschluß an Furtwänglers letztes Konzert der Saison statt. Daß der Politiker ihn nicht bitten ließ, sondern sich ins Künstlerzimmer bemühte, mußte ebenso Bedeutung haben wie die demonstrative Teilnahme der Reichsregierung an diesem Konzert.

Am folgenden Morgen – am 11. April – war der Brief in den Schlagzeilen und verdrängte die Meldung von der tele-

┌─ **Konzertdirektion GEO ALBERT BACKHAUS, Berlin W 9** ─┐
Philharmonie: Donnerstag, 1. Juni, 8 Uhr:
Auf besonderen Wunsch des Herrn Reichskanzlers
zweiter Klavier-Abend

Wilhelm Backhaus

Schumann: Warum? Aufschwung. **Beethoven:** Appassionata.
Chopin: 3 Etüden op. 25, Nocturne Fis-dur, Scherzo Cis-moll.
Schubert: Militärmarsch. **Liszt:** Liebestraum, Campanella u. a.
Der Reichskanzler hat sein Erscheinen zugesagt.
Karten im Vorverkauf ab 1.50 Bote & Bock, Wertheim u. Fil.
└──┘

Praktische Verbindung von Musik und Politik: 1933

grafischen Ernennung Hermann Görings zum Preußischen
Ministerpräsidenten. Goebbels hatte ihn, der optimalen
Streuwirkung wegen, über das Wolffsche Telegraphenbüro
geleitet, zugleich mit seiner Antwort. Tagelang – im Ausland noch wochenlang – kommentierten Journalisten aller
Richtungen. Es war eine Sensation: Der Minister eines dik-
tatorischen Regimes ließ sich herab, mit einem Künstler
über Kunst und Politik zu sprechen, statt ihn unter den
Maulkorb zu kommandieren. Befriedigt strich Goebbels
solches Lob ein:

*Erfreulich ist aber, daß im neuen Deutschland kulturpoliti-
sche Probleme von Männern mit solcher Haltung und solchem
Niveau vor der Öffentlichkeit erörtert werden. Wilhelm Furtwängler hat den schönen Mut der Unpopularität besessen und
sich männlich und offen vor seine jüdischen Berufsgenossen
und Mitkünstler gestellt – und der Minister Goebbels hat mit
der gleichen männlichen Haltung der Meinung des Gesprächspartners die seinige entgegengestellt, ohne mit Zustimmung zurückzuhalten, wo er sie geben zu können glaubte. Vor
allem aber: beide Männer haben ihre Unterhaltung nicht mit
politischen oder künstlerischen Formeln und Schlagworten geführt, sondern mit geistigen Waffen, mit Thesen und Antithe-
sen des reinlichen geistigen Zweikampfs.*[27]

Anderen war bewußt, wie wenig es sich hier um das rit-
terliche Turnier zweier Männer von Welt und Geist handelte. Thomas Mann notierte in Lugano verdrossen:

Gestern in der Frankf. Zeitung Furchtwänglers höchst an-
gepaßter, aber immerhin warnender Kultur-Brief an Göbbels
und die lange Antwort des Narren darauf. Wie dankbar und
eitel diese Gewaltherren Wendungen wie die von der »wieder-
gewonnenen nationalen Würde« quittieren! Die vollkommene
Subjektivität dieser Würde.[28]

Die Verballhornung des Musikernamens entsprang nicht
so sehr dichterischer Freiheit wie psychologischer Einsicht
in eine Situation, die nur von Furcht bestimmt sein konnte.
Mann ahnte nicht, daß sich der Dirigent gerade in diesen
Tagen fühlte wie nach einer gewonnenen Schlacht. Allerdings begegnete die Verteidigung der Qualität ohne Rücksicht auf Rasse durchaus auch kritischen Einwänden. Eine
heute noch lesenswerte Analyse des Briefwechsels stellte
diesen Standpunkt in Frage:

Die Grundlage für einen solchen Standpunkt bildet der
Glauben daran, daß das Ideal der Kunst ein höheres Ideal
darstellte als dasjenige des Staates, ja das höchste menschli-
che Ideal überhaupt. Dem Künstler habe also der Laie – wer
immer es sei – mit höchster Verehrung zu nahen. Entstanden
ist dieser Glaube und seine theoretische Ausdeutung in der
Zeit um 1800. Heute gehört er der Vergangenheit an. Dem
heutigen Denken ist der Staat – oder vielmehr das Volk, des-
sen Wille sich in der Form des Staates organisiert hat – zum
übergeordneten, die Kunst zum untergeordneten Ideal gewor-
den; folgerichtig ist der persönlich staatsfeindliche Künstler
jeder Förderung durch den Staat beraubt, wie künstlerisch
wertvoll auch seine Schöpfungen seien. In keinem Fall soll das
Können mehr eine Entschuldigung für Mängel der Gesinnung
sein. Allerdings auch nicht die Gesinnung für Mängel des
Könnens.[29]

Die Andeutung, Furtwängler sei am Ende wohl doch nur
so etwas wie ein Fossil, das der Forderung der neuen Zeit
entgegenstehe, stammt aus der Entgegnung des Ministers,
der heuchlerisch versichert hatte:

Seien Sie bitte davon überzeugt, daß ein Appell im Namen deutscher Kunst in unseren Herzen immer einen Widerhall finden wird. Künstler, die wirklich etwas können und deren außerhalb der Kunst liegendes Wirken nicht gegen die elementaren Normen von Staat, Politik und Gesellschaft verstoßen, werden wie immer in der Vergangenheit, so auch in Zukunft bei uns wärmste Förderung und Unterstützung finden.[30]

Was Goebbels wohlweislich unterschlug – daß es um einen Programmpunkt der NSDAP ging und nicht um Probleme künstlerischer Qualität – , vergaß er jedoch nicht, als verhüllte Warnung vorzubringen. Grenzen jeglicher sachfremder Einmischung in vorrangig politische Angelegenheiten seien die »elementaren Normen«, und der Verstoß gegen sie durch »außerhalb der Kunst liegendes Wirken« müsse als feindlicher Akt gelten. Grundnorm der Partei war aber der gesteuerte, totale antisemitische Affekt. Wie wenig diese ungeheuerliche Zielsetzung aber weithin durchschaut, wie unangenehm die Vorstellung von solcher Barbarei war, verrät eine Stimme aus Österreich. Furtwängler hatte deutlich den »Trennungsstrich zwischen Juden und Nichtjuden« bedauert. In Wien verstand man dagegen:

Furtwängler sagt, man ziehe mit unerbittlicher Schärfe den Trennungsstrich zwischen den Konfessionen, auch wo die staatspolitische Haltung des Betreffenden keinen Grund zu klagen gebe; dagegen sollte man die entscheidende Abgrenzung durchführen zwischen guter und schlechter Kunst.[31]

Gleichwohl stellte mancher Kommentar in Frage, was – nicht nur als taktische Konzession gedacht – zu den fundamentalen Gewißheiten von Furtwänglers weithin mythischer und nicht kritischer Weltschau gehörte, und dies war keineswegs das erstemal, daß er sich mit Korrekturen konfrontiert sah. Ebenfalls aus Wien vernahm er:

Sicher wäre nichts wünschenswerter, als daß alles Deutsche auch gut wäre. Es geht aber nicht an, den unbestimmten Begriff »deutsch« zur Definition des Begriffes »gut« zu verwen-

den. Eher können, neben wichtigeren anderen, die Begriffe »verantwortungsbewußt«, »gekonnt« und »kämpferisch« dazu herangezogen werden, obwohl sie nur Peripherisches treffen. »Volksnahe« hat mit »gut« überhaupt nichts zu schaffen, denn die »Volksnähe« ist kein Kennzeichen der »guten« Kunst, weil diese autonom ist, sondern bestenfalls ein Ergebnis der Volkserziehung. Nicht die Kunst hat sich dem Volk zu nähern, sondern dieses der Kunst.[32]

In der Diskussion über Terminologisches, Ästhetisches und Kunstanschauungen ging die zentrale politische Frage jedoch fast ganz unter. Daß die »revolutionären« Boykotte, Pöbeleien und Schmierereien, gelegentlicher Totschlag inbegriffen, eben kein Pogrom waren, sondern der tastende Beginn einer rassistischen »Schädlingsbekämpfung«, schien zu dieser Zeit erst wenigen Eingeweihten klar. Goebbels hatte erfolgreich getäuscht, indem er in seinem Brief das Wort »Jude« peinlichst genau vermied. Mehr noch: Er hatte eine gerechtfertigte Mahnung Furtwänglers, das heutige Musikleben, durch die Weltkrise, das Radio, schon ohnehin geschwächt, vertrage keine Experimente mehr, und man könne Musik nicht kontingentieren, listig aufgenommen und im Sinn verdreht. Aus dem organisatorischen Experiment, das gemeint gewesen, machte der Propagandist flugs das künstlerische und konnte nun strahlendes Einvernehmen mit der Kritik an »der Experimentiersucht volks- und rassefremder Elemente« vorgeben. Der Mahner war übertölpelt. Daß ihn dies nicht besonders schmerzte, wäre möglich; denn er sah die ungehemmten musikalischen Experimente der Zeitgenossen durchaus als Negativum, und auch Begriffe wie »Volk« und »Volksnähe« hatten für ihn tiefere Bedeutung. Rasse allerdings war ihm kein Kriterium.

Deswegen dienten ihm auch die vielen Dankesbriefe – eine förmliche Lawine an Zustimmung – als Bestätigung, die aus ganz Deutschland kamen, zumeist von Betroffenen in jeder Hinsicht:

Dies Ihr Schreiben, ein Wahrzeichen menschlichen und gei-
stigen Adels, hilft uns, Glauben und Hoffnung aufrecht zu er-
halten.[33]

Man erwartete, Furtwänglers einsame Aktion könne ein
Zeichen setzen gegen den kleinlichen Nationalismus und
Rassismus, der zum Ruin alles geistigen Lebens führen
müsse, und betonte zum Beispiel:

Als einziger haben Sie den Mut aufgebracht, sich in Gegen-
satz zu den heutigen Sachwaltern des kulturellen Lebens in
Deutschland zu setzen. Weder Gerhard Hauptmann, noch
Thomas Mann, von Richard Strauß gar nicht zu reden, kein
bildender Künstler, kein Wissenschaftler haben es der Mühe
Wert gefunden diesen Herrn oben mitzuteilen, daß Sie ihre
Auffassung von der Freiheit des geistigen Lebens nicht teilen
können und wollen.[34]

Jedenfalls sah sich der Dirigent von breiter Zustimmung
getragen. Mit diesem Rückhalt mochte er hoffen, sein zunächst noch hochgestecktes Ziel zu erreichen, nämlich in
seinem Bereich die antisemitische Politik zu durchkreuzen
und sie vielleicht gar vom Musikbetrieb her generell aufzurollen. Wie ein Feldherr bastelte er an einer erfolgverspre-
chenden Strategie.

Allerdings war da die noch immer ungeklärte Lage des
Orchesters. Die Versicherung von Goebbels am Montagabend tröstete, nicht mehr. Bei der Besprechung über die
Zukunft des Klangkörpers, die am Mittwoch stattfand, ließ
sich kein Vertreter des ProMi sehen. Furtwängler saß mit
dem Orchestervorstand Lorenz Höber den Abgesandten
der Reichsrundfunkgesellschaft, des Kultusministeriums,
Reichsministeriums des Innern und Reichskommissars für
das Preußische Ministerium der Finanzen gegenüber. Für
die Stadt Berlin verhandelte Oberbürgermeister Dr. Sahm;
aber auch er erschien nicht mit vollen Händen. Man nahm
zur Kenntnis, daß der Schuldenstand des Orchesters auf
74 000 RM aufgelaufen war. Als Höber den Wirtschaftsplan
1933 bekanntgab, in dem Frl. Dr. Geissmar mit 6 000 RM,

also 100 RM je geplantem Konzert, veranschlagt war, verdüsterten sich einige Mienen. Die Sitzung verlief ergebnislos.

Einen Tag danach verlangte im Auftrag des Oberbürgermeisters ein Staatskommissar Hafemann, derzeit mit der Wahrnehmung der Geschäfte des Bürgermeisters betraut, vom Orchestervorstand – zunächst mündlich – einen Judasdienst. Er wollte eine Liste aller jüdischen Orchestermitglieder – getrennt nach »Volljuden« und »Halbjuden« – unter Angabe ihres Instruments und der Staatsangehörigkeit. Ferner seien die Dienstverträge vorzulegen. Hafemann beabsichtigte zu prüfen, ob und zu welchem frühesten Termin Kündigungen aus rassischen Gründen vorzunehmen seien. Höber wand sich, versprach es aber schließlich; als Nichtparteigenosse fühlte er sich allerdings nicht besonders verpflichtet. Aber das Ansuchen wurde den Musikern bekannt und machte Unruhe. Bei der Orchesterversammlung ein paar Tage später, am 16. April, erfuhren sie zu allem Überfluß, daß die Misere sich eher verschärft habe, weil der Jahresetat, aus dem die Stadt Berlin jeden Monat ein Zwölftel überwies, nur bis Mitte Mai laufe. Daher müsse Konkurs befürchtet werden.

Mit diesen trüben Aussichten brach das Orchester zur traditionellen Frühjahrstournee auf, die am 22. April begann, auf drei Wochen berechnet war und Essen, Düsseldorf, Köln, Frankfurt, Mannheim, Saarbrücken, Karlsruhe, Baden-Baden, Paris, Marseille, Lyon, Genf, Basel, Freiburg/Br., Zürich und München berührte.

Schachzüge

Im Nachlaß Furtwänglers steckte ein handgeschriebenes Adressenbuch, das die gesellschaftliche Welt des Künstlers etwa in der Zeit zwischen 1922 und 1933 zuverlässig spiegelt, wenngleich es möglicherweise auch seiner Sekretärin Berta Geissmar als Arbeitsunterlage diente. Da waren greifbar die Anschriften von Nachrichtenagenturen, Hotels, Reisebüros, Konzertdirektionen, von Musikkritikern, Redaktionen, Verlegern, Musikgesellschaften, Operntheatern, Schallplattenfirmen, Künstleragenturen, Botschaften und Gesandtschaften, Automobilklubs – in Berlin und London –, von Persönlichkeiten des diplomatischen Dienstes. Das Büchlein führte zu Finanzamt und Deutscher Bank, Lufthansa, Buchhändlern, Fotografen, Ärzten, Tierarzt, Garage, Fahrlehrer, Schneider, Hutmacherin – in Paris, ein Indiz für die Ansprüche seiner dänischen Frau –, Fotokopierläden und Schreibmaschinenreparatur-Geschäften, nicht zuletzt – denn er begeisterte sich für den Pferdesport – zu mehreren Tattersalls der Reichshauptstadt. Insoweit war es ein nützliches, wiewohl in keiner Weise ungewöhnliches Verzeichnis.

Aufgelistet sind auch Adressen und Telefonnummern der Musiker, mit denen er beruflich und gesellschaftlich zusammenkam. Genannt seien die Sänger und Sängerinnen Rosette Anday, Adelheid Armhold, Anna Bahr-Mildenburg, Marie von Bülow, Rudolf Bockelmann, Maria Cebotari, Carl Clewing, Fred Drissen, Marya Freund, Maria Ivogün, Sabine Kalter, Alexander Kipnis, Lotte Lehmann, Frida Leider, Lotte Leonard, Paula Lindberg, Marianne Mathy, Lauritz Melchior, Maria Müller, Delia Reinhardt, Wilhelm Rode, Helge Roswaenge, Heinrich Schlusnus und Lotte Schöne. Es ist so etwas wie eine Galerie der musikalischen Weltstars, die sich durch die anderen Kategorien fortsetzt. An Instrumentalmusikern finden sich die Geiger Adolf Busch, Carl Flesch, Gustav Havemann, Bronislaw Hubermann, Georg Kniestädt, Fritz Kreisler, Arnold Rosé; die Cellisten Friedrich Buxbaum, Pablo Casals, Eva Heinitz, Enrico Mainardi, Gregor Piatigorsky; die Pianisten Harriet Cohen, Alfred Cortot, Bruno Eisner, Eduard Erdmann, Evelyn Faltis, Edwin Fischer, Mali Frickhoeffer-Mathy, Margarete Klinckerfuß, Lilli Kraus, Marguerite Long, Mitja Nikisch, Arthur Schnabel; die Cembalistin Wanda Landowska. Auch die dirigentische Prominenz jener Tage ist vertreten: Sir Thomas Beecham, Hans von Benda, Arthur Bodanzky, Gustav Brecher, Paul Breisach, Rudolf Cahn-Speyer, Robert Heger, Franz von Hoesslin, Bruno Kittel, Erich Kleiber, Otto Klemperer, Felix Lederer, Alois Melichar, Carl Muck, Kurt Singer, Fritz Stiedry, Heinz Unger, Felix Wolfes, Sir Henry Wood und Fritz Zweig.

Daß der Interpret auf dem Podium – anders als seine Gegner unterstellten – auch Kontakt zu lebenden schöpferischen Musikern hielt und zu welchen, verraten die Nennungen der Komponisten: Béla Bartók, Alban Berg, Suzanne Bloch, Walter Braunfels, Max Butting, Alfredo Casella, Max Ettinger, Alexander Glasunow, Paul Hindemith, Arthur Honegger, Robert Kahn, Erich Wolfgang Korngold, Ernst Křenek, Joseph Marx, Hans Pfitzner, Ferdinand Pfohl, Maurice Ravel, Ottorino Respighi, Max von Schillings, Arnold Schönberg, Franz Schreker, Bernhard Sekles, Dame Ethel Smyth, Richard Strauss, Igor Strawinsky, Ernst Toch, Max Trapp, Edgard Varèse, Wladimir Vogel und Frank Wohlfahrt. Die Presseleute blieben – mit bestimmten Absichten – keineswegs ausgespart. Das Büchlein nennt Adolf Aber, Edward Dent, Martin Friedland, Alfred Guttmann, Julius Korngold, Max Marschalk, Ludwig Misch, Ernest Newman, Robert Oboussier, Siegmund Pisling, Heinz Pringsheim, Henri Prunières, Hugo Rasch, Gustave Samazeuilh, Paul Schwers, Heinrich Strobel und Hans Heinz Stuckenschmidt; der Dirigent hielt sich informiert, wer was über ihn schrieb – um Widerspruch anzubringen.

Der ganze Kompaß seiner geistigen Existenz erhellt aus den Adressen von Gelehrten wie Wilhelm Altmann, Ludwig Curtius, Max Friedländer, Robert Hernried, Paul Hirsch, Ludwig Justi, Ludwig Karpath, Wilhelm Klatte, Hugo Leichtentritt, Wilhelm Pinder, Heinrich Schenker, Georg Schünemann, Hermann Springer, Fritz Stein, Karl Straube, Hans Weisse, Victor Zuckerkandl. Nicht ausgenommen waren Künstler und Organisatoren aus anderen Sparten der Kunst wie Jürgen Fehling, Hans Flesch, Carl Hagemann, Rudolf Hartmann, Klemens Herzberg, Franz Ludwig Hörth, Ricarda Huch, Oswald Jonas – Nachlaßverwalter von Schenker –, v. Kalkreuth (= Frederic Dunbar), Julius Kapp, John Knittel, Alma Mahler, Herbert Maisch, Emil Preetorius, Max Reinhardt, Max Slevogt, Heinz Tietjen, Winifred Wagner und Franz Werfel. In dieser Versammlung spiegelt sich Furtwänglers Interesse für Theater, Literatur, bildende Kunst weit über die berufliche Notwendigkeit hinaus.

In die Reihe nützliche Adressen fallen weiter die von Dienststellen und Verwaltungen oder Ratgebern, darunter Franz Bracht (Preußisches Staatsministerium), Otto Benekke (Deutscher Städtetag), Goebbels (Ministerium und privat), Göring, v. Hindenburg, Leo Kestenberg, Kampfbund für deutsche Kultur, Staatssekretär Otto Meißner (Dienststelle und privat), Hans Esdras Mutzenbecher (Deutsche Kunstgesellschaft), Edwin Redslob (Reichskunstwart), Innenministerium, Reichskanzlei, Geheimrat Sievers (Auswärtiges Amt), Rudolf Vedder (Konzertagent), Albrecht Graf von Bernstorff (Deutsche Botschaft London). Anhand dieser Namen und Behörden, die natürlich nicht einfach so hingeschrieben sind, sondern tatsächlich den mannigfaltigen Anliegen dienten, mit denen Furtwängler sie befaßte, scheint sein Glaubenssatz, „Musik hat nichts mit Politik zu tun", doch mehr als fragwürdig. Die regelmäßigen Eintragungen in das Adreßbüchlein hörten im Frühling bis Frühsommer 1933 auf, als habe der Dirigent plötzlich neue Kontakte gemieden; der Großteil der Seiten blieb ungenutzt.

Über die Gründe läßt sich nur spekulieren. Könnte er dieses sehr persönliche Zeugnis für sein gesellschaftliches Ambiente absichtlich aus dem Verkehr gezogen haben, weil Gefahr drohte? Zwar beweist das Vorsatzblatt, das wahrscheinlich erst kurz vor dem Abbrechen und nur mit Telefonnummern beschrieben ist, daß er es noch nach der »Machtübernahme« nutzte, und gerade dieses Blatt für eilige und wichtige Anliegen, nach den zwar wenigen, aber gewichtigen Namen und Behörden zu urteilen: Hanfstaengl (Auslandpressechef der NSDAP und Vertrauter Hitlers), Reichstag, Hitler (unter der Nummer Flora A 2 6841), Frick und Metzner (Reichsinnenministerium), Goebbels, Sievers und Neurath (Auswärtiges Amt), Rust (Kultusministerium und privat), Göring (Ministerium), Hinkel (privat), Papen (Vizekanzler), Gürtner (Reichsjustizminister) und noch einmal Göring mit seiner Nummer im Reichstag. Dies war ersichtlich Information für Notfälle, und da es sich zum Teil um Institutionen handelte, die mit Musik höchstens am Rande, in der Regel aber überhaupt nicht befaßt waren, kann dies nur eines bedeuten: Er rief solche Nummern auch an, wenn es um etwas ging, das zum Beispiel in den Geschäftsbereich des Justizministeriums fiel.

Fest steht, daß der gewöhnliche Bürger von solchen Verbindungen höchstens träumen konnte. Dennoch muß der Dirigent gefürchtet haben, sie würden, wenn es hart auf hart käme, als Alibi vielleicht wenig taugen. Wäre das Büchlein verlorengegangen oder – gar nicht unwahrscheinlich in den »revolutionären« Monaten – beschlagnahmt worden, so hätte es die Anschuldigung der »Judenfreundschaft« geradezu hieb- und stichfest untermauert. Ein großer Teil der Adressen gehörte jüdischen Persönlichkeiten. Weil hier schon ab Januar 1933 und unter dem Zwang der Ereignisse heftige Mobilität einsetzte, wäre weiterer Nutzen des Verzeichnisses ohnehin begrenzt gewesen. Wohnungswechsel vorher hat er durch Korrekturen oder Neueintragungen berücksichtigt, auch dies ein Indiz, daß er laufend Gebrauch von den Adressen machte. Vielleicht hätte man über die jüdischen Musiker noch hinweggesehen; aber da standen auch die drei Brüder Warburg, Erich in Hamburg, in London Paul und Felix, der 1937 starb, und sie waren die im NS-Regime bestgehaßten jüdischen Bankiers nach den historischen Rothschilds, denn die Parteifunktionäre wußten, wie einer ihrer »Philosophen« schrieb:

Alle diese jüdischen Brüder haben ein Ziel: Die »Liquidierung« der Welt, die Entsubstanzialisierung und Entwirklichung des in sich gefestigten Daseins zu einem Schattenspiel leerer Formen, wo es überhaupt nicht mehr um Inhalt geht.[1]

Furtwängler las dies einige Zeit, nachdem Felix gestorben und Erich 1938 in die USA emigriert war. Wie mag ihn der dumme und arrogante »Nachruf« berührt haben? Daß er mit den Warburgs verbunden war, macht das Adreßbuch offensichtlich. Aber da ist noch eine andere, sehr geheimnisvolle jüdische Verbindung vermerkt – ohne jeden weiteren Hinweis:

Loeb   Synag J.   London W 2, 23 Cleveland.

Vielleicht ein Rabbi? Nein, nur ein »Dechiffrier«-Fehler beim hastigen Eintrag. Gemeint war Sidney J. Loeb, Schwiegersohn des 1916 verstorbenen Dirigenten Hans Richter, der sich in London etabliert hatte.

Nachdem das Orchester zu seiner großen Gastspielreise aus Berlin abgefahren war, mahnte Staatskommissar Hafemann die verlangten Angaben über die »nichtarischen« Musiker an, setzte eine dreitätige Frist und ließ keinen Zweifel, daß er es ernst meinte:

Andernfalls behalte ich mir alle erforderlichen Maßnahmen vor.[2]

Das Orchestersekretariat bat, die Angelegenheit bis zur Rückkehr der Philharmoniker zu verschieben, und kündigte vorsorglich Schwierigkeiten bei der Beschaffung der nötigen Abstammungsurkunden an. Das war am 26. April, dem Tag des Konzerts in Mannheim. Während der Probe hatte Orchestervorstand Sander – fraglos unter Druck durch KfdK und die Betriebszelle der NSDAP in seinem Orchester – noch einmal gebeten, wenigstens nach der Pause die Mannheimer Streicher vorn spielen zu lassen. Furtwängler lehnte abermals ab. Zu seiner Befriedigung verlief das Konzert dann ohne Zwischenfälle. Gleich danach sprach ihn der Mannheimer Konzertmeister Max Kergl an; in der Frage der Sitzordnung herrsche so ernste Verstimmung, daß anschließend eine Versammlung des Kampfbundes stattfinde, und deswegen könne er nicht an dem vorgesehenen Beisammensein der Musiker teilnehmen. Er war nicht der einzige, der fehlte. Die Leser der Morgenpresse erfuhren:

Leider mußte infolge der Strapazen seiner Konzerttournee Herr Dr. Furtwängler von einer Teilnahme an dem Abend absehen.[3]

Der Dirigent verbrachte den Abend im Hause von Anna Geissmar, der Mutter seiner Sekretärin, ganz demonstrativ, und dies war nun wahrhaftig ein politischer Akt. Währenddessen verbrüderten sich die Musiker im Rosengarten bei musikalischen Späßen und launigen Sketchs. Ehrengäste waren zwei Herren vom Kuratorium des Nationaltheaters, der erste Bürgermeister und der Beigeordnete August Zoepffle, der Kulturdezernent der Stadt.[4]
Es handelte sich um keinen pompösen Empfang, sondern um einen einfachen Kameradschaftsabend. Zwar bedauerte man die Abwesenheit des Chefs, verschmerzte sie aber in den Lachsalven der vorgerückten Stunde. Zur bleibenden Erinnerung erhielten die Berliner ein schönes Foto von der Probe überreicht – Simon Goldberg unübersehbar in der Mitte vorn. Anderntags ging die Reise weiter nach Saarbrücken. Am folgenden Abend fand das Konzert in Karlsruhe statt. Hier und in Baden-Baden, am Samstag, platzte die Bombe. Es war der 29. April. Die Mannheimer Parteizeitung, die in Karlsruhe am Kiosk lag, enthielt einen

enthusiasmierten Bericht ihres Musikkritikers Hermann Eckert über das Gemeinschaftskonzert am Mittwochabend. Doch war ein redaktioneller Kommentar nachgesetzt:

Bei dieser Gelegenheit können wir nicht unterlassen, auf eine sehr betrübliche Angelegenheit hinzuweisen. Der bekannte Briefwechsel zwischen Dr. Goebbels und Dr. Furtwängler hat uns ja schon die laxe Einstellung Furtwänglers in der Judenfrage bewiesen. Was wir aber jetzt bei der jetzigen Gelegenheit beobachten konnten, schlägt denn doch dem Faß den Boden aus! Man denke: An allen ersten Pulten bei den Streichern sitzen ausnahmslos Juden. Und das wagt man uns nach dem 5. März hier in Mannheim noch zu bieten! Wir werden Mittel und Wege finden, durchzusetzen, daß Fremdkörper aus einem vom deutschen Staate subventionierten Orchester radikal ausgeschieden werden. Wir werden auf keinen Fall dulden, daß man uns in Zukunft nochmals ein Orchester mit einigen Dutzend Juden vorzusetzen wagt. Herr Furtwängler möge sich das für die Zukunft merken.[5]

Furtwängler in Mannheim,
26. April 1933

Er, der in Brenners Parkhotel abgestiegen war, tobte vor Wut und formulierte ein Schreiben an Goebbels, dem er die Abschrift eines klärenden Briefes an den Vorstand des Mannheimer Nationaltheater-Orchesters beifügte. Seine Richtigstellung beinhaltete zugleich die Absage jedes weiteren Auftretens mit den dortigen Musikern, so lange »bei Ihnen solche Gesinnung herrscht«, und schloß ungehalten:

Was im Übrigen die Frage der Mitwirkung der Juden im Berliner Philharmonischen Orchester betrifft, so ist das etwas, das nicht Sie, sondern die Reichsregierung angeht, der das Philharmonische Orchester untersteht. Dieselbe weiß sehr gut – – was Sie anscheinend vergessen haben – – daß »deutsch sein heißt, eine Sache um ihrer selbst willen tun«, und daß bei einem Orchester, das die Höhe deutscher Orchester-Kunst nicht nur in Deutschland sondern in der ganzen Welt zu repräsentieren hat, in erster Linie das Leistungsprinzip maßgebend sein und bleiben muß. Handelt es hier doch darum, die großen deutschen Meister-Werke von denen unsere Kunst lebt, rein und unverfälscht zur Auswirkung gelangen zu lassen, und nicht darum so und so viel mittelmässigen Musikern eine Existenz-Möglichkeit zu bieten.[6]

Zugleich benutzte der Dirigent den Anlaß, um dem Minister – sichtlich schon mit Argumenten, die sich dann zur bewährten Taktik verdichten sollten – kräftig die Meinung des Fachmanns zu sagen, der über politischen Zänkereien stand:

Meine Eindrücke aus der Provinz (Köln, Frankfurt, Essen, Mannheim, usw.) sind, soweit es das bodenständige Konzertleben betrifft, außerordentlich ungünstig, und ich fürchte, daß die Pflege der innerlichsten und vielleicht »deutschesten« Kunst unseres Volkes – ich meine vor allem die reine »absolute« Musik – ihrer Eigenart nach unter der gegenwärtigen Umwälzung mehr als irgend ein anderes Geistes-Gebiet leiden wird. Wenn nicht schleunigst der freie Wettbewerb wieder hergestellt wird, und damit das Publikum wieder instand gesetzt wird, sein Urteil geltend zu machen, so ist der Sklaven-Auf-

stand der Mittelmäßigkeit, der sich im Musikleben heute viel-
fach vollzieht, erfolgreich, und damit die Stellung Deutsch-
lands als Land der Musik in der Welt dahin.[7]

An diesem Sonntagabend fuhren Orchester und Dirigent
nach Paris weiter. Hier war der politische Schaden durch
die Judenhetze schon deutlich sichtbar. Alles zu wissen,
glaubten die Leute, die mit begreiflichen – und ehrenwer-
ten – Motiven in Frankreich und in der Schweiz die Gast-
konzerte des Berliner Philharmonischen Orchesters zu stören versuchten, zunächst noch mit geradezu harmlosen
Mitteln. In Paris demonstrierten drei Organisationen gemeinsam, nämlich die Vereinigung der Ehemaligen Jüdischen Freiwilligen, das Verteidigungskomitee für die in
Deutschland verfolgten Juden und die Internationale Liga
gegen den Antisemitismus. Fast hätten sie es fertiggebracht,
ein Konzert zu verhindern, bei dem jüdische Musiker auftraten. Sie ließen sich jedoch einen praktischen Kompro-
miß abhandeln. Hier Freikarten, dort rücksichtsvolle Verteilung von Flugblättern in den Pausen. Der Text spielte auf
jenes neue »Gesetz zur Wiederherstellung des Berufsbeamtentums« an, durch das Juden im öffentlichen Dienst ihrer
Stellungen verlustig gingen, gewährte aber für Furtwängler
mildernde Umstände:

Sie, die gekommen sind, diese schöne Musik mit Ergriffen-
heit zu hören, Sie, die Elite des Pariser Publikums, denken Sie
darüber nach, daß 700 000 Männer, Frauen und Kinder in ei-
nem zivilisierten Land zum Hungertod verurteilt sind! Wir be-
schwören Sie, alles Menschenmögliche zu tun, damit dieses
ungeheuerliche Verbrechen aufhört! Trotz unserer Entschei-
dung, den Boykott Hitler-Deutschlands weiterzuführen und
zu verstärken, wollten wir nicht die musikalische Veranstal-
tung dieses Abends stören, die vor den gegenwärtigen Ereig-
nissen organisiert wurde und deren Leiter im Namen der
Kunst mutig gegen diese schrecklichen Erpressungen prote-
stiert haben. Vereinen Sie sich mit uns und allen Menschen
mit Herz, um im Namen der Würde und des menschlichen Ge-

*wissens diese Rückkehr zur Barbarei zu brandmarken und den
Frieden der Welt zu schützen.*[8]

Sicher hatten die Initiatoren dieses Aufrufs nicht die
Illusion, das Pariser Musikpublikum sei imstande, irgend
etwas am Gang der Ereignisse im NS-Staat zu ändern;
aber sie wollten ein Signal setzen, wie naiv auch immer. Ihre
Verzweiflung über die Nachrichten aus Hitlers Reich trieb
zur Tat, wenn es auch nur eine papierne sein konnte. Jedenfalls gelangte das Flugblatt nach Berlin und bestärkte dort
die Gewißheit, daß die Tarnung der antisemitischen Kampagne durch Propaganda noch lange nicht hinreichte.

Über Mangel an Entscheidungshilfen konnte sich der
Reichspropagandaminister nicht beklagen; doch dieses
Problem sprengte alle seine Kompetenzen. Es rührte an
»Glaubensfragen«, und so blieb ihm die undankbare Aufgabe, den Schaden wegzudisputieren. Doch sah er sehr
wohl, daß Furtwängler Kristallisationskern für uner-
wünschte Entwicklungen sein könnte. Der Musiker mußte
gewonnen, überzeugt werden, koste es, was es wolle. Plötzlich erkannte Goebbels eine persönliche Herausforderung,
der gerecht zu werden seine ganze propagandistische und
psychologische Macht erfordern würde, die bislang zur
Massenbeeinflussung eingesetzt war. Diesen Einzelnen,
Unbeugsamen, bis zur Selbstaufgabe Tapferen auf die Seite
der braunen Bewegung zu ziehen, wäre eine Tat, an der sich
ein Meister beweisen mußte.

Am 5. Mai – das Orchester und sein Chef begingen in Paris einen freien Tag mit der Genußfreudigkeit von Musikern, die Heim und Familie in der Ferne wissen – ging in
Bielefeld ein Brief an Winifred Wagner zur Post. Absender
war Albert Osthoff, ein Jurist, der dem Dirigenten in Ver-
mögens- und Steuerfragen zur Seite stand, als Musikfreund
aber auch zur Schar seiner glühenden Anhänger zählte.
Osthoff unternahm es, durch Tatsachen jene Verleumdungen richtigzustellen, von denen er wußte, daß Bayreuther
Kreise sie verbreiteten. Eine Woche später – Furtwängler
war gerade in Wien am Achten Brahmsfest zur Hundert-

jahrfeier des Komponisten beteiligt und traf sich dort, auch zu politischem Gedankenaustausch, mit Hubermann und Casals – teilte Frau Wagner knapp aber selbstsicher mit:

Die Behauptung, Herr Dr. Furtwängler sei judenfreundlich eingestellt, hat er ja durch seinen Briefwechsel mit Dr. Goebbels erneut vor aller Welt bestätigt. Seine rechte Hand ist seit etwa 16 Jahren Fräulein Dr. Geissmar – eine Vollblutjüdin – und meine erste ernstliche Auseinandersetzung während der Festspiele 1931 wurde heraufbeschworen durch unsere gegensätzliche Einstellung zur jüdisch geleiteten Presse.[9]

So ein Mann durfte Bayreuth nicht »entweihen«. Der sah durchaus die Gefahr, die sich für ihn, seine Aufgabe, vor allem aber für das Berliner Philharmonische Orchester ergeben könnte, wenn es der Partei gelänge, ihn in die »jüdische Ecke« zu manövrieren. Er erkannte, daß seine Pläne nur durchzusetzen wären, solange es nicht möglich war, ihn als »Staatsfeind« zu überführen. Dies war im höheren Sinn seine Aufgabe; denn ihm war klar, daß – wenn überhaupt jemand – nur er so viel Ansehen, Potenz, Macht und Unentbehrlichkeit besaß, um wenigstens einen partiellen Erfolg in der dringenden Auseinandersetzung mit der geballten Energie der NS-Bewegung erhoffen zu lassen. Er hielt den seinen noch lange nicht für einen verlorenen Posten. Denn er dünkte sich unüberwindbar als Exponent abendländischer Moral und humanistischer Gesittung; er fühlte sich als besserer Deutscher gegenüber seinen kleinen und armseligen Kontrahenten. Furtwängler gegen Goebbels – war das nicht vergleichbar dem Urkampf des hochgereckten, strahlenden Helden gegen den kleinen boshaften Dunkelalben? Zwar unterschieden sich die Gegner nach Körperlichkeit, aber sie hatten auch diese und jene Gemeinsamkeit, so den Drang, die eigene Isolation irgendwie zu durchbrechen, an der sie einmal litten und ein anderesmal Machtfülle erlebten. Was die Waffen anging, war der Musiker benachteiligt: Er mußte das Florett des verschlagenen und unfairen Goebbels akzeptieren, diese ganze hastige, dabei fallenreiche Dialektik eines geschulten »Intellektualisten«, die er fürchtete, weil sie ihm gefährlich kam. Die Entscheidung, trotzdem den Kampf zu wagen, fiel im Mai 1933. Er steckte plötzlich in der Politik mitten drin, der er in aller Naivität hatte ausweichen wollen. Jäh wurde er inne, daß ihm verwehrt war, naiv zu sein, wenn er etwas ausrichten wollte. Warum er dennoch – und über die Spruchkammerverhandlung hinaus bis an sein Lebensende – darauf beharrte, Kunst und Politik hätten nichts miteinander zu tun? Dafür gibt es eine mögliche Erklärung. Jedes Eingeständnis, durchaus politisch gehandelt zu haben, wäre nur mißverstanden worden, selbst wenn er den Gegnern und der Spruchkammer seinen Feldzug im Detail hätte erläutern und dokumentieren können. Nichts weiter als Musiker gewesen zu sein, kam einem Alibi gleich, das keiner komplizierten Beweiserhebung bedurfte. Die Berufung darauf, nur der Kunst gedient zu haben, war seine kühnste und letzte Verteidigungsschlacht.

Im Laufe des Monats – und immer mit stillschweigender Zustimmung für den Brief an Goebbels zugunsten von Bruno Walter, Otto Klemperer und Max Reinhardt – liefen die ersten Hilfeersuchen bei ihm ein. Zunächst wandten sich Freunde an ihn. Aus der Tatsache, daß der Minister sich

Bruno Walter

96

herabgelassen, ihn als Gesprächspartner zu akzeptieren, schlossen sie voreilig, Furtwängler habe einen gewissen beratenden Einfluß, besäße »oben« insgeheim als Arbiter für den deutschen Musikbetrieb Stimme. Ahnten sie, daß solches durchaus seinen Wünschen entsprach? Einer der ersten Hilferufe kam vom Thomaskantor Karl Straube in Leipzig. Straube – wiewohl Alt-Pg. seit 1926 mit der Nummer 27.070 – sah mit Unbehagen die Versuche von Parteiseite, die protestantische Kirchenmusik unter politische Fuchtel zu bringen, und zwar vornehmlich durch zwei »Agenten«. Er nannte deren Namen, nämlich Kirchenmusikdirektor Arnold Dreyer und den 24jährigen Kirchenchorleiter und Organisten Hans Georg Görner, und schloß seinen Brief so:

Um Schlimmeres zu verhüten, möchte ich den Versuch machen, bei den maßgebenden Stellen eine andere Anschauung zu vertreten. Meine Bitte an Dich geht dahin, bei den entscheidenden Stellen Dr. Goebbels und Dr. Rust dafür einzutreten, daß nach Deiner Meinung in Fragen der evangelischen Kirchenmusik der derzeitige Thomaskantor gehört werden müsse.[10]

Dieses Ansuchen erinnerte an einen »Nebenkriegsschauplatz« jener Aktion, die de facto zu einem Schisma der Kirche führte – Deutsche Christen gegen Bekennende Kirche. Zwar scheiterte einige Jahre später die endgültige Etablierung einer parteieigenen Glaubensbewegung; was aber geplant war, verdeutlicht Punkt 3 der »Richtlinien der Kirchenbewegung Deutsche Christen« in Thüringen, analog für das ganze Reich:

Wie jedem Volk, so hat auch unserem Volk der ewige Gott ein arteigenes Gesetz eingeschaffen. Es gewann Gestalt in dem Führer Adolf Hitler und in dem von ihm geformten nationalsozialistischen Staat. Dieses Gesetz spricht zu uns in der aus Blut und Boden erwachsenen Geschichte unseres Volkes. Die Treue zu diesem Gesetz fordert von uns den Kampf für Ehre und Freiheit.[11]

Im Umweg über die geistliche Musik – oder besser: ihre Ausübenden – sollte eine neue »kämpferische« Ästhetik unters Kirchenvolk gebracht werden, mußte doch jener »Kampf für Ehre und Freiheit« ideologisch vorbereitet werden. Ob Furtwängler für Straube erfolgreich intervenierte, ist nicht dokumentiert. Was geschah, war aber ein Paradefall für die Taktik, die zumal Goebbels anzuwenden pflegte. War es nicht möglich, nach dem Prinzip »Teile und herrsche« zu verfahren, so half gewiß dessen Umkehrung – »Herrsche und teile«. Straube wurde zum Komplizen. Als im Oktober 1933 das »Reichsamt für Kirchenmusik der Evangelischen Kirche« unter der Schirmherrschaft des Reichsbischofs Ludwig Müller entstand, akzeptierte Straube stolz die Ehrenvorstandschaft; im Beirat saßen Musiker neben Parteifunktionären, so dem Ministerialrat Horst Dressler-Andreß, Leiter der Abteilung III Rundfunk im Reichspropagandaministerium. Auch jener KMD Dreyer erhielt Sitz und Stimme. Wenige Wochen später war Straube nicht nur Leiter der Fachschaft Kirchenmusik in der Reichsmusikkammer, sondern sogar Ehrenpräsident des neuen Reichsverbandes für evangelische Kirchenmusik und mußte nun mit einem »Kollegen« zusammenarbeiten, den er in jenem Hilferuf an Furtwängler noch so sichtbar verabscheut hatte. Der Verbandspräsident hieß nämlich – Hans Georg Görner, so jung wie brauchbar, schon Funktionär im KfdK und – natürlich – »alter« Nationalsozialist seit 1. Mai 1930 mit der ehrenvoll niedrigen Nummer 244 869.

Hätte Furtwängler es nicht ohnehin geahnt, so wäre dies eine gute Lehre gewesen, daß und auf welche Weise die Fronten langsam aufweichten, an Übersichtlichkeit einbüßten. Dies hätte seine Zuversicht dämpfen müssen. Aber für den Augenblick fühlte er sich stark. Der Preußische Ministerpräsident hatte ihn gerade für fünf Jahre an die Berliner Staatsoper verpflichtet und zum ersten Staatskapellmeister ernannt. Dies und das beim Wiener Brahmsfest empfangene Große Goldene Ehrenzeichen der Republik Österreich waren sozusagen Abzeichen für Statusgewinn, für Zuwachs auch an politischem Gewicht. Gerade jetzt benötigte er dieses Mehr an Autorität. Etwa gleichzeitig wie der Thomaskantor wandte sich nämlich ein Lehrer für Theorie und Komposition von der Staatlichen Akademie für Kirchen- und Schulmusik in Berlin an ihn. Ihm ging es nicht um Musik, sondern um Rasse. Robert Hernried, knapp 50 Jahre alt, war emanzipierter Jude; erst unter dem Kaiserreich und mit der christlichen Taufe hatte die Familie den ursprünglichen Namen Hirsch abgelegt. Hernried fiel als Beamter unter das »Judenreinigungsgesetz« vom 7. April. Daß ihm erst am 6. März vom Kultusministerium die Ernennung zum außerordentlichen Professor zugekommen, hatte ihn über die Lage hinweggetäuscht. Furtwängler bat um Daten und Details. Hernried schickte eine Kurzbiografie und deutete zugleich an, welches Argument ihm am besten für die Verteidigung tauglich schien:

Tätigkeit für das Deutschtum. Von Jugend auf glühender Vorkämpfer für deutsche Musik (Forschungen über Wagner, Brahms, Hugo Wolf, Hermann Goetz). An der Akademie für Kirchen- und Schulmusik führte erst ich das deutsche Volkslied in den Theorieunterricht und die staatliche Prüfung für das künstlerische Lehramt ein. Seit 1. 4. 1927 führend in der nationalen Musikerbewegung als Sekretär und Schriftleiter des Reichsverbandes Deutscher Orchester und Orchestermusiker e. V., einer von der nationalen Bewegung anerkannten Organisation.[12]

Furtwängler erwirkte für den jüdischen Professor eine Galgenfrist. Laut Gesetz waren Frontkämpfer – wie Hernried – von den Maßnahmen ausgenommen; aber da die Behörden sich die absonderlichsten Interpretationen der Paragraphen einfallen ließen, wäre die Sache ohne Intervention verloren gewesen. Erfolg macht Mut. Daß ihm ein totaler Sieg zufallen werde, glaubte er wohl kaum mehr. Er war nicht stark genug, den Staat an der Ausführung der neuen antisemitischen Gesetze zu hindern; aber gegen Methoden konnte er sicherlich noch etwas ausrichten. Das Dilemma war offenbar. Es spiegelt sich im Entwurf seiner Taktik. Zunächst mußte das Vertrauen der NS-Führung gewonnen werden, etwa durch Bejahung der aktuellen Politik, so weit schon gesetzlich festgeschrieben, im Grundsatz; wo Bejahung jedoch gegen die Moral verstieße, könnte sie durch Nichtwidersprechen ersetzt werden. Jedenfalls durfte er keinen Zweifel aufkommen lassen. Das geringste Mißtrauen von Seiten der Braunhemden mußte ihm alle Möglichkeiten des Erfolges abschneiden. Probleme der Dosierung und des günstigsten Termins waren entscheidend. So sehr er unter der Attacke der Emigranten gegen sich persönlich litt, die an Wut in den folgenden Monaten zunahm, so sehr bedurfte er ihrer als Ausweis der Unbedenklichkeit gegenüber seinen politischen Gesprächspartnern, in Wirklichkeit Gegnern. Wie in einem Agenten-Thriller vertauschten sich die Fronten. Schmähte das Ausland Furtwängler als »Nazi«, so glaubten die Funktionäre drinnen sich seiner als Bundesgenossen sicher. Umgekehrt mußte er in Deutschland – von Fall zu Fall und wenn es anders nicht gehen wollte – den »Sympathisanten«, ja den Anhänger der NS-Politik hervorkehren, um die Position des Arbiters nicht einzubüßen. Braune »Hoheitsträger« und ausländische Antifaschisten arbeiteten, ohne es zu ahnen, Hand in Hand für Furtwängler und seine Sache. Nur als »Helfershelfer der Hitler-Barbarei« vermochte er Juden zu retten, und jede – zum Glück höchst seltene – Auslandsstimme, die ihn zum »wahren und anderen Deutschland« rechnete, gefährdete Hilfechancen. Er lebte jahrelang in einer Vexierwelt, die ihm höchste Anspannung abforderte und fast unerträgliche Nervenbelastung auferlegte. Hier war der Musiker mehr als nur Politiker. Er war »Doppelagent«, jeden Augenblick von Enttarnung bedroht.

Man muß berücksichtigen, daß er nicht – wie Geheimdienstler normalerweise – allein und in Deckung arbeitete. Wenn er mit dem Orchester im Ausland gastierte, hatte er Zeugen. Die Musiker bekamen mit, daß er in dieser oder jener Stadt zur Post eilte und Geld an Emigranten-Freunde überwies; die ausländischen Journalisten wiederum machten lange Ohren, um zu erlauschen, mit welchen Injurien der impulsive Mann die »Nazis« zuhause beschimpfte. Sicherheitsrisiken traten plötzlich auf, Lecks mußten zugestopft, skeptische Berichte von Dienststellen der NSDAP-Auslandsorganisation nach Berlin durch Gegendarstellung neutralisiert werden. Dennoch entstanden schlimme Situationen. Furtwängler selber war gelegentlich Opfer seines Temperaments. Einmal – im Herbst 1934 – verplapperte sich Berta Geissmar, und das Unheil ließ sich nur knapp abwenden, allerdings um den Preis eines Dementis, das die treue Sekretärin als unglaubwürdig hinstellte. Es war von Anfang an eine Situation von äußerster Labilität, die höchste Ansprüche an ein subversives Genie gestellt hätte. Aber genau das war er nicht. Er war ein ehrlicher und aufrechter Mann, der helfen wollte. Wie mag ihm zumute gewesen sein, wenn er sich taktisch als ein anderer zeigen mußte und nicht er selbst sein konnte? Wenn Realität und Zwecktheater so ineinanderliefen? Wie müssen Mißerfolge geschmerzt haben? Er fraß alles in sich hinein, als seien ihm gewaltige Kompensationskräfte eigen. Wie es drinnen tatsächlich aussah, hielt er der Mitteilung nicht für wert.

Als Adressat für musikpolitische Anliegen schien hauptsächlich Goebbels in Frage zu kommen. Also wendete er sich an ihn. Die Judenfrage war das Problem Nummer 1. Vor dem Hintergrund seiner großbürgerlichen, humanistisch gebildeten Familie, für die »Rasse« lediglich ein anthropologischer Begriff war und nicht Alltagswahn, ist die Unterstellung, im Herzen sei er Antisemit gewesen, nicht zu halten. Er lebte allerdings in einer Epoche, in der das Problem ihm unbehagliche Erfahrungen bescherte, gerade auch während der angeblich liberalen und permissiven Republik; aber Permissivität und Liberalität sind nicht automatisch schon Tugenden, können dagegen, je nachdem, auf welche Gesinnung sie stoßen, die Barbarei geradezu herbei »gestatten«. Der Brief eines Kollegen aus der Anfangszeit der Republik ist beredtes Zeugnis für die damalige Atmosphäre; er bat um die Empfehlung nach Frankfurt, und damit es dort keine falsche Opposition gäbe, ergänzte er *zur Aufklärung verschiedener (...) Mißverständnisse: ich bin kein Jude (obwohl meine Nase für manche Leute so aussieht) stamme mütterlicherseits aus Böhmen, väterlicherseits aus Wien, meine Vettern sind alle als Corps-Studenten und meine Schwester im Kloster der engl. Fräulein aufgewachsen – es scheint, daß meine Begeisterung für Mahler und seine Art, sowie mein Temperament mir diesen (für mich persönlich wirklich gar nicht beängstigenden) »Verdacht« verschafft haben.*[13]

Dies mutet an wie ein vorweggenommener »arischer Nachweis«, zwölf Jahre vor Beginn des NS-Regimes, zur gefälligen Weitergabe an die Musikverantwortlichen einer Stadt, die als die judenreichste Deutschlands galt. Gerade auf dem Gebiet des künstlich geförderten »Rasseinstinkts« schlug der Widersinn Wellen.

Blieb das Großbürgertum von der plumpen antisemitischen Hetze auch weitgehend unbeeindruckt, so hatte die »linke« Revolution von 1918 aber schlimme Ängste geweckt. Die Privilegien – sozialer Status, Vermögen, geistige Welt – schienen in Gefahr, und zwar durch einen Typus von Aufsteigern, die in der als unordentlich empfundenen Andersartigkeit der demokratischen Verhältnisse zur Konkurrenz antraten. Es waren geschäftstüchtige, von Skrupeln wenig gehemmte, traditionslose, ja wurzellose Erscheinungen, die in bislang angestammte Rechte und Bereiche eindrangen, eben alles andere als »ehrbare Kaufleute« oder »gediegene Künstler«, oft aber nicht minder Geschäftsmann als Kunstausübender. Unter ihnen fanden sich viele Ausländer und Juden, zum Teil aus Osteuropa gerade wegen der gesetzlich garantierten Freiheit nach Deutschland zugewanderte. Sie waren es, die das »nationale« Establishment fürchtete und haßte. Es handelte sich nicht um »gewöhnlichen« Judenhaß, sondern um sozialen Abscheu aus Angst vor Bedrohung – auf Grund der Erfahrung, daß »jene« eben schneller und geschickter reagierten, Beziehungen ausbeuteten, die »Gojim« an die Wand drückten. Unter dem demokratischen Motto der Republik – »Jedem eine Chance« – ergriffen solche gerade »höhere» Berufe, wurden Anwälte, Ärzte, Künstler und – Organisatoren, nahmen der Erb-Elite Reservate, welche die Revolution in Freiraum verwandelt hatte. Sie schickten sich an, auch die Musik zu erobern, zuerst die seichte, marktgängige, die unschwer und schnell Ruhm und Profit abwarf, dann sogar das »klassische Erbe«. Die Verdrängungsangst der Etablierten läßt sich zum erheblichen Teil aus der Statistik erklären. Von den »nichtarischen« Musikschaffenden, die das »Deutsche Musikerlexikon« 1929 aufzählte, korreliert mit den zwei »Judenlexika« der NS-Zeit, hatten ungefähr 280 einen Geburtsort außerhalb des Deutschen Reiches, immerhin 54 Prozent der Gesamtzahl. Jeder zweite der jüdischen Musiker, die im Musikbetrieb Deutschlands Angebot oder Konkurrenz machten, war also in der öffentlichen Meinung ein Fremder, ein »Eindringling«.

Abgesehen vom hitzigen Ressentiment, entzündete sich die Sorge um den eigenen Bestand oft an einem Einzelfall, immer dann, wenn einer der »Eindringlinge« einem Mann von Klasse zu nahe kam – tatsächlich beschränkte sich der Konflikt fast völlig auf den Bereich der männlichen »Hackordnung«. Thomas Mann gab ein Beispiel dafür. Drei Tage nach Verkündung des Judenboykott-Gesetzes im Reich kommentierte er in der Schweiz:

Die Juden ... Daß die übermütige und vergiftende Nietzsche-Vermauschelung Kerr's ausgeschlossen ist, ist am Ende kein Unglück; auch die Entjudung der Justiz am Ende nicht. – Geheime, bewegte, angestrengte Gedanken. Widrig-Feindseliges, Niedriges, Undeutsches im höheren Sinn bleibt auf jeden Fall bestehen. Aber ich fange an zu argwöhnen, daß der Prozeß immerhin vom Range derer sein könnte, die ihre zwei Seiten haben.[14]

Der Dichter, den die Emigranten – auch die jüdischen – voreilig bereits als einen der Ihren betrachteten, hielt die nationalsozialistischen Maßnahmen für akzeptabel. Der jüdische Kritiker Alfred Kerr hatte sich nicht nur am »heiligen Erbe« vergriffen, an Nietzsche eben, sondern häufig sogar an ihm, Thomas Mann; Erbitterung führt zur Verallgemeinerung, und so benutzte einer, der spätestens nach 1945 als Deutschlands Gewissen galt, ohne Bedenken das Vokabular der Unmenschen: Entjudung. Er fand es normal, Presse und Rechtsprechung zu »reinigen«, wie Hitler verfügte. Damit endeten seine Gedanken noch nicht. Bei der Bücherverbrennung im Mai 1933 gemeinsam mit seinem Widersacher Kerr symbolisch den Flammen überantwortet zu werden, scheint ihm wenig Erkenntniswert vermittelt zu haben. Jedenfalls konstruierte er noch ein Jahr darauf gar eine Art ideologische Mitschuld der Juden:

Dachte an den Widersinn, daß ja die Juden, die man in Deutschland entrechtet und austreibt, an den geistigen Dingen, die sich in dem politischen System gewissermaßen, sehr fratzenhaft natürlich, ausdrücken, starken Anteil haben und zum guten Teil als Wegbereiter der antiliberalen Wendung zu betrachten (...)[15]

Noch lange war Mann auf ein »würdig-friedliches Verhältnis« zur Heimat erpicht, weil er nicht als Flüchtling gelten wollte; die Situation brachte Anfälligkeit für moralische Korruption automatisch mit sich. Auch Musiker waren nicht erhaben darüber, nicht einmal ausländische. Henri Gagnebin, Direktor des Genfer Konservatoriums, gab sich – um seinen kleinen deutschen Markt gegen »Eindringlinge« abzusichern? – überaus liberal, indem er behauptete, man könne *bis zu einem gewissen Punkt die deutsche antisemitische Bewegung verstehen, wenn man sich vergegenwärtigt, in welchem Ausmaß die Juden sich Plätze und Straßen der Musik angeeignet haben. Ihre Aktivität, ihr Spürsinn, ihr Sinn für Aktualität haben sie zu Meistern gemacht, nicht allein der Mehrzahl der Positionen, sondern auch der Komposition, der Verlegertätigkeit, der Interpretation, der Kritik.*[16]

Gagnebin äußerte seine Ansicht öffentlich; Mann vertraute sich einem zunächst privaten Tagebuch an, das als Materialfundus für künftige Arbeit dienen sollte, aber in der ursprünglichen Form posthum auf den Markt kam; durch rechtzeitige Vernichtung hätte der Urheber dies, wenn er gewollt, verhindern können. Furtwängler war in einer ganz anderen Lage. Seine Abneigung gegen »Eindringlinge«, seine Trennungsangst bezog sich kaum auf die eigene, persönliche Funktion als erste Kraft der deutschen Musik. Wie sich voreilige kritische Journalisten in die Schranken weisen lassen, wußte er nur zu gut. Dennoch fürchtete er Einbrüche, nicht in das engste Revier, aber doch in den erstrebenswerten Qualitätsstandard des Musiklebens. Ihm ging es um die »deutsche Musik«, nur ganz am Rande und ausnahmsweise um die Größe Furtwänglers; fraglos war stellenweise die Identifikation mit seinem »Stoff« derart weit gediehen, daß ihm die Unterscheidung von Person und Sache schwerfiel.

Da auch er seine Gedanken zum Judenproblem niederlegte, sind Differenzierungen möglich. Allerdings notierte er sie nicht in seinen Kalendern; dies ist ein Indiz für das geringe Maß an Wichtigkeit, das er – in Bezug auf sich selber – dieser Frage zubilligte. Aber es war eine Frage, um die er nicht herum kam, wenn nationalsozialistische Führer seine Gesprächspartner werden, ja Konzessionen bewilligen sollten. Im Nachlaß fanden sich dann auch verstreute Notizblätter, auf denen er – »ins Unreine« sozusagen – flüchtig und mit hastigen Schriftzügen, die zu entziffern schwer hält, seine Verhandlungsargumente festhielt. Es war nicht – wie bei Thomas Mann und Henri Gagnebin – ausschließlich eigene Meinung, sondern kalkulierte Argumentationshilfe auf einem Gebiet, das nicht das seine war. Deutlich wird bei der Lektüre dieser Blätter, daß er der – jüdischen – Presse einen schädlichen Einfluß auf den Musikbetrieb zuschrieb, nämlich zugunsten des »Modernismus«. Nicht weniger ins Auge fällt die Taktik der Gedankendramaturgie. Er wendete sich gegen »illegale«, spontane Maßnahmen bar jeder höheren Absicht, also gegen den bloßen Terror. Die antijüdischen Gesetze stellte er im Dialog mit den Tätern nicht in Frage, wohl wissend, daß damit alle Wirkungschancen dahin wären.

Mehrere der Notizblätter sind nicht einmal datiert, offenbar Entwürfe für spätere Ausarbeitung – in der Regel in Form von Denkschriften, um seinen Rat aktenkundig zu machen. Ein Blatt, vermutlich das erste zu diesem Thema, läßt auf eine mündliche oder »denkschriftliche« Mitteilung an Goebbels schließen, dessen Name am Anfang als Adressat vermerkt ist; Zeit der Niederschrift könnte dem Zusammenhang nach der Juni 1933 sein. Wegen der Bedeutung für den argumentativen Standort Furtwänglers sei der Text hier fast vollständig mitgeteilt:

Judenfrage im Musikleben:
Genialität der Rasse!!!
Innerhalb der Orchester Juden prozentual nicht zu viel. Als Solisten zu rechtfertigen. Als Publikum unentbehrlich.
Alle Stellenbesetzungen – wenn schon Beurlaubungen nicht zu umgehen – mit dem nötigen Aufwand an Zeit und Verantwortung übernehmen.
Eingriffe in das freie Reich der Kunst, die nicht von der Qualität ausgehen, unmöglich. In diesem Fall muß ich ausscheiden.
Den Hebel da anzusetzen, wo er angesetzt werden muß – in der Meinungsmache, in der j. Presse.
Dazu nötig: 1) Unmerkliche Kontrolle der bestehenden j. Presse von Fachleuten.
2) Schaffung resp. Unterstützung eigener Organe, die es bisher nicht gab. Heranziehung des Geistes, der dem Nationalsozialismus in viel größerem Maße zur Verfügung steht, als er bis jetzt weiß.

(...) Gesichtspunkte: dienend oder für sich selbst einstehend ohne geschäftliche Tricks sind Juden ohne weiteres zu gestatten, nicht in organisatorisch-verantwortungsvollen oder führenden Stellungen. Meinungsmache muß überwacht werden.

Boykott begrenzt sich auf das Geschäftsleben, d. h. evtl. auf
Agenturen. Nicht auf die Kunst; hierüber müssen klare Richt-
linien geschaffen werden. Wenn der Boykott, d. h. in der politi-
schen Wirklichkeit des Lebens entstandene Maßnahmen, auf
das überpolitische Reich der Kunst ausgedehnt werden soll,
trete ich von meinem Posten sofort zurück. Der Angriff auf das
selbständige Kunst-Reich wird sich vom Standpunkt der Pro-
paganda als der verhängnisvollste Schritt von allen erweisen.
(...) Jude unbehelligt, wo er für sich eintritt, mit eigenem Sinn
und Können, ohne Mittel von Organisation, Massen, also als
Künstler, Sänger u.s.w. Auch hier soll man sich klar sein, was
er gibt und was nicht. Die Suggestion der j. Presse muß gebro-
chen werden, vor allem durch geistige Mittel. Man muß selber
eine Presse aufbauen, die man bisher – in Musik jedenfalls –
nicht hat. Außerdem gehören tendenziöse Juden-Schreiberlin-
ge entfernt, soweit es geht. Aus aller Verwaltung gehören sie
heraus, in freien Berufen, soweit ungewöhnliches Können vor-
liegt, müssen sie geschützt werden. Konzertleben ohne sie ist
jedenfalls nicht möglich, eine Operation, die mit dem Tode des
Patienten endigen würde.[17]

Der Dirigent konzedierte eine – alles andere als rassisti-
sche – Selektion nach Wohlverhalten, also zweifellos mit
dem Wunsch nach objektiver Maßgabe durch berufliche
und politische Qualifikation. Ohnehin schrieb das Gesetz
vom 7. April eine »judenfreie« Beamtenschaft, also Verwaltung vor. Was »tendenziöse Juden-Schreiberlinge« anbe-
langt, blieb er rigoros, obwohl Journalisten nicht Angehörige des öffentlichen Dienstes und daher durch das Gesetz
auch nicht betroffen waren. Dieses Problem löste das Regime per Reichskulturkammergesetz im November des Jahres. Ob er etwa auch Theodor Wiesengrund(-Adorno) zu
den »tendenziösen Juden-Schreiberlingen« rechnete, der –
ganz im Sinne der NS-Ideologie – seichte Operetten verdammte und dann sogar tönende Hitler-Huldigungen lobte, muß dahingestellt bleiben, weil in seinem Odeon keine
politische Musik vorkam. Der Text zeigt indes, daß er im
Prinzip aufs Ganze ging. Die Drohung mit Ausscheiden

und Rücktritt stand nicht nur auf dem Papier. Goebbels nahm sie ernst. Aber immer noch war die Frage der ministeriellen Zuständigkeit offen.

Der Musiker wußte das und wollte nicht in den Wind reden. Deswegen wendete er sich mit seinen Vorstellungen zunächst an das Ministerium für Wissenschaft, Kunst und Volksbildung. Von Paris aus, wo er im Rahmen der alljährlichen Opernfestspiele mit Lotte Lehmann, Frida Leider, Lauritz Melchior, Alexander Kipnis und Sabine Kalter – einer »rassisch« durchaus gemischten Equipe – ausgerechnet »Tristan» und »Die Walküre« aufführte, sandte er an Minister Dr. Rust ein Exposé mit Ratschlägen für das Musikleben, dazu einen kommentierenden Begleitbrief. Seine Forderung: Die Regierung müsse klipp und klar bekanntgeben, daß in Zukunft jeder Künstler, gleich welcher Rasse und Nation, in Deutschland Gehör finden werde, da sonst der internationale Austausch erliegen und der Boykott sich verstärken müsse. Ferner solle ein quasi amtliches Kontrollgremium für Ordnung im Musikbetrieb sorgen. Er schloß die Mahnung an:

Sollte die Regierung vor einer solchen unzweideutigen Stellungnahme im gegenwärtigen Moment zurückscheuen, so wird es jedenfalls zu spät sein, um für nächstes Jahr das, was man ein öffentliches Konzertleben nennt, auch nur halbwegs auf die Beine zu stellen. Auch zur Entgiftung der Atmosphäre innerhalb Deutschlands (besonders in der Provinz), zur Bekämpfung des latenten Terrors, der auf dem Gebiet des Konzerts gegenwärtig so verhängnisvoll sich auswirkt, ist eine Erklärung, die endlich einmal das rückhaltlose Bekenntnis zum Leistungsprinzip enthält, unerläßlich.[18]

Dem Begleitbrief beigelegt waren empfehlende Bemerkungen zu einigen aktuellen Hilfefällen, so Hernried und Straube. Das Anliegen Arnold Schönberg kleidete er in die Warnung vor negativem internationalen Echo, denn der Komponist gelte *bei der jüdischen Internationale als der schlechthin bedeutendste Musiker der Gegenwart. Es ist drin-*

Arnold Schönberg

gend zu empfehlen, ihn nicht zu einem Märtyrer zu machen,
und, wenn er nun schon einmal beurlaubt ist – auch das hätte
ich nicht für richtig gehalten – jedenfalls die Abfindungsfrage
generös zu behandeln.[18]

Schönberg war mit Schreiben vom 23. Mai 1933, das Akademiepräsident Max von Schillings unterzeichnet hatte, als Verwalter einer Meisterklasse für Komposition »mit sofortiger Wirkung» und unter Berufung auf »Analogie« zu den im Gesetz vom 7. April genannten Geltungsbereichen entlassen worden, stand fast mittellos auf der Straße und wandte sich, während er seine Ausreise betrieb, wegen der Regelung seiner finanziellen Ansprüche gegenüber der Preußischen Akademie der Künste mit einem Hilferuf an Furtwängler. Dieser intervenierte mehrmals, doch gaben ihm die Behörden durch Verschleppung der Entscheidung Grund zu klagen. In diesem Brief an Rust steht auch der Name Busch. Ohne daß der Diskriminierte es gewahr wurde, hatte sein Kollege versucht, eine gleichwertige Stellung für ihn ausfindig zu machen. Er sah mehrere Möglichkeiten, denn es gab im Kreisen des durch die Vertreibung der jüdischen Kapellmeister angestoßenen Ämterkarussells Vakanzen genug; der »Arier« Busch hätte beste Chancen gehabt. Zunächst sorgte Furtwängler dafür, daß der Kaltgestellte ins Gespräch kam, als die Wiederbesetzung des Gewandhauskapellmeisterpostens anstand, von dem Bruno

Walter »wegboykottiert« worden war. Busch wollte jedoch nicht – und das spricht für ihn – einen jüdischen Kollegen sozusagen verdrängen oder zur Kaschierung des Boykotts beitragen. Deswegen begehrte der unermüdliche Helfer unnützerweise vom Minister Auskunft über den Stand der Angelegenheit; vorsichtshalber fügte er hinzu:

Ich überlege, wie man auch abgesehen davon Busch eine Tätigkeit in Berlin ermöglichen könnte. Auf alle Fälle wird veranlaßt werden, daß er als Gast einen Konzert-Zyklus mit dem Philharmonischen Orchester in der Philharmonie (so wie ihn voriges Jahr etwa Bruno Walter hatte) leiten kann. Was ich mir sonst in dieser Sache denke, darüber mündlich (Das alles hindert allerdings nicht, daß die Hauptsache ist, daß die Sache mit dem Gewandhaus glatt gehen wird).[18]

Anfang Mai war die Entscheidung über den Nachfolger Buschs in Dresden gefallen; nach einem Gastkonzert hatte Karl Böhm den Zuschlag erhalten, der Hamburger GMD, obwohl es Schwierigkeiten machte, ihn aus der langfristigen Verpflichtung zu lösen, doch Hitlers »persönliches Eingreifen« zerstreute am Ende vertragsrechtliche Bedenken. Dies öffnete aber eine moralisch akzeptable Möglichkeit für Busch; Hamburger und Dresdner Staatsoper waren im praktischen Musikbetrieb gleichrangig, wenn auch das sächsische Institut ein gewichtigeres Image vorweisen konnte. Sehr richtig vermerkte daher die Witwe:

Furtwängler sagte damals nach Buschs Vertreibung von Dresden: »Busch kann ja nach Hamburg gehen«.[19]

Sie tat indes so, als sei das eine mickrige Sache hinten in der Provinz, wohin ihr Mann abgeschoben werden sollte. Die Wahrheit war, daß Busch sich bereits engagiert hatte, zwar nicht an der Berliner Staatsoper, da diese schon Furtwängler gewonnen, und auch nicht auf lange Dauer, aber doch sehr spektakulär. Voraussetzung war ein Zusammenspiel mit Göring, Staatskommissar Hinkel als Vertreter des Preußischen Kultusministeriums, dem Auswärtigen Amt und dem Außenpolitischen Amt der NSDAP; anders hätte sich eine deutsche Opernsaison am Teatro Colón in Buenos Aires keinesfalls zustande bringen lassen. Die Einladung aus Argentinien überbrachte Ernest Ansermet. Derzeit hoffte Busch noch auf die Staatsoper, die ihm Göring voreilig versprochen, und sagte – obwohl Verhandlungen mit dem »Paritätischen Stellennachweis der deutschen Bühnen«, der den Auftrag der Colón-Direktion abwickelte, schon ziemlich weit gediehen waren – zögernd ab. In seinem Bericht an Hinkel informierte der kommissarische Disponent des Bühnennachweises, ein Pg., und das war sichtlich ein Hilfegesuch, er habe den Eindruck, *daß GMD Busch fürchtet, falls er sich für diese Tournee verpflichten sollte, er also den ersten Monat September der neuen Spielzeit von Berlin abwesend sein müßte, ihm dieses in nationalen Kreisen der deutschen Theaterwelt wiederum verübelt werden könnte, nach der Revision seiner Dresdner Angelegenheit, die er zu seinen Gunsten erhofft.*[20]

In persönlicher Aussprache gelang es Hinkel jedoch nicht, die Bedenken Buschs zu zerstreuen, obwohl er betonte, wie wichtig deutsche Präsenz in Südamerika für das Reich sei. Gleich danach ließ der GMD, der im Hotel am Knie wohnte, brieflich wissen, er könne die Verantwortung nicht tragen, weil er bei der fortgeschrittenen Zeit kein erstklassiges Ensemble mehr zusammenbringen könne. Es war eine plausible, aber eben vorgeschobene Begründung. Die Argentinier handelten rasch. Sie engagierten als Ersatz Erich Kleiber, trafen alle Vorbereitungen, druckten Plakate und begannen mit der Werbung der Abonnenten: Deutsche »Temporada« mit Kleiber! Doch der sagte plötzlich ab. Hilferuf des Colón-Direktoriums an die Botschaft des Reiches, die nach Berlin kabelte:

Bühnennachweis stellt erneut Annahme hier hochwillkommenen Fritz Buschs in Aussicht, dessen endgültige Entscheidung jedoch erst Maimitte wegen innerpolitischer Kulturaufgabe. Erbitte Interesse Vermeidung Schädigung hiesigen Ansehens deutscher Opernkunst dringendst Veranlassung Frei-

machung Buschs für Colongastspiel und Mitteilung endgülti-
ger Entscheidung spätestens Anfang nächster Woche, äußer-
stenfalls bei durchaus unerwünschter Notwendigkeit Ersatzes
kämen nur weltbekannte Namen wie Richard Strauss, Furt-
wängler, Klemperer, Knappertsbusch in Frage.[21]

Keiner der Genannten mußte einspringen; Busch entschied sich in dem Augenblick, als Göring bedauerte, was
die »innerpolitische Kulturaufgabe« anbetraf. Nun wurde
es eine außenpolitische; nun war es plötzlich trotz der noch
viel knapper gewordenen Zeit möglich, die künstlerische
Verantwortung zu tragen. Niemand – auch nicht der beste
Organisator – hätte innerhalb von weniger als vierzehn Tagen eine Operntruppe versammelt, versorgt und in Marsch
gesetzt, wären nicht alle Unebenheiten aus dem Weg ge-
räumt worden. In diese »logistische« Aufgabe teilten sich
der Bühnennachweis, Hinkel, Göring und Auswärtiges
Amt, denn auch finanzielle Fragen waren zu lösen. Nicht
nur freie, nämlich auf Grund des »Arier-Paragraphen« –
etwa in Dresden – hinausgeworfene Kräfte kamen mit, sondern auch Sänger mit laufendem Engagement, Sonderur-
laub selbstverständlich. Anni Konetzny, Edith Fleischer,
Kerstin Thorborg, Lauritz Melchior, Paul Seider, Walter
Laufkötter, Karl Wiedemann, Walter Großmann und Michael Bohnen und andere waren als künstlerisches Personal
dabei, Carl Ebert als Regisseur.[22]

Die Absicht der Auslandswerbung lag auf der Hand. Angesprochen werden sollte weniger die deutsche Kolonie in
Argentinien – wo die NSDAP schon dabei war, »Volks-
tumsarbeit« zu leisten, mit der Folge, daß deutsche Firmen
und Niederlassungen, so die IG-Farben-Vertretung, jüdische Mitarbeiter auf die Straße setzten –, sondern das politisch gewichtige einheimische Establishment um den Präsidenten General Justo herum. Konkrete Vorhaben standen
auf dem Wunschzettel: das Handels- und Devisenabkom-
men, der Austausch von Militärattachés und anschließende
Rüstungsgeschäfte. Deswegen kam es darauf an zu beweisen, daß im Reich der deutschen Kunst alles in bester Ord-

nung sei; wie wäre es sonst möglich, ein Ensemble zu entsenden, in dem »arische« und jüdische Künstler friedlich Seite an Seite so große Kunst darbieten wie »Parsifal«, »Meistersinger«, »Tristan«, »Rosenkavalier« und »Fidelio«? Daß die zunächst auch verheißene moderne Oper ausfiel, beeinträchtigte nicht den außenpolitischen Werbewert der deutschen Spielzeit. Mit diesem Tenor berichtete die Landesgruppenleitung Argentinien der NSDAP an Hinkel, der wiederum Göring ins Bild setzte. Nicht nur dem Tenor Melchior, einem Dänen, Star der Staatsoper Berlin, war bewußt, daß man hier Hitler vertrat.

Wie wenig frei Busch diese Gastspielreise absolvierte, zeigt der Umstand, daß er unmerklich kontrolliert wurde, nicht nur durch die Botschaft in Buenos Aires und dortige Vertrauensleute des Außenpolitischen Amts der NSDAP. Hinkel hatte ihm – als Helfer fürs Organisatorische – den Theaterbeamten Peter Unkel ins Ensemble gesetzt, einen Parteigenossen mit dem Auftrag, Bericht zu erstatten. Man war sich am Ende einig, daß alles getan werden müsse, den nützlichen Künstler »für das Deutschtum zu retten«. Hinterher beschwerte sich das Reichspropagandaministerium bei Hinkel, es habe von diesem Gastspiel keine Kenntnis erhalten, und wies darauf hin, *daß ich den größten Wert darauf legen muß, von jeder Propagandareise deutscher Künstler ins Ausland rechtzeitig vorher unterrichtet zu werden.*[23]

Hinkel stritt die Verantwortung ab und teilte mit, das Gastspiel sei zu einer Zeit abgeschlossen worden, als das ProMi noch nicht existierte. Es war eine Ausrede. Goebbels hatte seine Diensträume am Wilhelmplatz schon am 22. März bezogen. Am gleichen Tag erhielt Hinkel von der NSDAP Gau Sachsen einen detaillierten, von Gaukunstwart Posse unterzeichneten Bericht über die Affäre Busch in Dresden. Buenos Aires war erst Wochen später im Gespräch. Offensichtlich sollte Goebbels aus der Sache herausgehalten werden.

Furtwängler erfuhr über diese Vorgänge keine Einzelheiten. Doch festigte sich sein Eindruck, daß künstlerische

Auslandswerbung eine Region besonderer Möglichkeiten sei, in der die Partei es so genau noch nicht nehme. Er beschloß, diese Chance in Argumentation und Praxis an erster Stelle zu berücksichtigen. Zunächst aber ging es um Interna. Die Berliner Philharmoniker, eben durch eine widerwillige Erhöhung des Reichszuschusses auf einige Wochen sichergestellt, fühlten sich vom ärgsten Druck befreit, und nun lösten sich die inneren Spannungen im offenen Konflikt. Bei der Versammlung am 8. Juni – drei Tage nach Toscaninis spektakulärer Absage an Bayreuth – kam Politisches zur Sprache. Die Musiker verlangten eine Korrektur des Betriebsklimas. Hauptbeschwernis war jene Fusion mit einem Teil des Berliner Symphonie-Orchesters im Vorjahr. Sie hatte dazu geführt, daß die »importierten« Parteigenossen eine starke Betriebszelle der NSDAP bildeten; Furtwänglers Versuch, dies zu verhindern, war fehlgeschlagen, weil die Behörden sich weigerten, die Fusion zurückzunehmen. Ein Teil der Musiker forderte die – eigentlich überfällige – Neuwahl des Vorstandes. Schlimm war, daß Anklagen gegen »jüdische Vorherrschaft« laut wurden; sie zielten natürlich gegen Fräulein Dr. Geissmar, in zweiter Linie gegen den Geiger Richard Wolff, der neben Höber Orchestervorstand war und eine jüdische Frau hatte, und auch die jüdische Konzertagentur Wolff & Sachs, die einen Teil der Konzerte für die Philharmoniker arrangierte, stand plötzlich in der Schußlinie. Als Sprachrohr der »nationalen« Kräfte machten sich einige Hundertprozentige stark. Die Orchestervertreter wandten sich an den Chef:

Parteigenossen, die sich ganz besonders für Sauberkeit und Ordnung eingesetzt haben, werden namentlich als Unruhestifter bezeichnet. Dr. Furtw. anscheinend fehlinstruiert. Zur Judenfrage äußert sich Herr Dr. Furtw. dahingehend, daß dieselben nach Rücksprache & im Einvernehmen mit Herrn Reichsminister Dr. Goebbels weiterhin im Orchester verblieben. Die Presse sei ebenfalls dahingehend informiert. Jedes weitere berühren dieser Frage, faßt Herr Dr. Furtwängler als einen Affront gegen seine Person auf.[24]

Sehr geehrter Herr Schönberg!

Ich habe Ihre Angelegenheit bei dem Minister R u s t anhängig gemacht und hoffe sehr, dass sie in Ihrem Sinne erledigt werden wird. Da wir zur Zeit in der selben Stadt sind, würde ich mich sehr freuen, wenn es einmal möglich wäre, dass wir uns sehen könnten. Sobald ich etwas Ueberblick über meine Zeiteinteilung habe, werde ich versuchen, Sie im Regina-Hotel telefonisch zu erreichen.

Inzwischen verbleibe ich

mit den besten Grüssen

Ihr

Die Unruhe hatte Folgen. Der Magistrat setzte den »nichtarisch versippten« Wolff ab und erzwang die Neuwahl des Vorstandes. Pg. Fritz Schröder wurde – vorübergehend – erster Geschäftsführer, sichtlich als Ersatz und Gegengewicht, um die Gleichschaltungspolitik der Partei auch gegenüber dem BPhO endlich durchzusetzen. Furtwängler war enttäuscht, ja verbittert. Mit der ernüchternden Erfahrung, daß eine mehr als zehnjährige Arbeitsgemeinschaft unter der ersten politischen Belastung zerbrochen war, fuhr er zur zweiten Hälfte des Operngastspiels nach Paris zurück, während die zerstrittenen Musiker sich auf die Sommerferien vorbereiteten.

Mehr noch litt Berta Geissmar. Die offene Feindseligkeit hatte ihr die Augen geöffnet. Sie, eine resolute, hochgebildete und willensstarke Frau, ihrem Chef schwärmerisch zugetan und in gewissem Ausmaß hörig, beschloß zu kämpfen. Sie gab nicht viel auf seine allerdings auch noch nicht endgültig herausgebildete Taktik und stürzte sich daher, um politische Praxis nachzuholen, in ein Abenteuer sondergleichen. Am 11. Juni – Sonntagabend – erschien sie in London und bezog gemeinsam mit einem Sonderbevollmächtigten des Reiches eine Suite im Park Lane Hotel. Dieser Mann – in ihren detaillierten Berichten an Furtwängler immer nur Fr.[25] abgekürzt, also auch ihm gut bekannt – hatte den Auftrag einer Berliner Regierungsbehörde, bei führenden britischen Politikern zu sondieren und in der Frage der deutschen Judenpolitik gutes Wetter zu machen. Frau Geissmar begleitete ihn als Sekretärin und Übersetzerin; Gelegenheit und Neigung erhoben sie aber zur Gesprächspartnerin, mit der dieser Diplomat stundenlang seine Verhandlungsführung diskutierte. In London diente sie also zwei Herren, denn nebenbei war sie auch für den Dirigenten in Sachen Musik tätig; die neue politische Erfahrung sollte natürlich indirekt ebenfalls ihm zugute kommen:

Auch rein taktisch kann man lernen, letzteres gerade Sie. Nach dem was er mir so sagt, ist unsere Lage sehr kompliziert, nach außen ein zurückziehen nach dem andern, nach innen – absolut gespannt. Ihre Stellung rein politisch gesehen ist auch sehr schwer, und doch notwendig. Daß Ihnen in der Welt etwas schaden kann, ist nicht gut möglich trotzdem müssen Sie darauf bedacht sein, dauernd Ihren Stdpkt. zu praezisieren. Denn das geistige Bild des neuen Deutschland ist ein »ungeistiges«.[26]

Die emanzipierte Jüdin, die in London Verwandtschaft hatte, genoß englische Fairness und Kontakte nach ganz oben; sie wurde gern weitergereicht, nicht nur anläßlich eines Essens beim Sohn des Lordrichters Jessel, wo sie die Tochter des langjährigen Premiers Baldwin traf. Nichts von rassischer Diskriminierung, und sie überlegte:

Wenn man mit diesen Leuten alle spricht, dann wird man ganz wild, wenn man denkt, daß ein Sellschopp einem geraten hat, man soll sich im Phil. Konzert nicht zu sichtbar an der Glastür aufhalten, um von Dr. Metzner nicht gesehen zu werden und daß man sich innerlich quälen muß vor Angst, einem Mann wie Ihnen zu schaden, weil man da ist. Es kommt einem zu Bewußtsein wie grotesk es ist, was bei uns vorgeht und wie nötig ein Mann wie Sie sind. Und auch Sie – Sie sind kein Politiker, aber Sie müßten mit führenden Leuten in der Welt sprechen, Sie müßten überhaupt noch ganz anders in die Politik eingesetzt werden und man sollte Sie bemühen u. nicht alles besser wissen.[26]

Der Sonderbeauftragte war unermüdlich; innerhalb von drei Tagen konferierte er mit einem halben Dutzend britischer Spitzenpolitiker aller Richtungen, darunter mit Chamberlain, und begann, ein Memorandum zur Unterstützung der deutschen Argumente auszuarbeiten. Seine Gehilfin lernte erstaunlich rasch und leicht; sie war schließlich keine »Heimatlose«, sondern fühlte national-deutsch, sah sich als verpflichtete Erbin der Kulturtradition des Reiches, das im Augenblick – unvermeidliches Übel – eine antisemitische Führung ertragen mußte. Gleich lieferte sie ein Gesellenstück »diplomatischer« Gedankengänge:

Man trennt hier absolut Deutsche und Hitlerleute. Mir tut es um Hitler leid, der das sicher nicht so will. Aber Sie müßten noch ganz anders anders auftreten. Es muß so u. so vieles aufhören. Diese in der Presse überall hingegebene Entlassung der Juden in der Staatsoper hat wieder alles aufgeregt. Es sollten keine Reden u. derartige Sachen in der Presse stehen, was weiter noch unvermeidbar ist, muß ohne Aufsehen geschehen. Die Rücksicht auf die Masse bei uns muß aufhören. Der Respekt der ganzen Welt steht auf dem Spiel.[27]

Nicht die bösen Taten – meinte sie naiv – ruinieren die Ehre Deutschlands, sondern die öffentlichen Mitteilungen und Absichtserklärungen; andererseits reagierte die Auslandspresse fraglos heftiger auf die Hetzreden der »Nazis« als auf die von ihnen geschaffenen Fakten. Immer noch hofften viele Anständige, sie könnten – so oder so – etwas ausrichten und das Regime sei nur ein kurzer Alptraum. In diesem Sinne hoffte auch Berta Geissmar. Sie setzte auf die moralische Autorität Furtwänglers:

Sie sind der einzige, der einen Dienst an der Nazi-Regierung mit einer Popularität der ganzen Welt verbindet. Sie gehen auf einem schmalen Grat. Aber Leute wie Pulay sehen aus einem zu kleinen Winkel. Sie müssen viel größere Gesichtspunkte nehmen. Es wird doch wahrscheinlich nötig sein, daß Sie z. B. mit Papen-Hitler sich absolut aussprechen u. sich für Ihre Haltung eine Rückendeckung verschaffen. Auf Grund dieser gehts dann weiter. Was bis jetzt geschah ist doch mehr oder weniger kleine Murkserei. Man muß Ihnen ganz andere Funktionen einräumen.[28]

Zweifellos beflügelt vom Erlebnis dieser diplomatischen Mission, versuchte sie, den ihrer Ansicht nach zu langsamen und bedächtigen Musiker in die »hohe« Politik zu bugsieren. Die Achtung, die ihm die Intervention bei Goebbels zugunsten jüdischer Künstler im Ausland eingetragen hatte, schien eine gute Basis. Es gelang ihr dann auch, Furtwänglers politisches Selbstvertrauen zu stärken. Zwar war klar, daß Toscaninis abrupte Kehrtwendung nach herzlichem Einvernehmen trotz persönlichen Appells von Hitler und kurz nach Annahme der Ehrenbürgerschaft von Bayreuth »mit tiefem Dank«, Rückwirkungen haben werde. Schon deutete die Presse an, daß der Italiener eben doch nicht als Testamentsvollstrecker Wagners brauchbar gewesen, versagte sich aber – ganz im Sinne Furtwänglers – auch einen Seitenhieb gegen die nach Künstlermacht gierende Winifred Wagner nicht:

Daß Frau Winifred lediglich in organisatorischer Hinsicht über Führereigenschaften und entsprechende Fähigkeiten verfügt, darüber dürften Meinungsverschiedenheiten unter Künstlern, die es ehrlich meinen, heute nicht mehr bestehen können. Der geistige Gesamtführer der künstlerischen Angelegenheit Bayreuth, der Ersatzmann für die ehemaligen künstlerischen Festspielgesamtleiter Richard, Cosima, Siegfried

Wagner fehlt nach wie vor. Er fehlte auch zu Toscaninis Zeit
und wird auch durch Richard Strauß – der dankenswerterwei-
se jetzt in die Bresche springt und den »Parsifal« übernimmt –
nicht vertreten werden, sofern auch er nur als Lückenbüßer
oder erster Kapellmeister fungiert.[29]

Noch war der Juni nicht zu Ende, da erntete Furtwängler
einen Erfolg, der ein musikpolitischer Durchbruch zu sein
schien. Eine Regierungsbehörde, das Preußische Kultusministerium, nahm erstmals in Form eines Erlasses Stellung
zur organisatorischen Praxis des Musikbetriebes einschließlich der Judenfrage, und zwar mit einem Text, den
der Dirigent in der Hauptsache fertig geliefert hatte. Es war
ein Programm, das unter den gegebenen Umständen mit
seinem Ausgleich politischer und musikalischer Interessen
hoffen ließ:

In der Voraussetzung, daß deutsche, allgemein anerkannte,
seit Jahren durch ihre Leistungen legitimierte Künstler, am
ehesten dazu berufen sind, dem Musikleben des neuen
Deutschland als Führer und Berater zur Seite zu stehen, hat
der Minister für Wissenschaft, Kunst und Volksbildung eine
Kommission zusammenberufen, bestehend aus den Herren
Wilhelm Furtwängler, Max von Schillings, Wilhelm Back-
haus, Georg Kulenkampff, die die Programme sämtlicher öf-
fentlicher Konzertvereine (ob aus öffentlichen Mitteln subven-
tioniert oder nicht) zu prüfen und die Vereine im Bedarfsfalle
zu beraten haben.

Die Gesichtspunkte, nach denen dies geschehen wird, sind
folgende: Im Mittelpunkt unseres Musiklebens hat die Pflege
der großen deutschen Musik zu stehen. Dies soll indeß nicht
heißen, daß nicht auch die Musik der außerdeutschen Welt –
alter deutscher Tradition gemäß – zu Worte kommen soll und
ihren produktiven Anregungswert für uns Deutsche weiter aus-
üben kann.

Innerhalb der zeitgenössischen Produktion wird besonders
Rücksicht auf die deutschen Komponisten zu nehmen sein;
aber auch dies soll nicht besagen, daß nicht auch die bedeu-

tenden, repräsentativen Leistungen außerdeutscher Musik nach Gebühr bekanntgemacht und gepflegt werden sollen.

Bei mitwirkenden Künstlern (Solisten, Sängern usw.) gilt ebenfalls der Grundsatz, daß in erster Linie deutsche Künstler herangezogen werden müssen, die berufen sind, ein deutsches Musikleben zu tragen und zu erhalten. Indessen muß hervorgehoben werden, daß in der Musik, gleich wie in jeder Kunst, die Leistung stets der ausschlaggebende Faktor bleiben muß; dem Leistungsprinzip gegenüber müssen, wenn erforderlich, andere Gesichtspunkte zurücktreten. Jeder wirkliche Künstler soll in Deutschland tätig sein und nach Maßgabe seiner Fähigkeiten gewürdigt werden können.

Diese vom Minister eingesetzte Kommission wird in Zukunft die einzige Instanz sein, die über Programmfragen im Musikleben Preußens zu entscheiden hat.[30]

Minister Dr. Rust hatte den Entwurf, der ihm am 8. Juni auf den Schreibtisch kam, seinen Referenten zur Stellungnahme weitergereicht. Diese wollten die Kommission der Vier durch zwei Vertreter von Konzertdirektionen ergänzen, nämlich der Firmen Bote & Bock und Wolff & Sachs; daß diese beiden jüdischer Besitz waren, störte offenbar nicht. Ferner sollte eine Quotierung der Programme festgeschrieben werden; es sei sicherzustellen, daß deutsche Komponisten zwei Drittel der Programme füllen. Fraglos wußten die Ministerialbeamten, wo der politische Sprengstoff steckte, denn sie schlossen ein Notabene an:

Das Wort »deutsch« wäre durch »arische Abstammung« zu ersetzen.[31]

Damit drangen sie nicht durch, vielleicht weil das interpretatorische Hintertürchen zu offensichtlich war? Furtwängler wollte in der Frage des Leistungsprinzips »alle anderen Gesichtspunkte zurücktreten« lassen. Die Redaktoren reduzierten aber, um bei Bedarf den rassischen Ansatz nicht einzubüßen, die Forderung auf »andere«, also nur einige andere Gesichtspunkte. Dennoch glaubte er, nun frei schalten und walten zu können; die letzten Junitage muß er

120

nahezu ununterbrochen an der Schreibmaschine verbracht haben. Preußen, war seine Gewißheit, hatte Autorität und Erfahrung zugunsten des Musiklebens honoriert.

Daher machte er Minister Rust am 29. Juni mit einer Reihe dringender Fälle bekannt, die nicht alle neu waren; aber hier brach seine Hartnäckigkeit durch, er wollte Resultate und insistierte. Prof. Dr. Georg Dohrn, Leiter der Schlesischen Philharmonie in Breslau, gerade 66 Jahre alt, hatte Nöte mit seiner Pensionierung. Furtwängler empfahl die Sache dem Minister – und nicht nur, weil Dohrn mit ihm mütterlicherseits weitläufig verwandt war. Zehn Monate später ging der verdienstvolle Professor in den Ruhestand. Der in Frankfurt als Chef des Hochschen Konservatoriums abgesetzte Prof. Bernhard Sekles hatte eine einmalige Abfindung beantragt. Der Dirigent betonte zweckgerecht, *Sekles sei einer der wenigen Juden, dessen Tätigkeit, seit ich ihn kenne (seit über 15 Jahren) ausgesprochen aufbauend war, und der stets eine echte innere Wahlverwandtschaft mit der deutschen Musik bekundet hat. Ich halte die generöse Erledigung dieses Falles für eine Pflicht der Gerechtigkeit.*[32]

Auch Schönbergs Sache schwebte noch. Der Dirigent hatte ihn auf Grund eines verzweifelten telegrafischen Hilferufs vom 29. Mai bei einem Gastspiel in Paris Anfang Juni im Hotel Regina aufgesucht und sich zu Unterhandlungen mit den Reichsbehörden angeboten. Immer wieder erinnerte er an Erledigung, ging später sogar Hitler deswegen an, und der Komponist trug ihm vertrauensvoll noch in jenen turbulenten Novembertagen 1934 – kurz vor dem Sturz – seine Wünsche zur Weitergabe an die richtige Stelle vor. Später gab die Witwe Schönbergs zu Protokoll:

Was für ein Unterschied zu Richard Straussens ironischer Entgegnung an Otto Klemperer: »Gerade der rechte Augenblick, sich für einen Juden einzusetzen!«[33]

In der Sache des eminenten Virtuosen und Violinpädagogen Prof. Carl Flesch war Furtwänglers Einsatz – wenn auch erst auf lange Sicht – geradezu lebensrettend. Der

Otto Klemperer

Geiger verschmähte es, blind für warnende Anzeichen, zu emigrieren. Wiewohl in Ungarn geboren und in mehreren Ländern tätig gewesen, hatte er in Berlin und Baden-Baden endgültig Bleibe und Wirkungsstätte gefunden. Als seine Verweisung von der Musikhochschule Berlin auf Grund des unvermeidlichen »Arier-Paragraphen« beschlossen war, verständigte er den Dirigenten, der nun die Außenpolitik bemühte:

Selbst wenn das Gesetz keine Handhabe böte, ihn zu halten, so würde ich in diesem schwerwiegenden Falle raten, eine Ausnahme zu statuieren, um die auf kulturellem Gebiet in katastrophalem Ausmaße angewachsene Isolierung Deutschlands nicht noch zu vergrößern. Deutschland als das Land der Musik müßte Mittel und Wege finden, sich die ersten Lehrkräfte in jedem Falle zu erhalten.[34]

Dem Kampf für diesen berühmten Musiker folgte Jahre später ein dramatisches Nachspiel. Furtwänglers Einfluß reichte hin, ihn bis 30. September 1934 unangefochten im Lehrkörper der Hochschule zu halten. Als sichtbar war, daß sich der Protest des Auslandes gegen den deutschen Antisemitismus in aller Regel auf papiernes Geschrei beschränkte, zog man die Schraube der Restriktionen an. Auch Flesch mußte weichen. Er ging zunächst nach England, suchte dann aber – mit seiner Frau – in Holland Zuflucht. 1940 holten ihn Hitlers Armeen hier ein. Ende des Jahres gelang es ihm, einen Vertrag mit dem Curtis Institute of Music in Philadelphia abzuschließen und dadurch ein Einreisevisum in die USA zu erhalten. Jedoch weigerte sich der Reichskommissar für die besetzten holländischen Gebiete, Ausreise-Erlaubnis zu erteilen. Wieder intervenierte Furtwängler. Allerdings war er zu dieser Zeit bei den NS-Behörden schon längst nicht mehr gut angeschrieben. Selbst wiederholte Bemühungen blieben ohne Erfolg. Darüber ging ein ganzes Jahr hin. Die USA traten in den Krieg ein und schlossen ihre Vertretung in Holland. Cuba schien die nächstbeste Möglichkeit. Wieder versagten die deutschen Besatzer die Ausreisegenehmigung. Flesch wandte sich abermals an Furtwängler; von ihm erhielt er einen Empfehlungsbrief an einen leitenden Beamten des Reichskommissars. Mitten im Krieg bat da einer für »jüdische Erbfeinde« des NS-Regimes. Klar, daß niemand den Mut aufbrachte, das Schreiben an den Funktionär weiterzuleiten. Ungenutzt verstrich weitere Zeit. Das befristete Visum für Cuba erlosch. Im September 1942 verhafteten die Deutschen beide Fleschs und transportierten sie in das Gefängnis Scheveningen. Das »Verbrechen« war bereits aktenkundig:

Er gehörte zu jener Kategorie von Juden, die es darauf abgesehen hat, dem Deutschen den Minderwertigkeitskomplex einzuimpfen, um ihn damit ihren Absichten gefügiger zu machen.[35]

Bei der Einlieferung mußten die Pässe abgegeben werden. Die Beamtin der Aufnahme sagte den betagten Häftlingen, daß sie am kommenden Morgen in ein holländisches Konzentrationslager abgeschoben werden würden. Als sie unter den Papieren eine Kopie von Furtwänglers Empfehlungsbrief fand, stutzte sie; für alle Fälle fragte sie beim Adressaten in der Behörde des Reichskommissars zurück und muß bestimmte Anweisungen erhalten haben: Die

Fleschs durften nach Hause. Nach vielen bürokratischen Umständen und weithin mit Hilfe des Dirigenten durften sie ausreisen – zuerst nach Ungarn, von dort aber in die Sicherheit der Schweiz, nach Luzern. Noch während der Flucht blieb dem Geiger der Bann durch die Judenverfolger auf der Spur; Totschweigen kommt vor dem Mord. Wegen eines für sie unverzeihlichen Fehlers wurde es offenbar:

Im Auslandsteil des »Kulturspiegel« Nr. 93, Blatt 8, Spalte Musik, ist versehentlich der »Pester Lloyd« vom 19. 3. 43 mit einer Besprechung des ungarischen Geigers Flesch zitiert worden. Diese Besprechung darf von der Presse unter keinen Umständen übernommen oder ausgewertet werden.[36]

Ohne Furtwänglers Bemühungen wäre – dies scheint sicher – Fleschs Leben keinen Heller wert gewesen, obwohl er mit einer als »Arierin« geltenden Frau verheiratet war; galten gemischte Ehen unter Reichsdeutschen, sofern die Partner Loyalität bewiesen, als »privilegiert«, so entfielen bei ausländischer – hier ungarischer – Nationalität alle Rücksichten. Da der Dirigent selbst in der Spruchkammerverhandlung kein Aufhebens von solchen Hilfeleistungen machte, gerieten sie, wie gute Taten oftmals, gründlich in Vergessenheit.[37]

Ende Juni 1933 befaßte sich Furtwängler allerdings nicht nur mit Hilferufen. Er verwirklichte auch seinen Plan, den verordneten Antisemitismus der Braunhemden zu durchkreuzen, die Funktionäre auf ihrem ureigenen Gebiet, der Ideologie, unglaubwürdig zu machen. Dieser Plan, dem lange Überlegungen vorausgegangen sein müssen, war raffiniert eingefädelt. Gedeckt durch die Generallizenz, die der Preußische Konzerterlaß darstellte, den er eigens für diese Strategie formuliert und durchgesetzt hatte, wollte er jüdische Künstler ins Land holen und in der nächsten Saison mit den Berliner Philharmonikern auftreten lassen, ein spektakuläres Ereignis im Herzen des Reiches. Es mußte wie ein Fanal wirken und die Öffentlichkeit überzeugen, daß Qualität vor Rasse ging, daß die Kunst in der Tat frei war. So sollte die Totalität des Judenboykotts durchlöchert und der Zentralpunkt des Parteiprogramms der NSDAP entkräftet werden – vor den Augen der ganzen Welt, die in Berlin durch ihre Korrespondenten vertreten war. Das Musikleben hätte weitergehen sollen, als existiere kein NS-Regime, und damit wäre der Kern der ideologischen Verkündigung Hitlers ausgehöhlt, seine politische Theorie als Lüge entlarvt. Sicherlich weihte er niemand in seinen Plan ein. Zeugen konnte er nicht gebrauchen. Er teilte dem Preußischen Kultusminister kurz mit, daß er als Solisten für die Spielzeit 1933/34 eine Reihe von Künstlern eingeladen habe, und nannte die Namen. Fraglos begriff man sogleich, daß sich hier einer anmaßte, die nationalsozialistische Politik der Judenaustreibung rückgängig zu machen. Dr. Rust wartete ab.

Furtwängler gab Einladungsbriefe an die Geiger Hubermann, Kreisler, Menuhin, Thibaud, die Pianisten Arthur Schnabel, Cortot, Josef Hofmann und die Cellisten Casals und Piatigorsky zur Post.[38] Er hoffte, daß die Künstler – zu-

ALLGEMEINE MUSIKZEITUNG

Mai **1933**

Johannes Brahms-Fest, Wien
(100 Jahr-Feier)

Ehrenschutz: Reichspräsident **Paul von Hindenburg** / Bundespräsident **Wilhelm Miklas** / Veranstaltet von der **Deutschen Brahms-Gesellschaft (Berlin)** gemeinsam mit der **Gesellschaft der Musikfreunde in Wien**

Musikalische Leitung:
Wilhelm Furtwängler

Ausführende: **Bronislaw Hubermann, Pablo Casals, Arthur Schnabel, Paul Hindemith, Adelheid Armhold, Hans Hermann Nissen Franz Schütz** — Die Wiener Philharmoniker — Der Singverein der Gesellschaft der Musikfreunde — Das Wiener Sinfonieorchester

Großer Musikvereins-Saal

Dienstag, den 16. Mai, mittags ½12 Uhr ERÖFFNUNGS-FEIER*)	**Freitag, den 19. Mai, abends 8 Uhr** ERSTES ORCHESTERKONZERT Tragische Ouvertüre / Symphonie Nr. 3, F-dur / Konzert für Violine und Cello (Huberman-Casals) / Akademische Festouvertüre
Mittwoch, den 17. Mai, abends 8 Uhr EIN DEUTSCHES REQUIEM	
Donnerstag, den 18. Mai, abends 8 Uhr ERSTES KAMMERMUSIKKONZERT Klaviertrio c-moll / Klavierquartett A-dur / Klaviertrio H-dur	**Samstag, den 20. Mai, abends 8 Uhr** ZWEITES KAMMERMUSIKKONZERT Klavierquartett c-moll / Klaviertrio C-dur / Klavierquartett g-moll
	Sonntag, den 21. Mai, mittags ½12 Uhr ZWEITES ORCHESTERKONZERT Variationen über ein Thema von Haydn / Klavierkonzert B-dur (Arthur Schnabel) / Symphonie Nr. 1, c-moll

*) Nur für geladene Gäste und jene Festteilnehmer, welche Karten zu allen Veranstaltungen bezogen haben.

Klavier: Bösendorfer

Preise der Abonnements für sämtliche Veranstaltungen: Schilling 95.—, 71.25, 57.—, 47.50, 38.—, 33.25, 28.50, 23.75 usw. Die Bestellungen von auswärts für Karten, Unterkünfte etc. sind an das Österr. Verkehrsbüro, Wien I, Friedrichstraße 7, zu richten, welches auch die reisetechnische Durchführung übernimmt. Für die auswärtigen Festteilnehmer ist seitens der österreichischen Bundesbahnverwaltung auf den österreichischen Linien eine Ermäßigung von 33⅓ % für die 1. und 2. sowie von 25 % für die 3. Wagenklasse gewährleistet.
Ausführliche, alle Details enthaltende Prospekte und Anmeldeformulare kostenlos durch: Die Gesellschaft der Musikfreunde, Wien I, Bösendorferstr. 12, Österreichisches Verkehrsbüro und Deutsche Brahms-Gesellschaft, Berlin-Schöneberg, Hauptstr. 38.

125

mal die jüdischen – sein Vorhaben nicht zunichte machen würden, obwohl er ihnen den Plan nicht erklären konnte. Er konnte nur andeuten und auf jenes rasche Begriffs- und Kombinationsvermögen bauen, das ihn zugleich faszinierte und ängstigte, auf die durchdringende Intelligenz der Juden. Jedem Brief legte er, um die Situation zu beleuchten, den Text der Pressemeldung über den Preußischen Konzerterlaß bei. Würde er verstanden werden? Daß er auf Vorbehalte stoßen könnte, wußte er. Während des Brahmsfestes in Wien, Mitte Mai, hatte er die Lage mit Hubermann eingehend besprochen, der nicht abgeneigt schien, unter gewissen Bedingungen wieder in Deutschland aufzutreten, sich jedoch kein Ja abringen ließ. Nun aber existierte ein Regierungspapier. Der Dirigent lockte:

Einer muß ja den Anfang machen, die trennende Wand zu durchbrechen.[39]

Am 1. Juli adressierten in Berlin mehrere Persönlichkeiten Briefe an Furtwängler. Unter anderm meldete sich die Witwe eines renommierten Musikpädagogen und Kritikers; sie hatte gehört, *daß der Name Wilhelm Klatte und die Erinnerungen an sein Wirken noch lebendig sind in Ihrem Herzen. Und nun wollen Sie zu Ehren des Vaters dem dieses Vaters würdigen Sohn, der als Nicht-Arier verfolgt wird, helfen, wie Sie schon zahllosen Verfolgten geholfen haben.*[40]
Ihr Sohn Arnold, Gerichtsreferendar, war einige Tage zuvor ab sofort vom Präsidenten des Landgerichts III Berlin-Charlottenburg beurlaubt worden, obwohl er – genau genommen – nicht unter den »Arier-Paragraphen« fiel, da lediglich ein jüdischer Urgroßvater seine Ahnentafel »verunzierte«. Furtwängler sprach sofort mit Reichskommissar Hinkel über den Fall und fuhr ein paar Tage später in die Ferien an die Ostsee. Eine Woche danach telefonierte Frau Klatte mit Berta Geissmar. Diese informierte sich brieflich bei ihrem Chef und riet dann zu einer Intervention »an der richtigen Stelle des Justizministeriums«. Es war das Büro des Staatssekretärs. Er hieß – Roland Freisler.

126

Einer der anderen Briefe dieses Tages kam von Fritz Kreisler. Er hatte unter dem Eindruck der nahezu geschlossenen antifaschistischen Solidarität seiner jüdischen Berufsgenossen eine Umkehr der Gefühle durchlebt und sagte ab. Daß die Einladung Anfang einer politischen Kampagne für die gemeinsame Sache war, verstand er nicht. Mitgespielt haben mag die demonstrative Absicht, seinen beredten Appell an Toscanini vom April zu kompensieren. Jedenfalls entschuldigte er sich:

Ich glaube, daß lediglich die Rückberufung von Künstlern, wie Bruno Walter, Klemperer, Busch usw., die Sache der Kunst, die mir ebenso teuer ist wie Ihnen, im In- und Ausland offenkundig fördern und bereinigen könnte, während im Zusammenhang mit mir vielleicht der Verdacht einer Kompromißlösung erwüchse.[41]

Der Vorwurf, sozusagen den zweiten Schritt nicht vor dem ersten zu tun, verblüffte den Dirigenten; aber natürlich kannte der Geiger nicht den Generalplan, und vielleicht war das sogar gut so, denn womöglich wäre diese Kenntnis zu den falschen Leuten gelangt, wie das ein Jahr später geschah, als der britische Ministerpräsident in vertraulicher Runde Kreisler einweihte, daß in Deutschland ein Umsturz bevorstehe, worauf die »arische« Frau Kreisler dies unter dem Siegel der Verschwiegenheit weitererzählte, bis das Außenpolitische Amt der NSDAP informiert war und Gegenmaßnahmen zur Zerschlagung der »Röhm-Revolte« organisierte. Während sich Furtwängler, immer in der Hoffnung, seine Einladung werde wenigstens bei den anderen Künstlern auf Interesse stoßen, schon auf die Ferien in Bansin freute, stand noch oder wieder Orchesterpolitik auf dem ohnehin gedrängten Programm der ersten Juli-Tage.

Zuvor bemühte er sich, vollendete Tatsachen zu schaffen. So schrieb er auch einen Brief an Fritz Busch, der in Buenos Aires wider Willen oder auch nur ahnungslos Kunstwerbung für das NS-Regime betrieb, und schlug vor, sich die Philharmonischen Konzerte der Wintersaison zu teilen.

127

Busch, den als Echo seiner »Affäre« mehr profitable Gastspielanträge erreichten, als er annehmen konnte, dankte. Noch mehr Fälle harrten der Erledigung, die meisten waren dringend. Furtwängler sah seine Ferien an der Ostsee in Gefahr. Schnell kritzelte er für seine Sekretärin einen Merkzettel:

Ich schicke für den Fall, daß ich nicht fahre, folgende Briefe an Sie:
Leist. Bitte (evtl. mit Schmitzeck) den Text machen. Eilt.
Schönberg. Nun aber wirklich Dampf dahinter machen.
Haller telefon. erledigen
Fiedler Vielleicht dies Busch usw. gleich einmal provisorisch veröffentlichen!
Köln Was soll man da thun? Von welcher Stelle aus? Überall, wo ein nicht zugkräftiger einheimischer Dirigent ist, wird dieselbe (Situation) vorliegen. Andererseits darf auch keine allzu wilde Konkurrenz befürwortet werden![42]

Dr. Erich Leist, Ministerialrat im Preußischen Kultusministerium, war unter politischer Beschuldigung entlassen worden und privatisierte dann als Rechtsanwalt und Gesellschafter des Bankhauses Berger & Co.[43] Der Rücktritt des Essener GMD Max Fiedler aus Altersgründen – er war 73 – hatte eine Vakanz zum Herbst geöffnet; immer noch dachte Furtwängler an Busch. Gegenüber den internen Querelen in Köln, die man an ihn herangetragen, war er zunächst machtlos. Offen bleiben muß vorerst, welche Bedeutung die Sache Haller besaß; hier sind musikalische Zusammenhänge fraglich, da sich seine Hilfe ja oft in andere Bereiche erstreckte. Wie viele Ansuchen auf diese Weise telefonisch erledigt werden konnten und daher nicht dokumentiert sind, läßt sich nur ahnen. Noch aus Bansin gab er Anregungen zur Beilegung aktueller Fälle. In Berlin agierten Frau Geissmar und Schmidtseck, was die direkten musikpolitischen Probleme betraf; beide ergänzten sich bis zur Perfektion. Es ging um eine Art Handstreich. Furtwängler wollte mehr Einfluß auf Geschäftsführung und Aufsichtsrat des Berliner Philharmonischen Orchesters; es sollte sein Instrument, ja, sein Unterpfand gegenüber dem Regime werden. Und natürlich gab es auch mit Angelegenheiten der Staatsoper Arbeit. Wie unentbehrlich sein Büro in Berlin war, läßt einer der regelmäßigen Berichte von Frau Geissmar ahnen:

Intendant Hartmann besuchte mich gestern. Er hat ja in der Staatsoper nur eine Sache. Bei Hinkel bei der Kommission stellte sich heraus, daß man von seinem Fall überhaupt nichts weiß und nun soll er wenn möglich noch wo unterkommen. Maisch hat angerufen und kommt morgen. Felix Wolfes auch. Bei Kapp war ich lange. Ich bin ja mit ihm seit Jahren auf gutem Fuß und so hat er auch ziemlich ausgepackt. Das was er mir sagt, kommt mir sehr plausibel vor. Jedenfalls führt es schriftlich zu weit. Ich habe mit ihm die ganzen Staatsopernbewerbungen durchgegangen, so und so viel war doppelt, so und so viel schon erledigt und über so und so viel gab er direkte Auskunft. Er erklärte mir seine Ansicht zur Zimmerfrage, ich konnte mich mit gutem Gewissen dumm stellen. Vielleicht wäre es gut, seinen Willen zu benutzen zumal er 10 Jahre im Haus ist und von sich aus die besten Absichten hat. Allerdings ist er skeptisch wie es gehen wird, wenn T. da ist und findet absolut nötig, Ihre Kompetenzen zu veröffentlichen.[44]

Im gleichen Schreiben teilte sie mit, heute habe Pablo Casals die Einladung abgesagt, aus Loyalität gegenüber den Kollegen und um sich zu vergewissern, ob der Konzerterlaß tatsächlich zur Entspannung führe. Wegen der Abwesenheit Furtwänglers kam dessen Post nun ins Büro, das heißt in ihre Privatwohnung; sie schickte ihm nur das Allerwichtigste, sorgte für Antwort, und so lief unter ihrem aufmerksamen Blick der »Betrieb« weiter. Daß sie – als Jüdin – von amtlichen Konferenzen ausgeschlossen war, schmerzte sie zunächst, doch gelang es ihr bald wieder, selbst an vertrauliche Informationen zu kommen, die sie unverzüglich nach Bansin weitergab. In diesen Tagen fielen auf höherer Ebene wichtige Entscheidungen über die Zukunft des Musiklebens, und er mußte auf dem Laufenden bleiben:

Was die Sitzung betrifft, so war es scheints zunächst nicht grad schön, bis Hi den Ha mit den Worten es gäbe immer Leute denen es nicht schnell und nicht sinnlos genug gehe abkanzelte. Es ist mir beim besten Willen nicht verständlich wieso so ein Mann gehalten wird, zumal man bei der Unbeherrschtheit mit der er in so einer Sitzung vor seinem Vorgesetzten spricht, Schlüsse ziehen muß wie er spricht, wenn er sich nicht kontrolliert fühlt. (Es waren u. a. dabei Trapp, Graener, der sehr gut gesprochen haben soll, Kulenkampf, der schwieg aus Vorsicht obwohl bei der Auslandsfrage, er hätte sagen müssen, daß ihm Holland abgesagt hat. Es scheint immer noch die Absicht, falls alle Musizierenden in die Arbeitsfront eingegliedert werden müssen, den Arierparagraph, wenn auch evtl mit der Möglichkeit einer größeren Ausnahme wie beim Beamtengesetz anzuwenden auch beim Privatunterricht. Dies sind aber nur Vorverhandlungen. Immerhin – mit neutralen Augen betrachtet – bleibt dabei, daß sogar bei freien Berufen Rasse vor die Leistung gesetzt wäre, ein weiterer Punkt festzustellen, daß in Deutschland die Leistung nicht mehr führt. Wenn die freien Berufe contigentiert werden müssen, dann sollte nicht der Arierparagraph das Maß sein.[44]

Solche Sitzungen nahm in der Regel Schmidtseck wahr, und er hatte etwas zu sagen. Ob Staatskommissar, ob Pro-Mi, ob Göring – sein Fliegerkamerad – oder Rust oder die Stadtverwaltung Berlin, immer war er zur Stelle, und ließ sich im Termin keine Einigung erzielen, ging er mit den Funktionären essen. Sein klarer Kopf entlastete Furtwängler vom täglichen organisatorischen, ja juristischen Kleinkram. Er war unentbehrlich geworden.

Mit Schreiben vom 10. Juli aus Castelveccana am Lago Maggiore sagte nun auch Hubermann die Einladung ab. Er beklagte, daß das Leistungsprinzip nur in der Musik gelten solle und nicht generell, als habe es in der Macht des Dirigenten gelegen, die Rassenpolitik sofort und auf allen Gebieten zu kippen. Die Möglichkeiten des Einzelmenschen schätzte er zudem pessimistisch ein und beschwor den *Gewissensdrang der Kollektivität, der, einmal erwacht, die sich ihm entgegenstemmenden Widerstände mit Naturgewalt wie Papierwände durchbrechen wird.*[45]

Viele romantische Worte, aber kein Verständnis für eine »konspirative« Unternehmung unterhalb des Rassenkrieges; was Furtwänglers Aktion ausrichten wollte, vermochte Hubermann nicht nachzuvollziehen, weil die Emotion ihn schon übermannt hatte. Der Dirigent erhielt die Absage nach Bansin nachgeschickt; Frau Geissmar hatte eine Abschrift mit Durchschlägen angefertigt und – wie schon anläßlich der Absage von Casals – einen davon Schmidtseck gegeben, der sogleich Hanfstaengl einweihte, seinen direkten Draht zu Hitler. Sie schrieb dazu:

Ich möchte mich schriftlich nicht weiter äußern, aber unsere Isolierung wird immer größer. Wenn Menuhin Ihnen absagt (und ich habe das nachträglich mir überlegt, daß er dies wohl mit Rücksicht auf Henry Goldmann tun wird, der doch so viel für deutsche Universitäten etc. getan hat und im Frühjahr so unglücklich wieder aus Deutschland abgereist ist) dann ist Ihr Plan in keiner Weise durchführbar und in ganz Deutschland können keine Konsequenzen gezogen werden. Schmitzeck nahm den Brief Hubermanns sehr ernst, er weiß mehr von der Lage wie wir. Damit Sie bequemer übersehen können, lege ich Ihren Brief an Hubermann dazu. Schmitzeck fand es sehr gut wenn der Briefwechsel veröffentlicht würde. Natürlich müßte daran geändert werden finde ich. Eben kam Schmitzeck v. Hanfstengel, dem er nur im allgemeinen vom Eintreffen des Briefes sagte. Jetzt las er ihn, findet ihn sehr gut, aber findet die Veröffentlichung sehr gefährlich.[46]

Um die Enttäuschung zu kompensieren, versuchten sie und Schmidtseck, mit der Adjutantur Hitlers ein Treffen zwischen Furtwängler und dem Führer zu vereinbaren. Der Dirigent begann, die ersten Notizen für das geplante Gespräch niederzuschreiben. Gleichzeitig befaßte er sich mit einem Hilferuf von der Universität Heidelberg, deren Ehrendoktor er war. Prof. Dr. Ernst Hoffmann, Mitglied der Akademie der Wissenschaften, hatte ihm einen dringenden Fall vorgetragen. Es ging um den 27jährigen Dr. Raymond Klibansky, einen Privatdozenten in Philosophie, der über den »Arierparagraphen« gestürzt und nun beurlaubt war; ein glänzender Wissenschaftler trotz seiner Jugend, arbeitete Klibansky an einer kritischen Ausgabe der Werke des Nikolaus von Cues, und die Universität rühmte, *er dürfte gegenwärtig der einzige Gelehrte sein, der sämtliche Bereiche der philosophiegeschichtlichen Forschung des XV. Jahrhunderts von der Textentzifferung an bis zur Exegese restlos beherrscht.*[47]

Dem Dirigenten schien das Exposé des Heidelberger Professors für eine erfolgreiche Intervention nicht dienlich, da es akademisch trocken und mit erdrückender Faktenfülle einherging. Deswegen verfaßte er ein eigenes Papier, das einen Funktionär eher beunruhigen würde. Als Titel fürs Auge wählte er »Nikolaus von Cues und Meister Eckhardt«, ließ sieben Zeilen knapper Laudatio auf den jungen Gelehrten folgen und brachte dann – anhand der geplanten Editionen – sein Argument an:

Frankreich wünscht dringend selbst diese Ausgaben zu veranstalten und würde Dr. Klibansky damit betrauen, wenn die Akademie ihn nicht halten kann. Wenn die Akademie genötigt würde, die Ausgaben ohne K. weiterzuführen, so würde Frankreich trotzdem Klibansky zu gewinnen suchen, um durch ihn die allein gültigen Textausgaben zu schaffen. Das bedeutet: die Werke dieser beiden wichtigsten deutschen Philosophen würden dem Ruhme Frankreichs dienen, statt dem Ruhme Deutschlands.[48]

Abermals spielte er die internationale Karte aus, die ihm gewinnträchtig schien, und schickte die Notiz zur gefälligen weiteren Veranlassung an Hinkel, der sie zuständigkeitshalber ans Kultusministerium weiterleitete. Klibansky, dem

132

nicht nur die Lehrbefugnis entzogen, sondern durch Sonderdekret auch das Betreten seines Arbeitszimmers verboten war, in dem Material und Ergebnisse von sieben Jahren lagen, wußte nicht, daß Furtwängler ihn verteidigte. Erst nach dem Krieg erfuhr er davon, und zwar durch Oberst Nicolas Nabokov, der sich als Beauftragter der US-Militärregierung in Berlin um den kulturellen Wiederaufbau zu kümmern hatte:

Als ich im Frühherbst 1945 Nicholas Nabokov traf, berichtete er mir, daß in Furtwänglers Dossier eine Akte ans Licht gekommen sei, in der er sich (1933) energisch dafür einsetzte, daß meine Entlassung rückgängig gemacht werden solle; am Rand befand sich eine scharfe sehr ärgerliche Bemerkung in Goebbels' Hand. Dies erwies sofort, wie nichtig die Verdächtigungen von Furtwänglers Verhalten waren und wie verschieden seine Haltung von der Karajans und vieler anderer war.[49]

Die angebliche Goebbels-Bemerkung – »Es gibt überhaupt keinen dreckigen Juden mehr in Deutschland, für den sich Herr Furtwängler noch nicht eingesetzt hätte!« – hat sich durch die Literatur fortgepflanzt, seit Boleslaw Barlog sie 1947 veröffentlichte[50], weil sich jeder Autor scheute, an die Dokumente zu gehen. Tatsächlich erfuhr der Propagandaminister nichts von der Sache. Vielmehr war es Prof. Dr. Georg Gerullis, Ministerialdirektor im Kultusministerium und enger Mitarbeiter von Rust, doch seine Signatur hat nur wenig Ähnlichkeit mit der von Goebbels. Auch lautete seine Antwort, die am 20. Juli bei Hinkel einging, etwas zivilisierter:

Können Sie mir einen Juden nennen, für den Furtwängler nicht eintritt? Aber im Ernst, auch wenn ich es wollte, könnte ich für diesen Dr. Raymond Klibansky nichts unternehmen, weil er ja Privatdozent an der Heidelberger Universität ist und somit mir nicht untersteht.[51]

In der Tat unterstand Heidelberg dem Badischen Kultusministerium; aber nicht nur deswegen scheiterte Furtwäng-

Herrn Staatskommissar H i n k e l .

Sehr verehrter Herr Pg. Hinkel!

Können Sie mir einen Juden nennen, für den Furtwängler nicht eintritt? Aber im Ernst, auch wenn ich es wollte, könnte ich für diesen Dr. Raymond Klibansky nichts unternehmen, weil er ja Privatdozent an der Heidelberger Universität ist und somit mir nicht untersteht.

H e i l   H i t l e r !

Jhr sehr ergebener

Goebbels.

---

ler. Hier handelte es sich leider um einen der durch Gesetz vom 7. April »gelösten« Fälle, der Ausnahmen nicht zuließ: »Volljuden« hatten zu weichen.

Während sich Furtwängler in individuellen Hilfsaktionen fast verzettelte, mußte er zur Kenntnis nehmen, daß sein großer Plan mit den jüdischen Solisten vom Scheitern bedroht war; sie wollten in diesem Deutschland nicht auftreten. Heiter riet Berta Geissmar, sich im Augenblick gar nicht zu grämen. Sie fügte hinzu:

Ich sprach heute lange mit Hindemith, der reizend war, er habe es sich überlegt, er schreibt Ihnen wahrscheinlich doch was Neues. Ich sprach mit ihm über diese ganze Frage, er sagte mir, er kenne genau den Standpunkt aller derer, aber er findet, daß unser Standpunkt absolut berechtigt sei punkto der Verantwortung etc.[52]

Einige Verhandlungserfolge gab es wohl, so einen Erlaß, *daß die künstlerische Betätigung von Ausländern und Nichtariern in den freien Berufen der Kunst (...) also – abgesehen von den gesetzlichen Bestimmungen des Beamtenrechts – keineswegs verhindert werden*[53] solle. Fast gleichzeitig, doch unerwartet, kam ein Zuwachs an Image. Der Preußische Ministerpräsident ernannte Furtwängler zum Preußischen Staatsrat, zunächst wie aus Laune und telefonisch. Das platzte mitten in die Verhandlungen ums Geld für das Orchester; so ein Titel konnte vielleicht nützlich sein. Frau Geissmar berichtete nach Bansin:

Allgemein setzt man darauf große Hoffnungen wegen Ihres Einflusses und da die Commentare, daß die Staatsräte die Regierung unterstützen müssen und Männer des größten Vertrauens sind, so macht es enorm viel aus. Das Büro hier ist jedenfalls sehr geschwollen und man hat auch gleich ein Aktenstück »F. Staatsrat« angelegt.[54]

Die Ernennung wurde am 20. Juli veröffentlicht, und nun war klar, daß er die so lange angestrebte Beraterfunktion erhalten hatte. Zu dieser Zeit durchschaute niemand, was Göring eigentlich wollte, nämlich seine Hausmacht durch die harmlose, aber pompöse Einrichtung eines – nie anzuhörenden – »Beratergremiums« gegenüber seinen politischen Konkurrenten stärken, berühmte Namen um sich versammeln. Furtwängler allerdings führte den Titel nicht, obwohl er die Verantwortung, die damit einherging, bei weitem überschätzte. Deswegen beschwor er, möglicherweise, um diesen oder jenen der ausländischen Musiker doch noch umzustimmen, das »kulturelle Verantwortungsgefühl des Staates«; es sei so groß, *daß in den neuen Preuß. Staatsrat, früher ein rein politisches Gremium, jetzt z. B. auch Männer berufen wurden, die völlig unpolitische Vertreter des kulturellen Lebens sind; die außerdem nicht Parteimitglieder zu sein brauchen und auch nicht sind. Sie stehen der Regierung beratend zur Verfügung, und in diesem Sinne bin auch ich in diese Körperschaft berufen worden, um als Künstler fachlich beratend gehört zu werden.*[55]

Freilich lief es darauf hinaus, daß er Rat offerierte, den Göring, Goebbels und Hitler gar nicht hören wollten. Dies auszuprobieren, war bald gute Gelegenheit.

Bislang hatten sich die Berliner Philharmoniker von Subvention zu Subvention schleppen müssen, immer knapp vor dem finanziellen Zusammenbruch. Angesichts des neuen Tiefs operierte der Dirigent in zwei Richtungen. Die eine war eine Umorganisation der Orchesterleitung. Der neugewählte Vorstand Schröder störte ihn, nicht zuletzt als übereifriger Pg., vor allem aber, weil er die unglückliche Fusion verteidigte, die dem »Chef« aus menschlichen und künstlerischen Gründen zu schaffen machte. Die andere Sorge galt der Ökonomie. Kurz entschlossen zog er alle wichtigen Fragen in einer Denkschrift zusammen, gab sie dem kooperativen Herrn von Schmidtseck und entsandte ihn am 26. Juli nach Bayreuth zu einem Treffen mit Hitler. Anhand dreier Punkte sollte der Kommissar an höchster Stelle Abhilfe erbitten. Die Reihenfolge der Themen, wie am 4. Juli niedergelegt, war eine Ordnung ihrer Bedeutung nach. Am Anfang stand ein Name: Tietjen.

Der Generalintendant der Preußischen Staatstheater prangte schon lange auf der Abschußliste, obwohl »Arier« und so undurchsichtig, daß es schwer hielt, ihm eine Blöße nachzuweisen. Da er aber gutes Theater machen wollte, mußte er sich vor den braunen »Revolutionären« doch ab und zu bloßstellen. Schon im Vorjahr hatten sie ihn belehrt, *daß das deutsche Volk nicht nur Werke seiner eigenen Dichter und seiner Musiker hören und sehen, sondern sie auch von deutschen Künstlern vermittelt haben will, weil die ganz einfache logische Überlegung ihm sagt, daß ein Jude, mag er auch technisch ein noch so guter Musiker sein, einfach aus rassenseelischen Gründen nicht im Stande ist, deutsche Werke im tiefsten Sinne zu verstehen und unter Ausschöpfung ihres höchsten Gehaltes wiederzugeben.*[56]

Absender war ein adliger Ministerialrat im Ruhestand, Jurist Pg. Nr. 244.930 seit 1. Mai 1930, mit einer Prinzessin zur Lippe verheiratet, die ihm bald mit Elaboraten wie

»Nordische Frau und nordischer Glaube« sekundierte und schlicht als Hausbesitzerin Marie Adelheid Konopath im Adreßbuch stand. Konopath, sehr aktiv im KfdK und als Leiter der Kulturpolitischen Abteilung der NSDAP Berlin, Autor von Schriften – »Ist Rasse Schicksal?«, Grundgedanken der völkischen Bewegung (München, 1926), im berüchtigten J. F. Lehmann-Verlag – und Reden über Rassenfragen, hatte Morgenluft gewittert und daher rechtzeitig – im Laufe des Jahres 1928 – seinen hinderlichen polnischen Namen Konopacki »arisiert«. Er hatte die politische Benutzung von Musik durch seine Partei demonstriert, indem er anregte, einen NS-Klangkörper zu gründen, das Deutsche Konzertorchester in Berlin, aus dem dann das Kampfbundorchester hervorging. Ein »Fachmann« also. Andere, verwandte Kräfte, stimmten in solche Art Kritik ein. Da Tietjen es wagte, noch nicht einmal zwei Wochen nach der Machtübernahme in der Staatsoper einen eigenwillig modernistischen »Tannhäuser«, von Jürgen Fehling neu inszeniert, unter Klemperers Leitung zu bieten, mußte er sich fragen lassen:

Und was sagt Herr Heinz Tietjen, der hier eigentlich Verantwortliche, zu diesem skandalösen Geschehnis in dem seiner Obhut anvertrauten Hause? Ich fürchte: nicht wenige urteilsfähige und einflußreiche Zeugen dieser Kunst-Untat werden jetzt ihre Meinung in den Wunsch zusammenfassen: Man reiche uns auf einer Silberschüssel den Kopf des Herrn General-Intendanten![57]

Als sich zeigte, daß die braunen »Revolutionäre« gegen den geschickten Tietjen nichts vermochten, setzte der Kritiker seine Kanonade fort:

Und wann wird in der Berliner Staatsoper großes Aufräumen gehalten? Hier scheint doch wohl so ziemlich alles, vom Haupt bis zu den Gliedern, reformbedürftig zu sein. Es sollte doch mit dem Teufel zugehen, wenn es nicht gelänge, aus diesem Institut wieder eine Musterbühne zu machen, wie wir sie an dieser ersten Stelle des Reiches gebieterisch fordern müssen.[58]

Natürlich ging auch die läßlichste angebliche Verfehlung des Generalintendanten ins Dossier ein. Sein Posten begann zu wackeln. Zumal drei massive Anklagepunkte schlugen zu Buch: jene »Tannhäuser«-Aufführung; Beziehungen zu jüdischen Künstlern, wie sie in einem Brief angezeigt waren, den Pg. Kammersänger Wilhelm Rode am 25. April an Staatskommissar Hinkel gesandt hatte; drittens der Fall Boerner. Charlotte Boerner, ein jugendlich-dramatischer Sopran, war 1928 an der Staatsoper engagiert gewesen, hatte dann in den USA, so in Philadelphia, gastiert und strebte nun nach Berlin zurück. Weil Tietjen andere Pläne hatte, setzte ihn die resolute Dame unter Druck. Indem sie Selbstmord androhte und dann tatsächlich spurlos verschwand, inszenierte sie eine laute Affäre mit Vernehmungen, Aktenführung und – vor allem – einem sensationellen Presserummel, der mit der Schlagzeile: »Frau B. wohlbehalten wiedergefunden« am 25. April rasch ausklang. Die Mimin räumte das Schlachtfeld und ging zur Saison 1933/1934 angeblich an die Mailänder Scala, zur nächsten an die – Städtischen Bühnen Magdeburg, wie die Presse hämisch zu melden wußte. Da der Kommissar, der im Auftrag des Kultusministeriums den Fall Tietjen untersuchte, Zeugenaussagen präsentierte, der Theatermann habe in der »Systemzeit« gar für die »Rote Hilfe« oder für eine rote Fahne Geld gespendet, schien das letzte Wort gesprochen. Ende Mai war es offenes Geheimnis:

Noch amtiert als Generalintendant der Staatstheater der allmächtige Tietjen. Aber seine Tage sind gezählt, und es wird kaum jemand geben, der seinem Abgang eine Träne nachweint. (...) Alle Vorbedingungen für eine großzügige Kulturpolitik waren ihm mit den notwendigen Vollmachten gegeben. Was er heute hinterläßt, ist ein Trümmerfeld.[59]

Der voreilige Journalist verkaufte die Leser für dumm; daß es eben nicht um großzügige, sondern um nationalsozialistische, also kleinkarierte Kulturpolitik ging, lag auf der Hand. Dennoch behauptete sich Tietjen. Hinter ihm stand – Furtwängler. Trocken hatte er unter dem 4. Juni schon dem Minister Dr. Rust mitgeteilt:

Wenn tatsächlich gegen Tietjen nichts anderes vorgebracht werden kann, als was das mir bekanntgewordene Material enthält, so halte ich bei meiner Kenntnis der Theatermentalität im allgemeinen und der vorliegenden Anwürfe im einzelnen eine negative Erledigung dieses Falles, etwa um einer allgemein herrschenden, darum aber durchaus nicht besser begründeten Stimmung Rechnung zu tragen, für unmöglich, ja für einen »Justizmord«.[60]

Er erwartete an der Staatsoper gedeihliche Zusammenarbeit – gerade mit dem schwierigen Tietjen, einem einzigartigen Inszenator und Organisator, auch wenn Konflikte unausbleiblich wären. Rust mochte aber eine Ehrenerklärung für den in die Enge Getriebenen, wie dieser sie verlangte, nicht geben – mit der charakteristischen Begründung, Tietjen könne nicht eigentlich der Mann der Partei sein. Der drohte auf diesen neuen Affront hin mit Rücktritt. In der Denkschrift, die von Schmidtseck als Furtwänglers »Botschafter« in Bayreuth dem Führer bekanntmachte, setzte sich der Dirigent, wenn auch vorsichtig, für den Theaterfachmann ein, wies auf das am Ende nichtssagende Untersuchungsergebnis hin und ließ nebenher den Namen Bayreuth fallen, ein Reizwort, weil Hitler an den Wagner-Festspielen so interessiert war, daß er sich ausmalen konnte, was hier Tietjens Abwesenheit anrichten müßte. Kurz und gut: Der Generalintendant blieb. Und Furtwängler hatte wieder einen –zunächst verkappten – Feind, denn Tietjen gehörte nicht zu den Charakteren, die sich unwohl fühlen, wenn sie nicht sofort eine gute Tat mit einer anderen vergelten können.

Punkt 2 der Denkschrift galt der leidigen Orchesterfrage. Zu seinem Erstaunen erfuhr Hitler, daß der Preußische Staat als Ausgleich für die finanzielle Last, die eine Erhaltung der Städtischen Oper mit sich brächte, das Philharmonische Orchester opfern wolle. Furtwängler nannte die Pflege der großen absoluten Instrumentalmusik eine Ehrenpflicht und unterstrich:

So möchte ich den Herrn Reichskanzler bitten, in diesem Falle ein Machtwort zu sprechen: erstens, daß das Philharmonische Orchester unter allen Umständen gehalten werden muß; zweitens, daß die Verständigung über den Verteilungsschlüssel und die Art der Sanierung so sehr wie irgend möglich beschleunigt wird.[61]

Immerhin ging es um die gewaltige Summe von 450 000 RM. Erschrocken mobilisierte Hitler den Reichspropagandaminister, der ja gewisse Zusicherungen gegeben hatte. Aber Goebbels zeigte wenig Eile, wie sich bald herausstellte. Dies konnte Absicht sein. Der judenfreundliche Künstler sollte ein bißchen zappeln; vielleicht war ihm so auch beizubringen, daß die Kopplung der Judenfrage mit der Sicherstellung des Orchesters durchaus im Bereich des Möglichen läge. Jedenfalls konnte man ihm Angst machen, so lange er im Unklaren darüber blieb, wie notwendig das Regime gerade diesen Klangkörper brauchte, und der offen hergezeigte Mangel an helfendem Eifer schürte natürlich diese Unklarheit. Wie verabredet, feuerte in diesen Tagen Robert Ley in seiner Zeitung der DAF einen bösen Schuß ab, indem er – ohne Namen zu nennen – zwei Musikern geradezu »staatsfeindliches Verhalten« vorwarf. Empört schrieb Havemann an Hinkel, *daß ich ca. 20 Anrufe aus verschiedenen Städten erhalten habe, was eigentlich los ist mit Furtwängler und mir. Die Musikerschaft denkt, daß wir gemeint sind.*[62]

Monate später tauchte diese Beschuldigung in einem kulturpolitischen Bericht des Amtes Rosenberg wieder auf, weiteres Material für die Abrechnung, wenn der Zeitpunkt gekommen wäre:

Auch der erste Kapellmeister an der Berliner Staatsoper Staatsrat Dr. Wilhelm Furtwängler kümmert sich nicht um nationalsozialistische Interessen. Noch heute ist die Jüdin Fräulein Dr. Geismar, seine Sekretärin.[63]

Dennoch ließ Furtwängler nicht nach. Vom dritten Punkt der Denkschrift las Hitler – geschmeichelt und fast schon eines Bekehrungserfolges sicher – die Überschrift: Art der Bekämpfung der Juden in der Musik. Mehrere überlieferte Entwürfe mit Ergänzungen, Strichen und Korrekturen beweisen, wie genau der Dirigent sein Vokabular kontrollierte; kein Wort blieb dem Zufall überlassen wie häufig in seinen spontanen Betrachtungen über Ästhetik und Philosophie. Hier herrschte Verständigungswille auf das Ziel hin; nun endlich – dies wird ganz deutlich – sollte auch Hitler in die Strategie eingespannt werden, die sich gegen Hitler richtete. War Furtwängler ein Besessener? Verdrängte er den Kräfteunterschied? Zu unterstellen, er sei eben ein Naiver abseits der Alltagsrealität gewesen, trifft nicht den Kern. So ein Mann hätte kaum eine derart exponierte künstlerische Spitzenstellung erreichen können. Er mußte nicht nur auf die Hilfe seiner Sekretärin bauen dürfen, sondern auch selber im Management des Emporkommens im Kunstbetrieb fit sein. Ist es verrückt, auf die Politik zu übertragen, was man im beruflichen Machtkampf gelernt hat?

Jene Überschrift, isoliert zur Kenntnis genommen, wäre furchtbar. Er benutzte sie als Vorwand, einige der wichtigsten Hilfefälle anzubringen, wußte er doch, was Hitler einging und wo er aufhorchte. Dies war Honig, allerdings – wie der komplette Text ausweist – mit bitterem Beigeschmack:

Der Vorwurf, daß wir Barbaren seien, weil wir die idealen Regionen der Wissenschaft und Kunst bei unserm Kampf gegen die Juden nicht genug respektieren, hat im Ausland derartige Dimensionen angenommen, daß er speziell in der Musik zu einem fast völligen – nicht organisierten – Boykott geführt hat, einer gänzlichen Abschnürung Deutschlands vom Ausland, die die Stellung Deutschlands als des führenden Landes der Musik in der ganzen Welt mit einem Schlage vernichtet hat. Wenn irgendwo, so ist es hier nötig, den Kampf gegen das Judentum auf die richtige Weise zu führen. Wenn man z. B. heute einen Violin-Pädagogen von dem Range eines Carl

Flesch – er ist heute der anerkannte erste seines Faches in der ganzen Welt – aus Deutschland ausweist, so schädigt man sich nicht nur materiell (indem die besten jungen Geiger aus aller Welt anderswohin als nach Berlin zum Studium gehen) sondern liefert eine weitere Bestätigung zu dem Vorwurf, daß es uns nicht um die Kunst geht. Ich halte diesen Fall für außenpolitisch höchst wichtig. Ebenso halte ich es aus außenpolitischen Gründen für nötig, daß die materielle Ablösung eines Mannes vom Range des Komponisten Arnold Schönberg in anständiger Weise geschieht. Es ist wünschenswert, wenn solche besonderen Fälle jenseits vom Gesetz und Instanzenweg, vielleicht von Herrn Reichskanzler selbst geregelt würden, eben mit Rücksicht auf ihre außenpolitische Bedeutung.[64]

Klar, daß nicht die Bekämpfung der Juden in der Musik gemeint war, sondern ihre Nichtbekämpfung, durchaus ein Argument bei der außenpolitischen Empfindsamkeit des Regimes in den ersten Jahren. In diesem Punkt hatte Schmidtseck Heroldsdienste zu leisten. Er kündigte Hitler die Bitte Furtwänglers an, über die Erhaltung des »völlig zugrunde gerichteten Konzertlebens und die Zusammenhänge, die sich hier mit der Judenfrage ergeben«, persönlich Vortrag halten zu können; hier – wie es protokollarisch korrekt gewesen wäre – »dürfen« zu formulieren, scheint dem Musiker zu weit gegangen zu sein.

Seit Monaten hatte sich das Büro vergebens um diese Audienz bemüht; nun gelang es Schmidtseck, einen kurzfristigen, nur einmal verschobenen Termin zu erhalten. Nicht nur das. Hitler machte ihm, was das Orchester betraf, bestimmte Versprechungen. Jedenfalls erfuhren die verstörten Musiker vom Chef, daß es weitergehen werde und wie:

Der Führer und die Reichsregierung haben mir die Versicherung abgegeben, daß das Berliner Philharmonische Orchester unter allen Umständen erhalten wird. Herr Reichsminister Dr. Göbels hat an diese Zusicherung die Bedingung geknüpft, daß mir die absolute Führung des Orchesters in künstlerischer und personeller Hinsicht übertragen ist.[65]

Für den Augenblick konnte er sich in die Hoffnung wiegen, zu seinen und der Sache Gunsten sei das »Führerprinzip« durchgesetzt und nun könne er mit autoritativem Spruch alle internen Querelen stoppen, am Ende dann Deutschlands prominentesten Klangkörper in die politische Wagschale werfen. Hastig bereitete er sich auf das Gespräch mit Hitler vor, ergänzte und verschärfte die von Schmidtseck schon vorgetragene Argumentation, detaillierte die Sachfragen, verklausulierte sie indessen, ohne sich vorstellen zu können, daß der vielbeschäftigte, in Kulturfragen voreingenommene, zudem nicht gerade bedarfte Politiker dadurch abgeschreckt werden würde. Am 9. August benutzte er die Neun-Uhr-Maschine nach München. Im Hauptbahnhof erreichte er den Zug, der um 13 Uhr 40 nach Berchtesgaden ging. Dort wählte er gegen 17 Uhr die Telefonnummer 443, Haus Wachenfels, Hitler, und ließ sich von dessen Dienstwagen abholen.

Gleichschritt – außer Takt

Eine Reihe von Zeugnissen aus den ersten Augusttagen 1933 beweisen, wie sehr sich Furtwängler durch die Absagen auf seine Einladung hin getroffen fühlte. Er war bis zur Manie auf seinen Plan fixiert. Nun machte sich die Enttäuschung in Verärgerung, ja in Erbitterung gegen so viel Unverständnis Luft. Impulsiv, wie er war, befreite er sich mit Verallgemeinerungen, mit einem politischen Ruck. Hätte Hitler ihn in der Audienz auf dem Obersalzberg nur ausreden lassen, so wäre er zu der Überzeugung gekommen, hier stehe ein – fast – Bekehrter vor ihm, selbst etwaige taktische Züge einkalkuliert. Der Dirigent hatte etwa so seine Haltung gegenüber der NSDAP und ihrer Politik umreißen wollen:

Ich bin Anhänger, nicht Mitglied, da ich Künstler bin, meiner Erkenntnis nach nicht Politiker.

Die Auswahl des Künstlers unmöglich, solange Partei-Doktrin statt öffentlicher Meinung herrscht. Die Neugestaltung der öffentlichen Meinung die wichtigste Aufgabe. Hier Heranziehung der wirklichen Intelligenz ebenso, wie Ausschaltung der Juden.[1]

Der Durchschlag einer getippten Ausarbeitung aus diesem Anlaß, die sich im Nachlaß befand, trägt den handschriftlichen Vermerk »F Hitler F allein entworfen 8. 8.« Dies ist ein Indiz dafür, daß er sonst die – ausgleichende und diplomatische – Hilfe Schmidtsecks und Berta Geissmars nutzte. Im Alleingang legte er sich hier in der Judenfrage fest:

Prinzipiell einer Meinung. Frage im höheren geistigen Leben doch nicht so ganz einfach. Essenziell: Es gibt eine konservative Richtung in der Judenschaft – die lange Erhaltung ihres Volkstums zeugt davon, die eine eigentümliche Kraft be-

deutet. Es ist die Tendenz, erkannte Werke intellektuell festzu-
legen. Uns mutet das oft zu intellektuell an. Und doch bin ich
zu der Entscheidung gekommen, daß diese Kraft unbedingt
erhalten und dienstbar gemacht werden muß.[2]

Wieder klammerte er sich an die Auslandswerbung als
griffiges Argument:

Die Beziehungen zum Ausland sind das, wo die Politik ein-
setzen muß; hier müssen wir, ohne von der Sache etwas preis-
zugeben, in der Form entgegenkommen. Suaviter in modo, die
musikalischen Beziehungen besonders geeignet dazu. Vor al-
lem müssen wir uns bei der gesamten Judenfrage davor hüten,
uns in eine falsche Front drängen zu lassen. Die Propaganda
in der Judenfrage muß ihren ungeklärten und blinden Cha-
rakter verlieren. Soweit der Jude ein geistiger Feind ist, muß
man ihn mit geistigen Waffen bekämpfen. Es müssen – und
das kann nur von Ihnen geschehen – Richtlinien zur Judenbe-
kämpfung erlassen werden. Gesetze allein tun es nicht, weil es
auf die Handhabung ankommt. (...) Dies, und daß wir Un-
schuldige attackieren, gibt der Auslands-Propaganda die
Waffen in die Hand. Letzteres ist, wie die Judenfrage nun ein-
mal ist, nicht zu vermeiden, und man muß sich sehr hüten, in
der Sache selbst auch nur im geringsten zurückzustecken.
Umsomehr müssen mit gutem Bedacht alle Mittel verwandt
werden, die unsere Auseinandersetzung äußerlich erleichtern.
Und ich muß sagen: vieles, was im Kulturleben geschehen ist,
ist durchaus überflüssig, die Ausschaltung der Intelligenz an
der Mitarbeit viel zu weitgehend; man kann geistige Fragen
nicht nur biologisch lösen.[3]

Die Lektüre dieses Memorandums zeigt, daß er – immer
noch für seinen Plan? – nicht nur mitbestimmen, sondern
vorbestimmen wollte, wo es um Kulturpolitik ging. Er verlangte, als erster gehört zu werden, wünschte sich im Anschluß an den Staatsrat eine Art kommissarische Funktion
zwischen den Ministerien, in der er jederzeit Zutritt zum
Führer haben müsse. Er oder ein allerhöchstes Gremium
von Fachleuten, das war der Tenor, weil Konfusion herr-

sche und alles durcheinander regiere. Dieser Eindruck täuschte nicht. Immer noch stritten Goebbels, Rosenberg, Ley und Göring um ihren Anteil an der Kulturpolitik; jeder wollte einen möglichst großen Schnitt machen, denn allen ging es ums Image.

Wichtigste Probleme schienen ihm Fragen der Besetzung der Hochschulen und Konzert-Institute – wegen des Mangels an Persönlichkeiten unter den »Ariern«; an zweiter Stelle bewegten ihn Pressefragen. Das Memorandum nennt namentlich die Musikkritiker Zuckerkandl und Zschorlich, doch wäre hier ein Übertragungsfehler zu korrigieren, der sich in die getippte Reinschrift seines Manuskripts eingeschlichen hat; der handschriftliche Entwurf nennt statt Zuckerkandls, des jüdischen Musikexperten der »Vossischen Zeitung«, der kurz darauf nach Wien emigrierte, zweifelsfrei und verständlicherweise Stuckenschmidt. Die Namen zeigen, daß er für Mäßigung in der Presse eintrat, denn sie markieren militante Gegenpole des Metiers, die für ausübende Künstler gleich ärgerlich waren: Stuckenschmidt gleichsam von »links« und Zschorlich von »rechts außen«, beide streitbar, dieser in der »Deutschen Zeitung«, jener in der »BZ am Mittag«. Nicht weniger schenkte er der Frage der geistigen Ausblutung des Reiches durch Emigration sein Augenmerk:

Die Gefahr für die spätere Auswirkung dieser großen Abwanderung der oberen Intelligenzschicht (auch von Nicht-Juden) ist im Augenblick noch garnicht zu übersehen, muß aber notgedrungen später zu einer Verarmung des geistigen Lebens, was bisher, auch vor 1914, den Kern unserer Nation gebildet hat, führen.[4]

Furtwängler klammerte sich nach wie vor an sein Ziel, die Umkehrung der NS-Politik gegenüber den Juden. Deswegen hatte er eine Reihe Fälle mit gutachtlicher Darstellung ihrer großen Bedeutung in die Audienz einbringen wollen, die bislang nicht gelöst waren, wie ihm nötig schien: die Sache Flesch, Schönberg, Sekles, Klatte, und neu dazu traten Prof. Dr. Curt Sachs, Experte für Instrumentenkunde an der Universität und Musikhochschule Berlin, und Janí Szántó, ungarischer Geiger mit Flair für zeitgenössische Musik, dessen Lehrerstellung an der Münchner Akademie bedroht war. Kein Wunder, daß des Dirigenten Sorge auch einmal diesem oder jenem Unwürdigen zugute kam: Anna Bahr-Mildenburg, »arische« Wagner-Heroine und Gesangspädagogin, wegen ihrer Beziehungen zu Juden wie Bruno Walter denunziert, hatte eben gleich Pfitzner und einigen Parteikünstlern demonstrativ einen Auftritt in Salzburg wegen der feindseligen Haltung der österreichischen Regierung abgesagt – gemeint war unter anderm das von Wien verhängte Verbot der NSDAP im Lande.

Von hier bis zur Frage der Juden im BPhO war ein kleiner Schritt. Wieder pochte er auf den Auslandseffekt:

Außenpolitische Bedeutung. Vermeidung der Isolierungsgefahr. Ein Kunst-Institut, bei dem jeder Einzelne nach dem Leistungsprinzip ausgewählt ist. (...) Über das Verbleiben der jüdischen Konzertmeister und Mitglieder (6 und 2 Halbjuden) habe ich bereits mit den Ministern Goebbels und Göring gesprochen, die grundsätzlich meiner Ansicht waren. Es besteht nur die Gefahr, daß auf Grund des Berufs-Beamten-Gesetzes der Arier-Paragraph angewandt werden muß, da das Philharmonische Orchester von öffentlichen Stellen subventioniert wird. (??) Es muß die Möglichkeit einer Ausnahme geschaffen werden. Das Berliner Philharmonische Orchester ist das einzige Kunst-Export-Institut und Propaganda-Instrument deutschen Geistes, was im Augenblick noch vom Ausland verlangt wird.[5]

Am Schluß des zehnseitigen Memorandums beklagte er die »Isolierung des Führers« und sah es daher als notwendig an, daß Hitler wegen Bayreuth doch noch einmal an Toscanini schriebe. Der Dirigent fand allerdings keine Gelegenheit, seine Ansicht auch nur halbwegs vollständig vorzutragen. Sein Gesprächspartner unterbrach ihn und setzte zum Monolog an. Furtwängler insistierte, obwohl er bemerkt haben mußte, daß er kein offenes Ohr fand. Die Tonstärke schwoll an. Der Widerstand machte, daß Hitler ausfällig wurde, vom Thema abschweifte, lauthals politisch dozierte. An Verständigung war nicht zu denken. Auf der Heimreise, in München, rief der Dirigent seine Sekretärin an und berichtete; er schloß mit seiner unmißverständlichen Meinung über den Führer. Dieses Gespräch – berichtete sie später[6] – sei abgehört worden. Immerhin war das eine gewisse »Frontbegradigung«.

Die ungeheure Willenskraft Furtwänglers ist verbürgt; ohne die geringste Konzessionsbereitschaft setzte er – Mißerfolgen zum Trotz – immer wieder an, um zu verwirklichen, was ihm vorschwebte. Jene Absagen hatten ihm keine Ruhe gelassen. Es ging um seinen Generalplan. Geduldig und als sei gar keine Absage eingetroffen, erneuerte er seine Einladungen. Es sieht so aus, als habe er auf Hubermann besonderen Wert gelegt oder gehofft, ihn leichter überzeugen zu können. Ein handschriftlicher Entwurf für diesen zweiten Einladungsbrief ist überliefert, geradezu eine Beschwörung:

Mein persönliches Bestreben war, wie gesagt, nur ja, ob damals, ob heute, so weit es von mir abhing, das Gebiet der Kunst rein und unabhängig von politischer Beeinflussung zu erhalten. Nicht als ob mir nicht zutiefst bewußt wäre, wie tief Musik in der Nation verwurzelt ist. Eine nicht auf dem Grunde einer Nation gewachsene Musik gibt es nicht, gab es nie; wie fest aber auch der Baum der Kunst in dem aufrechten, unerschöpflichen Erdreich jenes gewaltig beseelten Kollektivums, Nation genannt, wurzelt, seine Äste und Blätter muß er frei, unbehindert von jedem irgend-gearteten Zwang, gen Himmel strecken können.[7]

Er riet, Hubermann möge sich nicht »zum bloßen Werkzeug des Politikers in sich« machen; es gehe um die völkerverbindende Funktion, um »Verständigung im Sinne der Kunst und über die Kunst hinweg«. An einem Punkt muß des Geigers Gleichmut vergangen sein, da nämlich, wo ihn der verärgerte Furtwängler an die Verantwortung gemahnte, *die Sie übernehmen, wenn Sie bei Ihrer Absage verharren, wenn Sie die Hand, die diesmal durch mich das neue Deutschland Ihnen bietet, abschlagen. Diese Hand dürfte nicht ein zweitesmal auf solche Weise geboten werden können.*[7]

In diesem für die Sekretärin bestimmten Entwurf waren die ins Reine zu übertragenden Zeilen rot unterstrichen. Einige Argumente sollten beiseite bleiben, auch dieses:

Das fatale Gefühl, daß im Publikum Leute sitzen, die einem von vornherein die Fähigkeit, deutsche Musik wiederzugeben, absprechen, muß dabei ein Künstler ebenso überwinden, wie er ja von jeher die Existenz böswilliger Kritiker gewärtigen mußte. Und wenn Sie fürchten, daß das Leistungsprinzip nur auf dem Gebiete freien Konzertlebens und nicht bei den anderen Kunstinstituten gelte, so muß der Hinweis auf Ihren Kollegen K. Flesch, der nach wie vor als ein Nachfolger Joachims an der staatl. Hochschule in B. wirkt, genügen.[7]

Daß sein Hauptzeuge etwa sechs Wochen später den Posten in der Hochschule räumen mußte, ahnte er nicht. Hubermann ließ sich nicht überzeugen. Um dies – fast beleidigend – nun endlich begreiflich zu machen, schickte er mit Datum vom 31. August aus Wien eine unwesentlich redigierte Fassung seiner ersten Absage. Manches war nur Textkorrektur. Ein Zusatz ist aufschlußreich. Unter der Auflistung der positiven Aktionen gegen die »Rassenreiniger« finden sich nun auch »die Brüder Busch«. Der verhinderte Gastgeber steckte gleichwohl seine Idee nicht auf, setzte daher nun den Hebel auf der anderen Seite noch einmal an, da ihn Hitler in Berchtesgaden nicht hatte ausreden lassen. Um ihn und seine Tiraden richtig einordnen zu können, las er »Mein Kampf«. Sein Urteil über dieses Buch ist nicht dokumentiert – bis auf diesen einzigen Satz voller Zweideutigkeit:

Ich habe erst alles dann richtig verstanden, als ich Ihr Buch las.[8]

Um irgendwie doch gehört zu werden, entwarf er Anfang September einen Brief an Hitler, der alles das enthielt, was bislang ungesagt hatte bleiben müssen.

Inzwischen waren die Gegner nicht untätig. Sie ließen sich durch seine wachsende kulturpolitische Autorität nicht einschüchtern. Eine zweite Front erstand. Am 18. August ging bei Rosenberg in seiner Eigenschaft als Reichsleiter des KfdK eine Denunziation ein. Ihr Urheber war Walther Rath-Rex, Obmann und Organisationsleiter der Fachgruppe Kleinkunstbühnen im KfdK, Gruppe Groß-Berlin, der wissen ließ:

Es ist allgemeiner Gesprächsstoff in der Künstlerschaft, daß Furtwängler heute noch die Tendenz hat jüdische Künstler zu bevorzugen, was besonders augenblicklich wieder in Erscheinung tritt

1. durch die Einladung an den galizischen, jüdischen Geiger Hubermann, der als fanatischer Zionist bekannt ist und ein Jahr lang alle Konzerte abgesagt hat, um sich restlos der Propaganda für ein Pan-Europa widmen zu können,

2. durch die Einladung an den jüdischen Pianist Arthur Schnabel. Es gilt als offenes Geheimnis, daß die treibende Kraft dieser Bevorzugungen jüdischer Künstler die jüdische Sekretärin Furtwänglers ist, die in Gemeinschaft mit ihrer Mutter bei dem starken vorhandenen persönlichen Kontakt die Dispositionen Furtwänglers ausschließlich beeinflussen soll.[9]

Die Taktik springt ins Auge. Da der Dirigent in persona über jeden Angriff erhaben schien, mußte beim schwächsten Punkt angesetzt werden, eben bei der jüdischen Sekretärin, möglicherweise auch in der Absicht, ihren Chef abzulenken; Sorge um seine unentbehrliche Mitarbeiterin mußte weitere Bemühungen zugunsten »fremder« Juden durchkreuzen. Am gleichen Tag, an dem Rosenberg diese Meldung zur Kenntnis nahm, unterzeichnete Orchestervorstand Höber einen Brief an Ministerialrat von Keudell im ProMi. Um die Finanzen in Ordnung zu bringen, hatte

Goebbels den reichen Rundfunk engagiert, der – wie schon in der vergangenen Saison – für Konzertübertragungen eine bestimmte Summe hinlegen sollte, vorschußweise schon eben mal 30 000 RM. Und der Vertrag?

Der Absatz 3 in der neuen Fassung wird, sowie ich Herrn Dr. Furtwängler kenne, unter keinen Umständen von ihm akzeptiert. Er kann dies auch nicht. Nach Bemerkungen von Herrn Donisch hat er die Befürchtung, Herr Furtwängler könnte jüdische Solisten nehmen. Dieser Einspruch ist insofern nicht stichhaltig, als Herr Furtwängler bestimmt nicht ohne Einvernehmen mit der Reichsregierung jüdische Solisten verpflichten wird. Er wird dies nur dann tun, wenn es mit den allgemeinen Bestimmungen zu vereinbaren ist.[10]

Die Rundfunkverwaltung kannte natürlich die Situation. Die Bestimmungen erlaubten noch das Auftreten jüdischer freier Künstler; andererseits brauchte das Orchester jede Mark – und möglichst rasch. Daher der Versuch, diese Notlage zur politischen Knebelung auszunutzen. Furtwängler widerstand dem Druck, Hitlers Wort im Ohr, und stürzte sich in die Opernarbeit, nachdem sein Vertrag mit dem 1. September – immer noch erst mündlich – begonnen hatte. Höhepunkte des Arbeitsplans: Zemlinskys schon angenommener »Kreidekreis«, »Freischütz«, die neue Fassung der »Ägyptischen Helena« von Strauss und – in Neubearbeitung von Julius Kapp und Robert Heger – Rossinis »Tell«. Zwar hielt er es für notwendig, der Staatsoper das ihre zu geben, nämlich ein repräsentatives Repertoire aus deutscher Tradition, fügte aber hinzu:

Die Pflege zeitgenössischer Kunst ist für die Berliner Staatsoper Pflicht. Dazu freilich ist zu bemerken, daß deshalb, weil in den letzten Jahren eine einseitige überintellektualistische Kunst in der Öffentlichkeit Trumpf war, auch nicht die dadurch im Schatten lebenden und in den Hintergrund getretenen alle große Künstler sein müssen. Es gibt auch hier, wie bei den früheren, Nutznießer der gegenwärtigen Zeitströmung.[11]

Bln. 9.9.33

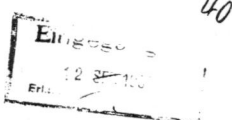

Sehr geehrter Herr Staatskommissar,

es war bis jetzt noch nicht moeglich ein
groesseres Vorsingen hier einzurichten, desshalb sind die von
Ihnen dafuer vorgeschlagenen Kuenstler noch nicht aufgefordert
worden. Selbstverstaendlich werden Ihre Wuensche in dieser Hinsicht genau beruecksichtigt werden,und ich werde veranlassen ,
dass ein Bescheid ueber den Verlauf jeweils an Sie weitergeleitet
wird.

Ihr sehr ergebener

Hinkel versucht, seine Schützlinge in die Staatsoper zu lancieren

Natürlich lag im Wagner-Jahr der Schwerpunkt des Re-
pertoires – in der Saison 1933/34 65 Aufführungen – auf
dem Œuvre des Bayreuther Meisters[12]. Zudem liebte es
Furtwängler, gerade diese komplizierten und zugleich – damit sie nicht »schleppend« wirken – exakte Dramaturgie
und Zeitsinn erfordernden Partituren zu dirigieren, bis zum
Ende der Spielzeit »Meistersinger«, »Tristan«, »Rheingold« und »Walküre«.

Zwei Tage nach der ersten »Meistersinger«-Aufführung
der Saison berief er die Philharmoniker zu einer Versammlung ein. Nun wie ein rechter »Führer« annullierte er die
letzte Wahl, setzte die bisherige Geschäftsleitung wieder
ein und untersagte weitere Diskussionen in dieser Frage:

*Nochmaliger Hinweis, daß Judenfrage im Einvernehmen
mit dem Reich geregelt sei. Jede Unruhe überflüssig, da das
Berliner Philharmonische Orchester in jetzt bestehender Form
lt. Zusage durch Führer und Reichsregierung sichergestellt
wird. Herr Staatsrat Dr. Furtwängler stellt Herrn Dr.*

v. Schmidtseck als seinen Vertreter vor. Derselbe läßt nach ei-
ner kurzen Rede im Zusammenhang mit der Wahl die Partei-
genossen aufstehen und wirft denselben Postenjägerei, per-
sönlichen Ehrgeiz und undiszipliniertes Verhalten vor.[13]

Schmidtseck, der sich jäh als Sachberater und zweiter
Mann der »Führung« sah, vergaß – wiewohl Vertreter der
NSDAP im Orchester – seinen ursprünglichen Auftrag und
arbeitete, wie man sieht, gegen eine Gleichschaltung. Die
Warnung vor politischen Anzeigen gegen Kollegen, die an-
ders gesinnt, ging ihm leicht von den Lippen.

Nach dem lästigen Trubel anläßlich des Festakts zur Eröffnung des Preußischen Staatsrats – einschließlich Amtseid in »unwandelbarer Treue zum Volk, zu seinem Führer« – delegierte Furtwängler seinen Vertreter zu einer
Pressekonferenz, in der die Arbeitsvorhaben des Orchesters
für die Wintersaison bekanntgemacht wurden. Die Presse
reagierte aufmerksam:

Soll nun allen fremden Dirigenten, auch solchen von Rang,
die aus dem Ausland kommen, grundsätzlich die Möglichkeit
entzogen werden, mit den Philharmonikern zu musizieren?
Und wie steht es mit namhaften Solisten, die ein Orchester zur
Verfügung haben möchte? Wollen und können wir uns dem
Ausland gegenüber völlig abschließen? Entspricht das unseren
eigenen kulturellen Interessen? Denn wir wünschen ja doch
wohl auch, daß unsere deutschen Dirigenten von Namen wie
bisher den Ruf deutscher Kunstübung ins Ausland tragen.[14]

Ganz offensichtlich sollte das Saisonprogramm 1933/34
etwas beweisen, nämlich daß die Abwesenheit jüdischer
Solisten in der Tat ein Verlust sei und es ohne sie nicht gehe. Melchior, der »nichtarische« Däne, sollte zur Gedächt-
nisauffrischung dienen; im übrigen präsentierte Furtwängler die gänzlich oder zur Hälfte jüdischen Orchestermitglieder Goldberg, Schuster und Bottermund als Solisten. Ge-
genpol war der »Arier« Rudolph Schmidt, Pianist und Pg.
In Hamburg – und nicht weniger ostentativ – durfte die jüdische Cembalistin Edith Weiß-Mann »in letzter« Stunde

die Generalbaßpartie in Bachs Doppelkonzert für Geigen und Orchester übernehmen. Als großer Instrumentalist des Auslandes stand Mainardi allein. Außer dem renommierten britischen Dirigenten Sir Thomas Beecham holte der »Chef« bewußt zweite Kräfte: Sidney Beer, Henri Busser, Ebbe Hamerik, Odd Grüner Hegge, Hidemaro Konoye, Ottorino Respighi; aber demonstrativ aus nordischen oder »befreundeten« Ländern oder nur in zweiter Linie mit Orchesterleitung befaßt. Aus Deutschland rekrutierte er – nicht weniger absichtsvoll – solche Dirigenten, die entweder aus der hintersten Provinz kamen oder Parteigenossen waren, mindestens aber dem KfdK angehörten oder nahestanden, nämlich Richard Jäger, Richard Richter, Edwin Lindner, Hans Hörner, Hellmut Kellermann, Werner Richter-Reichhelm und Hellmut Thierfelder. Ahnungslos taten sie mit. In die Lücken steckte er gediegene und dem Publikum längst vertraute Künstler wie Max Fiedler, Robert Heger, Hermann Abendroth, Ernst Praetorius, Eugen Papst oder Ernst Wendel, Schuricht nicht zu vergessen, wie um anzudeuten, was möglich wäre. Als sei dies nicht genug, erinnerte das Programm auch an begabte jüdische Komponisten, nämlich Goldmark und Mendelssohn-Bartholdy. Ausgerechnet Pg. von Schmidtseck, der Kommissar der Partei, brillierte mit Stücken aus der »Sommernachtstraum«-Musik. Ein Teil der Musikkritiker und der Öffentlichkeit muß damals verstanden haben, worauf das hinaussollte; mindestens ein Kommentar triefte vor Hohn:

Man muß schon sagen: ein edles und großzügiges Programm, das denen, die es ermöglichen, Ehre und Dankbarkeit aller wahrhaft Kulturgesinnten eintragen wird. Ein Programm, würdig der starken und bewußten kulturellen Initiative Adolf Hitlers, der leider bisher nicht genügend nachgeeifert wurde. Daß auf all dem Schönen das Auge Furtwänglers wachend und prüfend ruhen wird, daß sein hohes Kunstgefühl sich hier mit dem Kunstwillen des Reichsführers zur eminent fruchtbaren Tat verbindet, gibt uns die Gewähr vollkommener Erfüllung dieses großzügigen und der Zeit würdigen Plans.[15]

Noch zusätzlich demonstrierte der Chef des BPhO, was er von der Musikpolitik der NS-Funktionäre hielt, indem er in dieser Saison sämtliche Reisekonzerte – bis auf eines im nahen Magdeburg, das Eugen Jochum zufiel – selber leitete.

Tage und Wochen vergingen. An allen Ecken und Enden mußte er Fehler korrigieren. So hatte Göring der italienischen Diva Gabriella Besanzoni eine »Carmen« mit 2 500 RM Sonderentschädigung vergoldet, und nun forderte Dusolina Giannini gleiche Gunst. Dann wieder verlangte die Deutsche Kunstgesellschaft für ein unsinniges Musikfestprojekt in Ägypten vom Ministerium 20 000 RM Zuschuß. Furtwängler gab hier wie dort Ratschläge. Die Deutsche Kunstgesellschaft, die immerhin an die Philharmoniker für Auslandsgastspiele und Auftritte ausländischer Dirigenten Zuschüsse zahlte, war nur mäßig brüskiert, als er auch eine für den Herbst 1933 geplante Konzerttournee des Orchesters durch Lettland, Estland, Finnland, Schweden und Dänemark blockierte. Geschäftsführer Mutzenbecher fragte jedoch nicht erst um Erlaubnis, als er am 22. August in der Botschaft der UdSSR über Kulturaustausch zwischen beiden Ländern konferierte und dem mißtrauischen Botschaftsrat Hirschfeld vorschlug, *daß man Politik und Kultur doch trennen könne und müsse. Wenn man z. B. Herrn Furtwängler hinausschicke, so stände doch fest, daß dieser nur Künstler sei und mit Politik gar nichts zu tun hätte.*[16]

Institutionen und Persönlichkeiten – politische wie künstlerische – rissen sich jedenfalls um den berühmten Musiker. Hinkel lud ihn zur Voraufführung des Propagandafilms »Horst Wessel« ein, an der Seite von Erich Kleiber und Georg Kulenkampff; Dichter und Schriftsteller wie Hanns Johst und Werner Beumelburg, die Schauspielerin Käthe Dorsch und mehrere Partei- und Verwaltungsleute waren dabei, unter ihnen auch jener Prof. Dr. Gerullis aus dem Kultusministerium, der eine so realistische Meinung über den Dirigenten geäußert hatte. Als Furtwängler die neue Oper von Strauss, »Arabella«, in der Staatsoper einführte, am 12. Oktober, fanden sich wie selbstverständlich Hitler und Goebbels ein.

Die Zukunft des Berliner Philharmonischen Orchesters war nun organisatorisch und ökonomisch gesichert; am 16. Oktober trafen sich Berlins Oberbürgermeister Dr. Sahm und Staatssekretär Funk aus dem ProMi und klärten in erster Linie die Frage der Versorgung jener seinerzeit übernommenen Musiker des Berliner Symphonie-Orchesters, nachdem sich der so energisch vertretene Wille des Dirigenten, den Unruheherd zu beseitigen, in keiner Weise hatte durchkreuzen lassen. Drei Tage später informierte Schmidtseck die Musiker über die jüngste Entwicklung: Die Symphoniker müßten bis auf einige wenige ausscheiden, und das Orchester werde unter Übernahme durch das Propagandaministerium zum »Reichsorchester« erhoben; im Klartext hieß dies, daß in Zukunft die Subvention allein vom Reich zu zahlen wäre. Die verkappte Verstaatlichung bedeutete Sicherheit für die Musiker. Wer nicht bleiben durfte, wehrte sich. Dr. Sahm versuchte, beim ProMi zu intervenieren. Der zuständige Staatssekretär ließ ihn jedoch abblitzen:

Nach Rücksprache mit Abtlg. I habe ich dem Orchester (Schmiedseck) mitgeteilt, daß der Min. es ablehnt, die Entscheidung Furtwänglers, nur 8 Symphoniker behalten zu können, zu beeinflussen.[17]

Die betroffenen fünfzehn Musiker gaben keine Ruhe. Mehrere pochten auf ihre NSDAP-Mitgliedschaft und hielten sich darüber auf, daß sie und nicht etwa die Juden entlassen worden seien. Schlimmer noch: Für sie seien »minderwertige Kräfte« eingestellt worden, zum Beispiel Kaffeehausmusiker. Richtig ist, daß es im BPhO einige Mitglieder von Kurkapellen, den Kaffeehausmusiker Erich Bader, Viola, und den Kinomusiker Hans Kloska, Viola, gab, alles »ehemalige«, inzwischen längst zu Furtwänglers hohen Qualitätsansprüchen emporgestiegen. Eine Konferenz mit dem Rechtsbeistand der Ausgeschiedenen im ProMi führte zum Eklat, als der Anwalt den Vertreter des Ministeriums, Dr. Schmidt-Leonhard, fragte, ob Hitler von der Entlassung wüßte und daß *durch dieselbe Frontkämpfer und Parteigenossen betroffen sind, wo hingegen Nichtarier weiterhin im Orchester verbleiben. Der Herr Ministerialrat sprang auf diese Frage von seinem Platz auf und erklärte, daß er für den Fall der Wiederholung dieser Frage sich genötigt sehe, die Verhandlung sofort abzubrechen. Er betonte, daß der Herr Reichskanzler auf eine Entscheidung dränge und wir unverzüglich auf unsere bisherige Lebensstellung Verzicht zu leisten hätten. Wenn wir das nicht wollten, ständen dem Ministerium genügend Mittel zur Verfügung uns zu zwingen. Es wäre dabei ganz gleich, ob wir im Recht oder Unrecht wären.*[18]

Am Ende übernahm die Stadt Unterbringung oder Versorgung der »Wegrationalisierten«. Einer von ihnen, der Geiger Willy Bogenhard, seit 1. Mai 1933 mit der Nummer 2.010.266 Pg., machte sogar steile Karriere, wenn auch nicht als Künstler; er wurde Landesleiter der Reichsmusikkammer Gau XX Pommern in Stettin, arbeitete gleichzeitig für das dortige Reichspropagandaamt, tauchte im Februar 1942 in Riga als Kulturreferent der Hauptabteilung Propaganda beim Generalkommissar auf und stand zwei Jahre später auf der Gehaltsliste des RPA Danzig. Wie man sieht, war Furtwängler auf einen »Befreiungsakt« ausgewesen.

Hinter seinem Rücken tat sich indessen Widriges. Einer der zahlreichen unvermeidlichen Kräche bei der Sängerdisposition für die Staatsoper öffnete eine neue Seite im Dossier, das zu dieser Zeit noch aus Einzelakten bei verschiedenen Dienststellen bestand. Die schwedische Sopranistin Nanny Larsén-Todsen, die recht namhaft war und schon im Ensemble der Metropolitan-Oper New York und der Bayreuther Festspiele gesungen hatte, beschwerte sich bei Hinkel, der den Fall prompt an Rust abgab und von sich aus hinzufügte, *daß Herr Furtwängler bzw. seine jüdische Sekretärin Frl. Dr. Geismar uns sehr viel Schwierigkeiten machen.*[19]

Inzwischen war der kunstpolitische Kurs des Regimes wenigstens organisatorisch befestigt. Die Musik zog unter

Strauss als „Musikgeneral"

das Dach einer Reichskulturkammer. Mitgliedschaft in der
Reichsmusikkammer war obligatorisch und beinhaltete automatisch das Recht zur Berufsausübung. Weil diese Form
einer berufsständischen Selbstvertretung schon lange im
Gespräch, überdies durch die Industrie- und Handelskam-
mer vertraut war, schien sie alte Musikerträume zu erfüllen.
Daß sich Goebbels damit ein Herrschafts- und Disziplinie-
rungsinstrument geschaffen, fiel nur kritischen Beobach-
tern auf. Weil in diesem zentralen Entscheidungsgremium
auf einen Mann wie Furtwängler nicht zu verzichten war,
kalkulierte der Minister ihn ein – vielleicht sogar, um seine
lästige außermusikalische Energie noch mehr zu binden; er
fürchtete nicht, daß der prominente Musiker ihn überflü-
geln könnte, denn die oberste Instanz – Präsident der

Reichskulturkammer – war er, der Politiker, und für alle Fälle hatte er veranlaßt, daß sich zwei, wenn nicht gerade feindliche, so doch – was die gegenseitigen Beziehungen anging – vorsichtige Brüder die Leitung der RMK teilen mußten: Richard Strauss als Präsident und Furtwängler als Vizepräsident. Dieser erhielt unter dem 15. November – dem Tag der Kulturkammergründung – die Ernennungsurkunden. Nun war er zugleich Vizepräsident der RMK und Mitglied des Präsidialrates. Er akzeptierte dies – nach vorheriger Erkundung des Ministers – als Tribut an seine Bedeutung im Musikleben des Landes und als Zuwachs an Macht zur Korrektur von Entwicklungen, die er für negativ hielt. Daß er nun nicht mehr mit vielen, einander widersprechenden und bekämpfenden untergeordneten Behörden zu tun haben würde, sondern mit dem kunstverständigen Minister allein, beruhigte ihn eher. Die Möglichkeiten, seine Kulturpolitik überzeugend und erfolgreich zu vertreten, schienen sich verbessert zu haben. Also füllte er den RMK-Fragebogen Nr. 12 291 aus, unterließ es aber bis zum September des folgenden Jahres, die nach dem Einkommen zu berechnenden – ein Prozent war verlangt – RMK-Beiträge zu zahlen.

Während in Berlin die feierliche Eröffnung der Reichskulturkammer begangen wurde und erste Arbeitsgespräche auf hoher Ebene Posten und Verantwortung verteilten, hatte das Deutsche Konsulat in St. Louis, USA, ein kulturpolitisches Problem, das Furtwängler berührte. Der Nordamerikanische – »auslandsdeutsche« – Sängerbund plante ein Sängerfest mit einigen Orchesterkonzerten. Zunächst wollte man einheimische Dirigenten, so Walter Damrosch aus New York oder Vladimir Golschmann, den Chef des erstklassigen Orchesters von St. Louis, verpflichten. Das Konsulat riet mit Bedenken wegen deren Rasse und Nationalität ab und empfahl, große Künstler aus dem Reich zu holen:

Am liebsten waere uns, wenn Sie Furtwaengler veranlassen koennten, herueber zu kommen, da er sich hier eines beson-

ders grossen Rufes erfreut. Bei den Verhandlungen mit ihm muesste darauf hingewiesen werden, dass er sowohl dem neuen Deutschland einen hervorragenden Dienst leisten wie auch natuerlich selbst den Vorteil groesster Propaganda fuer sich haben wuerde, da aus allen Teilen Amerikas musikbegeisterte Deutsche, Deutschamerikaner und Amerikaner in St. Louis zusammenstroemen werden. Ich waere Ihnen also dankbar, wenn Sie es freundlichst uebernehmen wuerden, mit Furtwaengler oder mit einem der andern Dirigenten in Verbindung zu treten.[20]

Zwar lag die Zuständigkeit für Auslandspropaganda durch Kunst immer noch beim Auswärtigen Amt, doch war dem Konsulat die Ernennung von Strauss und Furtwängler bekanntgeworden, und da es eilte und zu befürchten stand, einer der »amerikanischen, zum großen Teil nichtarischen Dirigenten« könnte die Sache in die Hand bekommen, schien das ProMi zur Lösung des Problems besser geeignet. Amtsrat Klaus fragte Furtwängler. Der winkte ab. Er mochte nicht unter so spektakulären Umständen als Reklamekünstler für das Regime auftreten. Nun erteilte das ProMi der Deutschen Kunstgesellschaft Weisung, Fritz Busch zu gewinnen. Die Deutsche Kunstgesellschaft, deklariert als »Gemeinnützige Gesellschaft für die künstlerischen Beziehungen Deutschlands zum Auslande« und als eingetragener Verein verfaßt, mit dem Regisseur Hans Esdras Mutzenbecher als geschäftsführendem Direktor, war eine Tarnorganisation, die Goebbels in solchen Fällen vorschickte, in denen der Veranstalter aus politischer Raison verschleiert werden mußte. Das ProMi unterstützte eine ganze Reihe solcher Unternehmungen, die als völlig »unpolitisch« auftraten, und eben auch diese. Der Präsident – Seine Königliche Hoheit Prinz August Wilhelm von Preußen – genoß ebenso Vertrauen wie das Gros der Verwaltungsratsmitglieder von internationalem Ruf. Wer wußte schon, daß »Prinz Auwi«, wie er familiär hieß, nicht nur Pg., sondern sogar SA-Oberführer war? Im Verwaltungsrat, ebenso unerkannt, figurierten neben einigen Alibi-Persönlichkeiten durchaus parteihörige Leute, als Clou das Reichstagsmitglied Hugo Bruckmann, Verleger »nationaler« Literatur, im KfdK-Vorstand, Präsidialrat der Reichsschrifttumskammer und – Pg. mit der Mitgliedsnummer 91, ein Mann der ersten Stunde. Aber wer ahnte das schon im Ausland?

Mutzenbecher telegrafierte an Busch – per Adresse Erich Engel in Zürich – und machte ein vertrauliches Angebot. Honoraraussichten: 2 000 Dollar. Am 12. Dezember teilte Busch »mit verbindlichstem Dank für Ihre Bemühungen und freundlichen Grüßen« mit:

Ich habe außerordentlich viel Angebote für ausländische Gastspiele und muß im Augenblick die Entscheidung über ein erneutes Gastspiel im Theatro Colone in Buenos-Aires abwarten, die in den nächsten Tagen eintrifft. Kommt diese Stagione zustande, so bedeutet sie nach dem Erfolg der vergangenen eine ungewöhnliche Propaganda für deutsche Kunst. Ich muß dann Mitte April nach Südamerika fahren, sodaß St. Louis nicht einzurichten geht.[21]

Absagen – etwa um seinen Antifaschismus zu beweisen – mochte Busch freilich nicht. Er bat um vierzehn Tage Geduld. Dem ProMi lag natürlich gerade an diesem Künstler, und es ersuchte, Buschs Stellungnahme abzuwarten. Dies dauerte der amerikanischen Sängerbehörde zu lange; sie engagierte Damrosch, den Juden, zumal da die NS-Rassenlehre selbst unter Auslandsdeutschen wenig Gefallen fand. Busch schloß in diesen Tagen eine zweite deutsche Opernspielzeit mit dem Teatro Colón ab.

Am 16. Januar 1934 unterzeichnete Furtwängler den so lange ausgebliebenen Staatsopernvertrag – rückwirkend ab Saisonbeginn und auf fünf Jahre. Nun hatte er die Positionen schwarz auf weiß: 1. Staatskapellmeister und Operndirektor gegen eine Jahresvergütung von 36 000 RM. Vertragspartner war der Preußische Ministerpräsident. Göring unterschrieb mit eigner Hand. Das Ausland reagierte auf seine Weise, da es dort schwer hielt zu verstehen, wieso eine

Staatsoper ganz direkt an so eine hohe Partei- und Regierungspersönlichkeit gebunden war. Unkenntnis solcher Zusammenhänge bildete ein bedeutendes Motiv des Boykotts gegen in NS-Deutschland ansässige Künstler. Auch in England, wohin die Berliner Philharmoniker einen Tag nach der Unterzeichnung des Staatsopernvertrages aufgebrochen waren, zeigten sich erstmalig ernste Widerstände. Sie zu entschärfen, richtete Sir Thomas Beecham einen offenen Brief an ein zentrales Londoner Blatt. Er wiegelte ab:

Es scheint der Eindruck zu herrschen, daß dieses ausgezeichnete Ensemble seiner traditionellen Stellung der Unabhängigkeit beraubt und sein Dirigent gezwungen worden ist, sein lebenslanges Prinzip aufzugeben, nach dem Kunst und Musik von Parteipolitik geschieden werden sollten.[22]

Nach dem redaktionellen Zwischentitel »Keine Rassendiskriminierung« fuhr der prominente britische Musiker fort:

Nichts wäre weiter von der Wahrheit entfernt. Aus persönlicher Beobachtung und Nachfrage in Berlin kann ich sagen, daß das Orchester, welches nächste Woche in London auftreten wird, hinsichtlich der Zusammensetzung das gleiche sein wird wie das, das uns im vorigen Jahr besuchte. Veränderungen sind keine erfolgt, und rassische Diskriminierung durfte sich nicht durchsetzen. Solche hervorragenden Musiker wie der Konzertmeister und die beiden ersten Cellisten, sämtlich Juden, behalten ihre Stellen bei.[23]

Berta Geissmar, die dem Orchester vorausgereist war, konstatierte erleichtert, daß sich die antifaschistischen Aktionen – nicht zuletzt dank Beechams Zeugnis – in sehr engen Grenzen hielten. Sie beobachtete indes ganz zutreffend, wie stark in England die Hoffnung gesunken war, die Lage könne sich vielleicht doch noch normalisieren. Als sei alles völlig normal, dirigierte Furtwängler, wieder heimgekehrt, am 12. Februar in der Philharmonie unter anderm drei Stücke aus Mendelssohns »Sommernachtstraum«-Musik, nicht einfach so, sondern demonstrativ zum 125. Geburtstag des deutschen, wenn auch jüdischen Romantikers. Zunächst war Goebbels zu diesem Anlaß erwartet worden. Aber der hatte gerade gegen Rosenberg seine Reichskulturkammer zu verteidigen, durch die der Parteiideologe seine Kompetenz geschmälert sah, und deswegen konnte er sich nicht bloßstellen. Er hätte nach den Mendelssohn-Stücken absichtsvollen Beifall des Publikums erleben können. Zwar ging die Presse kaum auf das Jubiläum ein, ließ aber erkennen, wie sehr sie dieses Konzert für die letzte Gelegenheit hielt, Mendelssohn »in natura« zu hören. Die Journalisten hatten freilich nicht mit Furtwänglers Hartnäckigkeit kalkuliert; er sorgte dafür, daß Mendelssohn weiterhin erklang, denn er machte – getreu assistiert von Frau Geissmar und Schmidtseck – die Programme. So geschah es, daß Hans Chemin-Petit am 7. Oktober 1934 die nämlichen »jüdischen« Stücke dirigierte, und der war nicht einmal durch NSDAP-Mitgliedschaft ein wenig gedeckt, weil er lediglich der NSBO, NSV, dem Reichsluftschutzbund und dem NS-Altherrenbund angehörte, diesen »harmlosen« Organisationen, in die jemand eintrat, der sich politisch nicht exponieren wollte. Mindestens eine Zeitung registrierte allerdings, der Mendelssohn, aber auch weitere Stücke, seien »auffällig lustlos dargeboten« worden und die Philharmoniker hätten »leider ohne viel Lust und Liebe« gespielt[24]. Dies mag jedoch nur an der offensichtlichen Unsicherheit des Kapellmeisters gelegen haben. Weiter ging die parteiamtliche Presse wie »Der Angriff«; sein Musikberichterstatter blieb bei Mendelssohn taub und schwieg ihn tot, als habe er nie im Programm gestanden, sogar in dem Furtwänglers nicht[25]. Diese dummdreiste Praxis wiederholte sich gegenüber dem renommierten Geiger Kulenkampff und anläßlich der letzten jüdischen Musik im BPhO-Programm; unter Max Fiedler spielte der Virtuose Mendelssohns Violinkonzert. Das war am 11. März 1935. Obwohl der Kritiker sämtliche Stücke aufzählte, »vergaß« er Mendelssohn und daher auch Kulenkampff[26]. Es gab langan-

Furtwängler in der Philharmonie

Wir lieben Robert Schumann, wir verehren Hans Pfitzner, — aber die Schumannschen Frauenchöre „instrumentiert und zu einem Ganzen verbunden von Hans Pfitzner" sind weder ein rechter Schumann, noch auch ein ganzer Pfitzner, sind ein ' merkwürdiges Zwittergebilde, das uns deshalb nicht restlos befriedigen, weil nicht von innen heraus überzeugen kann. Mag sein, daß man darüber anders dächte, wenn man das Schumannsche Original nicht kennte: mag sein, daß man dann eine reizvolle Parallele zu Pfitzners Kantate „Von deutscher Seele" zu ziehen geneigt wäre.

Aber bei aller Seelenverwandtschaft der beiden Meister hat Schumann in dieser Bearbeitung doch in einem Maße den Kürzeren gezogen, daß man eben bei aller Bewunderung für das große Pfitznersche Können und für die Liebe, mit der er sich offenbar seiner nicht leichten Aufgabe unterzogen hat, über dieses Adoptivkind sich nicht so recht freuen kann. So erübrigt es sich auch, auf die Einzelheiten dieser Bearbeitung näher einzugehen, die viel Schönes, aber auch manches Gewaltsame enthält. Daß die Darbietung durch Mitglieder des Rittelschen Chores unter Leitung Furtwänglers und unter hervorragender Mitwirkung der Philharmoniker eine sehr gelungene war, bedarf kaum der Erwähnung. Nur die Registrierung der Orgel hätte man sich etwas weniger „massig" denken können. —

Ueber C. M. von Webers Euryanthe-Ouvertüre ist kaum noch etwas Neues zu berichten, wenn auch ihre Wiedergabe durch Furtwängler wieder einmal beredtes Zeugnis von der großen Einfühlungskraft dieses Dirigenten ablegte.

Noch großartiger in dieser Hinsicht war die Aufführung von Beethovens Siebenter Sinfonie, deren wunderbar tiefes Allegretto vor allem zu unerhörter Wirkung kam. Und dieses stürmende Finale! Hut ab vor solcher ebenso konzentrierten wie temperamentvollen Leistung!

Furtwängler — erst vor kurzem von seiner englischen Gastspielreise zurückgekehrt — wurde samt seinen Helfern augenfällig mit ganz besonderer Herzlichkeit gefeiert. — Th. E.

Ein Kritiker – »Angriff«, 14/II/34 –
schweigt Mendelssohn tot

haltenden Beifall für diesen, und ein bürgerlicher Kritiker hob »Mendelssohns früher so beliebtes und häufig gespieltes Violinkonzert« hervor[27].

Inzwischen absolvierte Furtwängler ein Konzert um das andere, auch einen Teil des Festkonzerts zum Ersten deutschen Komponistentag am 18. Februar 1934, bei dem unter anderm Paul Hindemith aufs Podium trat, um seine Konzertmusik für Streichorchester und Blechbläser zu dirigieren. Obwohl bei diesem Stück das Publikum zum einen Teil applaudierte und zum andern Mißfallen kundtat, schien sich derart eine große Kameraderie – ein Gedanke, der die Idee einer Musikerkammer seit jeher beflügelt hatte – unter den schöpferischen Künstlern anzuzeigen, Brücke über alle Gegensätze von Stil und Richtung. Saß Hindemith nicht sogar im Führerrat der RMK? Die Optik des festlichen Anlasses täuschte allerdings. Schon vor den Weihnachtsferien waren Probleme aufgetreten; Autoritäten prallten aufeinander. Strauss wollte die RMK im großen Stil als ständische Interessenvertretung aufziehen und daher auch eine amtliche Zeitschrift haben. Er ließ sich von Mahling und Havemann überzeugen, dies könne nur »Musik im Zeitbewußtsein« sein; daß Mahling zufällig deren Herausgeber war, störte nicht. Nur der Vizepräsident schoß aus organisatorischen Erwägungen dagegen und rief Goebbels auf, die Entscheidung zu fällen. Der war trotz Verabredung der Aussprache in die Weihnachtsferien abgereist. Da noch wichtigere Fragen aufgetaucht waren, notierte sich Furtwängler schon immer einmal Stichwörter für Gespräche auch mit Hitler und Göring. Diese Notizen beweisen, wie sehr es ihm um das *ganze* Musikleben zu tun war und nicht nur um seinen engeren Bereich. Er nahm das Berateramt ernst.

Im engeren Bereich häuften sich inzwischen Alarmzeichen. Zwecks Sondierung, wo am besten die »Reparatur« des Orchesters anzusetzen hätte, war im Auftrag des ProMi ein Reichssparkommissar mit der Ausarbeitung eines Gutachtens befaßt worden. Dieser kam unter anderm zu dem Resultat, daß »für die Einschaltung der Privatsekretärin des Dirigenten in die Konzertvorbereitung auf Kosten der Gesellschaft ein Bedürfnis nicht anerkannt werden kann«. Daß der Kommissar wußte, was Berta Geissmar tat – nämlich so viel wie zwei normale Kräfte und vielleicht noch etwas mehr –, ist wahrscheinlich. Ob sich die Jüdin aber nicht vielleicht gutachtlich aus dem Wege schaffen ließ? Die Geschäftsführung protestierte beim ProMi:

Die sogenannte »Privatsekretärin« bearbeitet nicht etwa die privaten Angelegenheiten des Chefdirigenten Dr. Furtwängler, sondern ihre Arbeit besteht eines Teils in der äußerst umfangreichen Vorbereitung der Konzertreisen des Orche-

sters, andererseits in der Bearbeitung aller Angelegenheiten, im Zusammenhang mit den Fragen, die durch die Zusammenarbeit zwischen einem Dirigenten in dieser hervorragenden Stellung und dem Orchester entstehen. Es handelt sich um circa 80 bis 90 Konzerte in und außerhalb Berlins.[28]

Am gleichen Tag zog der Chef mit einem 19 Seiten langen detaillierten Gegengutachten nach, das den Sparkommissar als das entlarvte, was er war, als ahnungslosen, in Orchesterorganisation unbedarften Bürokraten. Dieser Kelch ging also vorüber. Der Angriff war noch einmal steckengeblieben. Unbeeindruckt legte sich der Hartnäckige gleich darauf mit dem Kölner Gauleiter an. Staatsrat Josef Grohé hatte – überzeugt durch den Musikschriftsteller Walter Trienes, den Parteikommissar für die politische Neuordnung der Musikhochschule – den Hochschuldirektor Hermann Abendroth wegen »politischer Unzuverlässigkeit« suspendiert und drohte, ihm auch die Leitung des Gürzenich-Orchesters zu nehmen. Furtwängler wendete sich mit einer Denkschrift gegen solche fragwürdige »Stelleneinsparung« und zerpflückte die Gründe des Gauleiters. Dieser gehe *von unantastbaren nationalsozialistischen Grundsätzen aus, die selbstverständlich Grundlage aller Erörterungen bleiben müssen. Er dürfte aber durch seine Ratgeber und Gewährsmänner sachlich einseitig und unzutreffend informiert sein.*[29]
Ungeachtet der gunstheischenden Einleitung mit der Breitseite gegen Trienes verriß er auf neun Seiten eben jene Grundsätze, gestärkt durch einen Brief der Regierung in Berlin, mit dem Abendroth einige Tage zuvor gebeten worden war, doch wieder in Rußland zu dirigieren, da das Reich auf gute Beziehungen zur UdSSR Wert lege. Er stellte sich voll auf die Seite des Bedrohten; falls Abendroth seine Stellung verliere, *erachte ich es für meine Pflicht als Staatsrat, darauf zu bestehen, daß auch die andern namhaften Musiker, die sich gegenwärtig in bedeutenden Stellungen befinden, mit Rücksicht auf ihre Vergangenheit vor dem Um-*

PAUL HINDEMITH

Symphonie
Mathis der Maler

NACH DER OPER »MATHIS DER MALER

Einmütiger grosser Erfolg
bei der Uraufführung am 12. März d. J.
in der „Berliner Philharmonie" unter
Wilhelm Furtwängler

DIE PRESSE SCHREIBT:

Das Publikum, das zweimal den großen Saal füllte, hat verstanden, daß es hier vor eine Entscheidung von großer Tragweite gestellt war. Und, was noch mehr bedeutet, es hat sich **mit seltener Einmütigkeit und Eindeutigkeit für die Sache der jungen Kunst entschieden.** Hindemiths Musik hat alles Starre und Spröde, alles nur Aggressive abgestoßen, ohne dabei die charaktervolle Klarheit und Sauberkeit ihrer Konturen zu verlieren. Umso elastischer und reicher, zugleich sprechender ist seine Melodik geworden. Sie verbindet sich im „Engelkonzert" organisch mit dem von prächtigen Bläserakkorden gestützten cantus firmus des alten Liedes „Es sungen drei Engel ein' süßen Gesang" zu einem Bild von großer Leuchtkraft und Transparenz, schwingt gelöst und versöhnlich in inniger Holzbläserkantilene über der fahlen, stockenden Leblosigkeit der „Grablegung"; aber aller Reichtum der Erfindung und gestaltenden Formkraft ist dem großartig erschauten letzten Bild, der „Versuchung" vorbehalten, die nicht nur die Schrecken, sondern auch alle Süße des Bösen in dämonischer Gewalt ausspricht. Eine Vision von zwingender Kraft und dramatischer Eindringlichkeit. **Der Erfolg übertraf alle Erwartungen.** Heinz Joachim (Frankf. Zeitg.)

Eine Schöpfung des Meisters junger deutscher Musik von starkster Gewalt der bauenden Phantasie und der Formung. **.... Eine zwingende Wirkung, der sich niemand entziehen kann.** Prof. Dr. H. Springer (Deutsche Tages-Zeitung, Berlin).

Es ist mir persönlich, der ich nie ein Freund Hindemithscher Musik gewesen bin, eine ganz besondere Freude, den künstlerischen Wert dieser Symphonie rückhaltlos anzuerkennen. Dieses Werk wird bei einem nicht ausbleibenden **Siegeszug durch Deutschland** überall starke Beachtung finden. Dr. Fritz Stege (Der Westen, Berlin).

Die Hörerschaft **sparte nicht mit ihrem Beifall** und zollte allen Mitwirkenden, einschließlich **dem anwesenden Komponisten reichen Dank.**
Th. E. (Der Angriff, Berlin).

Der einstimmige, jubelnde, durch keinen Protestruf getrübte Erfolg hat den Einwand widerlegt, daß diese moderne Musik volksfremd sei, daß sie kein Publikum habe.
H. H. Stuckenschmidt (B. Z. am Mittag, Berlin).

Drei Stücke starker, überzeugender Musik. **Gewaltiger Beifall.** Walter Abendroth (Berl. Lokal-Anzeiger).

Das ganze trägt den Stempel gesunder, inspirierter und mit eminentem Können geformter Musik, sodaß der **starke Beifall** durchaus berechtigt war. Dr. L. (Der Deutsche. Berl.)

Die Uraufführung der Sinfonie unter Wilhelm Furtwängler war eine Großtat, die mit **stürmischer Begeisterung** aufgenommen wurde. Paul Hindemith wurde immer wieder mit Furtwängler auf das Podium gerufen.
F. W. Herzog (National-Zeitung, Essen).

Drei Sätze für Orchester (26 St.) / Engelkonzert – Grablegung – Versuchung des hl. Antonius / Dauer: 26 Min. Studienpartitur in Vorb. Das Werk wird auf „Telefunken"-Schallplatten erscheinen

B. SCHOTT'S SÖHNE / MAINZ

167

sturz und ihre Beziehungen zu links-radikalen Kreisen oder Regierungen untersucht werden.[30]

Ihn selber nicht ausgenommen, hieß dies; und so wären nur ein paar Parteigenossen mit musikalischer Ausbildung übriggeblieben, die deutsche Tonkunst würdig zu vertreten. Die Spitzenfunktionäre konnten sich dieses Schreckensbild ausmalen. Kurz darauf erklärte Göring die Tätigkeit der besonderen Kommissare für beendet. Trienes stellte seine Hetze ein, und Abendroth nahm seine Lehr- und Leitungstätigkeit an der Hochschule wieder auf.

Jedoch formierten sich die Gegner neu, und wieder zielten sie nicht direkt auf Furtwängler, sondern versuchten, die feindliche Front sozusagen von der Flanke her aufzurollen. Die Flanke hieß Hindemith. Die Aufmerksamkeit im Rahmen der RMK und als meistbedeutender unter den jüngeren Komponisten des Reiches, die er beim Deutschen Komponistentag erst wieder auf sich gezogen, ärgerte zumal den Kreis um Rosenberg und seinen KfdK; so nebenher konnte man dabei auch gleich dem verhaßten Goebbels eins auswischen. Die Attacke begann in einer Musikzeitschrift – mit einem grundsätzlichen Artikel, der vorgab, das Presse-Echo jenes Komponistentages zu analysieren, dann aber zur eigentlichen Sache kam:

Wir haben die Frage »Hindemith« mit größter Ausführlichkeit darum behandelt, weil wir darin ein Symptom erblicken, einen Fall, der für die zukünftige Entwicklung unserer Musik von prinzipieller, weittragendster Bedeutung sein wird. Es handelt sich ja nicht um die Person Hindemiths. Größeres steht auf dem Spiel! Das Wohl und Wehe der deutschen Musik. Sollte Hindemith nur vorgeschoben werden, damit andere Tonsetzer dieses Kreises folgen?[31]

Da der Komponist für das 9. Philharmonische Konzert schon mit einer Uraufführung angekündigt war, nahm Furtwängler von der Tirade des »Säuberers« kaum Notiz; zudem hatte er vorgesorgt und das neue Werk, das er zunächst in dem Sinfoniekonzert der Preußischen Staatska-

168

pelle am 12./13. März präsentieren wollte, aus dem empfindlichen Bereich der Staatsoper herausgehalten. Demonstrationen in den »heiligen Hallen« konnte er nicht gebrauchen. In der Philharmonie war die Novität sicherer untergebracht. So geschah es, durch Programmänderung eine Woche vor dem Konzerttermin. Hindemiths Sinfonie »Mathis
der Maler«, die am 12. März erstmals erklang[32], erregte
höchste Aufmerksamkeit. Stuckenschmidt konstatierte einen »Triumph der jungen Musik«[33], mußte sich freilich
deswegen »Kulturbolschewist« schimpfen lassen[34]. Lob-
preisungen wie seine waren die Regel. Ein Kritiker schrieb
gar:

*Heute ist Furtwängler für eine Tat zu danken, mit der an
sichtbarster Stelle für den Zukunftswillen des neuen Staates
auch auf geistigem Gebiet und für seine Achtung vor der
schöpferischen Persönlichkeit lebendiges und nachdrückliches
Zeugnis abgelegt wurde.*[35]

Sogar die Parteipresse versank fast im Strudel der Zustimmung. Selbst »Der Angriff« übte keine Zurückhaltung[36]. Verblüfft stellte sogar der Rezensent des Zentralor-
gans der NSDAP fest:

*Aber einen »Fall Hindemith« zu konstruieren, dazu ist kei-
ne Veranlassung. Auch diesmal nicht.*[37]

Doch gerade in diesem Augenblick nahm der »Fall Hindemith« seinen Lauf. Ein Miturheber der Auseinandersetzung hatte den Stein ins Rollen gebracht:

*Es gibt schwerlich eine zeitgenössische Musik, die weniger
volksverbunden ist als die von Hindemith. Von der deutschen
Seele ist nicht eine Spur in ihr zu finden. Sie steht in schroffstem Gegensatz zu den Anforderungen, die vom Führer herab
bis zu allen Rednern, uns so eindringlich die musikalischen
Ideale des neuen Reiches verkündet haben.*[38]

Anfang Februar hatte die Öffentlichkeit aus der Presse
erfahren, daß Hindemith an einer neuen abendfüllenden

Oper über Matthias Grünewald arbeite. Auf sie konzentrierten sich nun nicht allein die Besorgnisse, sondern auch die »Einsatzpläne« der Clique um Rosenberg, die sich wegen Hitlers bekannter Abneigung gegen den Komponisten stark fühlte. Die überraschend positive Aufnahme der Sinfonie schürte in diesem Kreis Befürchtungen, hier sei der Ansatzpunkt, von dem aus Furtwängler, Hindemith und deren Gesinnungsgenossen die NS-Ideologie aufweichen könnten. Im Augenblick dachte der Dirigent freilich nicht an ideologische Aufweichung; er stand mit dem Rücken zur Wand. Das kam ganz plötzlich, noch während das Echo auf die Sinfonie durch den Blätterwald hallte. Es ging ums Orchester. Bei einer Besprechung im ProMi am 14. März erfuhr er zu seiner bösen Überraschung, daß alles anders lief, als er gewollt. Nicht er war »Führer« des Reichsorchesters, sondern ein starker Verwaltungsrat; um diesen etablieren und zweckmäßig besetzen zu können, hatte das Ministerium dem Klangkörper die Rechtsform der GmbH belassen. Er durfte per Anstellungsvertrag erster Dirigent bleiben – zur persönlichen Leitung einer bestimmten Anzahl von In- und Auslandskonzerten. Die Verwaltung sollten zwei Geschäftsführer besorgen, ein kaufmännischer und ein künstlerischer, der zugleich zweiter Dirigent wäre. Seine Gesprächspartner Greiner und Funk wollten sowohl Höber wie Schmidtseck ausschalten; für diesen boten sie Schuricht an, für jenen einen »Herrn Müller«.

Max R. Müller, Pg. Nr. 690.992 von 1931, Amtswalter der NSDAP, 50 Jahre alt, Sohn eines Organisten und Kirchenmusikdirektors, hatte eine Ausbildung als Verlagskaufmann, war lange Jahre bei Steinway & Sons Büro- und Verkaufsorganisator und Prokurist gewesen, dann aber aus der Bahn geworfen worden, obwohl er drei Sprachen beherrschte und nützliche Fachkenntnisse mitbrachte. Durch Eingaben bei allen möglichen Behörden hatte er auf sich aufmerksam gemacht. Sogar Hitler erfuhr, daß da ein verdienter Nationalsozialist Berücksichtigung bei der Stellenbesetzung erwarte. Wäre dieser Mann gegen Furtwängler

170

ins Feld geführt worden? Möglicherweise war ein Schreck-schuß beabsichtigt, denn Müller saß seit 1. März als »ari-scher« Geschäftsführer im Büro jener berühmten Konzert-agentur Wolff & Sachs, wo sich eine »Arisierungs«-Aufga-be abzeichnete. Funk war allerdings sicher, Furtwängler werde sich mit diesem Herrn Müller abfinden, falls das Mi-nisterium ihn ernennen sollte. Müller hatte sich tatsächlich auf Veranlassung der Partei schon im Januar 1934 um den Posten beworben, war aber sofort als »Paralytiker« und po-litisch unzuverlässig denunziert worden; derart arbeitete sein Feind Rudolf Vedder, der den Mitwisser einer krimi-nellen Jugendsünde kaltstellen wollte.

Eine zweite Möglichkeit, Höber zu ersetzen, stellte sich gegen Monatsende ein. Da bewarb sich Paul Wehe beim ProMi, Sohn eines Goldschmieds und selber gelernter Goldschmied, 59 Jahre alt, Pg. Nr. 297.700 seit 1. September 1930, Exportreisender, später kaufmännischer und techni-scher Direktor eines Koksbrikett- und Torfwerks in Hol-stein, seither an einer Firma zur Gewinnung von Treibstof-fen aus einheimischen Bodenschätzen beteiligt. Musikali-sche Branchenkenntnisse: keine. Das Ministerium behellig-te Furtwängler immer wieder mit diesen beiden »Auser-wählten« und hielt eine Entscheidung zwei Monate – sicht-lich zwecks Nervenkrieg – in der Schwebe. Erst Ende Mai erfuhr Wehe, *daß ich von Ihren Diensten als Geschäftsführer der Berliner Philharmonischen Orchester G.m.b.H. leider kei-nen Gebrauch machen kann. Die Wünsche des Herrn Furt-wängler waren nach einer bestimmten Richtung hin so ausge-prägt, daß wir glaubten, uns ihnen nicht verschließen zu kön-nen. Es tut mir daher aufrichtig leid, daß ich Ihnen jezt absa-gen muß. Ich bitte Sie, diese Absage in Anbetracht der schwie-rigen Verhältnisse, die gerade in dieser Sache bestehen, nicht tragisch zu nehmen und sich damit abzufinden.*[39]

Inzwischen war Schmidtseck – letzte Chance zur Bewäh-rung – zum kommissarischen Geschäftsführer ernannt wor-den; kaum Trost für Furtwängler, denn er kam um zwei Tatsachen nicht herum, wie ihm Staatssekretär Funk deutlich gemacht: Berta Geissmar könne nicht Angestellte eines Reichsorchesters sein, doch bleibe es ihm unbenommen, sie persönlich weiterzubeschäftigen, aber dafür werde kein besonderes Entgelt aus Mitteln der reichseigenen Gesellschaft gewährt; zweitens erhalte er im Aufsichtsrat weder Sitz noch Stimme, fände aber jederzeit Gehör. Dies lief auf Entmachtung hinaus. Goebbels wollte das Heft in der Hand behalten, und danach sah dann der Verwaltungsrat auch aus. Ihm gehörten vier Vertreter seines Hauses an, Staatssekretär Funk als Vorsitzender, Ministerialdirektor Dr. Greiner und die Ministerialräte Dr. Ott und von Keudell, ferner aus dem Reichsinnenministerium Staatssekretär Pfundtner und aus dem Reichsfinanzministerium Ministerialrat von Manteuffel; ein einziger Vertreter des Orchesters – Höber – war geduldet. Für rund 50 000 RM – die vom Reich abgelöste Gesellschafter-Einlage – hatten sich die Berliner Philharmoniker verkauft; das verstaatlichte Kollektiv entschied nichts mehr selber und hatte nur noch zu gehorchen.

Frau Geissmar fädelte inzwischen, um den Braunhemden Trutz zu bieten, einen Gegenzug ein. Auf der fast vier Wochen dauernden Konzertreise durch Deutschland, Frankreich, Italien, die Schweiz und Luxemburg wurde sie diplomatisch aktiv. Mit Briefbogen des Hotels Scribe in Paris ließ sie den Botschafter des Reiches in Rom, Herrn von Hassell, wissen, *daß der italienische Regierungschef Herrn Dr. Furtwängler empfangen wird. Obwohl in dem Schreiben alles Nähere enthalten steht, möchte ich in Rom doch erst bei Ihnen vorsprechen.*[40]

Für alle Fälle veranlaßte sie die Deutsche Botschaft in Paris, ihr Anliegen in Rom zu vertreten und sie zu empfehlen; die Diplomaten taten das gern, weil sie der Rassenpolitik ihrer Regierung fern standen:

Ich komme nun dieser Bitte nach, obwohl es, wie ich Fräulein Geismar auch gesagt habe, überflüssig ist, da Sie sicherlich über die Bedeutung, die sie als geschäftliche Gehilfin für Herrn Furtwängler besitzt, unterrichtet sind.[41]

HOTEL SCRIBE
PARIS

PARIS HOTEL SCRIBE
HOTEL ASTORIA
HOTEL MODERNE
CANNES CARLTON HOTEL
MONTE-CARLO HOTEL DE PARIS
HOTEL HERMITAGE
BEACH HOTELS
MEGÈVE HOTEL DU MONT D'ARBOIS
TROUVILLE HOTEL DES ROCHES NOIRES

7.IV.34.

Sehr geehrter Herr Botschafter,

Herr Minister Stieve hat mir einliegenden Brief gegeben. Ich schreibe Ihnen schon von Paris weil ich die Nachricht heute erhielt daß der italienische Regierungschef Herrn Dr. Furtwängler empfangen wird. Obwohl in dem Schreiben alles nähere enthalten steht, möchte ich in Rom doch erst bei Ihnen vorsprechen. Ich komme Samstag Abend an, Herr Dr. Furtwängler kommt Montag Abend mit dem Orient an. Dürfte ich um eine Nachricht i. d. Hotel Eden bitten, an wen ich mich wenden darf, oder ob ich mich bei Ihnen sehr geehrten Herr Botschafter selbst melden darf —

Mit den besten Empfehlungen
Ihr sehr ergebener
Dr. Berta Geißmar

Als das Schreiben ankam, hatte Botschafter von Hassell mit Frau Geissmar schon gesprochen. Wenige Tage später fand der Empfang beim Duce statt. In einem Bericht nach Berlin betonte der Botschafter:

Auch Mussolini, der Furtwängler gelegentlich dieses Besuches empfing, hat sich mir gegenüber mit großer Befriedigung ausgesprochen. Der König ehrte Furtwängler durch eine hohe Ordensauszeichnung.[42]

Diese Frühjahrstournee des Orchesters, so erfolgreich sie verlief, bewies aber wieder einmal, in welcher Sitation die jüdischen Musiker waren. Immer massiver schlug ihnen Rassenhaß gentgegen. Ein Bericht aus Mülheim appellierte gar an die Obrigkeit, *daß wir nun zum xsten Male am ersten Pult den jüdischen Konzertmeister Goldberg ertragen mußten. Wir verstehen es nicht, daß Furtwängler, der als Staatsrat sich den Richtlinien des nationalsozialistischen Staates unterworfen hat, hier noch nicht zu durchgreifenden Änderungen fortgeschritten ist und daß überhaupt gerade ihm als repräsentativem Musiker auch des Dritten Reiches und seinem Orchester als dem repräsentativsten Klangkörper ebenfalls des Dritten Reiches, eine unbegreifliche Ausnahme gestattet werden soll.*[43]

Als das Blatt erschien, war der Dirigent schon in Paris; aber einige Tage später las er, was jener »Säuberer« geschrieben. Wie lange würden sich die Juden im Orchester noch halten lassen? Hatte er nicht getan, was irgend möglich war?

In dieses Frühjahr fiel eine mysteriöse Begebenheit, die ihm noch kurz vor seinem Tode zu schaffen machte. Aus New York meldete sich 1954 ein Dr. Curt Engelmann, ein Arzt, der mit der Sängerin Violetta de Strozzi verheiratet war und nun für sie ein Wiedergutmachungsverfahren betrieb. Er hatte von Tietjen erfahren, daß weder der zuständige Generalintendant noch sein Verwaltungsdirektor Ende März 1934 die »Kündigung« von Frau Strozzi wegen »nichtarischer Versippung« unterschrieben hätte, sondern der Erste Staatskapellmeister. Nun sollte Furtwängler, der sich nicht erinnerte, bestätigen, daß die Entlassung wegen der Gesetze der RMK vorgenommen werden mußte, da die Sängerin mit einem Juden verheiratet gewesen. Der Absender teilte mit, er sei herzleidend und seine Frau habe in eine Anstalt eingewiesen werden müssen:

Sie hat den Shock als Goering drohte, mich verhaften zu lassen, niemals ueberwunden. Goering hatte es fertig gebracht, waehrend meiner Abwesenheit zwei mal seinen Adjutanten, Hauptmann Mueller, in meine Wohnung zu senden mit dem Vorschlag: Scheidung von mir, Kammersaengerin mit 60.000 RM Gage und etwas »freundlicher« zu ihm![44]

Tatsache ist dagegen, daß Furtwängler mit Personalfragen weder an der Staatsoper noch in der RMK irgend etwas zu tun hatte; hier arbeitete der Geschäftsführer Heinz Ihlert mit einer Generalvollmacht des RMK-Präsidenten Strauss – auch zur Ausgliederung der »Nichtarier«, und dort war Verwaltungsdirektor Franz Josef Scheffels sachlich zuständig. Da die Sängerin mit Einjahresvertrag engagiert war, der von Fall zu Fall verlängert wurde, kann es sich keinesfalls um »Kündigung« gehandelt haben. Mit Schreiben vom 10. Juli 1933 hatte der Minister für Wissenschaft, Kunst und Volksbildung den Engagements für 1933/ 34 – auch dem von Violetta de Strozzi – sein Plazet erteilt; Görings »Einverstanden« am Schluß des Voranschlags[45] ist ein Indiz, daß alles in Ordnung ging. Fraglos durfte man die Sängerin, die schon in einer Denunziation der KfdK-Fachgruppe Theater und Film vom 9. Februar 1933 als »Croatin« beschimpft worden war, nach einer Ausgliederung durch RMK oder Reichstheaterkammer nicht mehr weiterbeschäftigen, es sei denn, sie hätte im Einspruchsverfahren jene Sondererlaubnis durchgesetzt, die Goebbels in Einzelfällen erteilte. Da Göring sogar »volljüdische« Mitglieder des Staatsopernensembles deckte, die ihm unentbehrlich schienen, könnte persönliche Animosität im Spiele gewesen sein. Aber selbst dann hätte es keiner Kündigung bedurft, sondern wäre durch Nichtverlängerung des Vertrages zu machen gewesen. Was Furtwängler damit zu tun hat, bleibt unerklärlich, es sei denn, er sollte hineingezogen werden in eine späte Abrechnung, und Tietjen habe dies ermöglicht, indem er jede Schuld von sich wies. Nach Aktenstand existiert weder in diesem noch in sonst einem Fall auf solchem schlimmen Dokument die Signatur des Mannes, der so rücksichtslos gegen sich selber um die Erhaltung der »nichtarischen« künstlerischen Potenz kämpfte.

Am 9. Mai lief im ProMi ein Ansuchen der exilierten NSDAP-Landesleitung Österreich ein, wegen der politischen Lage eine Mitwirkung von Strauss und Furtwängler bei den Salzburger Festspielen zu unterbinden, *da diese ein wesentliches Propaganda-Element für den österreichischen Fremdenverkehr darstellen und gerade deshalb von unseren Pgg. im Lande mit allen Mitteln boykottiert werden.*[46]

Eine Aufzeichnung des Problems legte der Referent für alle Fälle dem Minister auf den Tisch. Am 20. Mai schrieb Goebbels an den Rand: »nicht teilnehmen! Dr. G.« Fünf Tage darauf gingen an den Komponisten und den Dirigenten inhaltlich identische Schreiben hinaus, in denen Funk wissen ließ, der Minister habe ihn, was Gastspiele bei den Salzburger Festspielen angehe, beauftragt mitzuteilen, *daß dies der Politik des Führers Österreich gegenüber zuwider laufe und daß er Sie bittet, von einer Mitwirkung bei den Salzburger Festspielen im politischen Interesse Abstand zu nehmen.*[47]

So geschah es dann auch, ein weiterer Beweis dafür, wie Kunst »negativ« zu politischem Zweck eingesetzt werden kann, nämlich indem sie gar nicht erst vorgezeigt wird. Der damit verbundene Verzicht auf Propagandawirkung markiert freilich einen Extremfall. Daß Furtwängler nicht wagte, dieser »Bitte des Führers« zu trotzen, ist angesichts der Zustände im Lande nicht verwunderlich. Solche ungewohnte Willfährigkeit kräftigte seinen kulturpolitischen Status in Berlin – trotz Vorliebe für Hindemith –, nicht anders jenes Flugblatt, das er von seinem Gastspiel an der Pariser Opéra mitbrachte. Es war ein Dokument geradezu verleumderischen Hasses, das ihn bis ins Innerste verletzte,

176

wenngleich er sofort erkannte, was für ein politisches Geschenk ihm da zufiel; unter anderem stand auf dem Zettel:

Wir klagen Herrn Staatsrat Dr. Furtwängler der Begünstigung von Verbrechen an wie: Mord – Brandstiftung – Raub – Diebstahl – Betrug – Folterung von Wehrlosen und vor allem: Verschweigung der Wahrheit. Staatsrat Dr. Wilhelm Furtwängler hat durch Taten und Worte bewiesen, daß er das blutbefleckte Henkerregime Hitlers mit seiner Kunst und unter gleichzeitigem Mißbrauch der großen Werke der Klassiker »verschönern« und »decken« will. Er ist Staatsrat von Gnaden Görings und Goebbels'. Staatsrat Furtwängler hat, ohne Protest zu erheben, zugelassen, daß die besten deutschen Künstler, wie: Otto Klemperer, Bruno Walter, Arthur Schnabel, Arnold Schönberg, aus ihrer Heimat Deutschland herausgetrieben wurden.[48]

Autor des Pamphlets war ein Komponist, den der Dirigent für einen Propagandaliedermacher halten mußte, und solches lag außerhalb seines anspruchsvollen, aber auch bürgerlichen Odeons. Eisler vertrat, was er als Arbeiterklasse ansah, und – hier in Paris als Emigrant, der mit mäßigem wirtschaftlichen Erfolg Kino und Bühne bediente – sich selbst. Furtwängler absolvierte in Frankreichs Metropole eine kurze Sommersaison. Er begann mit »Tristan und Isolde« in deutscher Sprache; Melchior und Frida Leider waren seine Titelhelden, und sie sangen ohne Störung. Erst in Berlin entfaltete Eislers Blatt volle Wirkung. Im ProMi müssen sie die Köpfe geschüttelt haben über so viel Unwissenheit und Geistesverwirrung; denn diese hier kannten ihren Furtwängler, den »Judenhelfer«. Aber doch – wie oft bei absurden Behauptungen – blieb etwas hängen. Wenn ein emigrierter, dazu »linker« Jude, der Freund und Feind eigentlich kennen mußte, diesen Mann angriff, mochte ein Körnchen Wahrheit darinstecken, und dann wäre es sinnvoll, dem Beschimpften Vertrauen zu schenken, mit einem Quentchen Vorsicht, versteht sich.

Zum 1. Juli schieden Simon Goldberg und Joseph Schuster aus dem BPhO aus; sie wurden weder entlassen noch

Deutsche Musik marschiert im Gleichschritt,
gesehen 1933 – von Moskau aus

hinausgeworfen, sondern gingen – natürlich weil sie den
psychologischen Druck nicht ertragen konnten. Ihre Rolle
war in der Tat »unmöglich«: Im Reich unerwünscht, mußten sie öffentlich demonstrieren, daß sie so etwas waren wie
»Schutzjuden«, Privilegierte jedenfalls. Furtwängler bedauerte ihren Abgang, denn nun hielt es schwer zu beweisen, wie dumm und korrupt die NS-Ideologie war. Andererseits: Mußte das überhaupt bewiesen werden?

Immerhin machte das Beispiel Schule. Schon zeitig im
Frühjahr hatte sich eine ganz unwahrscheinliche Behörde,
nämlich die Kommission für Wirtschaftspolitik in der
Reichsleitung der NSDAP, zu Gerüchten über den Staatsrat geäußert. Es könnte sich um den Versuch gehandelt haben, ihm Wirtschaftsverbrechen – Devisenschiebung etwa – anzuhängen. Im Zusammenhang damit fertigte ein
Polizei-Inspektor in Essen am 27. April ein Gesprächspro-
tokoll an. Der Verwaltungsleiter der Folkwang-Schulen,
Pg. Ludolf Schmidt, hatte ihn aufgesucht, um für den ehe-

178

maligen Leiter der Anstalt, den inzwischen emigrierten Kurt Jooss, der auf dem Wege von England nach Wien war, Befreiung von der Tausendmarkgebühr zu beantragen, durch die das Reich den Verkehr mit Österreich abschnürte. Der Polizist fragte Schmidt, *weshalb er sich so sehr für Joos einsetze. Meiner Ansicht nach habe dieser nicht verdient, daß man für ihn auch nur einen Finger krümme, weil er sich nicht vom jüdischen Kapital und dem Juden Cohen trennen könnte und er sich somit selbst außerhalb der deutschen Volksgemeinschaft gestellt habe. Darauf entgegnete mir Pg. Schmidt, daß ich in meinem Urteil zu scharf sei, ob mir denn auch bekannt wäre, daß der Staatsrat Furtwängler heute noch Juden in seinem Orchester hätte und auch heute noch eine jüdische Privatsekretärin beschäftige.*[49]

Die Verunsicherung des Beamten ist offenbar; er war auf etwas gestoßen, das im 3. Reich nicht möglich sein durfte und sich dennoch nicht wegleugnen ließ. Beunruhigt gab er seine Meldung auf den Dienstweg. Auf Umwegen landete sie auf dem Schreibtisch von Ministerialrat von Keudell und machte auch ihm Kopfzerbrechen. Er entwarf ein windelweiches Antwortschreiben, in dem gesagt war, daß der Nichtarier Goldberg aus dem Orchester ausgeschieden sei; die anderen Juden hielt er nicht für erwähnenswert. Per Aktennotiz belehrte ihn sein Kollege Rüdiger:

Ich halte eine Antwort schon deshalb für unzweckmäßig, weil die Behauptung des Polizeiberichtes, F. beschäftigte heute noch Juden u. habe eine jüdische Privatsekretärin richtig sind. Der ausweichende Charakter der Antwort ist ohne weiteres ersichtlich, da der Polizeibericht garnicht von Herrn Goldberg spricht.[50]

Die Antwort unterblieb daher. Man ließ jenen Inspektor in Essen und die Behörden seines Dienstwegs, darunter sogar das Rassenpolitische Amt der NSDAP, mit ihrer Ungewißheit allein.

Ähnliches leistete sich Furtwängler mit seinen Gesprächspartnern im ProMi. Es ging um den Vertrag. Nach langen Diskussionen mit Schmidtseck, dann auch mit dem inzwischen eingestellten 2. Geschäftsführer Karl Stegmann, entstand ein Entwurf. Er hatte, um seine Macht wieder zu konsolidieren, einen Paragraphen 9 aufnehmen lassen, der erkennen läßt, welche Konsequenzen er anzielte:

Sollte in Fragen der künstlerischen Oberleitung den Intentionen von Herrn Dr. Furtwängler seitens der Organe der Gesellschaft in wesentlichen Punkten nicht entsprochen werden, so wird Herr Dr. Furtwängler ein Rücktrittsrecht aus diesem Vertrag ohne Einhaltung einer Kündigungsfrist eingeräumt.[51]

Dies sollte eine Warnung sein. Im ProMi verstanden sie und reichten einen abgeänderten Entwurf als Gegenvorschlag zurück. Er enthielt keinen § 9 mehr, dafür aber einen völlig neuen § 7; dieser gestand dem Dirigenten für seine Philharmonischen Konzerte – und nur für diese – das Recht zur Auswahl der Solisten zu. Einzige Einschränkung:

Die Bestellung von Nichtariern ist jedoch ausgeschlossen.[52]

Furtwängler, der ostentativ seinen jüdischen Konzertmeister im ersten und dritten Philharmonischen Konzert als Solist eingesetzt hatte, formell korrekt, weil der unter Vertrag stand, also nicht eigens verpflichtet werden mußte, unterschrieb weder diese noch eine weitere Fassung vom 16. Oktober, die einen Dreijahresvertrag beinhaltete. Er sah einige Neuheiten vor, so – erstaunlicherweise – einen Zuschuß in Höhe von 10 000 RM für sein persönliches Chefsekretariat, mit anderen Worten für die Jüdin Berta Geissmar; das Verbot, jüdische Solisten zu verpflichten, war ersetzt durch einen geänderten § 7: »Für Ausnahmefälle ist die Zustimmung der Geschäftsführung einzuholen«, eine lediglich optische Verbesserung, da das ProMi die Geschäftsführer fest im Arbeitgebergriff hatte. Noch mehr störte ihn die aufgenommene Verpflichtung, »kostenlose Konzerte bei besonderen Anlässen auf Anordnung des Reichsministers« geben zu müssen. Er war schließlich sogar dem Ansinnen ausgewichen, die Trauermusik anläßlich

180

des Todes des Reichspräsidenten von Hindenburg zu dirigieren, und fast den ganzen August über auf Gut Górzno
Post Garzyn bei Lissa in Polen unerreichbar gewesen. Obwohl Keudell am 8. November dem Vertragsabschluß zu-
stimmte, verweigerte er seine Unterschrift und arbeitete ohne Papier. Das Ministerium ging, rechtlich einwandfrei, davon aus, ein Vertrag sei ausdrücklich mündlich oder durch
»schlüssige Handlung«, etwa Leistung und Gegenleistung,
zustande gekommen.

Berlin, den 19. Oktober 1934.

Herrn

／ **187**

Ministerialrat H a n k e .

Das Philharmonische Orchester beabsichtigt die
Einstellung eines Konzertmeisters namens K o l b e r g .
Der Geschäftsführer v. Schmiedseck teilt dazu mit, der
Herr Minister habe Staatsrat Dr. Furtwängler ermächtigt,
Kolberg ein Monatsgehalt von brutto 1000 RM anzubie-
ten.

Ich bitte um Mitteilung, ob das richtig ist.

Daß er nicht daran dachte, in der Judenfrage nachzugeben, beweist die Auswahl eines Nachfolgers für Goldberg. Er entschied sich für Hugo Kolberg. Als die Ministerialbürokratie erfuhr, dem Geiger sei mit Ermächtigung des Ministers ein – sehr hohes – Monatsgehalt von 1 000 RM anzubieten, fragte sie vorsichtshalber nach, ob dies stimme. Goebbels schrieb eigenhändig: ja! Der Entwurf des Fünfjahresvertrages – auch die Laufzeit war unüblich – enthielt einen wahrscheinlich von Schmidtseck formulierten Paragraphen, wie er deutlicher nicht hätte sein können:

Der Vertrags-Abschluß erfolgt in Kenntnis der Tatsache, daß Herr Kolberg mit einer Nichtarierin verheiratet ist.[53]

Zwar bat Funk, diese Ziffer zu streichen, und daher zog der »nichtarisch versippte« Geiger mit voller Kenntnis der NS-Behörden ins Berliner Philharmonische Orchester ein. Allerdings endeten nicht alle Vorhaben derart glänzend.

Schwierigkeiten stellten sich auch an der Staatsoper ein. Leicht zu regeln war der Kleinkram. Als der Zellenobmann der NSBO, der Hilfsinspizient Georg Wollnick, versuchte, sich in Fragen von Besetzung und Inszenierung einzumischen, reduzierte Furtwängler ihn rasch aufs Politische, indem er sich bei Göring beschwerte. In der Frage der Hindemith-Oper indessen kam er nicht vom Fleck. Zwischen dem Komponisten, Tietjen und dem Operndirektor bestand Klarheit, daß die Uraufführung der Staatsoper obliegen werde. Doch häuften sich Widerstände aller Art. Die Presse meldete bereits, das Hamburgische Staatstheater verhandle wegen der Oper. Dabei war in Berlin sogar das Wirtschaftliche schon abgesprochen; Hindemith – oder sein Verleger – sollte 10 000 RM Honorar und zehn Prozent der Kasseneinnahmen bekommen, ein übliches Arrangement.[54] Daß der Komponist kulturpolitisch umstritten war, wußten die Beteiligten; auch Göring war darüber informiert, und als sein Operndirektor im Juli die Sache gesprächsweise vortrug, zog sich der Ministerpräsident zunächst aus der Affäre, indem er bedauerte, seine Genehmigung nicht ohne Einverständnis des Führers geben zu können. Dies sollte, verstand der Musiker ganz richtig, aufs politische Gleis; daher betonte er seine Kompetenz, *ein sachliches und fachliches Urteil über den Wert des Werkes abzugeben, daß er weiter als Mitglied des Programm-Ausschusses der Kammer im Rahmen der Kulturkammer-Gesetzgebung und als preußischer Staatsrat im Rahmen der preußischen kulturellen Belange für die sachliche Entscheidung zuständig sei.*[55]

Er fixierte seinen Standpunkt noch einmal brieflich und schlug vor, eine Entscheidung bis zum Herbst zu vertagen; die Erwartung, bis dahin könne sich manches geändert haben, ist offensichtlich. Leider arbeitete die Zeit nicht für ihn. Inzwischen zeichnete sich ein Erfolg der »Mathis«-Sinfonie ab, den die Funktionäre als politisch klassifizierten. In der Programmplanung der Saison 1934/35 stand sie obenan. Baden-Baden, Breslau, Chemnitz, Dresden, Frankfurt/M., Kassel und Leipzig kündigten sie an; Eugen Jochum in Hamburg, Johannes Schüler in Essen, Werner Gößling in Bielefeld, Wilhelm Sieben in Dortmund, Hero Folkerts in Gelsenkirchen, Karl Elmendorff in Wiesbaden und Erich Seidler in Königsberg setzten sich für sie ein, und daß auch Parteigenossen das Werk annahmen, zeigte der Rosenberg-Gruppe, wie weit die kulturpolitische Front schon aufgeweicht war. Mehr als vierzig Annahmen oder Aufführungen, davon acht allein in Holland, alarmierten zur Gegenaktion.

Inzwischen war der Kampfbund für deutsche Kultur in der NS-Kulturgemeinde aufgegangen – etwa mit gleichem Bestand an Führungskräften und nicht weniger Instrument der Politik Rosenbergs, der sich als »Beauftragter des Führers für die Überwachung der gesamten geistigen und weltanschaulichen Erziehung der NSDAP« gegen Goebbels und Göring eine starke Machtposition geschaffen hatte. Diese nutzte er als Angriffsbasis. Zunächst ging es ihm darum, die Berliner Philharmoniker für die Partei zu engagieren und so zu vereinnahmen. Daher schlug er vor, Furtwängler solle im September auf dem Reichsparteitag der

NSDAP dirigieren. Derart wären die jüdischen Musiker von ihren »arischen« Kollegen zu trennen gewesen, denn im Angesicht Hitlers mußte natürlich rassische »Sauberkeit« herrschen, mindestens bei solchem Anlaß. Aber dem Chefideologen und Antisemiten Rosenberg widerfuhr ein schlimmer Tort: Das Orchestersekretariat wies ihn an – Frau Geissmar. Endlich teilte Schmidtseck mit, laut Weisung von Dr. Goebbels sei der Klangkörper eine Einheit, daher nicht teilbar, das Honorar betrage 3 700 RM und die Übernahme der Unkosten müsse vorab schriftlich zugesichert sein. Den Verhandlungspartnern blieb die Luft weg. Telefonisch verständigte Schmidtseck den Chef, der ihm sein Argument Ausland ans Herz legte:

Das Philharmonische Orchester und er persönlich seien in erster Linie auf Kulturexport eingestellt und die Verhandlungen der letzten Monate in Frankreich, England u.s.w. hätten gezeigt, daß die Möglichkeiten dieses Musikexports auf Spitz und Kopf stünden. Schon damals, als Furtwängler zum Preußischen Staatsrat ernannt worden sei, hätte die französische Presse von einem Hitler-Minister gesprochen und die Schwierigkeiten seien schon damals großgewesen.[56]

Dem Musikreferenten der NSKG Friedrich W. Herzog machte Schmidtseck weiter klar, Furtwängler müsse neutral bleiben, denn sein Auftreten bei einem Parteikongreß gefährde den Musikexport; nur auf ausdrückliche Weisung des Führers könne er sich zum Dirigieren in Nürnberg entschließen. Rosenberg wandte sich beleidigt an Hitler und erfuhr, daß dieser die Präsenz des Musikers im Ausland für wichtiger hielt. Nun beschloß der Reichsleiter zu handeln. Da sein Gegner so offensichtlich unter höchstem Schutz stand, nahm er Hindemith aufs Korn. Auch der Druck gegen Berta Geissmar steigerte sich. Die Situation erhellt aus einem Brief des Dirigenten, der sich zur Frage von politischen Konzessionen erklärte; wer seine Stellung halten wolle, müsse »mit der herrschenden Partei irgendwie paktieren«, es sei denn, er könne sich leisten auszuscheiden.

Willst Du das nicht, so mußt Du Provokationen, wie das Neu-Engagement einer jüdischen Kindererzieherin, unterlassen. (...) Etwas anderes ist es bei mir, der ich an meine Stellungen nicht gebunden bin, und mir bewußt erlaube (ich habe eben eine ähnliche Sache wegen Bertel G.) als freier Mann zu handeln. In kurzem wird sich zeigen, ob ich in Deutschland werde bleiben können. Immerhin bin ich mir bewußt, was ich tue, und daß die Möglichkeit eines Abschieds von Deutschland für immer besteht.[57]

Zu dem Großangriff gegen Hindemith gab eine Musikzeitschrift das Signal, die erst im Juli an die NSKG gefallen war; in einem Aufsatz, der einer Detailfrage galt, stand ganz beiläufig zu lesen:

Paul Hindemith: Könnerschaft und Künstlertum ist nicht dasselbe. Hindemiths Können ist unzweifelhaft groß, aber dem Anempfinder muß die heilige Besessenheit versagt bleiben. Wenn das Volk sein Können ablehnt, so lehnt es das nicht ab, weil dieser Neue sich neuer Mittel bedient, sondern weil an seinem Können jene bedingungslose Echtheit keinen Teil hat. Der Handwerker Hindemith versteht sich sogar auf das Schlichte. Aber ohne Echtheit wird selbst der strengste Stil ein Nichts.[58]

Das mochte als übliches »rechtes« Kritikergeschwätz hingehen; aber die Tat folgte auf dem Fuße, abermals nicht in Berlin, sondern in der sächsischen Provinz. Der Leipziger Stadtrat F. A. Hauptmann, in Personalunion Leiter des Kulturamts der NSDAP Kreis Leipzig und des NSKG-Ortsverbandes, untersagte die Aufführung der »Mathis«-Sinfonie, die Abendroth für das erste Gewandhauskonzert der Saison vorgesehen hatte. Furtwängler intervenierte bei Goebbels, der aber nicht eingreifen konnte oder wollte, obwohl die Sache in sein Ressort fiel; daraufhin stellte der Dirigent die Mitarbeit in dem Programmausschuß ein, der seinen Namen trug.

Ein zweiter Artikel in der NSKG-Musikzeitschrift nahm den Komponisten unverhüllt politisch aufs Korn:

Wenn Hindemith heute in seinem »Mathis der Maler« posi-
tiver erscheint, so ist damit noch nicht bewiesen, daß er, der im
Sinne der Gesetzgebung des nationalsozialistischen Deutsch-
lands nichtarisch versippt ist, sich innerlich gewandelt hat. Die
Tatsache, daß er sich im Ausland noch nach der nationalso-
zialistischen Revolution mit zwei emigrierten Juden konzertie-
renderweise auf Schallplatten aufnehmen ließ, ist der klare
Beweis für seinen schwankenden Charakter, der schon durch
seine Gesinnungskameradschaft mit einem Bert Brecht doku-
mentiert hat, daß er ein »Bannerträger des Verfalls« war.[59]

Für Furtwängler ging es nun darum, die Uraufführung
der Oper zu retten, die im Mai stattfinden sollte. Zwar war
Hitler wochenlang nicht zu einer Aussprache über dieses
Anliegen erreichbar gewesen; aber eben hatte der Musiker
einen Termin erhalten. Am 30. November sollte die Entscheidung fallen. Wie sie aussähe, darüber machte er sich
nach Lektüre dieses Aufsatzes kaum mehr Illusionen: Hindemith, politisch untragbar.[60] Aber daß die NSKG keine
Zuständigkeit für das Musikleben im Allgemeinen besäße,
bezweifelte er nicht. So festigte sich seine Ansicht, *daß die*
Kulturkammer-Gesetzgebung die Autonomie und Freiheit der
Künstler bestätigt habe, und deswegen eine ablehnende Ein-
stellung in künstlerischen Fragen durch eine andere Organisa-
tion, wie es in diesem Falle die angeführte Äußerung »Hinde-
mith kulturpolitisch untragbar« darstellte, – sich im Wider-
spruch zu der von der Regierung eingesetzten Kultur- bzw.
Musikkammer darstellte. Als Vizepräsident der Musikkam-
mer glaubte F. ganz besonders die Belange der Kammer ge-
gen andere Strömungen abgrenzen zu müssen.[61]

Um nun zu verhindern, daß Hitler einseitig informiert
und voreingenommen wäre, entschloß er sich zu einem Ret-
tungsunternehmen; seine, die richtige Ansicht über den
Wert der Oper mußte *vor* der Audienz an die Öffentlichkeit
und damit auch auf den Schreibtisch seines Gesprächspartners. Also verfaßte er eine Richtigstellung und gab sie dem
Musikkritiker der »Deutschen Allgemeinen Zeitung«, Robert Oboussier, für den Chefredakteur. Auf Rückfrage ver-

186

sicherte er, *er wisse, was er riskiere. Es gehe ihm nicht nur um Hindemith und die neue Musik, sondern um die Freiheit der künstlerischen Persönlichkeit.*[62]

An diesem Punkt setzte er das ganze Gewicht seiner Autorität ein. Er stellte sich nicht gegen den Staat, sondern machte einen reinlichen Unterschied zwischen ihm und den Partei-Institutionen. Rosenberg und die NSKG galten ihm als Störenfriede, die gegen staatliche Ordnung handelten. Sie hatten in der Tat keine Regierungsbefugnis; fraglich ist allerdings, ob dem Musiker je aufging, was das am 1. Dezember 1933 verkündete Gesetz zur Sicherung der Einheit von Partei und Staat bedeutete, nämlich die rechtliche Absicherung der Herrschaft der NSDAP über den Staat. Deswegen bewegte er sich auf gefährlichem Terrain. Er sabotierte den Lenkungsanspruch der Partei, und er tat dies in aller Naivität und Schärfe:

Hindemith hat sich niemals politisch betätigt; wo kämen wir überhaupt hin, wenn politisches Denunziantentum in weitestem Maße auf die Kunst angewendet werden sollte? Sicher ist, daß für die Geltung deutscher Musik in der Welt keiner der jungen Generation mehr getan hat als Paul Hindemith. (...) Und weiter noch – auch darüber müssen wir uns klar sein: wir können es uns nicht leisten, angesichts der auf der ganzen Welt herrschenden unsäglichen Armut an wahrhaft produktiven Musikern, auf einen Mann wie Hindemith so ohne weiteres zu verzichten.[63]

Der Krach war da. Denn der streitbare Artikel, der am Sonntagmorgen erschien, erregte nicht nur allgemeine Beachtung, sondern trieb so viele Leute zur Philharmonie, wo Furtwängler für das Montagskonzert probte, daß es nicht nur auf der Straße, sondern auch im Saal zu Demonstrationen kam. Das grenzte an Aufruhr. Am Montag suchte Rosenberg ergrimmt den Führer auf und legte ihm den Artikel vor. Hitler gab den Unbequemen zum Abschuß durch die NS-Presse frei und ließ die vorgesehene Audienz durch seinen Regierungsrat Meerwald absagen. Dann setzte der Pressekrieg ein, eröffnet vom »Angriff« auf Seite 1, vierspaltig, mit aggressiver Schlagzeile. Erich Roeder faselte von Verschwörung:

> *Daß alle ehedem künstlerisch Versippten sich mit ihren intellektuellen Drahtziehern eines Tages wieder zusammenfinden würden, um aus der Tatsache der Berufung Hindemiths Kapital zu schlagen, das war bei ihrem Ehrgeiz und Geltungsdrang kein Wunder. (...) Die höchsten Stellen wurden angegangen, wie man hört, mit negativem Ergebnis. Die Anzeichen für einen ausgesprochenen Machtkampf verdichteten sich.*[64]

Das Nachrichtenblatt der NSKG pflichtete ihm bereitwillig bei und holte noch weiter aus:

> *Es ist keineswegs angängig, daß auf dem ungeheuer wichtigen Gebiet der Kulturpolitik durch stillschweigende Duldung, oder durch Unachtsamkeit wieder reaktionäre Strömungen Raum erhalten, die wir überwunden glaubten. Wir messen daher diesem Einzelfall prinzipielle und zentrale Bedeutung zu und wiederholen: Die Kulturelle Organisation der Partei kann und darf im Kampf um die geistige und weltanschauliche Erneuerung nicht anders handeln, als es die Politische Organisation im Kampf um die politische Macht tat.*[65]

Nicht die gesamte Presse polemisierte gegen den Komponisten und seinen »Helfershelfer«; einige Blätter ließen es durchaus nicht an objektiver Leserinformation fehlen, indem sie die Argumente beider Seiten aufzählten.[66] Ausländische Journalisten erkannten rasch, was aus der Sache herauszuholen war und druckten zunächst Furtwänglers Artikel nach. Thomas Mann las ihn am Donnerstag, dem 29. November, in der »Neuen Zürcher Zeitung« und hielt in seinem Tagebuch Interesse nicht so sehr für Hindemith wie für sich selber fest:

> *Kein »Kollege« hat sich gefunden, der gegen die Behandlung, die die Münchner Rammel-Regenten mir haben zuteil werden lassen, die Stimme erhoben hätte –, weder ein Einzelner noch ein Kollegium. Dennoch hätte die deutsche Literatur sich dadurch in internationales Ansehen setzen können. Es*

wäre eine billige Gelegenheit für sie gewesen, da ihre Werke ohnehin nicht dazu taugen.[67]

Da es in Berlin weder um Immobilien noch um Druckwerke ging, sondern um Ideologie und Staatsräson, eskalierte der Fall. Spät am Donnerstag erfuhr Furtwängler, daß eine Auflagenachricht für die gesamte Presse in Vorbereitung sei, und er versuchte, um den Konflikt zu entschärfen, mit Goebbels oder Funk eine Verständigung über den Wortlaut zu erreichen; doch kam keine Verbindung zustande, und die Presseabteilung des Ministeriums hatte keine Befugnis, die Publikation zu stoppen. Daher posaunte die Reichsamtsleitung der NSKG am Freitagmorgen hinaus:

Wir verwahren uns dagegen, daß die von der NS-Kulturgemeinde offen und ehrlich auf vielfache Anfragen ausgesprochene und begründete Abwehr gegen Hindemith mit der Bezeichnung »von gewissen Kreisen« abgeschwächt und als »politisches Denunziantentum« verdächtigt wird. Herrn Staatsrat Dr. Furtwängler sei in aller Deutlichkeit gesagt, daß eine Äußerung einer Organisation der nationalsozialistischen Bewegung nichts mit politischem Denunziantentum gemein hat. Wir weisen daher diesen Versuch Furtwänglers und der »Deutschen Allgemeinen Zeitung«, die sachliche Ablehnung eines umstrittenen Künstlers mit solchen Methoden zu diskriminieren, auf das Entschiedenste zurück. Bei der Ablehnung des Komponisten Paul Hindemith durch die NS-Kulturgemeinde steht der Wert und Unwert seines derzeitigen musikalischen Schaffens gar nicht zur Diskussion, da dessen Echtheit noch gänzlich ungeprüft ist. Die Tatsache, daß Hindemith jahrelang vor der Machtergreifung eine bewußt undeutsche Haltung an den Tag legte und dies schon damals nach den eigenen Worten Furtwänglers aus Rücksicht auf den Zeitgeist tat, läßt ihn für die kulturelle Aufbauarbeit der Bewegung als untragbar erscheinen, zumal da anzunehmen ist, daß er auch seine heutige Haltung aus Rücksicht auf die Konjunktur einnimmt, womit er lediglich einen äußerlichen Stellungswechsel vollzieht.[68]

Der neue Hieb ließ es geraten scheinen, ein Gespräch mit dem Ministerpräsidenten zu suchen; dieser sollte seinen Operndirektor und Staatsrat in Schutz nehmen. Bei dem Treffen, das am Sonnabend stattfand, tadelte ihn Göring allerdings, weil er die Sache an die Öffentlichkeit getragen und dadurch eine Pressekampagne provoziert habe. Darauf bot Furtwängler – selbst gegen eine politische Rüge überempfindlich – seine Demission an, das heißt: die Demission von allen politischen Ämtern. Göring beruhigte ihn. Das käme nicht in Frage, denn die Sache sei das nicht wert. Wie die Dinge aber lägen, sei Hindemith jetzt eine politische Frage, so daß die Aufführung seiner Stücke zunächst einmal verboten werde. Man kam überein, das Gespräch am Montag weiterzuführen. Die Öffentlichkeit, die nichts über die Auseinandersetzung hinter den Kulissen erfuhr, konzentrierte ihre ganzen Hoffnungen auf Furtwängler; der Sieg schien zum Greifen nahe:

Wie ein frischer Windzug wirbeln diese Worte die letzten Unerquicklichkeiten davon. Eine erlösende Tat ist geschehen, gerade weil wir wissen, daß Furtwängler durchaus kein blinder Fortschrittler ist und sich Übertreibungen, die nach seiner Überzeugung auf dieser Seite geschehen sind, nicht minder charaktervoll entgegenstellte. Aber die Entscheidung um die Zukunft der deutschen Musik ist nun gefallen – und zwar in bejahendem Sinne. Frohen Muts und voller Hoffnung gehen wir weiter in diese Zukunft hinaus.[69]

Am Sonntag, nachdem diese Zeilen erschienen, wußte der Dirigent, daß er den Bereich der Musik hinter sich gelassen hatte. Als er am Abend in der Staatsoper »Tristan« leitete, brachte ihm das Publikum vor jedem Akt Ovationen dar; Goebbels und Göring erlebten – fraglos mit gemischten Gefühlen – die spontane politische Zuwendung des Publikums für den Künstler mit.[70]

Am Montagfrüh suchte er um eine Besprechung mit Goebbels nach, weil er glaubte, über den Propagandaminister Hitler leichter erreichen zu können; inzwischen hatte

190

der Gedanke an Rehabilitierung alles andere verdrängt. Hier war nun für den Politiker eine willkommene Chance, den Musiker zu ducken. Deswegen wies er ihn ab. Fast schon panisch wandte sich Furtwängler an Tietjen mit der Bitte um Vermittlung. Seine Position am 3. Dezember mittags: Er war bereit, als »unpolitischer« Künstler weiterzuwirken, hatte sich aber darauf eingestellt, das Amt des Vizepräsidenten der RMK aufzugeben ... Von Tietjen erfuhr Göring, daß der Dirigent, nachdem er im Gegensatz zur amtlichen Kulturpolitik stehe, die Verantwortung in der RMK-Leitung nicht mehr tragen könne. Göring wollte nicht selber entscheiden und sprach mit Hitler, der zornig reagierte, weil der Streit mittlerweile unliebsame Kreise zog. Am Nachmittag bekam der Künstler über den Generalintendanten ein Ultimatum: Er habe sich persönlich zu entschuldigen und dürfe dann im Amt bleiben. Kein Gang nach Canossa – keine kulturpolitische Funktion. Frist bis anderntags, zwölf Uhr mittags.

Nun stand er unter doppeltem Druck, denn für den 6. Dezember war im Sportpalast die Jahrestagung der Reichskulturkammer anberaumt, an der er in seiner Funktion und als Festdirigent mitzuwirken hatte. Eine Vertagung verbot sich daher; aber wenn ihm sofort mehrere Wochen Urlaub bewilligt werden würden, käme die Sache insofern ins Reine, als er dann im Zuge der längst geplanten Veränderung des RMK-Präsidiums – Richard Strauss und andere sollten wegen Rosenbergs häufigen Beschwerden ausgetauscht werden – unauffällig zurücktreten könne. Abermals beriet sich Göring mit Hitler; auch Goebbels wurde nun zugezogen. Am Spätnachmittag gegen 18 Uhr erfuhr der Künstler vom Ministerpräsidenten, der Führer erwarte bis spätestens zwanzig Uhr sein Rücktrittsgesuch. Andernfalls werde er entlassen. Bis zu diesem Augenblick war er der festen Meinung, es gehe, da der Konflikt kulturpolitischer Natur sei, lediglich um seine davon berührten kulturpolitischen Positionen, und er erklärte leichthin, dann bitte er eben, entlassen zu werden.

Es muß ein schrecklicher Schock gewesen sein, als Göring ihm jetzt mitteilte, zur Disposition stünden alle, also auch seine musikalischen Stellungen; er dürfe aber seinen Rücktritt selber formulieren, dann werde jeglicher Pressekommentar verboten, weil der Führer eine Trennung in Frieden und Freundschaft wünsche. Kurz vor 20 Uhr händigte Tietjen dem Ministerpräsidenten mehrere Entlassungsgesuche des tief getroffenen Dirigenten aus, eines an Goebbels für die Ämter als Chef des Berliner Philharmonischen Orchesters und als Vizepräsident der RMK, eines an Göring für das Amt des Staatsoperndirektors. Über die Mitgliedschaft im Präsidialrat der RMK und im Staatsrat[71] fiel zunächst keine Entscheidung, und das ist wohl auch ein Indiz für ihre geringe Bedeutung. Am 5. Dezember gewährte der Propagandaminister das Ansuchen und sorgte zugleich dafür, daß eine Woche darauf die Mitgliedschaft im Präsidialrat annulliert wurde. Der Ministerpräsident genehmigte das Gesuch erst am 10. Dezember. Erst an diesem Tage war er sicher, daß er es nicht etwa werde zurückweisen und seinen Opernchef im Amt behalten müssen, weil ein Nachfolger fehlte. Der Nachfolger war auf dringendes Ersuchen am 9. Dezember aus Wien angereist: Clemens Krauss. Krauss sagte sogleich zu. Als er zwei Tage später an der Wiener Staatsoper »Falstaff« dirigierte, herrschte Skandalstimmung im Publikum; um Demonstrationen zu vermeiden – er galt nun in Österreich weithin und durchaus im politischen Sinn als Verräter –, gab ihn der Generalintendant ab sofort frei.[72] Im Bewußtsein, den einen gegen den anderen ausgespielt zu haben, diktierte Göring am 10. Dezember die Presseinformation über die Berufung von Krauss und jenen Brief an den entlassenen Operndirektor:

Ich möchte die Gelegenheit benutzen, um ihnen zum Ausdruck zu bringen, wie schmerzlich mich die Trennung berührt hat. Ich hatte gehofft, wenigstens in großen Zügen zu einer Klärung und Einigung und damit zu einer weiteren Zusammenarbeit zu gelangen. Das hat nicht sein sollen. Es ist mir

Abschrift.

5.Dezember 1934.

Sehr geehrter Herr Dr. Furtwängler!

Ihrem Wunsche entsprechend, entlasse ich
Sie hiermit aus Ihren Ämtern als Leiter des
Philharmonischen Orchesters **und als**
Vizepräsident der Reichsmusik**kammer.**

Wegen der Abwicklung der geschäftlichen
und finanziellen Angelegenheiten bitte ich
Sie, sich mit der Abteilung I meines
Ministeriums in Verbindung zu setzen.

Heil Hitler!

gez. Dr. Goebbels.

Vom:

Abschrift den Korrespondenz
vom 4/12. u. 5/12. hirta
an Pf Moralter gegeben
zuelaßig els Autglid
½ Präsidiaira 4). .Herrn **Min.**Rat **R ü d i g e r**

_io 14/12_ zur Kenntnisnahme.

I.A.

Eernort

Herrn
Staatsrat Dr. Wilhelm Furtwängler,
Berlin W 35,
Dörnbergstr.6.

193

aber ein inneres Bedürfnis, Ihnen aufrichtig zu danken für all die Arbeit, der Sie sich beim Aufbau meines Institutes unterzogen haben. Ich möchte Ihnen danken für die vielen wundervollen Stunden, die Sie mir als Künstler und Dirigent geschenkt haben. Ich trage mich auch heute noch mit der Hoffnung, Sie wenigstens später wieder, vielleicht als Gastdirigent, in meiner Oper zu sehen. Alles im Leben kann wieder eingerenkt werden. Ich habe Generalintendant Tietjen beauftragt Ihnen mitzuteilen, daß ich Ihnen bis auf weiteres Ihr volles Gehalt belasse. Erblicken Sie bitte darin meinen Dank und meine Anerkennung für die an der Staatsoper vollbrachte Leistung. In der bestimmten Hoffnung, daß Ihre weitere künstlerische Arbeit fruchtbringend sein wird, bin ich überzeugt, daß Ihr Weg nur mit dem nationalsozialistischen Deutschland gleichlaufen kann.[73]

Die rührenden und zuckersüßen Formulierungen des hinterhältigen Politikers konnten Furtwängler keinen Augenblick darüber hinwegtäuschen, daß seine Sache – und die der Kunst, der Freiheit – unterlegen war. Die Gewalt, notdürftig mit höflichen Floskeln verschleiert, hatte triumphiert. Er stand allein.

Gast in Deutschland

»Einsame Größe« ist ein zutiefst unmenschlicher Status, der jeder gesellschaftlichen Bedingtheit widerspricht. Daß jemand Hemmungen hat, sich anderen zu erschließen, kommt häufig vor; doch einer, der hoch über der »Masse« und trotzdem glücklich thront, kann nur literarische Erfindung sein. Gleichwohl widerstritten in Furtwängler beide Typen bis zur Erschöpfung. Der 5. Dezember 1934 war für ihn ein Höllensturz. Vielleicht hätte er die politischen Funktionen verschmerzen können; aber Hitler, zweifellos mit dem Ziel, diesen schwierigen Mann ein für allemal zu brechen, hatte ihm seine Klangkörper entrissen und damit vorrangige Lebensinhalte. Solches mußte entweder durchlitten oder durch Emigration geheilt werden. Konnte er Deutschland den Rücken kehren? Diese Frage wäre falsch gestellt. Wir wissen, daß er bereits vor der Krise erwartete oder befürchtete, irgendwann aus politischen Gründen ins Ausland gehen zu *müssen*. Inzwischen war die Zwangslage da. Allerdings ging es weder um Deutschland, noch um Heimat oder irgendeinen der damals hochgehaltenen Werte. Furtwängler, der häufig und weit gereiste, fühlte sich zwar an das Land seiner Geburt emotional gebunden; aber im Notfall hätte er auch in der Schweiz, in Österreich und selbst in England oder den USA ungefähr heimisch werden können. Zwar war ihm jener Typus, der Staat, Wohnsitz, Sprache und Kultur wie ein altes Hemd wechselt, absolut fremd; doch nicht sein Nationalgefühl fesselte ihn an das Reich.

Deswegen schrieb er an John Knittel, den schweizerischen Erzähler, der sich in Ägypten ansässig gemacht, ob er nicht auf eine schon früher ergangene Einladung hin zu Besuch kommen dürfe. Das war am 10. Dezember, also noch ehe ihm Görings Genehmigung seines Rücktrittsgesuches vorlag. Diese Reise hätte durchaus ein Absprung in die Emigration sein können. Verbindungen über München – Zürich – Genua bis Alexandria hatte er sich vorsorglich notiert, dazu, daß die Kairoer Zeit zwei Stunden später zeige; auch an eine englische und französische Grammatik erinnerte sein Kalender. Zwei Umstände hielten ihn jedoch zurück. Hitler, der unerwünschtes politisches Aufsehen vermeiden wollte, forderte ihn auf, zunächst auf Auslandsreisen zu verzichten, und ließ um des Nachdrucks willen gleich seinen Reisepaß einziehen. So merkwürdig es anmutet: Eben dies bedeutete für den Ausgestoßenen so etwas wie Rettung. Denn auch aus inneren Gründen konnte er nicht emigrieren. Hätte sich vielleicht noch ein Weg über die grüne Grenze finden lassen, so war ihm sehr deutlich, daß er – auf Dauer ins Ausland gezwungen – zugrunde gehen werde, und dies trotz seiner mannigfaltigen Möglichkeiten, gutbezahlte Arbeit zu leisten. Es war keine ökonomische, sondern eine psychologische Frage.

Der Fundus an musikalischen Phänomenen, an denen Furtwängler nicht nur sein Urteil, sondern seine künstlerische Weltanschauung generell orientierte, umfaßte nur »Klassik« und »Romantik«, sporadisch mit Bach beginnend und endend mit jenen Werken zeitgenössischer Komponisten, die ihm als Argument gegen »Intellektualismus«, »Atonalismus« und dergleichen dienten. Der große Bereich der leichten Musik fehlte ebenso wie irgendeine Konzeption in Richtung auf »Weltmusik«. Für ihn war die Tonkunst allenfalls am Rande europäisch, in der Hauptsache aber deutsch ausgerichtet. Der unterhaltende Aspekt vieler – auch »klassischer« – Kompositionen berührte seine musikalische Mythologie nicht im mindesten, denn historistische Betrachtungsweise schien ihm unbrauchbar; wo Glauben höheren Rang einnimmt als Wissen und Denken weniger gilt als Fühlen, da kommt dem Kunstwerk als vornehmste Funktion die der Erlösung zu. Dieser Mythos war für Furtwängler der existenzielle Halt. Er klammerte sich daran, um nicht seine Wirkung, ja das ganze Sein in Frage stellen zu müssen; nur so war er sicher, Dirigent genialer Musik, Diener am Werk großer Meister zu sein.

Der Mythos verschaffte ihm festen Boden im »Chaos« der neuen Zeitläufte, denn er grenzte ab, sicherte jenen denkmethodischen Bereich, in dem Betrachtung immer zu stimmigen Resultaten führt, weil sich keine beeinträchtigenden Differenzierungen einschleichen können. So gelang es ihm zum Beispiel, Begriffe wie »Sinfonie« und »Sinfo-

---

Der Preußische Ministerpräsident.

St. M.

Berlin W 8, den 10. Dezember 1934
Wilhelmstr. 63.
Fernspr.: A 2 Flora 6341, 7071.

Herrn

    Staatsrat Dr. Furtwängler

        B e r l i n W.

       - - - - - - - -

Sehr geehrter Herr Staatsrat !

       Generalintendant Tietjen überbrachte mir Ihr Gesuch, in welchem Sie um die Entlassung aus Ihrem Amt als Operndirektor der Staatsoper nachsuchen. Ich bewillige Ihnen hiermit das Gesuch und entlasse Sie aus dem Verband der Preussischen Staatsoper.

       Ich möchte die Gelegenheit benutzen, um Ihnen zum Ausdruck zu bringen, wie schmerzlich mich die Trennung berührt hat. Ich hatte gehofft, wenigstens in grossen Zügen zu einer Klärung und Einigung und damit zu einer weiteren Zusammenarbeit zu gelangen. Das hat nicht sein sollen. Es ist mir aber ein inneres Bedürfnis, Ihnen aufrichtig zu danken für all die Arbeit, der Sie sich beim Aufbau meines Institutes unterzogen haben. Ich möchte Ihnen danken für die vielen wundervollen Stun-

                             den

nik« – entgegen verläßlichen Ergebnissen der Musikforschung – derart zu spezialisieren, daß er am Ende beruhigt feststellen konnte, diese seien »deutsch«[1] und »eine wirkliche Sinfonie ist von Nicht-Deutschen überhaupt nie geschrieben worden«[2]. Die Frage, was außer der Staatsangehörigkeit die »Deutschheit« bestimme, wodurch etwa Haydn so deutsch wäre wie Brahms, oder welche Auswirkungen auf die Tonkunst der politische Unterschied zwischen Mannheim und Wien gegen 1780 habe, blieb außer Ansatz. Als sei Differenzierung ein Irrweg, reduzierte er seine Begriffe noch: Deutschland sei der »eigentliche Schöpfer der reinen Instrumentalmusik«... »eine wirkliche Sinfonie«. Dieser Mechanismus stufte Komponisten wie Berlioz, César Franck oder Tschaikowskij zu »Halbsinfonikern« hinunter, die »in allem Wesentlichen gänzlich unter deutschem Einfluß« stehen[3]. Von hier aus ergibt sich fast von selber der Bogen zur »Weltgeltung der deutschen Musik«[4]. Was für ihn die deutsche Eigenschaft dieser Musik ausmachte, hat er zu einem Zeitpunkt umrissen, der politisch reif war für diese weit hergeholte Frage[5]. Damals befaßten sich – wirtschaftliche Autarkie genügte nicht – viele Musiker und Theoretiker mit dem Problem, ohne allerdings kontrollierbare Resultate zu gewinnen. Auch der Dirigent geriet ins Fabulieren; auch ihm schlug »Betrachtung« in mythologische Phantasie um... nachzulesen in den nachgelassenen Schriften. Wer wie er mit den drei Tugenden operierte, tat dies um der eigenen Standfestigkeit willen.

Hat die Tonkunst Erlösungsfunktion, so ist der Dirigent Vermittler der Transzendenz. Zugleich vertritt er das verewigte Genie; das Publikum erkennt ihn dann auch als Stellvertreter an, verschafft ihm durch Verehrung und Bewunderung einen Zuwachs an Bedeutung, jedenfalls reale Macht, die er wieder zugunsten des Guten, Schönen und Wahren verwenden kann. Je stärker die affektive Bindung zwischen Publikum und Dirigent einerseits und andererseits zwischen Orchesterleiter und Orchestermusikern, desto deutlicher ist die Wirkung. Furtwängler lebte in einem sehr ausgeprägten Wechselspiel affektiver Beziehungen. Das Publikum liebte ihn. Die Musiker liebten ihn. Das Podium im Konzertsaal, dieser erhabene Punkt zwischen Orchester und Auditorium, war sein »deutsches« Reich, und »deutsch« bedeutete heimisch, vertraut, familiär und – unverzichtbar. Hier wußte er sich verwurzelt. Hier war er sich einer »schicksalhaften«, weit über die eines Kapellmeisters hinausreichenden Wirksamkeit sicher, die fraglos seinen Wirkungswillen spiegelte. Nur in Deutschland konnte er dies erreichen. Das Ausland war für Gastspiele gut; auf Dauer würde er in der Fremde zugrunde gehen müssen. Nachdem ihm der Paß weggenommen war, schwand auch die Versuchung. Er blieb in Deutschland.

Zunächst schien es nicht nur die einzig mögliche, sondern auch eine richtige Entscheidung. Sie bescherte ihm das Erlebnis einer ungeheuren Solidarität. Kleiber sagte sofort das Konzert ab, das er am 5. Dezember in der Philharmonie hätte dirigieren sollen. Das Publikum verstand die Geste der Sympathie. Als Arthur Rother einsprang, war der Saal nur halb voll; in der Vorhalle randalierten junge Leute, und während des ganzen Konzerts blieb das Publikum unruhig. Nahezu einstimmig bescheinigte die Auslandspresse der NS-Regierung Schmach und Schande, sodaß mehrere diplomatische Vertretungen des Reiches ratlos das Propagandaministerium um Material zur »Sprachregelung« angingen, auch die Gesandtschaft in Den Haag; sie beklagte, *daß die deutsche Kulturpropaganda durch diesen Fall einen empfindlichen Prestigeverlust erlitten hat, gerade im Hinblick darauf, daß nur hervorragende Künstler die berufenen Träger einer Kulturpropaganda sein können. Wiederholt werden von Seiten des Publikums Zweifel laut an den veröffentlichten Gründen, die zu dem Rücktritt Furtwängler's geführt haben sollen.*[6]

Neben zahllosen Stellenangeboten aus aller Welt dokumentierte auch eine Flut von privaten Briefen – an den Dirigenten wie an den Minister – öffentliche Meinung zugunsten des Ausgestoßenen. Hubermann sandte ihm einen

MAX BEHRENS

~~Telegramm-Adresse: FUMOBEHRENS~~
~~Fernsprecher: 9-3-Schifftoor 0192~~
~~BANK-KONTO~~
~~Deutsche Bank Filiale Hamburg~~
~~Depositen-Gr.~~

Fumobehrens

Cigarren in Importen-Art.

HAMBURG, d. 7. Dez. 1934

Commerz-Aktiengesellschaft   Hamburg 8
    Zollenbrücke

[Stempel: Reichsministerium für Volksaufklärung und Propaganda — Eing. 8. DEZ 1934 Vm.]

Herrn Reichsminister Dr. Goebbels!
    Berlin. ——

Sehr geehrter Herr Doctor!

Schwer hat die Hamburger Musikfreunde der Rücktritt des Furtwänglers getroffen, die Bestürzung im Auslande; der Schaden der dem deutschen Ansehen dadurch erwächst, ist noch garnicht abzusehen.

Das Berliner Phil. Orchester kenne ich schon über 35 Jahre, es ist immer korrekt geblieben; ich habe es auch im Auslande genossen. Mit diesem Orchester das als bestes in der Welt angesehen wird, ist für einen tüchtigen Dirigenten alles zu machen.

Aber Furtwängler gilt im Auslande als bedeutend ster Dirigent, besonders für Symphonie Concerte — welche vielseitigen Erfolge des B. Ph. O. unter ihm auf den Auslandsreisen erzielte, sind Ihnen bekannt.

Bitte! halten Sie Dr. F. wenigstens für das B. Ph. O. ehe es zu spät.

Ihre Ansicht über das atonale Geräusch machen, (bis soweit mit blödem Hervorssen), teile ich allerdings auch! Jedoch hat mich sein persönlicher Bratschenspiel, wieder etwas mit ihm ausgesöhnt.

Zur Sorge, aber mit aufrichtigem

Deutschen Grüße

Ihr
sehr ergebener
Max Behrens

P.S. Eine schriftl. Beantwortung dieser Zeilen, erwarte ich nicht!

Ein Musikfreund bittet für Furtwängler

Glückwunsch, drei Seiten lang, den er der Regierung zugänglich machte. Noch wirkungsvoller war die Abstimmung an der Konzertkasse. Das Stammpublikum der Furtwängler-Konzerte, nicht nur in Berlin, sondern auch in Hamburg, begann massenweise mit der Rückgabe von Abonnements. Goebbels bekam Anlaß zu ernster Besorgnis. In Berlin mußten 16.044,40 RM und in Hamburg 13.397,05 RM für das gekündigte Drittel aller Anrechte zurückgezahlt werden[7].

Selbst Rosenberg sah ein, was dieser Künstler für ein Aktivposten in der kulturpolitischen Bilanz sein könne, und indem er ihn einerseits noch rügte, baute er ihm zum andern doch schon eine Notbrücke. Der Konflikt mit diesem peinlichen Echo im Ausland mußte beigelegt werden, und so erhielt der Gemaßregelte einen deutlichen Wink:

Der Nationalsozialismus umfaßt über die Politik hinweg das gesamte Leben, und wenn er es nicht täte, wäre er keine große Revolution. Da er aber ebenso genau weiß, daß eine seelische Umwandlung des Menschen nicht in wenigen Jahren vor sich gehen kann, ist er geduldig genug, auf die künstlerische Darstellung seines Wesens zu warten. Er fühlt sich deshalb verpflichtet, alle irgendwie ernststrebenden Kräfte zusammenzuführen, auch jene, die, vielleicht noch gebunden durch alte Lebensformen, sich nunmehr innerlich und ehrlich bemühen, davon freizukommen und auf ihren Gebieten dieser neuen Welt, die doch jeden eindrucksfähigen Menschen zutiefst berühren muß, zu dienen.[8]

Dies hieß, daß die NS-Führung Anpassung hinnehmen und Bekehrung begrüßen werde, und es war ausschließlich auf Furtwängler gemünzt; daher sollte auch keine öffentliche Debatte stattfinden. Auf einer Pressekonferenz ließ Goebbels die Journalisten instruieren, *daß damit die Diskussion für die Presse keineswegs eröffnet sei. Es handele sich sozusagen um eine Aussprache unter vier Augen zwischen Rosenberg und Furtwängler. (...) Dr. Goebbels wird in seiner Rede heute auf der Jahrestagung der Reichskulturkammer ohne*

Namensnennung auf Furtwängler eingehen. Auch das sei, wie das Propagandaministerium sagt, kein Anlaß, die Diskussion aufzunehmen.[9]

Es schien ratsam abzuwarten, bis sich die Aufregung gelegt; dies war die Maxime auf beiden Seiten, deren jede auch kleine Erfolgserlebnisse verzeichnete. Für Goebbels zählte unter anderm ein Telegramm:

Zur großartigen Kulturrede sende herzlichen Glückwunsch und begeisterte Zustimmung. In treuer Verehrung, Heil Hitler, Richard Strauß.[10]

Furtwängler wiederum genoß die Treuebekundungen seiner Anhänger, die ihn direkt oder indirekt erreichten; einige blieben ihm freilich verborgen, so auch eine riskante Aktion von Musikstudenten. Am 10. Dezember protokollierte Kriminal-Assistent Kraft das Unglaubliche, daß nämlich in der Musikhochschule Berlin-Charlottenburg *unter der Studentenschaft und den Orchesterschülern listenmäßige Unterschriften gesammelt würden, die den Zweck verfolgten, den entlassenen Generalmusikdirektor Furtwängler in sein Amt wieder zurückzuberufen. (...) Wer der Urheber dieser Sammlung von besagten Unterschriften ist bisher nicht bekannt. Auch können darüber, wer die Liste im Besitz hat, keine näheren Angaben gemacht werden.*[11]

Die klare Zustimmung im Volk, ja die sichtbare Verehrung bestärkten den Musiker in der Gewißheit, im Recht zu sein und weiterkämpfen zu müssen. Sogleich benutzte er die »arbeitslosen« Tage, um für Goebbels mindestens zwei Fassungen einer Denkschrift zu entwerfen, deren eine »Deutsche Musik-Probleme«, deren andere weit harmloser »Die Erkenntnis« betitelt war; aber eine Lektion für den Politiker hielten beide bereit. Furtwängler, der gerade gelernt hatte, was Massensolidarität psychologisch ausrichtet, münzte diese Erfahrung gleich in Belehrung über die Rolle des Volkes um; es sei seine Überzeugung, *daß jede Entscheidung immer nur auf dem ihr angemessenen Boden fallen kann, d. h. daß geistige Entscheidungen nur auf geistiger Ebe-*

ne zum Austrag kommen können. Und das deshalb, weil an solchen Entscheidungen – wenn sie wirklich Entscheidungen sein sollen – die Allgemeinheit, besser gesagt das »Volk« Anteil haben muß. Natürlich sind atonale Nichtskönner abzulehnen; die nicht immer so ohne weiteres zu lösende Frage ist nur, wen man unter diese atonalen Nichtskönner rechnet. Und da wir aus der Geschichte wissen, daß Beethoven, Wagner, Strauss usw. von einem Teil ihrer Zeitgenossen ähnlich betrachtet wurden, sollten wir uns auch heute vor übereilten Urteilen hüten und tunlichst das Volk zu solcher Entscheidung heranziehen; denn das Volk ist der eigentliche »andere« Partner des Künstlers, an den er sich wendet, ja dessen stillschweigende Mitarbeit als urteilender und wertender Faktor zur Entstehung des Kunstwerkes schlechthin unerläßlich ist. Das Volk – das im öffentlichen Musikleben durch das »Publikum« repräsentiert wird, mit diesem aber nicht identisch ist – mag sich im einzelnen, im Moment, oftmals irren, auf lange Sicht niemals.[12]

Es war ein geschickter Versuch, den Minister mit dessen Argumenten einzufangen; Versatzstücke der NS-Propaganda dienten zur Sicherung, einschließlich Phrasen aus dem Munde von Goebbels, und dieser erfuhr nun, weswegen politisches Eingreifen in die Kunst letzten Endes gegen das Recht des Volkes verstoße:

Man kann also sagen, daß es sich bei jeder künstlerischen Entscheidung um so eine Art »Volks-Entscheid« im kleinen handelt. Diesem durch die autoritären Mittel des Staates vorzugreifen, – so weit es sich nicht um klar liegende Fälle von Schund und Kitsch einerseits, staatsfeindlichen Kultur-Bolschewismus andererseits handelt – hieße die wirkliche Entscheidung nur hinausschieben. Denn die Werke und Künstler, um die die Diskussion sich dreht, werden durch Verbote keineswegs aus unserem Gesichtskreis gerückt. Wir sind ja nicht allein in Deutschland, sondern kulturell gesehen stets, seit den Zeiten der Antike, ein Stück Gesamt-Europas gewesen. Im Gegenteil machen wir heute die Erfahrung, daß Werke und Künstler durch mehr oder weniger unausgesprochene Verbote eine Art Überbetonung erhalten, die ihnen von Rechtens nicht gebührt; also als Ergebnis schließlich das gerade Gegenteil von dem, was man eigentlich will.[13]

Der Minister begriff auf diese Weise sogleich, daß der Musiker noch längst nicht zu Kreuze kriechen wollte, und die Argumentation setzte ihn sogar ein wenig in Verlegenheit, hatte er doch – wie mehrfach verbürgt ist – selber Vorbehalte gegen Zensur und Verbote; andererseits konnte er sich damit trösten, daß kein formelles amtliches Verbot gegen Hindemith ergangen war, sondern lediglich ein Machtspruch Hitlers, der zudem in die sachliche Zuständigkeit seines Ressorts eingriff. Ziel war nicht so sehr die »atonale« Musik, die weder er noch das Gros der Musikberichterstatter überhaupt definieren konnten, sondern eine verdächtige, »antirevolutionäre« politische Entwicklung hinter der Kunst. Da der Musikbetrieb – der irgendwie auch die innere Ordnung des Reiches zu symbolisieren schien – nicht gestört bleiben durfte, hatte Goebbels tätiges Interesse an der Beilegung der Krise; daß Furtwängler durch Paßentzug an der Emigration gehindert und dem Reich erhalten geblieben war, bestimmte die Möglichkeiten politischen Handelns ohne Gesichtsverlust hier wie dort. Ärgerlich für den Politiker war allerdings, daß der Fall in den internationalen Schlagzeilen blieb und die Gegner des Nationalsozialismus stärkte. Dabei konnte er die Moskauer Reaktion noch verschmerzen, weil sie sprachlich und politisch recht isoliert blieb, auch wenn sie die Situation des Dirigenten pessimistischer darstellte:

Dies sind Methoden grausamer Unterdrückung, des Abwürgens und der Drohung – bis hin zur Folterung in den Konzentrationslagern. Mehr noch: Ihm droht Konzentrationslager! So wird einer nach dem anderen jener paar Vertreter der deutschen Kultur abgesetzt und weggejagt, die es wagten, im faschistischen Deutschland zu bleiben. Sie werden durch unbegabte, aber dafür »zuverlässige« Agenten der faschistischen Partei ersetzt. Muß man noch von der Perspektivenlosigkeit

*der »nationalsozialistischen Kultur« reden? Ihr Weg führt
ganz und gar zu Entartung und Entwürdigung.*[14]

Abgesehen davon, war vom propagandistischen Standpunkt aus jede Besorgnis gerechtfertigt, wie Goebbels den
Pressespiegeln entnehmen konnte. Der Name Furtwängler
mußte zunächst verschwinden; innerhalb seines engeren
Machtbereichs ließ sich dies einrichten. Als der Geschäftsführer des BPhO die Rückgabe von Anrechten durch ein
beruhigendes Rundschreiben stoppen wollte, sandte er seinen Entwurf zur Genehmigung an das ProMi:

*Wir würden Sie nicht damit belästigen, wenn nicht eben ge-
rade aus den psychologischen Momenten heraus wir (..) von
der Möglichkeit der Leitung eines der Philharmonischen Konzerte im Laufe der Saison durch Dr. Furtwängler gesprochen
hätten. Da, wie wir glauben, Anfang Januar noch Besprechungen mit Herrn Staatsrat Funk und den Ministern geplant sind,
so wollen wir, wenn irgend eine Möglichkeit der Rückkehr von
Herrn Dr. Furtwängler besteht, diese doch wenigstens andeuten.*[15]

Daraus wurde nichts. Unwirsch rief Ministerialdirektor
Dr. Greiner den Geschäftsführer telefonisch zur Ordnung.
Eine Erwähnung des Herrn Furtwängler käme nicht in Frage. Anderswo bedurfte es keiner Sprachregelung. Langsam
verlor sich der anstößige Name. Unter den wenigen Fach-
publikationen, die den Fall völlig ignorierten, war der »Anbruch« in Wien. Vergebens suchten dessen Leser Information über den weltweit diskutierten kulturpolitischen Skandal; dafür fanden sie einen begeisterten, die Musik in keiner Weise berührenden Bericht von Willi Reich, wie er
Mussolinis »La Dottrina de Fascismo« ins Deutsche über-
setzt und dem Duce geschickt habe:

*Daß ich während der Arbeit eine bewegte Zeit im Schicksal
eines einzelnen, allerdings fast überlebensgroßen Menschen
und in dem eines ganzen Volkes miterleben durfte, gewährte
mir höchstes Glück und tiefste Befriedigung.*[16]

Schon im Januar erwartete die Rosenberg-Fraktion ein Signal des kaltgestellten Musikers, und sie legte es sichtlich darauf an, ihm die politische Bekehrung schmackhaft zu machen:

Einer neuen Musik, die Freiheit und Gesetz, Empfindung und Form in sich vereinigt, die echt und natürlich gewachsen ist, wird immer ein Echo bereitet werden. Auch Wilhelm Furtwängler wird als Dirigent in Zukunft auf dieses Echo rechnen können, wenn er seine Aufgaben im nationalsozialistischen Deutschland als Verpflichtung und Conditio sine qua non erkannt hat. Eine künstlerische Leistung kann nicht kommandiert, sie muß erfühlt werden. Wer auf Adolf Hitler schwört, kennt den vorgezeichneten Weg, an dessen Ende die Erfüllung des deutschen Gedankens steht.[17]

Dies war wohl so etwas wie das Zuckerbrot; der warnende Peitschenknall folgte sogleich:

Die Reinigung der deutschen Kunst steht erst am Anfang. Das deutsche Musikleben ist so reich an starken Begabungen, daß der Ausfall einer Reihe von sogenannten internationalen Namen auf den Gesamtstand unserer Musikkultur keinen Einfluß haben kann. Es ist sogar zu hoffen, daß dadurch das für die Kunst höchst ungesunde Starsystem ernsthaft erschüttert wird. Der ausübende Musiker soll wieder zum Diener der Kunst werden, während es in den letzten Jahrzehnten umgekehrt war: Das Kunstwerk schien nur den Hintergrund für die Glorifizierung der Ausübenden zu bilden. Selbst wenn das deutsche Musikleben in einigen Großstädten durch die Ausmerzung nicht tragbarer Künstler vorübergehend eine Einbuße erleiden würde, so ist darin kein Nachteil zu erblicken, weil der Nationalsozialismus hier wie überall auf lange Sicht arbeitet.[18]

Der Dirigent registrierte in Ruhe alle solche mehr oder weniger deutlichen Winke und bereitete vorsorglich seine Rückkehr in den Musikbetrieb vor, allerdings nicht in die verlorenen Positionen, denn Rehabilitierung mußte mehr sein als Wiedereinsetzung. Sich entschuldigen, wie Hitler gewollt, kam ohnehin nicht in Frage. Dirigieren wollte er, ja; aber nur unter Bedingungen, die er selber diktierte. Und so diktierte er, zunächst ins Unreine, was ihm zum Thema Staatsoper einfiel. Nicht mehr Operndirektor, sondern Größeres:

1) Unabhängige Stellung direkt dem Ministerpräsidenten unterstellt.

2) Einen Titel, der dies unmißverständlich auch nach außen hin zum Ausdruck bringt (eine Art Ehrentitel).

3) Betrauung als dem M. P. persönlich attachierter Sachverständiger in Opernangelegenheiten.[19]

Dies war für den Herrn der Staatsoper gedacht, zugeeignet von seinem Sonderberater und Sonderpraktiker in spe, der – obgleich gerade hinausgeworfen – einen Rang neben dem Generalintendanten, über dem Operndirektor, also Krauss, und knapp unterhalb von Göring beanspruchte. Dieser bis zur Irrealität kühne Entwurf ebnete später den Weg zu einer neuen Übereinkunft. Ähnlich entwickelte sich die Situation gegenüber dem Propagandaminister im Hinblick auf die Berliner Philharmoniker. Noch ehe er an Weihnachten nach München abgereist war, hatte er sich mit Göring besprochen, der ihn bat, Chefdirigent der Berliner zu bleiben, aber eine Abfuhr erhielt; da »alles« nicht zu haben war, wählte er »nichts«. Im Gespräch mit Funk kurz danach äußerte er zuversichtlich, nach einiger Zeit würden sich die Gemüter beruhigt haben, und er könne – als Privatmann – nach Berlin zurückkehren. Der Staatssekretär sah plötzlich einen ganz anderen vor sich, denn als er die Sprache auf das vorgesehene und aus politischem Kalkül unbedingt erwünschte England-Gastspiel des Orchesters brachte, für das in der Eile kein Ersatzdirigent zu finden gewesen, sagte Furtwängler zur Verblüffung des Ministerialbeamten abermals nein, schrieb ihm aber von München aus noch einmal, als sei nichts geschehen, gab Ratschläge und bot seine Erfahrung an... eine eigene Version des Nervenkrieges?:

*Im übrigen möchte ich wiederholen, was ich Ihnen schon
persönlich gesagt habe, daß ich natürlich nach wie vor für Fragen, die das Orchester betreffen, mit meinem Rat jederzeit zur
Verfügung stehe; handelt es sich doch darum, einen Kunstkör-
per zu erhalten, den auf diese Höhe zu bringen, ich selber in
den letzten 15 Jahren die größten Opfer gebracht habe.*[20]

Dabei ging es nur am Rande um künstlerische, in der
Hauptsache um organisatorische Entscheidungen. Funk
hatte am 22. Dezember die Bestellung Schmidtsecks als Geschäftsführer widerrufen; kein Wunder, denn dieser war
seinem Auftrag, für die nationalsozialistischen Belange des
Orchesters einzutreten, kaum nachgekommen, sondern hatte die Politik Furtwänglers unterstützt. Als Nachfolger präsentierte das ProMi den Kapellmeister Hermann Stange,
Pg. Nr. 3 471 440 seit 1. Mai 1933, der einige Jahre an der
Sofioter Oper, dann im KfdK gearbeitet hatte, nun etwas in
der Luft hing und untergebracht werden sollte; Goebbels
protegierte ihn – auch noch nachdem er wegen Untauglich-
keit schon zum 30. September 1935 den Geschäftsführerpo-
sten räumen mußte. Furtwängler hielt die Ernennung für
unglücklich, weil Stange *bei allen Qualitäten, die er sonst haben mag (ich kenne ihn seit vielen Jahren) zu einer etwas pa-
thologischen Betonung des Selbstbewußtseins und falscher
Einschätzung resp. Unterschätzung von Kollegen neigt.*[20]

Das war korrekt gesehen und milde formuliert; das mindeste, was GMD Stange – fast am ersten Tag – für sich forderte, war die Übernahme der Furtwängler-Konzerte;
zweitrangige Konzerte kämen für ihn nicht in Frage. Unterstützt durch den im Hintergrund bleibenden ehemaligen
Chef, wendete sich das Orchester gegen den arroganten
Eindringling und machte ihm das Leben schwer.

Furtwängler hegte in diesen Tagen und Wochen zwar
Hoffnung; aber glücklich war er nicht. Sein engerer Kreis –
nicht nur Unterbau seiner Macht – war auseinandergebro-
chen. Schmidtseck, Helfer und fast schon mehr als das,
stand nicht mehr zur Verfügung. Auch Berta Geissmar lernte nur noch ihre Nachfolgerin an und war dann – nicht nur

bei einigen Wiederbegegnungen, bald als Sekretärin des britischen Dirigenten Sir Thomas Beecham – oft präsente Erinnerung, weil sie unauffällig weiter für ihn arbeitete. Goebbels hatte die Chance genutzt und die Sache in einem Aufwasch erledigt, und zwar mit den Möglichkeiten des Reichskulturkammergesetzes. Bei der Gründung der Organisation hatte Frau Geissmar den vorgesehenen Fragebogen für die RMK ausgefüllt und damit vorläufige Mitgliedschaft und automatisch die Arbeitserlaubnis erworben... wie die anderen jüdischen Musikschaffenden auch. Offensichtliche »Nichtarier« verloren die Lizenz bereits in den ersten Monaten durch Ausgliederung. Dank Furtwängler konnte sie sich aber einer widerruflichen Sondergenehmi-

Hermann Stange – nur Geschäftsführer

gung erfreuen – bis zum Fall Hindemith. Der Präsident der Reichskulturkammer widerrief das wichtige Papier mit Wirkung vom 31. Dezember 1934; da ihr Vertrag sich aber am Rechnungsjahr des Orchesters orientierte, also erst am 31. März 1935 endete, kam dies einer fristlosen Kündigung gleich.[21]

Der Chef vermißte einerseits ihre Hingabe und Effektivität, distanzierte sich aber andererseits von ihrem leider auch politisch losen Mundwerk. Wenn sie im Brustton der Überzeugung allen, die es hören mochten, versicherte, ihr Ausscheiden sei nur vorläufig, und Furtwängler werde später im Ausland wieder mit ihr arbeiten, so schlossen die Gegner natürlich auf Emigrationsabsichten des Dirigenten und ließen ihrem Mißtrauen freien Lauf. Der Nervenkrieg der Behörden gegen Frau Geissmar[22]erklärt sich zum Teil aus der amtlichen Unsicherheit über die Absichten des Künstlers, der anders reagierte als vorhergesehen und erwünscht. Zudem ging nun noch Kleiber dem BPhO verloren. Da er auch als Kapellmeister der Staatsoper nicht auf der Stelle demonstrativ hatte zurücktreten können, sondern erst mit Wirkung zum 1. Februar – Solidarität mit Furtwängler reichte nicht hin, eine fristlose Vertragskündigung zu rechtfertigen –, suchte er einen formell gültigen Anlaß. Drohungen angesichts seines Eintretens für die Zeitgenossen, so durch Aufführungen von Strawinskys »Sacre« und Bergs »Lulu«-Szenen, beeindruckten ihn kaum, doch erwartete er nach der Hindemith-Affäre nicht mehr viel. Am 10. Oktober hatte er mit dem Orchester sechs Konzerte vereinbart, deren erstes am gleichen Abend stattfand; das zweite am 5. Dezember hatte er wegen Furtwänglers »Rücktritt« ausfallen lassen, übrigens mit Billigung der Geschäftsführer. Aber der 9. Januar sah ihn wieder auf dem Podium. Der Vorwand zur Kündigung ließ nicht lange auf sich warten. In ihrer Verzweiflung über die Aufkündigung der Abonnements, die den Etatvoranschlag völlig über den Haufen zu werfen schien, hatte die Geschäftsleitung in einem Rundschreiben versprochen:

Um Ihnen einen gewissen Ausgleich dafür zu bieten, daß
andere Dirigenten anstelle von Herrn Dr. Furtwängler die
Philharmonischen Konzerte leiten, erklären wir uns bereit, Ih-
nen den Besuch eines der letzten Kleiber-Konzerte ohne be-
sondere Bezahlung zu ermöglichen.[23]

Das ProMi hatte diesen Wortlaut abgesegnet, ohne die
versteckte juristische Fußangel zu bemerken. Kleiber schaltete seinen Anwalt ein, der die Vereinbarung über die Gast-
konzerte vorsorglich gemäß § 626 BGB mit sofortiger Wirkung kündigte – wegen Namensmißbrauch und Schädigung des Ansehens seines Mandanten und der Zugkraft der
von ihm zu leitenden Konzerte; die Formulierung »einen
gewissen Ausgleich« beinhalte zudem eine Herabsetzung
seiner künstlerischen Persönlichkeit. Dabei blieb es, und
nun drängte die Dirigentenfrage zu einer Lösung. Als Ersatz für Furtwängler in den Philharmonischen Konzerten
waren Jochum, Schuricht, Abendroth, Fiedler und – für das
letzte und mehr versuchshalber – Stange eingesetzt. Doch
blieb Ärger nicht aus. Das neunte Konzert am 10. und
11. März hatte man zunächst Pfitzner angeboten, dem aber
die Zeit fehlte, dann Richard Strauss, der gleichzeitig das
Hamburger Konzert am 8. März übernehmen sollte; für die
drei Konzerte verlangte er 5 000 RM anstelle der gebotenen
3 000. Daher bekam Fiedler das Konzert. Der Staatssekretär kommentierte verdrossen:

Fiedler war sehr gut. Daß Strauss Phantasiepreise nimmt,
ist bekannt. Das ist schließlich seine Caste.[24]

Manche Leute glaubten, ein neuer Chefdirigent werde
verlangt, und so liefen dann mehrere Bewerbungen von
Musikern ein, die eines gemeinsam hatten, die maßlose
Selbstüberschätzung. Einer glaubte, ganz schlau zu sein,
und bat Goebbels um eine persönliche Unterredung, nämlich der Kapellmeister und Chordirektor der Berliner Lie-
dertafel Friedrich Jung, ein Pg., der auch im Vorjahr wieder
die Festspielchöre in Bayreuth geleitet hatte. Das ProMi
zog Erkundigungen bei der RMK ein und ließ es bei einem

Versuch bewenden. Jung durfte anläßlich der Feier zum 52. Todestag Wagners das Kammerorchester des BPhO dirigieren.

Die deutschen Konzerte, die Furtwängler hätte leiten sollen, liefen jedenfalls mit den verschiedenen Ersatzdirigenten einigermaßen an, trotzdem wenig befriedigend, weil das Publikum die Lückenbüßer verschmähte. Jochum begann in Breslau am 15. Januar mit den nationalen Hymnen, sodaß die Leute aufstanden, den Arm zum »deutschen Gruß« erhoben und mitsangen – Anlaß war die Abstimmung im Saarland, die den »Anschluß« verhieß; dennoch äußerte sich die Presse wehmütig:

Es fehlte das wesentliche Merkmal aller großen, insbesondere der deutschen Orchesterkunst: das Übersinnliche, Jenseitige, Unfaßbare im Klang, das uns die Berliner Philharmoniker wie ein Geschenk des heiligen Grals sonst in so reichem Maße zu bringen pflegten. Das zu verhehlen wäre ein schwerer Fehler, gerade weil die Berliner Philharmoniker edelste Kräfte der Nation darstellen, die als Kulturträger ersten Ranges Anspruch auf allererste Führung haben, auch im Hinblick auf den künstlerischen Export ihrer Leistungen zu Lob und Ehre des deutschen Namens. Möge der Augenblick nicht fern sein, wo an der Spitze des Orchesters wieder ein seiner Aufgabe voll entsprechender Künstler steht, der seinem Klangkörper alle Zeit und Kraft zu widmen imstande ist, und sich nicht in naiven und abwegigen musikpolitischen Streifzügen zugunsten eines undankbaren Phantoms ergeht.[25]

Ein paar Tage später, in Hamburg, fand Jochum den sonst ausverkauften Saal nur mäßig besetzt. Die Presse rügte dies bedauernd, weil *die Berliner Philharmoniker, die durch die bekannte Entwicklung der Dinge empfindlich genug getroffen sind, seitens des deutschen Publikums alle mögliche Unterstützung verdienen.*[26]

Die England-Tournee, für die schon das Nein des paßlosen Furtwängler vorlag, hatte Weiterungen. In früheren Jahren war das Unternehmen zwar aufwendig, dennoch

Über den Herrn Staatssekretär   IX. 9 200 9. 1. 25. Ju. 1/13.

Friedrich J u n g   Berlin, den 3. Januar 1935.
Berlin -Lichterfelde
Tulpenstrasse 6.
Tel: G 6 Breitenbach 1144.

```
Reichsministerium
f. Volksaufkl. u. Propaganda          112
    4 - JAN. 1935 Vm
                        Nr. ...
```

An den Herrn

         Reichsminister Dr. Josef G o e b b e l s

                          in B E R L I N
                          =================
                          Propaganda Ministerium
                          Wilhelmplatz 8-9.

       Hochverehrter Herr Reichsminister!

              Ergebenst Unterfertigter bittet Herrn Reichs-

minister Dr. G o e b b e l s   höflichst um eine persönliche

Unterredung.   Grund: Bewerbung um eine Dirigentenstellung beim

Berliner Philharmonischen Orchester.

                  H E I L   H I T L E R !

                      fried. Jung.

                      Pg.

         Musikalischer Leiter der Berliner Liedertafel.
         Mitarbeiter bei den Bayreuther Festspielen seit 1925.

Ein Parteigenosse möchte Chef der Philharmoniker werden

213

profitabel gewesen; das Orchester konnte wiederum einen Überschuß von 20–30 000 RM erwarten – Devisen für das Reichsfinanzministerium. Das englische Publikum bestand freilich auf Furtwängler. Zudem hatten mehrere einheimische Dirigenten vornehm verzichtet. Nun drängte der Konzertunternehmer Harold Holt in London, der Vertragspartner für diese Reise, auf endgültige Entscheidung. Die Musiker wären gern gefahren. Am 5. Januar wandte sich Holt telegrafisch an Furtwängler in München, wünschte ein glückliches Neues Jahr, erwähnte den drohenden finanziellen Verlust und die Enttäuschung des britischen Publikums und bat um positive Antwort... bis Montag, weil dann die Bekanntmachung erfolgen müsse. Dieser Wortlaut verriet, daß Holt die amtliche Version vom Rücktritt im Kopf hatte, und dies war auch die Sprachregelung, die er selber sich zu eigen gemacht, allein um den Glauben an die eigene Unantastbarkeit zu retten: Einen Furtwängler wirft niemand hinaus, auch Hitler nicht! Daraus folgte nun ein ernstes Dilemma. Holts Meinung, der Rücktritt sei seine freie Entscheidung gewesen, mußte korrigiert werden, da mit ihr die Erwartung einherging, diese Entscheidung ließe sich ebenso frei ändern, was das England-Gastspiel betraf. Furtwängler mußte also ein Signal geben. Er mußte sich gegen jedes Schutzinteresse der verhaßten Tatsache stellen und – sei es auch nur für einen Augenblick, gleichsam blitzartig – die Wahrheit aufleuchten lassen.

Er tat dies mit der Listigkeit eines Geheimagenten, der verbotene Nachrichten sendet. Der 5. Januar war ein Sonnabend. Holt hatte um telegrafische Antwort gebeten, »until Monday next«, also bis Montag, und demnach bliebe Zeit genug, gleich zu Beginn der Bürozeit telefonisch beim Pro-Mi in Berlin zurückzufragen; diese Verständigung empfahl sich schon deswegen, weil die Verantwortung in der Frage dieses Gastspiels beim Ministerium lag, bei Staatssekretär Funk, dem Vorsitzenden des Aufsichtsrats für die Berliner Philharmoniker. Mit voller Absicht las Furtwängler aus Holts Telegramm aber nicht »Montag« heraus, sondern

»Montagfrüh«. Dadurch schmolz die Frist so zusammen, daß eine Rückfrage nicht mehr möglich war. Er konnte also einen – unter dem Zwang der Umstände – ungenehmigten Text nach London geben, und das tat er noch am gleichen Tag.

As you know my demission was asked for and accepted. My lost position included conducting the concerts of Berlin Philharmonic in Germany and other countries. Therefore I really regret to be unable to conduct the Orchestra this Season in England. I hope the Public of the concerts will understand these facts and keep its sympathy for the future.[27]

Damit man ihm in Berlin aber nicht auf die Schliche käme, schrieb er – noch am Samstag – an den Staatssekretär und teilte ihm arglos den Wortlaut von Holts Anfrage und seiner Antwort mit. Dieser Brief lag am Montag auf Funks Schreibtisch. Etwa um diese Zeit kam ein Telefonanruf für den Ministerialbeamten; am Apparat war Schmidtseck, der ausgeschiedene Geschäftsführer, und er entledigte sich eines Auftrags, den Furtwängler ihm von München aus telefonisch angetragen hatte. In dem Brief über den Telegrammwechsel mit England sei ein Übersetzungsfehler unterlaufen. Versehentlich stände geschrieben: As you know, my demission was asked for and accepted. Dies sei inzwischen korrigiert worden in: As you know, I asked for my demission and it was accepted. Funk leitete seine Aktennotiz über das Gespräch mit Schmidtseck an die Kollegen Greiner und von Keudell weiter; keiner der vielbeschäftigten, juristisch geschulten Beamten merkte, daß sich die Korrektur lediglich auf den Brief bezog und nicht auf das originale Telegramm an Holt. Zudem verwendete der Dirigent – mit Vorbedacht? – für »Rücktritt« ein in der englischen Umgangssprache ungebräuchliches Wort aus dem Französischen, das durchaus den Hintersinn »Entlassung« ausdrückt. Daß der Adressat die Nachricht nicht an die ganz große Glocke hängte, ist ihm nicht zu verdenken; aber fürs erste waren nun wenigstens ein paar Köpfe des englischen Musiklebens informiert, was sich die Braunhemden in Berlin geleistet hatten. Seinen Schaden aus der Absage bezifferte Holt mit 3 478 RM – in harten Pfund Sterling; zähneknirschend ließ Goebbels die Summe transferieren.

Gerade in jenen Wochen tat der Dirigent noch mehr, was konspirative Unternehmungen hätten sein können. Da noch immer unklar war, ob er Deutschland nicht doch werde verlassen müssen, hatte er vorsorglich Verhandlungen mit dem amerikanischen Konzertagenten Arthur Judson aufgenommen. Der Anstoß dazu kam übrigens von diesem, dem Präsidenten der Columbia Concerts Corporation. Es ging um Gastauftritte mit der New Yorker Philharmonie und dem Philadelphia-Orchester. Mittelsmann war Hans W. Heinsheimer in Wien, der einen Freund als Zwischenträger nutzte und selber jeden Monat einmal die Reichshauptstadt besuchte. Das Verschwörerspiel einschließlich »Geheimschrift« und Deckadressen blieb wegen der Unsicherheit der Situation jedoch ohne Resultat.[28] Die Idee, verdeckte Nachrichten zu senden, war dem Dirigenten auch zu anderen Zeiten nicht fremd. In seinem Kalender 1936 steht – neben vielen anderen Notizen – ein Schlüssel für 29 Orts- und Personennamen; er stammt von der Hand Berta Geissmars und war sichtlich für die weitere Korrespondenz geplant, die sich nun zwischen Berlin und ihrem neuen Wohnsitz London entwickeln sollte; daß sie nur sporadisch sein würde, ahnte die neue rechte Hand von Sir Thomas Beecham wohl nicht. Welche Themen sie erwartete, zeigen die Klartextnamen: Amerika, Berlin, London, Paris, Wien, New York, Potsdam, München, Bayreuth, Stokowski, Toscanini, Koussevitzky, Klemperer, Bruno Walter, Kleiber, Clemens Krauss, Beecham, Bodanzky, Judson, New York Philharmonic, Hoboken, Staatsoper Berlin, Staatsoper Wien, Covent Garden und dergleichen; Göring hieß Max und Goebbels Pica.[29] Der Code schien notwendige Vorsorge. Er hätte zur unentdeckten Verständigung ausgereicht, wenn Frau Geissmar für den Dirigenten die Emigration oder auch nur in den wichtigsten Musikzentren des Aus-

Erich Kleiber

lands Gastspiele hätte arrangieren sollen. Daß er je Verwendung fand, geht aus der erhaltenen Korrespondenz nicht hervor.

Angst vor Trennungen war in diesen Wochen ständige Begleitung Furtwänglers. Zukunft und Vergangenheit hingen in der Schwebe. Was er begonnen, die Aufbauarbeit an der Staatsoper, schien endgültig verloren; was er als Lebenswerk ansehen konnte, die künstlerische Gemeinschaft mit dem Berliner Philharmonischen Orchester, war brüsk abgerissen. Wäre es nur die gewöhnliche Isolation gewesen, die selbstauferlegte... Aber es war rundum Unsicherheit in Erwartung fremder unsinniger Entscheidungen. Sie machte Angst. Durch seine zentrale Funktion im Kunstbetrieb, zum Teil auch aus eigener Reserviertheit, war er ohnehin gesellschaftlich isoliert, zwar bewundert, begehrt, verehrt, aber eben wie ein Denkmal, ein Halbgott, ein Unnahbarer, den immer eine unsichtbare Mauer umgab. Gewiß besaß er viele »menschliche« Kontakte; aber da stets Mißbrauch drohte, mußte er sich durch innere und äußere Distanz schützen, meist mehr als ihm lieb war. Die sich an ihn drängten, wollten an seinem Image teilhaben, Abglanz erhaschen, Rat hören, Hilfe und oft auch nur Geld haben, und sie waren es, die ihn nur immer tiefer in die Isolation trieben, in die Angst vor Verletzung seines Ichs. Selbst die zahlreichen und zumeist kurzen Affären mit Frauen muten kompensatorisch an. Erfolg sexualisiert, und so machten es ihm die Frauen bis zum Überdruß leicht; aber selbst eine vorübergehende Beziehung symbolisierte immer auch ein normales »Verhältnis« zu den anderen, zur Menge der Alltagsmenschen. Dauer bei der Einbindung in die gesellschaftliche Umwelt ließ sich nur selten realisieren. Jeder Bruch – und natürlich auch jeder berufliche Konflikt – steigerte die Angst vor Trennung und Isolation. Seine spontane Bereitschaft, andere anzuhören, ihnen – sogar unter großem Aufwand an Zeit, Energie und Geld – Hilfe zu leisten, könnte sich mindestens zum Teil aus seinem Kontaktbedürfnis erklären. Er suchte Antwort in jeder Hinsicht – nicht nur auf Fragen, sondern auch zur Bestätigung der Tatsache, daß er in einem sozialen Bezugssystem zu Hause sei.

Zu wissen, daß unsichtbare Leitungen ihn mit der »Menschenwelt« verbanden, war ihm lebenswichtig; er, der sich nichts aus Party-Aktivitäten machte, pflegte gleichwohl »gesellschaftliche« Aktivitäten, seien sie auch so indirekt, ja illusionär wie die buchmäßige Mitgliedschaft in Vereinen und Organisationen. In der Tat gehörte er einer Vielzahl von Bünden an, auch solchen, die gar nichts mit seinem Beruf zu tun hatten: Gesellschaft für freie Philosophie, Darmstadt; Goethe-Gesellschaft, Weimar; Deutsch-Italienische Gesellschaft, Berlin; Nordische Gesellschaft, Berlin; Gesellschaft der Berliner Freunde der Deutschen Akademie; Neue Bach-Gesellschaft e. V., Leipzig; Die Künstler-Altershilfe, Berlin; Ausschuß für die vorbereitende Regelung des Urheberpersönlichkeitsrechts; Allgemeiner Deutscher Musikverein; Der junge Ring, Gemeinschaft für Kunst und Wissenschaft, Bonn; Deutsche Brahms-Gesellschaft, Berlin; Hans Pfitzner-Gesellschaft, Berlin; Internationale Bruckner-Gesellschaft, Wien; Deutsch-dänisches Komitee (im Rahmen der Nordischen Verbindungsstelle, Berlin); Komitee zum 40. Jubiläum der Kulturmorphologie von Leo Frobenius; Komitee zur Feier von Wilhelm Kienzls 80. Geburtstag; Vereinigung Carl Schurz e. V., Berlin, und andere mehr.

In einigen war er Ehrenmitglied, anderen zahlte er lediglich Beiträge, und da kam jährlich eine erkleckliche Summe zusammen. Zugehörigkeit zur RMK – mit Ausweis Nr. 3 899 – ließ sich, da obligat, nicht umgehen, und der Wahrnehmungsvertrag mit der Urheberrechtsgesellschaft STAGMA, den er am 1. April 1937 abschloß, diente der Zweckmäßigkeit angesichts kompositorischer Leistungen; immerhin zahlte ihm die STAGMA z. B. allein für Rundfunkaufführungen im Winterhalbjahr 1938/39 an Tantiemen 199,50 RM. Einige der Vereinigungen dienten – mehr oder weniger am Rande – kulturpolitischen Absichten des NS-Regimes; aber da er es bei der formalen Mitgliedschaft beließ, verstrickte er sich nicht darin. Auch sein sportliches Interesse als Autofahrer spiegelt sich in dem Verzeichnis. Mit der Mitgliedsnummer 248 752 gehörte er dem Deutschen Automobil-Club e. V., München, an und rückte hier sogar ins Kuratorium auf. Kaum war der »Bund nationalsozialistischer Bühnenkünstler« in die Neugründung »Neuer deutscher Bühnen- und Filmklub e. V.« übergeführt, da sah er sich in den Ehrenvorstand aufgenommen, unter anderm mit Max von Schillings, dem Kapellmeister Hans Trinius, den Schauspielern Hans Albers, Emmy Sonnemann und Willy Fritsch, den Komponisten Clemens Schmalstich, Paul Lincke und Paul Graener und der Sängerin Margarethe Arndt-Ober.

Daß der Kaltgestellte sich mit der Situation nach dem sogenannten Rücktritt nicht abfinden konnte, bedarf keiner Erklärung. Deutlich sah er die Notwendigkeit, abgerissene Kontakte neu zu knüpfen. Ohne Duldsamkeit, ja ohne ein gewisses Wohlwollen von Seiten Hitlers, Görings und des Propagandaministers wäre die Lage nicht zu bereinigen. Deswegen mußte er sein Anliegen auf irgendeine Weise den Machthabern verständlich machen. Immer noch hoffte er auf Einsicht, auf Achtung vor der fachlichen Autorität des Musikspezialisten. Da er Goebbels – fraglos zu Recht – für den klügsten und taktisch meisterfahrenen dieser Gesprächspartner hielt, wendete er sich an ihn. Dies war eine psychologisch geschickte Kalkulation. Hätte nicht – bei aller Verschiedenheit des Charakters und des Metiers – einer des anderen ungefähres zweites Ich sein können? Beide waren, jeder auf seine Weise, gleichsam »Menscheneroberer«; beide kompensierten im Auftritt ihre Isolation; beide erfuhren durch Frauen die Bestätigung ihres Dazugehörens. Der eine dirigierte durch Musik die »Seelen«, der andere durch Politik den Geist und seine Glaubensfähigkeit. Beide glaubten an ihren Genius wie an ihre Mission und erkannten nur einen Herrn über sich an, jeder einen anderen: Für Goebbels war das Hitler, für Furtwängler Gott. Auch ihre Sprachen ähnelten sich. Goebbels redete die des künstlerisch, zumal literarisch interessierten – freilich nicht genial begabten – Politikers, Furtwängler die des von seinem Charisma überzeugten, politisch begabten Musikers. Ähnlichkeit wie Verschiedenheit gaben einer antagonistischen Wechselbeziehung Auftrieb, die herzlich nicht sein konnte, weil sie auf Kampf angelegt war, jedoch gegenseitige Achtung und ab und zu sogar freundliche Anteilnahme beinhaltete. Beide waren darauf aus, Menschen zu erobern; aber beide setzten ihre ganze Kraft daran, *einen* Menschen zuallererst zu erobern, jeder den anderen. Goebbels wollte Furtwängler auf seine Seite ziehen, und dieser missionierte den Minister, um ihn dem Schönen, Guten und Wahren zu gewinnen.

Dieser gegenseitige Fischzug versprach nur dann den erhofften Fang, wenn der Köder taugte. Daher mußten die richtigen »Blinker« ausgewählt werden. Das Vokabular des rhetorischen Ringens mußte Lockspeise sein. Goebbels sprach gewandt über Kunst und Ewigkeit, deutsche Nation und Unsterblichkeit; Furtwängler konterte mit jüdisch-bolschewistischem Einfluß, Atonalität und – Volk. Ohne Erläuterung und aus dem ursächlichen und argumentativen Zusammenhang gerissen, können manche seiner für den

Minister gedachten Texte heute als »belastend« verstanden werden, zumal wo dem Betrachter der Verstand dafür abgeht, daß damals Taktik ein Gebot der Intelligenz war. So schlüpfte der Musiker in die Rolle des Kulturpolitikers. Auffällig ist, wie immer noch – nach allen Erfahrungen mit der geistlosen Macht von Staat und Partei – der Kampf wider den Rassismus im Mittelpunkt seiner Aktion steht, wobei er so etwas wie »positives Deutschtum« gegen die nationalsozialistische Doktrin als Gegengewalt aufbaute. Goebbels erschien streckenweise gar als politischer Stümper:

Im Moment, wo man das: »Brüder, überm Sternenzelt«
und »Seid umschlungen, Millionen« der Deutschen Schiller
und Beethoven vom Rassestandpunkt aus ablehnt, lehnt man
das beste Deutschtum ab. Das ist Literatur oder, wenn man
will, »Orthodoxie«, aber nicht Politik.[30]

Der Minister erfuhr nicht alles, was der Musiker in seine Kalender notierte, um es bei nächster Gelegenheit so oder so ähnlich vorzutragen. Aber als der Dialog sich zur Regelmäßigkeit eingependelt hatte, bekam er sogar Kritik an heiligen Grundsätzen zu hören. Ursprünglich Hitler zugedacht hatte Furtwängler die Mahnung:

Heute, wo Bewußtsein und Geist so allgemein sind – das
stärkste Unterscheidungszeichen gegen frühere Zeiten und die
Voraussetzung für den jüdisch-bolschewistischen Erfolg – läßt
sich ein Volk nicht mehr mit Gewalt einseitig politisieren. Die
Unpolitischen für die Politik zu gewinnen – das ist die Aufgabe.
Sie kann nicht durch Unterdrückung und Gewalt geschehen. Die Rassenlehre mit Gewalt durchsetzen und alle über-
rassischen Tendenzen ausrotten wollen, das ist der Anfang
vom Ende. Brutalität aus Stumpfheit die nationalsozialisti-
sche Gefahr.[31]

Der Musiker sah sich als moralische Instanz, und sein scharfer Blick besticht trotz der Scheuklappe des Schlagworts vom »jüdisch-bolschewistischen« Erfolg; selbst wenn er an Politikwissenschaft und Ideologiegeschichte interessiert gewesen wäre, hätte er in jener Zeit kaum analysieren können, daß »Bolschewismus« nichts mit Juden zu tun hat und Bewußtheit und Geist bei Ideologen jeder Couleur auf der schwarzen Liste stehen, wenn sie nur eine Spur von Kritik wittern. Auffällig ist jedoch, daß er sich immer häufiger zu Vorhaltungen verstieg, die eigentlich nicht mehr in seinem Bereich lagen, weil ihm die Urteilsgrundlagen fehlten. Als Hitler 1935 einen hochdotierten NSDAP-Preis für Kunst und Wissenschaft auslobte, der beim Reichsparteitag an den Propagandadichter Hanns Johst und den „Rassenforscher" Prof. Hans Günther ging, rügte der Musiker den Stifter unbekümmert:

> *Es ist eine Verengung eingetreten. Sie als Politiker müssen die Wirklichkeit des Nationalsozialismus im Auge haben. Der Künstler wurzelt in der Nation, wendet sich aber über sie hinaus. Er ist – politisch gesehen – außenpolitisch einzusetzen. Ein Preis für nationalsozialistische Wissenschaft und Kunst bedeutet Auslieferung dieser Dinge an das Literatentum. Der falsche Intellektualismus – Rosenberg, Goebbels – entfremdet und entzweit das geistige Deutschland. (...) Vorzeitige Intellektualisierung d. h. Literarisierung der Kunst ist die Gefahr – mit Partei-Vorzeichen. Es ist keine Freude, heute in Deutschland Künstler zu sein.[32]*

In den ersten Monaten des Jahres 1935 verschaffte sich Furtwängler über viele politische Probleme, die er zuvor nicht durchschaut, weitgehende Klarheit, gelegentliche Irrtümer abgerechnet; parallel vervollkommnete sich sein Vorrat an Munition für den Dialog. In aller Harmlosigkeit forderte er, *daß im Prinzip Werke lebender Künstler, die nicht ohne weiteres zu Schund und Kitsch einerseits oder zu Kulturbolschewismus zu rechnen sind, auch im heutigen Deutschland dem Urteil der Allgemeinheit unterbreitet werden müßten. Ich glaube die verschiedenen Äußerungen des Führers zu diesem Thema genau genug zu kennen, um zu wissen, daß er diese Anschauung im Grunde teilt. Stellt sie doch, soweit ich*

Denkschrift.

Was heute in Deutschland vor sich geht, ist folgendes:
Die Kulturpolitik des Nationalsozialismus besteht hauptsächlich darin, den jüdischen und allgemein-zersetzenden
Einfluss im kulturellen Leben niederzukämpfen. Dieser Kampf
macht es nötig, dass auch die öffentlichen kulturellen und
Künstler-Institutionen nach politischen Gesichtspunkten
von seiten der Partei durch- und umorganisiert wurden. Der
zu erreichende Zweck ist im Ganzen erfüllt; der Kampf ist
schon seit einiger Zeit in der Hauptsache abgeschlossen.
Er erforderte allerlei Kleinarbeit, war aber im Kern nicht so
schwer, da abgesehen vom Verschwinden der Juden und Haupt-
bannerträger usw. sich der Futurismus und Bolschewismus
auf kulturellem Gebiet eigentlich schon vor der Machtübernahme mehr oder weniger abgekämpft und für alle ernsteren
Deutschen gleichsam selber ad absurdum geführt hatte.

Nun hat die Durchorganisierung des kulturellen Lebens
von seiten der Partei, die für die Kampfziele der Partei notwendig und richtig war, auf künstlerischem Gebiet Begleit-
erscheinungen , die geeignet sind, Fortschritt und Grösse
des bereits Erreichten von einer anderen Seite her in Frage
zu stellen. Um mich verständlich zu machen muss ich weiter
ausholen:

Richard Wagner hat in den Meistersingern einem für
jedes reale Kunstleben stets aktuell bleibende Problem
Gestalt gegeben. Hier die Meister, die Zunft, d.h. die
Künstler selber, die die Kunst repräsentieren, dort das

Volk

*verstehe, zugleich eine der Grundanschauungen des National-
sozialismus dar.*[33]

Wie hier kam er immer wieder auf die Affäre Hindemith
zurück; da ihm verborgen geblieben war, aus welchen tiefen Schichten Hitlers Abneigung gegen den Komponisten
gespeist war, hoffte er auf die Kraft der Überzeugung und
zermarterte sich den Kopf, wie er erreichen könnte, was Rehabilitierung bedeuten mußte. Immer wieder berief er sich
auf eine – geradezu demokratische – Funktion des Volkes:

*Um den Einfluß der jüdischen und zersetzenden Presse zu
brechen, hat man die Presse als wirkenden Faktor überhaupt
ausgeschaltet. Man hat sich dadurch zugleich aber nun auch
die Möglichkeit einer Kontrolle oder Korrektur dessen, was
geschieht, durch das Volk genommen. Denn wenn auch die
Presse nicht gerade das »Volk« vertreten hat, so ist sie doch
immerhin ein Sprachrohr dieses Volkes gewesen.*[34]

Er meinte ohne Frage das Volk, das er hinter sich wußte
und als Gegenkraft zur Partei einschätzte, ungeachtet der
Tatsache, daß jeder dritte Deutsche Mitglied der NSDAP
oder einer ihrer Gliederungen oder angeschlossenen Verbände war. Von hier aus rechnete er mit dem Mittelmaß der
Künstler ab und stellte dieses – als Gefahr – dem immer
und auch politisch positiven Genie gegenüber. Die Linie
der Argumentation bildete noch 1944 die Basis für einen
publizierten Aufsatz.[35] Es ist der Hilfeschrei des noch immer nicht rehabilitierten Genies, die Regierung möge stark
genug sein, um sich den Luxus des Genies – mitsamt Eigen-
willigkeiten und Einwendungen – leisten zu können:

*Die weitgehende Politisierung des öffentlichen Lebens legt
oft auf ein Bekenntnis zur Weltanschauung der Partei auch
von seiten des Künstlers entscheidend Wert. Die Mittelmäßigkeit, deren Wesen und Wirken mit den tieferen Idealen der
Partei eigentlich kaum etwas zu tun hat, läßt es nun gerade
deshalb, weil sie in ihrem Handeln keineswegs nationalsozialistisch vorgeht, umsomehr es sich angelegen sein, dies mit
Worten nachzuholen und zu bekräftigen. Zumal ihr aus Man-*

gel jedweder tieferen Verankerung im Leben der Nation über-
haupt jede Form von Heuchelei und Unwahrhaftigkeit nicht
allzu schwer fällt. Das Genie dürfte im Gegensatz dazu im all-
gemeinen ein billiges Aufdenlippentragen seiner Weltanschau-
ung umsomehr verschmähen, je mehr es sich bewußt ist, im
wahren Sinne nationalsozialistisch zu handeln und zu wirken.
Vielleicht daß es gar, aus tiefer Verbundenheit und wirklichem
Verantwortungsgefühl für die nationale Sache, sich veranlaßt
fühlt, ihr beizustehen mit produktiver Kritik. Die Mittelmäßig-
keit müßte nicht den angeborenen Haß gegen alles Selbstän-
dige in sich tragen, um nicht sofort in solchen Fällen die ah-
nungslose Partei mobil zu machen und mit ihrer Hilfe, d. h.
mit Hilfe billigen politischen Denunziantentums, das Genie zu
schädigen oder gar zu beleidigen.[36]

Über die Zustände im NS-Staat sagt das genug; aber der
Musiker benutzte dieses zutreffende Bild der Lage, um darauf aufmerksam zu machen, daß sein Fall unbedingt der
Lösung bedürfe. Unter Rehabilitierung verstand er mehr
als die triumphale Wiedereinsetzung in seine künstlerischen Funktionen. Aber da eben lag die Schwierigkeit. An
der Staatsoper kommandierte inzwischen Clemens Krauss,
und Göring hatte ihm vielsagend einen Zehnjahresvertrag
bewilligt. Jede Rückkehr war dadurch blockiert. Aber Furtwängler legte gerade auf die Musikbühne Wert. Irgendeine
Lösung mußte gefunden werden, damit seine Kraft nicht
brach liegen bliebe. Ob inzwischen von Göring oder – noch
wahrscheinlicher – von Goebbels ein deutlicherer Wink
kam, ist nicht dokumentiert. Aber im Februar entwarf der
Dirigent ein Exposé mit klar umrissenen Vorstellungen,
was werden sollte:

Ich verhandle gegenwärtig mit Wien und New-York; trotz-
dem will ich auch im Auslande Deutscher bleiben und lege
darauf allergrößtes Gewicht gerade als Deutscher draußen
meine Tätigkeit auszuüben (...). Dazu gehört, daß ich, wenn
ich auch nicht in einer festen, verantwortlichen Stellung in Zu-
kunft in Deutschland mehr wirken werde, doch die Möglich-

keit habe, als Gast resp. als freier Mann in meinem Vaterlande zu dirigieren, so wie jeder andere Deutsche auch.[37]

Ein Teil des Textentwurfs ging bald darauf in einen Brief an Goebbels ein, der den Dialog über die Fortsetzung der künstlerischen Tätigkeit in Deutschland wieder in Gang brachte. Fest steht, daß von beiden Seiten Annäherungsversuche vorausgingen. So hatte sich die neue Sekretärin des Dirigenten, Ingeborg Mörschner, kaum daß sie von ihrer Vorgängerin mit Aufgabenbereich und Sachstand vertraut gemacht worden war, an »Herrn Brückner« gewendet und um eine kurze Besprechung gebeten, denn:

Es erscheint mir jetzt nötig, mit Ihnen über die Situation Furtwänglers zu sprechen.[38]

Frau Mörschner-Figdor arbeitete improvisatorisch, protokollwidrig und kapriziös jungmädchenhaft; dieser »Herr Brückner« war niemand anderer als SA-Obergruppenführer Wilhelm Brückner, der Adjutant Hitlers. Daher geschah es, daß der Funktionär zunächst telefonisch abwinkte. Etwa gleichzeitig beschloß Hans Sellschopp zu handeln. Sellschopp, kein Musiker, sondern Weinhändler und Inhaber der Firma Engelhard & Söhne in Lübeck, aus dem KfdK hervorgegangener Pg., leitete das Amt für Konzertwesen der RMK und hatte unter anderm deutsche Auslandsgastspiele und Konzerte von Ausländern im Reich zu betreuen; hinter ihm stand mit finanziellen Beihilfen das ProMi. Er verhandelte am 8. Februar mit Brückner und muß ihn dabei überzeugt haben, daß Furtwänglers Ausfall für Kunstpropaganda im Ausland unübersehbaren außenpolitischen Schaden anrichte; denn plötzlich zeigte der Adjutant Interesse. Sellschopp verständigte die Sekretärin. Die Vermittlung gelang. Bald darauf trug Frau Mörschner-Figdor dem Ohr Hitlers vor, was die Situation ihrer Ansicht nach erfordere. Inzwischen hatte sich auch der Geschäftsführer des BPhO etwas einfallen lassen.

Mit rührendem Eifer entwickelte Karl Stegmann einen geradezu größenwahnsinnigen Plan, den er Goebbels einreichte. In der Nachbarschaft der Philharmonie sollten rund vierzig Häuser niedergerissen werden, um Platz zu schaffen für den Neubau eines gigantischen Hauses der Deutschen Kultur, in dem die ganze Reichskulturkammer Platz finden werde, einschließlich großer Konzertsäle, einer neuen Philharmonie und eines Sommergartens mit Bewirtschaftung; geschätzte Kosten »nur« zwölf Millionen RM. Wozu das alles? Ganz einfach:

Da das Berliner Philharmonische Orchester in der Zeit des Neubaues seines Konzert-Saales beraubt wäre, könnte es um diese Zeit mit dem besten Dirigenten Deutschlands eine Welt-Propaganda-Reise, die früher schon einmal projektiert war, durchführen und zwar – je nachdem, wie die außenpolitische Lage Deutschlands ist – über den Balkan, Ägypten, Indien, Japan, die großen holländischen Inseln, Australien, Südamerika, evtl. Nordamerika und zurück. Der Zuschuß zu einer solchen Reise wäre nach früheren Berechnungen wahrscheinlich nicht sehr erheblich, wenn ein namhafter Dirigent von Weltruf das wohl heute noch beste Konzert-Orchester Europas leitet.[39]

Obwohl nirgends der Name fiel, sah doch auch Goebbels ganz klar, daß auf diesem kostspieligen Umweg niemand anderer als Furtwängler wieder aufs Podium gebracht werden sollte. Irgendetwas mußte gewiß getan werden, denn im Musikleben Berlins und des Reiches ging allzu vieles durcheinander. Die Philharmoniker verlangten alle Augenblicke Betriebsvorschüsse, um die laufenden Defizite zu decken, und der Reichsfinanzminister verfolgte die Entwicklung mit Unwillen. Am 28. Februar gewährte der Propagandaminister dem Dirigenten eine Aussprache; natürlich blieb der Streit nicht aus. Zunächst spielte Goebbels den Versucher. Der Abgesetzte könne Deutschland zwar verlassen, wann immer er wolle, doch sei dies endgültig und unwiderruflich; so lange der NS-Staat bestehe, dürften Emigranten nicht zurückkommen. Furtwängler erklärte, er habe sich entschlossen zu bleiben, sofern dies mit seiner Ehre und seinen Prinzipien vereinbar sei. Sofort setzte ihn der Minister unter Druck und verlangte die Unterschrift unter ein Schriftstück, das eine unverhüllte Ergebenheitserklärung für Hitler darstellte und komplette Unterwerfung andeutete. Der Musiker lehnte ab. Er sei wegen Hitlers Kulturpolitik gegangen und könne daher nicht widerrufen. Nach weiterer Rede und Gegenrede machte er Anstalten aufzubrechen. Goebbels hielt ihn zurück und sagte: »Herr Furtwängler, Sie können doch nicht abstreiten, daß es der Führer ist, der in Deutschland die Kulturpolitik bestimmt.« Er erhielt zur Antwort: »Ich will das auch garnicht abstreiten, denn das weiß ja jedes Kind.«

Goebbels: »Wenn Sie bereit sind, dies zu versichern, wäre ich zufrieden.«

Der Musiker bemerkte, daß sein Gegner die ursprüngliche Position aufgegeben hatte und hielt dies für eine Falle. Dann sah er die Möglichkeit eines Kompromisses, denn diese Versicherung enthielt genau das, was er ausdrücken wollte: Verantwortlich für die Musikpolitik – und ihre Fehler – sei nicht er, sondern die politische Führung, also Hitler. Um keinen Zweifel aufkommen zu lassen, versicherte er dem Minister, er könne nur als völlig unpolitischer Künstler in Deutschland bleiben und bäte daher, ihn nicht in politisch-propagandistischen Zusammenhängen zu mißbrauchen. Der konzedierte das, da er an der Aufrechterhaltung hoher interpretatorischer Qualität für das deutsche Volk interessiert sei.[40] Am Ende verabredete man den Wortlaut eines Protokolls, das veröffentlicht werden sollte; von Details einer Rückkehr in den Musikbetrieb des Reiches war nicht die Rede gewesen. Der Minister gab indessen Nachricht an die Agenturen, aber nicht das Wortprotokoll von Furtwänglers Erklärung, sondern eine knappe Meldung, daß dieser seinen Artikel über Hindemith *als musikalischer Sachverständiger lediglich in der Absicht geschrieben habe, eine musikalische Frage vom Standpunkt der Musik aus zu behandeln. Er bedaure die Folgen und Folgerungen politischer Art, die an seinen Artikel geknüpft worden seien, um so mehr, als es ihm völlig ferngelegen habe, durch diesen Artikel in die*

*Leitung der Reichskunstpolitik einzugreifen, die auch nach
seiner Auffassung selbstverständlich allein vom Führer und
dem von ihm beauftragten Fachminister bestimmt würde.*[41]

Die Meldung referierte korrekt den Inhalt des Gesprächs. Gleichwohl deuteten gewisse Kreise Furtwänglers Auffassung als »Umfall«, innerhalb Deutschlands solche, die – ohne Einrechnung der Machtverhältnisse – ein Fanal des Widerstandes erwartet hatten, und im Ausland vor allem die Emigranten, die Selbstbestätigung suchten und daher nicht zugeben konnten, daß die Entscheidung auszuharren und zu kämpfen überhaupt eine Alternative war. Die deutsche Presse begrüßte die Einigung wie aus einem Munde und kommentierte hoffnungsvoll; es dürfe gefolgert werden, *daß der große Musiker im nationalsozialistischen Staat die ihm gebührende Stellung wird wieder einnehmen können.*[42]

Allerdings war dies ein Vorgriff auf künftige Abmachungen, der auf der konkreten Information fußte, es sei der Druck des unzufriedenen Publikums gewesen, der die Regierung zum Friedensschluß veranlaßt habe. Ausländische Agenturen – so Associated Press – sprachen geradezu von einem »Streik des Publikums«.[43] Zwei Persönlichkeiten konnten sich mit dem Gang der Dinge nicht befreunden. Der neuernannte Staatsoperndirektor Krauss befürchtete insgeheim, er werde den Posten über kurz oder lang wieder an seinen Vorgänger zurückgeben müssen – trotz Zehnjahresvertrag und besänftigenden Versicherungen Görings; daher nahm er sich vor, auf der Hut zu sein. Nicht weniger unzufrieden war Furtwänglers größter politischer Feind, denn er sah sich ganz und gar übergangen.

Am 5. März erhielt Goebbels einen Brief mit dem Absender Außenpolitisches Amt der NSDAP; gleichzeitig und ebenfalls durch Boten übermittelt, kam eine Kopie dieses Briefes mit Anschreiben auf den Schreibtisch des Reichsministers Heß, des Stellvertreters des Führers. Rosenberg beklagte sich über die Abfassung jener »Friedens«-Meldung, die er für »direkt provozierend« hielt:

*Furtwängler entschuldigt sich nicht wegen seiner politischen
Angriffe gegen eine nationalsozialistische Organisation, sondern bedauert nur die Folgen und Folgerungen, die aus seinem
Artikel gezogen worden wären. Und der nationalsozialistische
Minister bescheinigt ihm gerade diese Formulierung. Ich rich-
te deshalb an Sie die Bitte, Herrn Dr. Furtwängler zu veranlassen, sich in genau gleicher Weise bei mir, nicht etwa über
die Folgerungen, sondern über seine politischen Angriffe gegen die N.S.-Kulturgemeinde zu entschuldigen.*[44]

Diese Beschwerde zeitigte Wirkung. Immer noch blieb
die Erlaubnis zur Wiederaufnahme seiner Tätigkeit aus, die
der Dirigent zweifellos sehnlichst erwartete, weil nun schon
die mit dem Ausland vereinbarten Termine bedrohlich nä-
herrückten. Zwar war eine Audienz bei Hitler schon angesetzt; aber es ging nicht nach Plan. Furtwängler hatte vorgeschlagen, seine Rückkehr aufs Podium mit einem Wohltä-
tigkeitskonzert – für das Winterhilfswerk, eine seinem Wis-
sensstand nach unpolitische sozialpflegerische Einrichtung – zu beginnen. Dieses hätte am 8. April stattfinden sollen; aber nichts tat sich. Fast in letzter Minute mahnte er bei
Hitler, da er nach der »Dr. Goebbels gegenüber abgegebe-
nen Loyalitätserklärung für Sie« bereits zwei Konzerte in
Wien, eines in Budapest, zwei Opernaufführungen in Covent Garden zum Jubiläum des englischen Königs und vier
Aufführungen bei dem Wagner-Zyklus der Pariser Opéra
abgeschlossen habe; unverhüllt machte er Schadensersatz-
forderungen geltend:

*Ich als Privatmann kann ja, juristisch gesprochen, von mir
eingegangene Verträge nicht rückgängig machen. Ist es Ihr
Wille, daß ich mich – das einzige, was mir in diesem Falle zu
tun übrig bleiben würde – auf die höhere Gewalt berufe; und
will die Regierung die volle Verantwortung (finanzieller und
moralischer Natur) für diesen Schritt dem Ausland gegenüber
tragen, oder darf die von mir getätigten Verträge einhalten?
Wäre es nicht möglich, daß ich sonst vom Auslande zum Märtyrer gemacht würde?*[45]

So etwas wäre auch Hitler nicht recht gewesen; peinliches Aufsehen im Ausland mußte vermieden werden. Aber zuvor war noch eine Formalität zu erledigen. Ob es sich tatsächlich nur um eine Formalität handelte, ist nicht überliefert. Am 9. April jedenfalls fand ein Gespräch zwischen Furtwängler und Rosenberg statt; es ging um »Fragen der deutschen Kunst und Kultur«.[46] Dies besagt nicht viel, doch ist es wahrscheinlich, daß der Reichsleiter, wie im Brief an Heß ausgedrückt, auf eine Entschuldigung für die politischen Angriffe gegen eine parteiamtliche Organisation, die NSKG, immer noch wertlegte und sein Gesprächspartner, versteckt hinter Verklausulierungen, aber formell korrekt, sich zu etwas herbeiließ, das diesem Verlangen Genüge zu tun schien. Furtwänglers Interesse war, so zu manövrieren, daß er nicht im Abseits bleiben mußte, wo er keinen kulturpolitischen Einfluß mehr geltend machen konnte. Mit dieser Vorbereitung mußte das Treffen mit Hitler am 10. April, mitten im Umtrieb der Trauung Görings mit Emmy Sonnemann, die erhoffte freie Bahn schaffen. So war es. Wer nicht verstand, welche Motive den Künstler bewegten, vermerkte angesichts dieses Ausgangs mit Unbehagen, *daß der erfolgreiche Meisterdirigent doch noch zu Kreuze gekrochen ist.*[47]

Jedenfalls begann Furtwängler am Nachmittag des folgenden Tages in Wien, mit den Wiener Philharmonikern für das Sonntagskonzert zu proben, und die Musiker, die begriffen hatten, daß der »Umfall« ein politischer Erfolg gewesen, begrüßten ihn mit Begeisterung. Nicht anders war es in Berlin zu Beginn der Probe für das erste gemeinsame Konzert mit den Berliner Philharmonikern nach der »Schonzeit«. Am 24. April stieg er wieder auf »sein« Podium; im Namen der Musiker gab der Orchestervorstand Höber eine Erklärung ab, *daß wir auf diesem Wege der Höchstleistung weitergehen können, dem einzigen Weg, den wir gehen müssen, nicht nur um allein unser künstlerisches Verantwortungsgefühl zu befriedigen, sondern auch um auf unserem Posten die Pflicht des Staatsbürgers im Sinne des neuen Staa-*

tes zu erfüllen. Sie waren bisher unser bewährter, einzigartiger Führer. Wir wissen genau, wem wir großen Dank schulden, wenn wir wieder zusammen arbeiten können.[48]

So ungeduldig das Orchester auch auf die Wiederherstellung einer Situation gewartet hatte, die langjähriger Idealzustand schien, so auffällig war nun, wie sich der Umgangston verändert hatte. Dies war nicht eine Bekundung herzlicher Freundschaft, sondern die Dankadresse an jemand, den man vorsorglich als Funktionär behandelte. Hatte Höber dem Dirigenten überhaupt mitgeteilt, daß die Geschäftsleitung zum ersten Konzert Hitler eingeladen habe? Diese Einladung wurde direkt an die Reichskanzlei adressiert; als sich nichts tat, bat man den Staatssekretär Funk um Vermittlung und schloß zugleich eine Einladung an Goebbels an, den »Schirmherrn unseres Orchesters«:

Wir haben den Führer und Reichskanzler zu dem Konzert am 25. April unter Leitung von Wilhelm Furtwängler bereits einladen lassen, gestatten uns jedoch, Sie zu bitten, unsere Einladung beim Führer noch gütigst unterstützen zu wollen. Wir brauchen wohl nicht zu betonen, daß selbstverständlich das Orchester die hohe Ehre des Besuches des Führers zu würdigen wüßte, da er ja leider in diesem Winter noch nicht die Zeit gefunden hatte, eines unserer Konzerte zu besuchen.[49]

Funk, der wußte, daß Hitler nicht in Berlin und bis zum Termin auch noch nicht zurückgekehrt sei, machte eine Aktennotiz und verständigte Stegmann telefonisch – einen Tag nach dem Konzert.

Es war ein sensationelles Ereignis. Schon seit 19 Uhr versammelte sich eine Menschenmenge an der Philharmonie, die bis auf den letzten Platz ausverkauft war. Die Auffahrt der Wagen wollte nicht enden. Kurz vor acht näherte sich Furtwängler und betrat das Gebäude durch den Seiteneingang in der Köthener Straße, begleitet von begeisterten Huldigungen auf offener Straße. Auf dem Podium umbrandete ihn der Applaus so ausgedehnt, daß er mehrmals den Taktstock wieder sinken lassen mußte. Auch zwischen den

Stücken herrschte der Beifall wie ein Urelement; in der großen Pause überhäufte das Publikum den lange Vermißten mit Blumen. Nach dem Konzert erdröhnte die Philharmonie noch eine halbe Stunde lang vom Enthusiasmus der Musikfreunde. Daß es sich um eine durchaus politische Demonstration handelte, verstanden die anwesenden Vertreter von Partei und Staat, Rosenberg, Funk, Oberbürgermeister Dr. Sahm, Reichsminister Dr. Frick und andere sehr wohl, und auch den ausländischen Diplomaten, allen voran der französische Botschafter François-Poncet, muß dies aufgefallen sein. Die Presse reagierte wie mit einer Stimme geradezu hymnisch und bescheinigte dem Wiedergewonnenen, was er wert sei. Acht Tage später, am 3. Mai, wiederholte er das bewährte Beethoven-Programm unter ähnlichen Begleitumständen. Diesmal waren Hitler, Göring mit Frau und Goebbels anwesend. Als sie den Saal betraten, das Orchester hatte bereits Platz genommen, erhoben sich das Publikum und Musiker und entboten den »deutschen Gruß«. Fast im gleichen Augenblick sprang Furtwängler aufs Podium, und nun konnten die Politiker erleben, welchen Taumel der Begeisterung sein Erscheinen auslöste. Ihm galt alle Aufmerksamkeit, ihm flogen die Herzen zu; sie waren nur noch Bestandteil des huldigenden Publikums. Die Auslandspresse registrierte sehr aufmerksam, was da vor sich ging:

Man hörte einige Heilrufe, als Furtwängler unmittelbar nach Hitlers Ankunft das Podium betrat. Er dankte für die Huldigung, wendete sich dann aber sofort dem Orchester zu.[50]

Für heutige Leser ist nichts Besonderes daran; aber damals hatte dies eine untergründige Bedeutung und signalisierte den Leuten, daß Furtwängler der alte geblieben. Es ging um den »deutschen Gruß« vor Hitler; daß ein Dirigent ihn entbot, war zwar nicht üblich, doch parteihörige Meister des Taktstocks hielten es für eine Verpflichtung, wenngleich dies über die Etikette hinausging. Wer ihn aufgefordert hatte, vor Hitler den Arm zu heben, ist nicht

Betrifft: Anwendung des deutschen Grußes durch den Dirigenten bei Symphoniekonzerten

Der Reichsminister
für Volksaufklärung und Propaganda.
Berlin W 8, den 29. Januar 1937.

An den Herrn

Präsidenten der Reichsmusikkammer
— über die Reichskulturkammer—

Auf das Schreiben vom 21. Dez. 1936.
Die Begrüßung des Publikums mit dem
deutschen Gruß bei Symphonie-Konzerten

ist bisher nicht üblich gewesen; jedoch ist
der deutsche Gruß auch bei solchen Gelegenheiten erwünscht. Ein Zwang auf
die Dirigenten wegen der
Form, in der sie das Publikum begrüßen, ist aber keinesfalls auszuüben.

Heil Hitler!

In Vertretung:
gez. Walther Funk.

Der Gruß des Dirigenten wird geregelt

klar.[51] Jedenfalls war es der Orchesterdiener Franz Jastrau, der dem tobenden Chef den erlösenden Tip gab, nämlich mit dem Taktstock in der Rechten hinauszugehen.[52] Hitler hatte wohl nicht damit gerechnet, daß der Musiker ihn brüskieren werde; jedenfalls machte er gute Miene zum bösen Spiel, bemühte sich nach dem Konzert aufs Orchesterpodium und überreichte Furtwängler mit Händedruck einen Rosenstrauß. Auch Göring dankte mit Handschlag, als müsse er demonstrieren, daß dieser eigentlich »sein« Künstler sei, den er für die Staatsoper entdeckt; vielleicht tat es ihm in diesem Augenblick schon leid, daß er sich Krauss gegenüber so festgelegt hatte. Jedenfalls war dieses scheinbare »Versöhnungs«-Konzert in mehrfacher Hinsicht ein Zeichen für kommende Entwicklungen. Wenige Tage später tickerten die Fernschreiber des Deutschen Nachrichtenbüros eine Meldung von einem weiteren – scheinbaren – Friedensschluß an die Redaktionen:

Die Leitung der Bayreuther Bühnenfestspiele gibt bekannt, daß bei den Festspielen 1936 Wilhelm Furtwängler als Hauptdirigent mitwirkt.[53]

Keine Frage, daß Hitlers Wink hier Wirkung getan, denn den alten Groll hatte Winifred Wagner keineswegs vergessen; zudem stand ein politisch bedeutsames, für Sympathiewerbung nützliches Datum an: das Jahr der Olympischen Spiele in Berlin. Daß die Geschäftsleitung des Berliner Philharmonischen Orchesters gleichzeitig wissen ließ, Furtwängler werde von den Philharmonischen Konzerten in der kommenden Saison nur vier bis fünf leiten und die anderen den Kollegen überlassen, konnten nur Eingeweihte deuten. Voreilig jubelten die Zeitungen:

Mit der Rückgewinnung Furtwänglers als des tragendsten Pfeilers unseres deutschen Musiklebens ist die Erhaltung einer großen geistigen Tradition im Sinne lebendiger nachschaffender Aneignung und Fortentwicklung aufs neue sichergestellt.[54]

Nichts war sichergestellt, was kulturpropagandistischen Zwecken dienen konnte, und selbst in der normalen Repertoire-Routine machte sich der Dirigent rar. Kein Mißbrauch für Politik! So lautete seine Bedingung. Tatsächlich reduzierte er seine Tätigkeit mit den Berliner Philharmonikern – und wohl auch sonst – in Deutschland erheblich. Bis Kriegsende blieb er ausnahmslos weit unterhalb der Konzertzahlen, die er in den Spielzeiten 1930/31 und 1931/32 erreicht hatte. Dagegen verstärkte er seine Wirksamkeit im Ausland, nicht zuletzt um die Glaubwürdigkeit seines Arguments nicht aufs Spiel zu setzen, daß innere Politisierung den Werbeeffekt jenseits der Grenzen beeinträchtige. Es ist fraglich, ob er je von der Möglichkeit überzeugt war, mit Musik überhaupt politische Propaganda zu machen; aber um seines Zieles willen tat er, als ob.

Totalitäre Systeme – aber auch andere – pflegen gern Boxweltmeister und Dirigenten, das Ballett-Ensemble und die Fußballnationalelf auf einen Nenner zu bringen, weil ihnen daran liegt, Siege an die Fahne zu heften. Daß ein Konzert kein sportliches Match ist, weil keine Mannschaft gegen eine andere antritt, stört sie nicht. Die meisten Politiker sehen Musik – wie Sport – als Waffe im internationalen Wettbewerb um das hellststrahlende Image. Wenn Künstler gut und viel Musik machen, hält sich der Staat, dessen Paß sie zufällig in der Tasche tragen, für eine »geistige Weltmacht«. Nun hängt die Qualität des Musikbetriebes offenkundig nicht von der Moral einer Regierung ab, die zufällig im Amt ist, nicht einmal von deren Subventionen, sondern von ganz anderen Faktoren. Selbst ein hohes Maß an Finanzeinsatz kann permanente Qualität nicht kaufen. Geld produziert weder gute Komponisten noch konkurrenzlos hochstehende Interpreten. Dies heißt aber, daß sich die Machthaber zu Unrecht mit dem Musikleben ihres Herrschaftsbereichs schmücken. Sie möchten nur gern, daß die künstlerische Leistung nicht dem Künstler gehört, der sie erbringt, sondern »seinem Staat«, und deshalb »verstaatlichen« sie nicht nur die Musikinstitutionen, sondern auch die individuelle Kunstleistung. Dieser Illusion der »Aneignung« verdanken Idee und Praxis der musikalischen Auslandspropaganda ihre Existenz. Daß Tonkunst dafür »unnütz« ist, weil sie nur für sich selber wirbt und für nichts sonst, muß verschleiert werden ... So erklärt sich die Liebe der Diktatoren – und auch der Ideologen im Braunhemd – zu Platon und ihre panische Feindschaft gegen »Formalisten« wie Hanslick und Strawinsky. Der Glaube an die politische Wirksamkeit von Musik ist Inhalt der jeweiligen Ideologie – bar jeder Spur eines Tatsachenbeweises. Fraglos hat Musik bestimmte Folgen; sie lenkt, wenn auch nur vorübergehend, von der Realität ab, beruhigt oder regt auf, macht aggressiv oder friedlich; aber sie wirkt weder moralisch noch parteilich, weil dazu über den Augenblick hinaus beim Hörer ein Kontinuum des Willens existent sein müßte. Beethoven, gespielt vom braun uniformierten NS-Reichssinfonieorchester, mochte einen Parteigenossen im ideologischen Glauben bestärken. Furtwängler mit seinen Philharmonikern in London oder Paris, den gleichen Beethoven im Programm, überzeugte auch den dümmsten Zuhörer nicht, daß Hitler so etwas sei wie Albert Schweitzer und Abraham Lincoln in einer Person.

Die Leute lasen schließlich Zeitung. Deswegen ist es absurd, daß sich die noch so antifaschistischen Emigranten diesen – wesentlichen – Teil der NS-Ideologie zu eigen machten; nur aus solcher ideologischen Infektion erklärt sich ihre feste Überzeugung, Furtwängler habe tatsächlich für das Regime werben können. Keine Stimme des Zweifels, der kritischen Vernunft regte sich. Niemand fragte, wieso und wodurch er politische Reklame betriebe, wie viele seiner Hörer er in »Nazis« verwandelt habe. Wird, wer Beethoven hört, hitlerfreundlich? Aber was hatte dieser große Meister mit dem Diktator zu tun? Die verschiedenen »kalten Kriege« unserer Zeit haben den Irrtum leider verfestigt, daß Künstler Stellvertreter von Machthabern seien und als solche verfolgt und drangsaliert werden dürften.

Furtwängler zog eine klare Trennungslinie. Das hieß zum Beispiel im Juni 1935: Nicht die Sonnenwendfeier der 20 000 Hitlerjungen mit »Flammenrede« von Reichsjugendführer Schirach, nicht die zweite Reichstagung der Nordischen Gesellschaft – deren Mitglied er war – mit Festspiel und Einweihung des Holstentors in Lübeck als »Ehrenstätte lübeckisch-hansescher Wehrgeschichte«; wohl aber das anschließende nordische Musikfest, bei dem die Komponistenverbände der skandinavischen Länder Mitveranstalter waren, und so dirigierte er hier das Eröffnungskonzert. Allerdings stellten sich internationalen Vorhaben häufig Schwierigkeiten in den Weg. So stockte jäh der Solistenaustausch mit Wien. Frau Mörschner erkundete, ob die Stockung offizieller Natur sei:

Wie ist die prinzipielle Stellungnahme des Führers zur Frage des Solistenaustausches mit Wien? a) Krauss hat das hintertrieben bis jetzt, weil er die Wiener Oper ruinieren will – u. es ist für die Staatsopernleute ein glattes Verbot herausgegeben nach Wien zu gehen. b) Seit mehr als 15 Jahren tauschen wir aus, über alle politischen Spannungen hinweg. c) Für Furtwängler sind diese angeforderten Solisten.[55]

Die Sekretärin hatte eine empfindliche hochpolitische Region betreten, wo sie in Interessenkollision mit Alfred Frauenfeld geriet, der nicht nur eben zum Geschäftsführer der Reichstheaterkammer ernannt, sondern auch ein aus Österreich geflüchteter Gauleiter der NSDAP war.

Zunächst blieb alles ruhig. Häufiger als sonst hatte Hitler Veranstaltungen Furtwänglers mit seiner Anwesenheit beehrt, so im Juni bei den Münchner Festspielen einen »Tristan« in der Bayerischen Staatsoper und am nächsten Tag ein Beethoven-Konzert in der Ausstellungshalle. Er hatte Pläne mit dem berühmten Musiker, und dieser Pläne mit dem BPhO, das nur noch in übertragenem Sinne das seine war, da »unter Aufsicht des Reichsministeriums für Volksaufklärung und Propaganda« und bald darauf sogar dessen »nachgeordnete Dienststelle«. In seiner Eigenschaft als Mitglied des Aufsichtsrats machte Höber den Minister mit geschichtlichen Grundsätzen des Klangkörpers bekannt, sichtlich in der Hoffnung, dieses oder jenes retten zu können:

Gemeinschaftsgeist, höchste Pflichterfüllung und Begeisterung für die künstlerische Berufung bei höchster persönlicher Leistung, waren Vorbedingungen, die als erste Pflicht verlangt wurden. Die persönliche Freiheit konnte nicht mißbraucht werden, denn bei aller Freiheit hatte der Einzelne der Gesamtheit gegenüber mehr Pflichten als Rechte. (...) Die hohe Qualität unseres Orchesters zeugt für die Richtigkeit des damaligen Systems. Selbst Wilhelm Furtwängler verlangte in diesem Punkt kein Alleinrecht, denn er wußte bei der Wichtigkeit dieser Frage die wertvolle Mitarbeit des Orchesters wohl zu schätzen. (...) Diese ideale Arbeitsgemeinschaft im künstlerischen Schaffen brachte die herrlichsten Erfolge. Der große Dirigent und sein Orchester sind für die Welt zu untrennbarem Begriff geworden. Fleiß, großes Können und Kunstbegeisterung brachten Leistungen, die sowohl den Dirigenten, als auch das Orchester an die Spitze im Musikleben der Welt setzten.[56]

Dies war nicht nur Information für den Minister, sondern auch ein Fingerzeig, daß Tradition, nicht vom Tisch gewischt und durch »neuen Geist« und Befehle von oben ersetzt werden könne, taktisch in die Floskeln einer Loyalitätsbekundung eingekleidet. Abgesehen davon, hatten die Musiker tatsächlich zu danken: Die Subvention aus der

Staatskasse stieg von Jahr zu Jahr und betrug am Ende 1 100 000 RM.

Auch bei der Staatsoper ging es ums Geld. Die Kasseneinnahmen ließen erkennen, daß die Absetzung Furtwänglers als musikalischer Leiter das Publikum bis zum Boykott verstimmt hatte. Der Finanzminister registrierte dies voll Sorge und wandte sich mit der Hiobsnachricht an Göring, bei der Staatsoper sei *seit Beginn des Kalenderjahres 1935 ein ständiges Absinken der Einnahmen festzustellen. So ist in den letzten Monaten nicht einmal mehr das kassenmäßige Soll bei der Staatsoper erreicht worden (...). Der Herr Finanzminister ist zwar im Rahmen seiner Zuständigkeit nicht in der Lage, sich über die Gründe, die zu dieser ungünstigen finanziellen Entwicklung geführt haben, zu äußern, glaubt aber jedenfalls darauf hinweisen zu müssen, daß sie nicht mit der saisonmäßigen Entwicklung und durch die allgemeine Wirtschaftslage begründet werden können.*[57]

Einige Zeilen weiter ließ der Finanzminister durchblicken, wie gut er die Sachlage durchschaute; er schlug nämlich vor, Göring solle stärker als bisher die Führung seiner Theater in die Hand nehmen, die Stelle des Operndirektors – also die von Krauss – einsparen und dafür lieber als musikalische Leitung unter dem Generalintendanten »ein oder zwei besonders hoch qualifizierte Dirigenten« heranziehen. Auf einer beigefügten Monatsübersicht konnte der Ministerpräsident ablesen, wie ernst es war. In dem Augenblick, als das Publikum begriffen hatte, daß Furtwängler nicht zurückkehren werde, blieb es weg. Für Februar 1935 stand noch ein Plus von 34 407 RM über dem Soll zu Buche; der März sah schon ein Minus von 8 144 RM, das bis Juni 24 444 RM erreichte. Unverzüglich und hinter dem Rücken von Krauss handelte Göring, wahrscheinlich nicht ohne sich bei Hitler das Plazet zu holen. Er bat Furtwängler, seine Vorstellungen über künftige Zusammenarbeit in einem Vertragsentwurf niederzulegen.

Dieser skizzierte den Text eines Fünfjahresvertrages, mit dem er sich nicht nur finanziell absicherte, sondern auch

Leitungsfunktionen ausbedang und für den Fall, *daß sein Einfluß in dem in diesem Vertrag umgrenzten Umfange nicht ausreicht, um das künstlerische Niveau der Staatsoper in seinem Sinne zu beeinflussen*[58], auf einer Modifikation bestand, nämlich auf dem Recht, den Vertrag dann in den eines »verantwortlichen Opern-Direktors« abzuändern. Paragraph 1 lautete:

Der Preußische Staat ernennt Herrn Staatsrat Dr. Furtwängler mit dem 1. Januar 1936 zum ersten Staats-Kapellmeister bei der Staatsoper in Berlin.[59]

Das Verlangen nach vollständiger Rehabilitierung ist in diesem Entwurf eindrucksvoll dokumentiert. Natürlich blieb die Tatsache, daß Göring Veränderungen im Sinne hatte, und wer davon am ehesten betroffen wäre, nicht lange geheim. Tietjen fürchtete um seine Macht und begann zu intrigieren, und Krauss sah sich schon auf der Straße; wieviel sein Zehnjahresvertrag noch wert wäre, wenn Göring nicht wollte, konnte er sich ausmalen. Daher schaltete er seine mächtigen Freunde ein; es waren politische Kumpane, an erster Stelle Gauleiter Frauenfeld, der bewährte Kampfgenosse aus der Wiener Zeit, der den Musiker schätzte, gerade weil dieser, da nicht buchmäßiges Mitglied der NSDAP, unerkannt agieren konnte. Der Gauleiter hatte schließlich erlebt, daß Krauss *Wien vorwiegend aus politischen Gründen in Verfolgung der von uns seit zwei Jahren begonnenen Bekämpfung des österreichischen Regierungssystems auch auf kulturellem Gebiete*[60] verlassen, nachdem er dort auch auf der Liste der Verdächtigen gestanden. Nun erwies der Funktionär Dankbarkeit. Er sandte der Reichskulturkammer-Leitung eine achtseitige Denkschrift über die Taktik des kulturpolitischen Vernichtungsfeldzuges gegen Österreich; leidiges Problem: Es gäbe Künstler, die sich erdreisteten, diesen Kampf zu sabotieren, an ihrer Spitze ein ganz besonderer:

Dr. Wilhelm Furtwängler wurde für den kommenden Herbst für eine Reihe von Gastspielen an der Wiener Staats-

oper verpflichtet. *Er soll dort u. a. auch »Tannhäuser« neuein-*
studieren und neuinszeniert herausbringen. Die Neuinszenie-
rung wird nicht durch den ständigen Spielleiter der Wiener
Staatsoper, den Juden Dr. Lothar Wallerstein, ausgeführt, es
wurde dazu auf Verlangen Furtwänglers ein zweiter Jude her-
angezogen, und zwar der aus Deutschland ausgewanderte Dr.
Herbert Graf, dessen Vater Kunstkritiker der bolschewistisch-
jüdischen Wiener Montagszeitung »Der Morgen« und der
Tageszeitung »Der Tag« ist.[61]

Vor allem ärgerlich für den exilierten Gauleiter war das
deutliche Zeitungsecho in Wien, las er doch beleidigende
Häme aus der Bemerkung heraus, die Berufung Grafs sei
darum besonders auffallend, weil Dr. Furtwängler damit ohne
Rücksicht auf den Rassenstandpunkt des Berliner Regimes
deutlich zu erkennen gibt, daß für ihn nur künstlerische Quali-
täten maßgebend sind.[62]

Man verstand, daß der Dirigent im Ausland demonstrierte, was ihm drinnen »umständehalber« verwehrt war, daß
er durchaus politisch handelte und so die NS-Rassentheo-
rie der Lächerlichkeit preisgab. Im Reich verschärften sich
jene »Umstände« von Tag zu Tag, auch für das Berliner
Philharmonische Orchester. Zwar kam es nicht zu Entlassungen; aber der psychische Druck war mehr, als sensible
Künstler ertragen konnten. Der jüdische Solocellist Nikolai
Graudan, der einen neuen Jahresvertrag mit Datum vom
5. März 1935 in der Tasche hatte, ging schon Ende August;
zum Jahresende schied der erste Geiger Gilbert Back, ebenfalls »Nichtarier«, mit einer Abfindung von 15 625 RM aus
und emigrierte nach Ankara. Im Inland lichteten sich die
Beweismittel des Dirigenten gegen den Rassenwahn. Hugo
Kolberg freilich blieb, und die eigentlich eher spaßige Enttäuschung, die ihm widerfuhr, hatte nichts mit Politik zu
tun. Eines Tages im August stellte ihm die Geschäftsleitung
eine kostbare Meistergeige zur Verfügung, die der einge-
klebte Zettel als eine Jacopo Brandini, Pisa 1816, auswies.
Es handelte sich um eine Stiftung der Frau Hedwig Wolff
aus Dahme in der Mark, und Goebbels war der Adressat,

Jüdifchen Mufikfchule. Komponift hebräifcher Mufik. — Vater: W o l f g a n g G r a d, Mutter: R o f a I f r a e l e w i t z. — Verh. mit R a c h e l H a l p e r i n. — A. / Philo. / Mü.

Gradenwitz P e t e r, Dr. phil., geb. 1910 zu Berlin. Komponift und Mufikfchriftfteller in Berlin-Pankow, Breitestraße 44. Nennt fich P i e t G r a n d o. — A.

Grätzer-Jacobfohn F r i e d a, geb. 1899 zu Berlin. Mufiklehrerin in Berlin, Bambergerftraße 60. — A.

Graf M a x, Dr. jur., geb. 1873 zu Wien. Mufiklehrer und Mufik-fchriftfteller (u. a. für „Das neue Wiener Journal", „Wiener allgemeine Zeitung") in Wien, Eifengaffe 30. 1921/1922 Herausgeber der Zeitfchrift „Mufik-Kurier". Vater = J o f e f G., Mutter = R e g i n a G. — SV. / Nat. B. / Ei. / Mü.

Gramatte S o n j a, g e b. F r i d m a n n, geb. 1892 zu Moskau. Geigerin, Pianiftin und Komponiftin (u. a. Violin- und Klaviermufik) in Berlin. — ABC, I.

Grand E d g a r, Mifchling, geb. 16. 7. 1902 in Leipzig-Gohlis. Schlagzeuger in Leipzig. — A.

Grando P i e t = G r a d e n w i t z P e t e r; fiehe daf.

Granichftädten B r u n o, geb. 1880 zu Wien. Operettenkomponift (u. a. „Der Orloff", „Evelyne", Brettllieder) und Kapellmeifter in Wien. Seine Libretti fchrieb z. T. Robert B o d a n z k y. — H 39. / SV. / E 3.

Grau M a u r i c e, Imprefario in Paris. — SV.

Graudan J o h a n n a, geb. 18. 5. 1905 in Libau. Pianiftin in Berlin-Schöneberg. — A.

Graudan N i c o l a i, geb. 24. 8. 1896 in Libau. Cellift in Berlin-Schöneberg. — A.

Green L u d w i g, M o f e s, D a v i d, geb. 1897 in Öfterreich. Liederlibrettift in Brooklyn. 1920 verh. m. Anna von Hinken. — Nat. B.

Gregorowitfch C h a r l e s, geb. 1867 zu Petersburg, geft. 1926. Geiger in Berlin. — Kohut. / SV.

Grift E m i l = G i f t E m i l; fiehe daf.

Grinbaum K u r t, Mifchling, geb. 1914 zu Berlin. Mufiker in Berlin-Spandau. Wörtherftraße 17. — A.

Grifi C a r l o t t a, geb. 1821 zu Haute Iftrie. „Wunderkind". Tänzerin und Sängerin. — Nat. B.

Grifi G i u d i t t a, geb. 1805 zu Mailand, geft. 1840 zu Cremona. Opernfängerin in Paris. 1833 verh. m. d. Grafen Barni. — Nat. B. / SV. / H 39. / P.

1935: Im ersten Judenlexikon wird
Nikolai Graudan denunziert

reichte das unschätzbare Geschenk aber an das Orchester weiter. Wegen der notwendigen Versicherung ließ Geschäftsführer Stegmann ein Gutachten erstellen, und nun kam heraus, daß es eine ältere sächsische Arbeit im Wert von höchstens 500 RM war, ein wenig aufgebessert mit falscher Herkunftsangabe.

Immerhin schufen jene Veränderungen, personelle und sonstige, Unruhe und Spannung zwischen den Musikern. Am 31. Juli setzte Goebbels den Geschäftsführer Hermann Stange hinaus und bestellte – auf Empfehlung Furtwänglers – den Kapellmeister Hans von Benda zum Nachfolger, der Musikreferent beim Reichsrundfunk gewesen. Auch der Dirigent litt unter den Umtrieben, so weit sie künstlerische Erfordernisse einschränkten, und der zunehmende Papierkrieg war ihm so zuwider, daß er einen von der RMK hergereichten Fragebogen unausgefüllt zurückgehen ließ. Frau Mörschner erfuhr prompt von Hinkel, *daß jedes Mitglied der Reichsmusikkammer zum Ausfüllen des Bogens verpflichtet ist.*[63]

Inzwischen erreichten ihn beunruhigende Andeutungen; die Fronde der »emigrierten« österreichischen Nationalsozialisten wühlte weiter und beschäftigte die Dienstwege. Seine Verfehlung in Wien lief in den Ämtern um; die Informationen kreuzten, addierten einander; eine denunziatorische Verschwörung zeichnete sich ab. Die Ähnlichkeit der Formulierung weist auf einen einzigen Ausgangspunkt: Frauenfeld als Sprachrohr von Krauss. Das ProMi verständigte die Reichskulturkammer, die es ohnehin bereits wußte; direkte Verbindungen zum NS-Untergrund in Wien sind unverkennbar:

Grafs politische und weltanschauliche Einstellung ist vom nationalsozialistischen Staat abgelehnt worden. Er ist ein Emigrant übelster Sorte. Die z. Zt. hier umlaufenden Gerüchte drücken das Befremden darüber aus, daß ein Preußischer Staatsrat an einem Österreichischen Kunstinstitut mit einem Volljuden zusammenarbeitet. Ich bitte um Mitteilung, ob von hier aus etwas veranlaßt werden soll.[64]

Besonders arg vermerkten die Denunzianten, daß Furtwängler den Regisseur aus freien Stücken von der Straße weg engagiert, nachdem er erfahren hatte, daß Graf im Augenblick unbeschäftigt sei. Gleichwohl blieb Hinkel gelassen. Er legte das Schreiben ohne weitere Veranlassung zu den Akten. Auch ganz oben war der Fall noch keine Staatsaffäre. Denn der Dirigent wurde noch gebraucht, wie Hitlers Adjutant mitteilte:

Furtwängler hat im Auftrage des Führers die Uraufführung der »Meistersinger« bei der Eröffnung des Reichsparteitages zu dirigieren.[65]

Es mochte über den Horizont eines Hauptmanns a. D. gehen, daß und warum es sich um keine Uraufführung handelte; aber der Sachverhalt sonst war einigermaßen korrekt – bis auf die Verwechslung von Eröffnung und Vorabend der Eröffnung. Mehr noch. Hitler ersuchte zusätzlich, bei der Kulturtagung des Parteikongresses im Nürnberger Apollo-Theater Beethovens Fünfte zu dirigieren. Das Versprechen, ihn von propagandistischen Einsätzen freizuhalten, war also auf der Strecke geblieben. An diesen Aufträgen wurde seine Konsequenz deutlich. Er akzeptierte die Oper im Stadttheater, obwohl für sie als Veranstalter die Reichsorganisationsleitung der NSDAP und nicht die Intendanz zeichnete. Mehr aber auch nicht. Denn diese »Meistersinger« waren formell kein Programmbestandteil der politischen Veranstaltung, sondern Ereignis am Vorabend. Der Parteitag wurde erst am nächsten Vormittag feierlich eröffnet. Zwar stand die Oper, in diesem Jahr noch wahllos mit Diplomatischem Korps und Parteiprominenz beschickt, auf dem offiziellen Parteitagsprogramm; aber juristisch entscheidend war der Zeitpunkt der offiziellen Eröffnung, und so gesehen, stand die Oper außerhalb des Kongresses. Für uns Heutige mag dies wie Spiegelfechterei anmuten, doch damals hatte es die Bedeutung eines Bekenntnisses. Hitlers Adjutant Schaub erfuhr dann auch, was die Fünfte während des Parteitags anging, Furtwäng-

ler habe *unter äußerster Wahrung der Form – wie ich beson-*
ders betonen möchte – gebeten, davon entbunden zu werden.
Seine Begründung ist: Er benötigt die vor den Meistersingern
liegende Zeit zu gründlichen Proben für die Meistersinger. Die
Meistersinger selbst dauern 5 Stunden und bedeuten für ihn
als Dirigenten eine außerordentliche Anstrengung, die seine
Leistungsfähigkeit am nächsten Tag beeinflusse. (...) Kurz-
um, – er erklärt, daß er sich der Auszeichnung, dafür aus-
ersehen zu sein, wohl bewußt ist, daß es für ihn aber aus den
oben angeführten Gründen nahezu unmöglich ist, der Bitte zu
entsprechen.[66]

Diplomatisch aber bestimmt war dies eine Absage – mit
plausiblen und unwiderleglichen Gründen, und so erklang
nicht die Fünfte bei der Kulturtagung, sondern die Egmont-
Ouvertüre, gespielt vom Gewandhausorchester Leipzig unter Peter Raabe. Furtwängler war trotz Absage willkom-
men; als Ehrengast des Reichsparteitags wohnte er im Hotel »Deutsches Haus« in Nürnberg, und es muß ihm aufgegangen sein, daß die neuerwachte Liebe des Regimes zu
ihm einen Zweck verfolgte. Es war der Zweck, für den
Goebbels einstand, nämlich »Heidenmission« zugunsten
des Nationalsozialismus. Zweckhaft hatte die Reichsorganisationsleitung auch den Opernabend arrangiert. Das
künstlerische »Kommando« lag freilich bei Hitler, auf dessen Wunsch auch Kammersänger Karl Kronenberg anstelle
des erkrankten Jaro Prohaska den Hans Sachs sang. Da saßen die Reichsleiter und Gauleiter, die Führer der SA und
SS, die Vertreter der Wehrmacht und ihrer Waffengattun-
gen, die Minister der Reichsregierung, und Hitler, begleitet
von Gauleiter Julius Streicher, hatten in der Rangloge Platz
genommen. Die Presse registrierte plump-hymnisch ein politisches Ereignis und unterstrich:

Wagners Musik zu den »Meistersingern« ist der tönende
Ausdruck unserer Rasse. Wir spüren das Raunen und Weben
unseres Blutes in dieser Musik, ähnlich, wie wir es leise rau-
schen hören in einer Muschel, die ans Ohr gehalten wird. (...)
Gerade das, was man Wagner von Anfang an immer vorwarf,

was seine gehässigen (meist fremdrassigen) Widersacher als
Mangel und Zeichen niederen Ranges seiner Kunst hinstellen
wollten, das gilt uns heute als die höchste Tugend dieser
Kunst: ihre übermächtige, unwiderstehliche mitreißende
Sinnlichkeit, die alle unsere Sinne beherrscht und in Bann
schlägt.[67]

Das Echo belehrte Furtwängler darüber, wie weit diese
Gelegenheit seine künstlerische Integrität gefährdete, ja beeinträchtigte, zumal da der Opernabend gewiß der Einstimmung in den Kongreß, also indirekt einem Ritual der Partei
zugute kam; in diesem Augenblick muß er sich entschlossen haben, noch bedächtiger zu handeln, um jeglicher
Kompromittierung zu entgehen.

Die Aufmerksamkeit der Öffentlichkeit und sein Erfolg
in Nürnberg hatten zur Folge, daß die Gegner einen weiteren Angriff vortrugen. Diesmal kam er anonym über einen
Mittelsmann – »streng vertraulich« – an die Adresse Hinkels:

Eine führende Persönlichkeit des Berliner Kunstlebens, die
nicht genannt sein möchte, für die ich aber mich ganz verbür-
ge, kam vor wenigen Tagen aus Wien zurück.

Dort traf sie auf der Straße zufällig mit dem jüdischen
Schriftsteller Franz Werfel zusammen. Werfel erkundigte
sich eingehend über die Zustände im Kunstleben des dritten
Reiches und fragte nach seinem guten Bekannten Wilhelm
Furtwängler, der bekanntlich in Wien in diesen Kreisen ver-
kehrt.

Der Befragte gab Herrn Werfel zur Antwort, daß Furtwäng-
ler zurzeit beim Parteitag in Nürnberg weile, dort die »Mei-
stersinger« dirigieren werde. Werfel konnte das nicht fassen
und sagte immer wieder, daß dies ein Irrtum sein müsse. Das
sei bei der Einstellung Furtwänglers ganz unmöglich. Nach
wiederholten Beweisen des anderen Herren, der Herrn Werfel
auch nahelegte, sich in den Radioprogrammen davon zu über-
zeugen, entgegnete der jüdische Dichter, daß Furtwängler sich
in den Wiener Kreisen als ausgesprochener Gegner des neuen

Oskar J ö l l i
Referent in der Reichssende-
leitung.
Berlin-Charlottenburg
Steifensandstrasse 3.

Furtwängler

Berlin, am 17.September 35.

An Herrn S t a a t s k o m m i s s a r
    H a n s   H i n k e l
Geschäftsführer der Reichskulturkammer

                    B e r l i n .

_____

Streng vertraulich!

    Eine führende Persönlichkeit des Berliner Kunstlebens,
die nicht genannt sein möchte, für die ich aber mich ganz
verbürge, kam vor wenigen Tagen aus Wien zurück.

    Dort traf sie auf der Strasse zufällig mit dem jüdischen
Schriftsteller Franz W e r f e l zusammen. Werfel erkundigte
sich eingehend über die Zustände im Kunstleben des dritten
Reiches und fragte nach seinem guten Bekannten Wilhelm Furt=
wängler, der bekanntlich in Wien in diesen Kreisen verkehrt!

    Der Befragte gab Herrn Werfel zur Antwort, dass Furtwängler
zurzeit beim Parteitag in Nürnberg weile, dort die"Meistersinger" dirigieren werde. Werfel konnte das nicht fassen und
sagte immer wieder, dass dies ein Irrtum sein müsse. Das sei
bei der Einstellung Furtwänglers ganz unmöglich. Nach wiederholten Beweisen des anderen Herren, der Herrn Werfel auch nahelegte, sich in den Radioprogrammen davon zu überzeugen, entgegnete der jüdische Dichter, dass Furtwängler sich in den
Wiener Kreisen als ausgesprochener Gegner des neuen Deutschlands
deklariere und die Zustände aufs Abfälligste kritisiere. So
sagte er zu dem jüdischen Emigranten Schriftsteller Zuckerhandl:

        " Man müsse die Machthaber alle miteinander
        abschiessen (beseitigen oder umbringen =
        einer dieser drei Ausdrücke war es -), frü=
        her werde es in Deutschland nicht anders wer-
        den. "

Deutschlands deklariere und die Zustände aufs Abfälligste
kritisiere. So sagte er zu dem jüdischen Emigranten Schrift-
steller Zuckerkandl:
»Man müsse die Machthaber alle miteinander abschießen
(beseitigen oder umbringen = einer dieser drei Ausdrücke war
es –), früher werde es in Deutschland nicht anders werden.«[68]

Dies war einer jener Fälle, in denen politische Naivität
Unheil anrichtete. Hätte nicht Werfel, der gerade »Die vierzig Tage des Musa Dagh« hinter sich gebracht, aus der Lektüre seines eigenen Buches politische und menschliche
Weisheit lernen können? Oder war er von der politischen
Harmlosigkeit seines Gesprächspartners wider alle Berichte der Wiener Presse überzeugt? Oder sollte der Dirigent
gar in Deutschland unmöglich gemacht und so zur Emigration gezwungen werden?
Der Denunziant, Pg. Oskar Jölli, ein Oratoriensänger,
der wegen seiner braunen Gesinnung in Österreich – so als
Gründer und Leiter der NS-Künstlerschaft und Gaukultur-
referent – boykottiert und daher ins förderliche Reich emigriert war, derzeit Hörspielautor und Österreich-Referent
der Reichssendeleitung, gehörte zur Gruppe um Frauenfeld. Er garantierte die Glaubwürdigkeit seines Informanten und betonte noch, dieser habe ihn gebeten, nichts wei-
terzuerzählen, doch halte er es für seine Pflicht, Anzeige zu
erstatten. Die Heimlichtuerei, was den Informanten betraf,
war nur Farce; wer wollte, konnte sich anhand der Indizien
einiges zusammenreimen: Der Mann hatte Wien besucht,
zählte zum Bekanntenkreis des Dichters wie auch Furtwänglers und spielte in Berlin – wahrscheinlich in der Musik – eine führende Rolle. Ein Eingeweihter konnte noch
ergänzen, daß er wie Jölli aus dem Kreis um den Gauleiter
Frauenfeld stamme. Hinkel dürfte keinen Augenblick im
Zweifel gewesen sein, daß Clemens Krauss gemeint war.
Die gezielte Indiskretion gerade gegenüber Jölli, der fana-
tisch an den Führer glaubte, mußte ihre Wirkung tun. Die
Bitte, nichts auszuplaudern, war nichts als ein Alibi. Von

sich aus fügte Jölli der Denunziation noch die Abschrift eines Interviews mit dem »jüdisch-bolschewistischen Regisseur Herbert Graf aus der verrufensten Kommunistenzeitung Wiens« bei. Aber auch diese Denunziation stieß zunächst ins Leere. Der Staatskommissar ließ den Brief verschwinden, nicht zu den Akten und nicht durch sein Büro.

Am 30. September legte Ingeborg Mörschner ihre Arbeit als Sekretärin Furtwänglers nieder, der sogleich Elisabeth Müller-Horstmann engagierte. War die Mörschner als Katalysator gedacht und deswegen auf den Dirigenten angesetzt? Und welches Interesse hatte Hauptmann Wiedemann an ihr? Er drängte offenbar auf rasche Wiederverwendung, ausgerechnet und wohl nicht zufällig in der Reichstheaterkammer, deren Geschäftsführer Frauenfeld war, und der teilte dann auch mit, daß die Dame *am 1. Dezember 1935 bereits eine Stellung als Sekretärin beim Paritätischen Bühnennachweis antreten wird und dort wahrscheinlich in der neu zu errichtenden Auslandsabteilung eine ihren Fähigkeiten entsprechende Verwendung finden wird.*[69]

Furtwängler muß geahnt oder bemerkt haben, daß sich einiges im Verborgenen tat, was er nicht deuten konnte, irgend etwas Schwerwiegendes, Gefährliches, und er reagierte – wieder einmal – mit Krankheit; die psychische Belastung warf ihn nieder. Zwischen 16. Dezember 1935 und 15. Januar 1936 fiel er fürs Berliner Philharmonische Orchester völlig aus. Dies hinderte seine Gegner jedoch nicht, die Lawine weiterrollen zu lassen.

Als Jölli auf seine Eingabe an Hinkel keine Antwort bekam, und in der Presse die erwartete Meldung von der Verhaftung Furtwänglers nicht erschien, wandte er sich an eine Behörde, die mehr Aussicht auf Erfolg versprach, weil dort bereits ein Dossier über den Verdächtigen existierte. Er machte dem Beauftragten des Führers für die Überwachung der gesamten geistigen und weltanschaulichen Schulung und Erziehung der NSDAP Mitteilung, nämlich dem Kulturpolitischen Archiv des Amts Reichsleiter Rosenberg. Seit Anfang 1935 war der nicht weniger fanatische

Dr. Herbert Gerigk, Pg. Nr. 1 096 433 vom 15. Februar 1932 an, eben auch der SS beigetreten, Leiter dieser Dienststelle, die sich mit Sammlung und Auswertung belastenden Materials gegen Persönlichkeiten aus Kunst und Kultur befaßte. Gerigk handelte umgehend. Er reichte eine Abschrift von Jöllis Denunziation an die Gestapo weiter und kommentierte:

Die Äußerungen Furtwänglers und auch seine Verpflichtung des Juden Herbert Graf beweisen, daß er nicht nur nichts gelernt hat aus den seinerzeitigen Zwischenfällen, sondern, daß er anscheinend nur auf den Zeitpunkt wartet, indem er öffentlich für eine anders gerichtete kulturpolitische Linie eintreten kann. Bemerkenswert ist in diesem Zusammenhang, daß der neue verpflichtete 1. Konzertmeister des Philharmonischen Orchesters, Hugo Kolberg (früher Opernhaus Frankfurt a./M.) mit einer Volljüdin verheiratet ist. Furtwängler sucht sich seine Leute demnach auch weiterhin so aus, daß wir sie nach unseren Grundsätzen nicht gutheißen können.[70]

Damit nun die Gestapo für ihre Ermittlungen freie Bahn habe, fügte Gerigk »zur streng vertraulichen dienstlichen Verwendung« hinzu, *daß die im 2. Absatz des Schreibens von Jölli genannte führende Persönlichkeit des Berliner Kunstlebens wahrscheinlich Operndirektor Clemens Krauss sein wird. K., der namentlich seitens des Kreises um Furtwängler und auch durch Tietjen und seine Leute durch mancherlei Gerüchte diskriminiert werden sollte, hat auf uns stets einen außerordentlich sauberen Eindruck gemacht.*[70]

Die folgenden Monate waren für Furtwängler eine Tortur. Seine gewohnte Sicherheit begann zu wanken. Er konnte sich nicht erklären, weshalb Politiker ihn plötzlich schnitten, Türen verschlossen waren, die ihm früher offen gestanden, wieso Hitler sich nicht mehr sprechen ließ. Jäh kam ihm zu Bewußtsein, daß er fremd im eigenen Land lebte. Notizen in den Kalendern zeigen, was er hätte sagen wollen, wenn er nur angehört worden wäre, wie er das quälende Mißtrauen hätte zerstreuen mögen, so das Mißtrauen

Hitlers, nachdem er beiläufig erfahren, *daß nicht Arbeits-überlastung, wie ich annahm, sondern Unzufriedenheit Ihrer-seits mit meiner Haltung in letzter Zeit der Grund zu dieser Verzögerung sein soll. Es wird mir schwer, das zu glauben. Aber sollte tatsächlich wieder ein Mißtrauen vorhanden sein, das nur auf irrtümlichen Voraussetzungen ruhen kann, so wäre das ein Grund mehr, um die Bitte nach der Gewährung dieser Audienz nochmal zu wiederholen.*[71]

Hitler schwieg jedoch, denn er wußte sich der Informanten sicher, die ihn mit Belastungsmaterial versorgten, und doch tat er noch einmal, als sei alles beim Alten, nicht um zu täuschen, sondern weil der Anlaß protokollarische Dezenz nahelegte: der 50. Geburtstag des Dirigenten. Die Presse hatte ein triumphales Fest vorbereitet:

Furtwängler ist und bleibt für uns der große Verwalter und unvergleichliche Deuter des mächtigen Erbes monumentaler deutscher Musik. Er war und bleibt für uns auch der gewissen-hafte, besonnene Charakter, der die Notwendigkeit eines möglichst ungehinderten, den sich wandelnden Idealen, Kunstmitteln und sozialen Verhältnissen entsprechenden Schaffens der Gegenwart betont und, wenn nötig, verteidigt. Dies ist der Glaube, dies die Hoffnung, die uns mit dem Fünf-zigjährigen dankbar verbindet.[72]

Sollte allerhöchste Gnade beschämen? Hitler[73] ließ sein silbergerahmtes Bild mit Widmung überreichen, Goebbels einen Taktstock, künstlerisch ausgestattet, aus Elfenbein und Gold, dazu ein schmeichelndes Grußschreiben; des Ministers Laudatio beinhaltete *meinen tiefen und ehrlichen Dank für die großen Verdienste, die Sie sich um die Entwick-lung der deutschen Musik sowie um die höchste Verlebendi-gung und Vollendung der deutschen Dirigierkunst in den vie-len Jahren Ihrer musikalischen Tätigkeit erworben haben. Ich bitte Sie, dabei auch meinen persönlichen Dank entgegenneh-men zu wollen für die vielen Stunden reinsten und edelsten Kunstgenusses, die Sie mir durch die unvergleichliche Wieder-gabe der Meisterwerke der Tonkunst vermittelt haben.*[74]

War das ein Signal, daß die Schwierigkeiten beigelegt seien? Möglicherweise überschätzte der Dirigent die Bedeutung dieser Geburtstagsgesten. Zwar hatte er zuvor gebeten, keine größeren Veranstaltungen aus Anlaß seines Fünfzigsten anzusetzen; dennoch war Staatssekretär Funk im Auftrag Hitlers und seines Ministers nach Potsdam gefahren, um dem Jubilar Geschenke und Grüße ins Haus zu bringen. Goebbels offerierte sogar 40 000 RM pro Jahr als lebenslange Ehrenpension, bekam aber ein höfliches »Danke, nein« aus grundsätzlichen Erwägungen. Fest steht jedenfalls, daß der Künstler den für ihn unerklärlichen Konflikt beigelegt glaubte und aufs Neue um ein Gespräch mit Hitler einkam. Das Orchester – das natürlich etwas bemerkt hatte – unterstützte ihn dabei; der neue Geschäftsführer von Benda teilte der Reichskanzlei sogar die günstigsten Termine mit. Furtwängler habe in Berlin die Matthäus-Passion zu dirigieren und stehe *daher am Freitag, den 21. Februar – voraussichtlich für 3–4 Tage – dem Führer zur Verfügung.*[75]

Einen Tag danach sandte Stegmann dem Adlatus Hitlers sozusagen zur Erinnerung einen von überschwenglicher Huldigung diktierten Geburtstagsartikel des Orchestermitglieds Werner Buchholz, der in der »Musikwoche« erschienen war. Aber die Reichskanzlei reagierte nicht. Dennoch fühlte sich Furtwängler wieder so sicher, daß er in einem schwierigen Fall Hilfe leistete, bei dem er sich wohl auch in ein nicht gerade günstiges Licht gestellt hatte. Es ging – immer noch – um die Rehabilitierung des Musikkritikers Stuckenschmidt. Er, der streitbare und manchmal auch blindwütige Mitarbeiter der »BZ am Mittag«, stand schon vor 1933 unter Beschuß von rechts; bald nach der Machtübernahme versuchte Hinkel als KfdK-Vorsitzender, die Redaktion zur Ausbootung des Unbequemen zu veranlassen. Daß einige Musiker, die er pauschal »rechts« eingeordnet und entsprechend angegiftet, ihn nicht liebten, wußte der Zeitungsmann; er sah sich als Opfer einer persönlichen Intrige und legte sich gar mit Hinkel an:

Besonders interessant war mir die Mitteilung Ihres Sekretärs, Sie handelte in meinem Falle sozusagen als Beauftragter der deutschen Musikerschaft, die meine Tätigkeit als Kritiker ablehne. Die Namen Schillings und Furtwängler, die er in diesem Zusammenhang anführte, sind aufschlußreich genug. Ich kann Ihnen, sehr geehrter Herr Staatskommissar, den Vorwurf nicht ersparen, daß Sie sich da zum Werkzeug einer auf rein persönlichen Motiven beruhenden Unternehmung gemacht haben, ohne sich über die wahren Ursachen der Feindschaft zu informieren, die die Herren Schillings und Furtwängler gegen mich hegen.[76]

Natürlich half solche Kühnheit nichts, sondern schadete nur; im Dezember 1934 verlor Stuckenschmidt, der eine geschlossene Front gegen sich hatte, die Arbeitserlaubnis durch Streichung aus der Berufsliste der Schriftleiter. Ein Jahr später beantragte er Wiederaufnahme in die Reichsschrifttumskammer; Furtwängler erfuhr davon und schaltete sich ein, obwohl er Grund genug gehabt hätte, ihm gram zu sein. Weil er gehört, er werde gegen den Ausgestoßenen ins Feld geführt, und da Ausgestoßensein ihm selber eine noch frische Erfahrung war, trat er nun für Stuckenschmidt ein und verständigte Hinkel, daß der Antragsteller *tatsächlich zur Zeit seines Ausscheidens die Eigenschaften, die einen Kritiker ausmachen: eine gute Feder, Sachkenntnis und Erfahrung (gerade die Erfahrung ist bei diesem Beruf völlig unerläßlich) in einer Weise besitzt, die ihn absolut über den Durchschnitt hebt. Bei dem großen Mangel an wirklichen Köpfen, der auch auf diesem Gebiet zur Zeit in Deutschland besteht, kann ich von mir aus eine Rehabilitierung von St. nur begrüßen. Ich bitte Sie – sollte die Sache noch zur Diskussion stehen, was ich hoffe – diese meine Anschauung mit in die Wagschale zu werfen.*[77]

Schlußfloskel? Nicht »Heil Hitler«, sondern »Mit den allerbesten Empfehlungen« ... Immer noch hatte er nichts dazugelernt, und abgesehen von der zeitgemäßen Formalität war dies auch nicht der rechte Augenblick für Erfolge;

Hinkel muß geargwöhnt haben, der Dirigent wolle da für künftige Unterwanderungspläne einen »kulturbolschewistischen« Bundesgenossen ins Musikleben hieven. Deswegen lehnte er – nach einem Jahr Geschäftsgang – den Antrag ab, erklärte jedoch seine Bereitschaft, *von Fall zu Fall die Genehmigung zur Veröffentlichung schriftstellerischer Arbeiten nach vorheriger Prüfung zu erteilen.*[78]

Durch den hochgehängten Brotkorb sollte der Kritiker zur Räson gebracht werden; er wich lieber nach Prag aus.

Für Furtwängler schien der Fall fürs erste erledigt, zumal da auch das Problem seiner eigenen Rehabilitierung zur Lösung drängte: zurück an die Staatsoper. Sein Vertragsentwurf vom Sommer war nach mehrfachen Verhandlungen, mit Abstrichen versehen und – weil Krauss nicht anderweitig eingesetzt werden konnte – auf die nächste Saison verschoben, zur Übereinkunft geworden. Am 24. Februar unterschrieb er den Staatsopernvertrag, der ihn für zehn Abende – nur gastspielweise – an das Institut verpflichtete; das Honorar pro Aufführung betrug 2 000 RM, und weitergehende Rechte waren nicht garantiert. Ein erster Schritt zur Rehabilitierung und doch von Wichtigkeit, die sich schon dadurch bekundete, daß nicht Generalintendant Tietjen gegenzeichnete, wie vorgesehen, sondern Göring selber. Der Dirigent registrierte – trotz allem – »ein leichtes und angenehmes Gefühl.«[79] Seine Hochstimmung hatte auch noch einen anderen Grund. Nach langen Verhandlungen – und auf Empfehlung von Toscanini, der den Posten des Musikdirektors beim Philharmonic Symphony Orchestra New York niedergelegt – hatte sich das Komitee an Furtwängler gewandt; eine Vereinbarung war zustande gekommen, die ihn für die New Yorker Saison unter der Voraussetzung verpflichtete, daß er weder in Deutschland noch sonstwo eine feste Dirigentenstellung bekleide. Die Ernennung stand am 28. Februar in der amerikanischen Presse.[80] Einen Tag später vermerkte die deutsche Presse die Rückkehr des Dirigenten an die Staatsoper. Es seien *vertragliche Abmachungen getroffen worden, wonach Dr.*

Beglaubigte Abschrift.

Zur Haupt- und Nebenausfertigung sind
je 1½ Reichsmark in Stempelmarken
entwertet worden.
    26.Februar 1936.

                        Zwischen

                dem Preussischen Ministerpräsidenten
        vertreten durch den Generalintendanten der Preussischen Staats-
        theater zu Berlin
                            und
                Herrn Staatsrat Dr. Wilhelm F u r t w ä n gl e r
                                        zu Berlin
        ist folgender Gastspielvertrag abgeschlossen worden:

                            § 1 .

            Herr Dr. Furtwängler verpflichtet sich, während der
        Spielzeit 1936/37 eine Mindestanzahl von 10 (zehn) Abenden als
        Gast an der Staatsoper zu dirigieren; er verpflichtet sich,die
        hierfür nötigen Proben abzuhalten.
            Über die Besetzung und die Anzahl der Proben ist vorher
        mit dem General-Intendanten Übereinstimmung hergestellt worden.

                            § 2 .
            Als Honorar erhält Herr Dr. Furtwängler 2000 RM (Zweitau-
        send Reichsmark) für den Abend.

                            § 3 .
            Der mit Herrn Dr. Furtwängler unter dem 16. Januar 1934 ab-
        geschlossene Vertrag gilt mit dem Beginn des vorstehenden Ver-
        trages, d.i. 1. September 1936, im beiderseitigen Einverständ-
        nis als aufgehoben.

                            § 4 .
            Die Kosten des Vertrages an Stempelgebühr tragen beide
        Parteien je zur Hälfte.

                        Berlin,den 24.Februar 1936.
    Der Preussische Ministerpräsident: gez. W. Furtwängler.
        gez. Göring.

                    Für die Richtigkeit der Abschrift:

                                        Reaktivierung vorste-
                                        henden Vertrages s. ums.

Furtwängler seine Dirigententätigkeit an der Berliner Staats-
oper gastweise wieder aufnehmen wird.[81]

Diese Meldung, die aus ungeklärter Ursache verstümmelt in die USA gelangte, provozierte einen Pressesturm gegen den »Nazi« Furtwängler. Eine starke Opposition gegen deutsche Künstler hatte sich gleich nach 1933 breitgemacht und wirkungsvolle Boykott-Aktionen organisiert. Nun entfesselte sie eine neue Kampagne. Den Vorwand bot eine AP-Meldung aus Berlin, daß der Dirigent wieder Staatsoperndirektor sei; umständehalber ließ sie sich nicht verifizieren, weil Furtwängler von Wien aus schon nach Ägypten abgereist war, wo er bei John Knittel nun endlich den lange fälligen Urlaub verbringen wollte. Die AP-Vertretung berief sich auf amtliche Quellen, obwohl die deutsche Presse in der amtlichen Verlautbarung sehr deutlich und korrekt »gastweise« wiedergegeben hatte. Jedoch läßt sich nicht unterstellen, daß Göring ein Interesse gehabt habe, durch Falschinformation das US-Gastspiel zu torpedieren. Jedenfalls tobten die amerikanischen Zeitungen am 1. März los. Initiator des Protests war ein 29jähriger Geschäftsmann, Verkaufsdirektor und Werbemanager der Handelsfirma Lord & Taylor, namens Ira Hirschmann, ein aus Baltimore gebürtiger Jude, Aufsteigernatur, maßlos ehrgeizig und von jenem Typus, der über Leichen geht. Seine Verbindungen zur Musik beschränkten sich auf eine Ehe mit der Pianistin Horthense Monath, einer Schülerin Schnabels, erweiterten sich dann jedoch, als der exilierte Pianist nach New York kam und das Ehepaar anregte, eine Kammermusik-Gesellschaft zu gründen, die »New Friends of Music«, die in der ersten Saison – 1936 – sechzehn Konzerte in der Town Hall, New York, veranstaltete; durch den Erfolg ermutigt, expandierte man und legte sich ein Kammerorchester unter Fritz Stiedry zu und zog prompt aus der Town Hall in die riesige Carnegie Hall um, die 3 000 Sitzplätze hat. Dies war ein Fehler, denn die potentiellen Geldgeber wollten mit dem »vulgären Juden« nichts zu tun haben. Defizite, von Saison zu Saison höhere, dämpften Hirschmanns Kunsteifer.

MAI

Furtwänglers Notizkalender; Bibelworte am 8. Mai 1945:

*Wenn ich in die Schweiz sehe, wie sie sich zu Deutschland verhält, wie sie
in der Niederlage urteilt, denke ich an zwei Bibelsprüche: ,,Mein ist die
Rache, spricht der Herr", und ,,Wer unter euch ohne Schuld ist, werfe den
ersten Stein". Das sich Gefallen in billigen Vorurteilen eines ganzen
Volkes ist weder psychologisch noch christlich. Es ist furchtbar, wenn es
solche Ausmaße annimmt, eine Verhärtung der Seelen, die ebenso des
Teufels ist, als der nationalsozialistische (Teufel, den man zu bekämpfen
glaubt.)*

Zu- und Vorname: Furtwängler, Wilhelm K.Dr.h.c.

Künstlername: _____

Lizenz - Nr.: _____

Adresse: Berlin W.35, Graf Speestr. 20.

Geburtstag: 25.1.1886   Geburtsort: Berlin-Schöneberg   Staatsangeh.: Pr.

Fachschaft: IV

Religion: evgl.   Arisch? ja   Mitglieds-Nr. der NSDAP: _____

Hauptinstrument: ~~Generalmusik~~ *Kapellmeister* Nebeninstr.:

Verwendungsmöglichkeit: Oper

~~verheiratet~~ ~~geschieden~~ ~~ledig~~ witwer   Zahl der minderjährigen Kinder

Eintrittsdatum: _____   Austrittsdatum: _____   Wiedereintritt: _____

Ueberwiesen von: _____   Ueberwiesen

Bisherige Engagements mit Monatsangabe: Operndirektor der ~~Staatsoper~~ und Berl.

Philh. Orchester

Bemerkungen: _____

Goebbels als Musikhistoriker:
Rede zum Bach-Schütz-Händel-Jahr, 21. März 1935

Eine der Arbeitsstätten des Dirigenten: die Berliner Philharmonie

Deutsche Kulturwoche, Paris 1937. Totenehrung am Grabmal des Unbekannten Soldaten: »Der Regierungsbeamte reckte den Arm recht hoch, Tietjen tat es befriedigend, doch Furtwängler hielt den Arm in einem verlegenen Winkel an die Schulter gepreßt. Später erfuhr ich, daß Tietjen dieses Bild an geeigneter Stelle als Beweis für Furtwänglers verräterische, antinazistische Gefühle zeigte«
(Friedelind Wagner)

Hans Pfitzner – hier 1942 – bat Furtwängler um Hilfe in Sachen Pension und Ehrensold.

Für Furtwänglers Situation symbolisch:
Der »Große Bruder« Adolf Hitler war immer so oder so dabei

Ein Schweißer hört Wagner, 26. Februar 1942

Werkkonzert bei der AEG Berlin, 26. Februar 1942

Rüstungsarbeiter hören klassische Musik
in der – verlängerten – Mittagspause, 26. Februar 1942

I. Der erpreßte Auftritt, 19. April 1942

1. Ehrengäste beim Festakt zu Hitlers Geburtstag

2. Der Minister ist unmutig, weil er Furtwängler drohen mußte

3. Furtwängler, unfreiwillig, dirigiert die Umrahmung der Festrede

4. Ein knapper Händedruck – gefrorenes Lächeln

III. Der erpreßte Auftritt, 19. April 1942

5. Die Miene versteinert jäh

6. Applaus des ahnungslosen Publikums

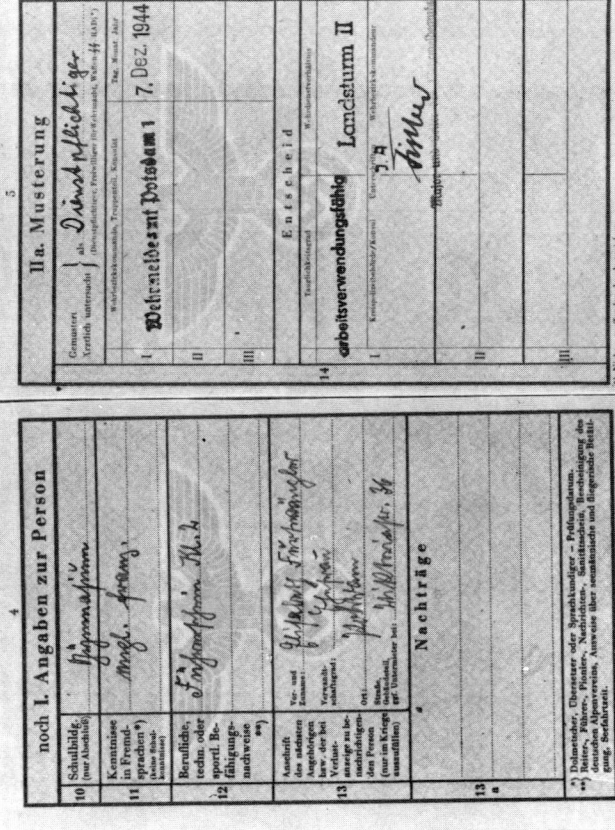

IIa. Musterung

Genauer | ärztlich untersucht } als Dienstpflichtiger
Kreistlich untersucht

	Wehrersatzdienststelle, Truppenteil, Kanzlei	Der Muster-Jahr
I	**Wehrmeldeamt Potsdam 1**	7. Dez. 1944
II		
III		

Entscheid

Tauglichkeitsgrad — Wiederverwendungsfähig

I	arbeitsverwendungsfähig	Landsturm II
II		
III		

*) Nichtzutreffendes durchstreichen

---

noch I. Angaben zur Person

10	Schulbildg. (nur Abschluß)	
11	Kenntnisse in Fremdsprachen *) (keine Schulkenntnisse)	
12	Berufliche, techn. oder sportl. Befähigungsnachweise **)	
13	Anschrift des nächsten Angehörigen bzw. der bei Verlustanzeige zu benachrichtigenden Person (nur im Kriege auszufüllen)	Vor- und Zuname: ... / Verwandtschaftsgrad: ... / Ort: ... / Straße: ... / (einschl. mit Unternehmer bei:) ...
13 a	Nachträge	

*) Dolmetscher, Übersetzer oder Sprachkundiger – Prüfungsdatum.
**) Reiter, Führer, Flieger, Piloten, Nachrichten-, Sanitätsschein, Bescheinigung des deutschen Alpenvereins, Ausweis über neuzeitliche und fliegerische Betätigung, Sortiereriten.

Furtwänglers Wehrpaß

Dr. h. c. Wilhelm Furtwängler und Frau Elisabeth (1950)

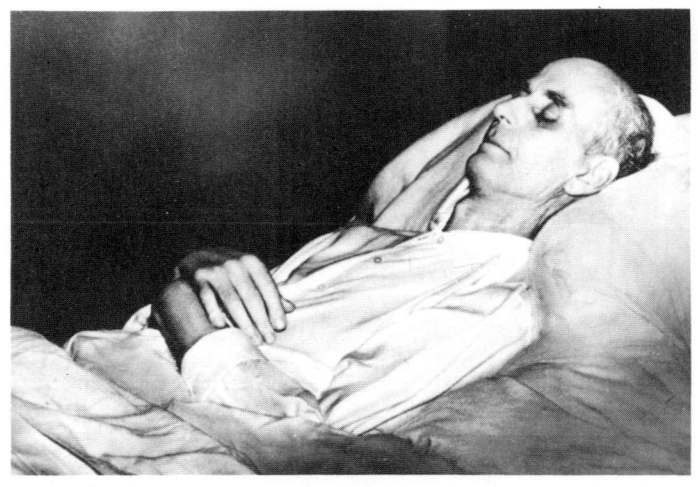

30. November 1954.

... noch in seinem Sterbebett in seinem Probenhemd, die Hände so wie ich sie gelegt hatte. Dann kamen die lieben Nonnen, und er bekam ein Satinhemd an und sie falteten die Hände. Wahrlich Tod und Verklärung ...   E. F.

Mit der Scheidung von seiner Frau sagte er sich auch von den »New Friends of Music« los; das Geschäft hatte nicht reüssiert. Frau Monath stand allein und versuchte, die Sache zu retten. Das Orchester ging ein, die Künstler verlangten bald Vorauszahlung. Vor dem letzten Konzert versetzte sie ihren Pelzmantel, und nach dem Konzert nahm sie Gift. Hirschmann schwieg dazu und machte Managerkarriere auf allen Gebieten, in Warenhauskonzernen, Fernsehen, Universitäten, in Politik und Antifaschismus, wo immer der Einstieg am leichtesten gelang; den arglosen Schnabel mißbrauchte er sogar als Koautor einer »Betrachtung über Musik«. Da es ihm in seinem Drang nach Geschäftigkeit auf Wahrheit nicht ankam, gelang der Boykott gegen Furtwängler perfekt; allerdings kam ihm der Einmarsch von Hitlers Wehrmacht ins Rheinland zupaß, der am 7. März begann und den Versailler Vertrag, der westlich des Rheins eine entmilitarisierte Zone geschaffen, zu einem Fetzen Papier machte. Diese beunruhigende Machtdemonstration, die erste, führte zwar zu keiner Gegenaktion der Weltkriegs-Alliierten, stärkte aber die Propaganda gegen das NS-Regime.

Hirschmann verschmähte bei seiner Kampagne nicht die seltsamsten Bundesgenossen; außer den Gewerkschaftsorganisationen der Musiker und der Lehrer protestierte auch die American Federation of Labor (AFL), der berufsgewerkschaftliche Dachverband, die Carl Schurz-Gesellschaft und der – Deutsch-Amerikanische Bund... eine Einheitsfront von Kapitalisten, linken Verbandsfunktionären, Juden und amerikanischen Faschisten! Der »Bund« nämlich, mit hohen Dollarsubventionen aus dem Reich gegen Kommunisten und Juden zur Werbung um Verständnis für das NS-Regime eingesetzt, pflegte schwarzgraue Uniformierung, Rassenideologie und Kontakte zum Ku-Klux-Klan[82] und begann erst zugrunde zu gehen, als sein »Führer« Fritz Lieber Kuhn vor Gericht mußte, weil er Vereinsvermögen veruntreut und zum Beispiel, obwohl verheiratet und mit zwei Kindern gesegnet, für 711 Dollar aus der

Bund-Kasse mit einer Frau telefoniert, die er auf einer Europareise kennengelernt, und weitere Summen in eine andere Dame investiert hatte, ungeachtet ihrer früheren neun Ehen und Scheidungen. Daß der »Bund« einen Wink aus der Reichshauptstadt erhielt, liegt im Bereich des Möglichen. Schon wegen der deutschen Hilfsgelder mußte er kuschen. Diese Verbindung lag aber nicht im organisatorischen Bereich des Preußischen Ministerpräsidenten, sondern ergab sich von selber bei seinem Konkurrenten Rosenberg, und zwar über dessen Außenpolitisches Amt der NSDAP; dieser – im Besitz des Dossiers Furtwängler – mochte ein moralisierendes Interesse haben, Auslandserfolge des »staatsfeindlichen« Künstlers strafhalber zu verhindern, auch wenn die Aktion das Reich einiges an politischem Prestige kostete.

Jedenfalls waren es merkwürdige Brüder und Drahtzieher, die den Dirigenten zu ihrem Sündenbock machten, und die Presse stimmte in das mißtönende Abschreckungskonzert ein, immer mit der Lüge, er sei als Direktor der Staatsoper wiedereingesetzt worden.[83] Die Stimmung heizte sich auf. Daß von den Geldgebern des Philharmonic mehr als die Hälfte Juden waren, beschränkte die Handlungsfreiheit des Komitees. Der Musikkritiker William J. Henderson wies darauf hin:

Es ist offenkundig unmöglich, daß die Söhne und Töchter Israels in einem Konzert, das von einem Mann geleitet wird, den sie als Feind ihrer Rasse einschätzen, ihr Gefühl vom künstlerischen Urteil trennen können. Um sich schmerzliche Erfahrungen zu ersparen, werden sie den einfachen und logischen Weg gehen und diese Konzerte meiden. Und wenn sie die Philharmonic-Symphony Society verlassen, bricht sie zusammen. Es gibt keine musikalische Unternehmung in dieser großen jüdischen Stadt, die ohne Unterstützung durch die Juden gedeihen könnte...[84]

In den Ferien in Kairo und Luxor erfuhr Furtwängler von dem, was geschah, nur ungefähr. Er ahnte, daß es sich

um politische Angriffe handelte, denen er nur als Lückenbüßer diente, und sagte telegrafisch in New York ab. Andererseits konnte ihm der Aufruhr recht sein, verschaffte er
ihm doch eine Art Alibi in Berlin, wo sich noch immer keine Funktionärshand für ihn regte. Allerdings genügte das
Auslandsecho, das nach der Absage jäh verebbt war, nicht
in dieser auf Dauer schwierigen Situation. Er mußte mehr
tun, ein deutlicheres Zeichen geben. Die Gelegenheit bot
sich wenige Tage später.

Hitler hatte, um sich politische Glaubwürdigkeit und Erfolge, nicht zuletzt im Hinblick auf die für den Sommer in
Berlin vorgesehenen Olympischen Spiele, bescheinigen
und Massenkonsens für rabiatere Unternehmungen erteilen zu lassen, auf den 29. März eine »Wahl« angesetzt, in
Wirklichkeit nur Akklamation für den Führer. Seit Wochen
veröffentlichten die Zeitungen Ausschnitte aus Wahlkund-
gebungen und individuelle Wahlaufrufe von namhaften
Persönlichkeiten des öffentlichen Lebens. Eingespannt in
die Werbeaktion waren auch die Musikschaffenden, gleich
ob parteigebunden oder nicht, unter anderen die Komponisten Hans Pfitzner, Paul Graener und Hermann Blume, die
Musikhochschuldirektoren Fritz Stein, Berlin, und Felix
Oberborbeck, Weimar, die Interpreten Heinrich Schlusnus,
Wilhelm Backhaus, Michael Raucheisen, der Dirigent Karl
Böhm, der Obmann des Berliner Philharmonischen Orche-
sters Wolfram Kleber...

Der Reichskultursenat publizierte einen eigenen Aufruf
zur Wahl, der von den Mitgliedern, so weit greifbar, unterzeichnet war, nicht jedoch von dem in Ägypten weilenden
Furtwängler. Goebbels, der sich in ungefährer Imitation
von Görings Staatsrat mit dem Reichskultursenat ein eigenes Gremium fürs Prestige geschaffen, weniger pompös,
dafür kostenlos, da den Senatoren keine Vergütung zustand, wollte den Dirigenten im Kreise der illustren Persönlichkeiten haben und hatte ihn daher zum Reichskultursenator bestellt. Vollständigkeit der Loyalitätserklärung, die
der Aufruf beinhaltete, waren eine Organisationsfrage, und

so ließ man nach Luxor drahten. Furtwängler quittierte seine augenblickliche ungewisse Situation durch einen Zug, den er für notwendig hielt, und antwortete mit einem Telegramm, *in dem er sich mit dem Aufruf des Reichskultursenats identifiziert und den Aufruf des Reichskultursenats zur Stimmabgabe für den Führer auch zu dem seinen macht.*[85]

Nach bewährter Methode war nicht der Wortlaut des Telegramms zitiert, sondern lediglich aus dessen Inhalt eine Nachricht destilliert, die nicht nur durch die deutsche Presse ging, sondern auch im Ausland – gerade wegen ihrer Vieldeutigkeit – Aufsehen erregte. Folgen bemerkte der Dirigent schon auf der Rückreise von Ägypten, als er die Schweiz passierte:

Übrigens ist hier durch die ganze Presse meine »Wahlpropaganda« gegangen. Wenn das in Amerika auch so war, bei dem jetzigen Zustande dort – – Ich weiß noch nicht, ob unsere Konzerte Ende des Monats in Paris möglich sein werden![86]

Er hatte in seiner Bedrängtheit eine Vorleistung erbringen wollen, um die Lage zu normalisieren, nicht nur zugunsten seiner geordneten künstlerischen Tätigkeit, sondern weil er die Voraussetzungen für ein Weiterwirken auf kulturpolitischem Gebiet nicht beschneiden wollte. Diese Kalkulation schlug fehl. In der ersten Aprilwoche passierte es. Hitler stornierte den Staatsopernvertrag, und dies demonstrativ als Strafmaßnahme. Denn er sorgte gleichzeitig dafür, daß eine Nebenausfertigung mit Datum vom 12. April zustande kam, mit welcher der Beginn der Laufzeit auf die Saison 1937/38 verschoben und das Abendhonorar auf 4 000 RM verdoppelt wurde. Es war ein Signal. Wenn ein Künstler bei uns pariert, hieß das, dann fährt er gut dabei, und der Diktator hoffte, daß der Schwierige nun endlich begreifen werde, wo sein Platz sei.

Furtwängler begriff nicht, sondern war ein Nervenbündel; alles, was er gewollt, schien plötzlich zusammengebrochen. In seiner Verzweiflung bat er durch Hauptmann Wiedemann von neuem, dringender jetzt, um eine Audienz.

Ungeduldig sandte er einen Brief hinterher, standen doch seine Tätigkeit insgesamt und die Dispositionen fürs nächste Spieljahr in Gefahr:

Ich höre, daß immer wieder Leute am Werk sind, die meine rückhaltlose Einstellung zu Deutschland verdächtigen und bezweifeln wollen. Ich weiß nicht, ob und wie weit solche Stimmen auch an Ihr Ohr gelangt sind. Ich kann nur soviel sagen, daß es sich bei allen solchen Dingen um arge Mißverständnisse handelt, lediglich hervorgerufen durch schwierige Situationen, die nicht für jedermann gleich verständlich und übersehbar sind.[87]

Falls der Adressat aufmerksam las, muß er bemerkt haben, daß wieder nur von Deutschland die Rede war und nicht vom Nationalsozialismus und daß auch kein »Heil Hitler!« dem Absender in die Feder gewollt. Wie Furtwängler zumute war, verraten einige Kalendernotizen: »Leid – nicht Haß«[88] und »Hitler! Sie wissen nicht, was in Ihrem Namen geschieht«.[89] Immer stärker beeinträchtigte ihn die politische Wirklichkeit des NS-Regimes, sah er seine Moral doch der Macht ausgeliefert. Eine Bastion nach der anderen ging verloren. Kaum war Tietjen darüber informiert, daß ihm ein Kapellmeister fehlen werde, da Hitler das Engagement Furtwänglers aufgeschoben, begann er Verhandlungen mit Werner Egk, der gerade in Berlin weilte, um seine Oper »Die Zaubergeige« erstaufzuführen, und nicht wußte, wie ihm geschah.[90] Wie zufällig äußerte eine gewisse Presse nun auch Vorbehalte, wenn nicht Zweifel an der künstlerischen Leistung des von allen Seiten Bedrängten. Am 20. April beim 10. Philharmonischen Konzert, dem letzten der Saison, hatte er Beethovens bei ihm wie beim Publikum sehr beliebte »Eroica« im Programm, willkommener Vorwand für die Kritik, jetzt den Verschleiß zu bemängeln:

Ihre durchdachte und durchfühlte Wiedergabe war einmal das Signal zu Furtwänglers In- und Auslandruhm. Die Philharmoniker sind mit ihm in dem Werk verwachsen. Nur hat es

261

durch den Gebrauch an Blütenstaub verloren. Darum benötigt es demnächst etwas wie eine »überholende Neueinstudierung«.[91]

Gleich darauf gewährte Hitler dem Verunsicherten endlich die klärende Audienz. Zur Sprache kam, deutlich genug, Zweifel an der weltanschaulichen Festigkeit des Musikers; einerseits wollte der Diktator ihn dem Reich erhalten, andererseits aber auch beweisen, wer Herr im Staatshause sei. Da er wußte, was das Podium für einen Künstler bedeutete, setzte er hier an; hatten das amerikanische Juden fertiggebracht, so konnte ihr Erzfeind das schon lange: den Dirigenten boykottieren. Feinfühlig nahm der das Stichwort auf und kam auf seine kompositorischen Vorhaben zu sprechen. Gleichwohl endete das Gespräch ohne klare Entscheidung; Hitlers Wille äußerte sich zwischen den Zeilen. Allerdings sollte – schon der Olympiade wegen – Bayreuth in den bewährten Händen bleiben. Furtwängler verstand. Gleich darauf bat er brieflich um vorläufige Entbindung von jeglicher Dirigententätigkeit und formulierte zur Erklärung für die Öffentlichkeit zwei verschiedene Texte, einen ohne und den anderen mit Angabe des Grundes, nämlich eigene Arbeit. Sollte es Hitler für nötig halten, diesen Grund anzuführen, könnte folgende Fassung in die Presse:

Der Führer und Reichskanzler hat Wilhelm Furtwängler seinem Wunsch entsprechend für eine Zeit lang von aller Dirigententätigkeit innerhalb Deutschlands entbunden. Wilhelm Furtwängler, der sich persönlichen Arbeiten widmen will, wird außer in den Bayreuther Festspielen im nächsten Winter nirgends dirigieren. Nach Ablauf kommender Spielzeit wird er seine Tätigkeit im In- und Ausland wieder aufnehmen.[92]

Welches ungebrochene Beharrungsvermögen diesem Mann immer noch innewohnte, konnte Hitler aus dem letzten Absatz des Briefes entnehmen:

Wieviel mir daran liegt, nach dieser Zeit wieder in vollem Ausmaß in Deutschland tätig sein zu können, durfte ich Ihnen

schon aussprechen. Ich hoffe, daß bis dahin – was ja auch Sie,
mein Führer, erwarten – infolge der weiteren Entwicklung im
Sinne Ihrer Außenpolitik auch auf kulturpolitischem Gebiet
allmählich jene Entspannung und Beruhigung eintreten wird,
die uns kulturellen Arbeitern ermöglicht, vollwertige Arbeit zu
tun.[93]

Wieder zeichnete der Absender als »Ihr ganz ergebener«
und unterließ den Hitlergruß; ob dies großmütig als Künst-
lereigenwilligkeit entschuldigt wurde? In der Presse erschien auf Anordnung Hitlers die begründete Fassung der
Bekanntmachung, diesmal unverändert. Offenbar war auch
Göring in dem Entscheidungsprozeß mittätig, denn umgekehrt wie üblich blieb die Reichskanzlei unbeteiligt und erfuhr erst hinterher vom Chefadjutanten des Ministerpräsidenten, daß der Führer den Brief gelesen und die Veröffentlichung der zweiten Formulierung angeordnet, was er,
Oberst Bodenschatz, bereits veranlaßt habe. Der Musiker
scheint sich von diesem – politisch erpreßten – Arrangement eine gewisse Rückendeckung versprochen zu haben.
Ein Jahr lang nicht geradezu um offizielle Gunst buhlen zu
müssen, war immerhin etwas. Aber das Ausland honorierte
dies nicht. Die Emigranten konnten oder wollten nicht zur
Kenntnis nehmen, daß hier einer den dauernden Konflikt
mit den Braunhemden riskierte und dennoch in Deutschland blieb; ohne Kenntnis der Fakten mußte die Logik dieser Haltung freilich kraus und unverständlich anmuten.
Deswegen reagierte Thomas Mann, als er dem Musiker bei
der Aufführung eines Schauspiels von Knittel in Zürich begegnete, wie er gelernt hatte, und beobachtete sich dabei
selbst:
In der Pause mit dem Autor geraucht. Furtwängler gemie-
den.[94]

Allerdings kam er dann ins Gespräch, einen Tag danach
bei einer Abendgesellschaft, auf der Brüskierung gegen ihn
geschlagen wäre; doch war es der Musiker, der den ersten
Schritt tat. Thema war Wagner. Aber der Dichter fühlte Un-

behagen. Erst acht Tage später tat ihm leid, daß er die Unterhaltung nicht aus vollem Herzen betrieben hatte. Von Politik war ohnehin nicht die Rede gewesen. Dabei hatte sich Mann inzwischen deutlicher bekannt. Zwei Jahre zuvor quälte ihn noch die Frage, ob er öffentlich »für den unglücklichen Ossietzky eintreten« solle, »der im Konzentrationslager verkommt«, aber ohne sich zur Tat durchringen zu können; doch nun war sein Verleger Bermann gerade nach Wien übergesiedelt, wodurch einige Rücksichten entfielen und ein minimales Bekenntnis sich rechtfertigen ließ, nämlich Absage an das NS-Regime und Solidarisierung mit der Emigration. Aber noch im Dezember des Jahres verschob er einen bösen Brief ans Reichsinnenministerium, um Bermanns Weihnachtsgeschäft im Reich nicht zu stören. Dergleichen ökonomische Rücksichten wären für Furtwängler unbegreiflich gewesen; Handel mit Konzessionen für Gegenkonzessionen, das ja, nicht aber Korruption durch Geld.

In diesen Tagen fiel im Reich hinter dem Rücken des Musikers ein neuer Schlag, nicht gegen ihn persönlich, aber doch so, daß die Verdachtsmomente sich verstärkten. Eine neue Denunziation. Alfred-Ingemar Berndt, Ministerialrat und Leiter der Abteilung IV Presse im ProMi, derzeit SS-Standartenführer, alarmierte Reichskulturwalter Franz Moraller, den Geschäftsführer der Reichskulturkammer; offenbar bestehe die Gefahr, *daß Fräulein Geißmar in nächster Zeit in Berliner Kunstkreisen wieder Fuß zu fassen sucht, um dann die Auslandsdispositionen des Philharmonischen Orchesters und anderer Stellen ihren zukünftigen ausländischen Brotgebern aus Konkurrenzgründen zu verraten.*[96]

Moraller verständigte Hinkel, der seinen sehr effektiven Referenten Walter Owens ansetzte:

Vertraulich: Nimm mal die Sache in die Hand, entscheide aber nicht ohne mich. Frage 1 Albrechtstraße usw. Rufe mal Berndt, den SS-Staf. an und rede mit ihm. Warum er solche Dinge an Mo gibt, weiß der Himmel!!![97]

Das Verfahren zeigt, wie sich bestimmte Fälle an den staatlichen Behörden, hier der zuständigen Reichskulturkammer, vorbeidirigieren und in Kanäle der Partei leiten ließen: SS-Sturmbannführer Hinkel betraut SS-Standartenführer Owens mit der Erledigung – nach Absprache nicht mit Ministerialrat sondern SS-Standartenführer Berndt; da konnte nichts mehr unter den Tisch fallen, und Owens verständigte sogleich warnend Reichstheaterkammer und Reichsmusikkammer und zur weiteren Veranlassung das Gestapoamt Berlin.

Die Denunziation stammte von einer Stenotypistin im ProMi, die erstaunlich genau über Frau Geissmars Bewegungen informiert war; Reisen, Kontakte, Pläne... der detaillierte Terminkalender einer »Kulturspionin«:

In Amerika verkehrte Frl. Geißmar u. a. »artgemäß« auch bei dem Bankjuden Jakob Goldschmidt und im Hause des mit ihr seit vielen Jahren befreundeten ausgewiesenen Emigranten Lachmann-Mosse.[98]

Pflichtbewußt beschuldigte die Angeberin Furtwänglers ehemalige Sekretärin hinterhältiger Machenschaften, *1. um deutsche Künstler als Objekte für ihre jüdische Geschäftemacherei und Politik an sich zu binden; 2. um die in die Schlinge gehenden Künstler von der Gunst des Weltjudentums im Auslande abhängig zu machen und 3. die Mitwirkung deutscher Künstler bei im Ausland stattfindenden unter jüdischer Machenschaft stehenden Veranstaltungen zu sichern, was 4. zugleich politisch als »Verbundenheit der Exponenten der deutschen Kunst mit dem Judentum« ausgewertet wird; 5. um schließlich den Geist der sensiblen Künstler, die meist sehr schwachen Charakter haben, systematisch zu vergiften und damit in Einklang mit Klerikalen und der Reaktion die Kulturpolitik des Führers zu sabotieren.*[99]

Wer dies für das Produkt eines kranken Hirns hält, irrt; es handelt sich um eines der unzähligen Zeugnisse für die von Verfolgungswahn geprägte Atmosphäre in NS-Deutschland, und so schien es damals keinen Augenblick

Sir Thomas Beecham,
der neue Chef
Berta Geissmars

hirnverbrannt anzunehmen, daß eine Sekretärin jenseits
der Grenzen, womöglich »im Solde« ihrer Rassegenossen-
schaft, für das Reich eine ernstzunehmende Gefahr bilden
könne. Dies abgestrichen, enthielt die Denunziation einen
Tatsachenkern. Frau Geissmar arbeitete als Sekretärin von
Sir Thomas Beecham und war in der Schweiz mit Furtwängler zusammengetroffen, der vom 5. bis 7. Mai in Luzern, Basel und Zürich mit dem BPhO gastierte; sie hatte
mit ihm wegen deutscher Opernaufführungen 1937 in London verhandelt. Die Gestapo dürfte herausgefunden haben,
daß die Denunzierte gerade wegen der auswärtigen Kulturbeziehungen die Billigung des Propagandaministers besaß.
Daher verliefen Wiedereinreisen ins Reich und die
Deutschlandaufenthalte ohne Schwierigkeiten, nicht nur
mehrmals 1936, zuletzt anläßlich der Tournee, die Beecham
mit dem London Philharmonic im November absolvierte,
sondern auch urlaubshalber, als sie im Juli 1937 Bayreuth,
Heidelberg, den Starnberger See und Mannheim besuchte,
und selbst noch bei dem sechswöchigen Ferienaufenthalt
im Juli und August 1938.

Furtwängler ahnte nichts von den fortwährenden Wühlereien. Er dirigierte im Ausland, setzte kompositorische Arbeiten fort, erschien bei den Bayreuther Festspielen, die er mit »Lohengrin« eröffnete – vor einem zeitgemäßen Publikum, unter dem sich diesmal mehr Ausländer befanden als sonst; die Olympiade zog auch Musikfreunde an. Hitler – in der Mittelloge – war von Frau Winifred Wagner und Frau Goebbels flankiert; Göring und Frau saßen in der Nebenloge. Minister, Militärs, Diplomaten des In- und Auslands ergänzten das Bild. Beiläufig erhielt Tietjen, der als Inszenator beteiligt war, seine Ernennung zum Preußischen Staatsrat.

Der Reichsrundfunk machte aus diesem Festspielauftakt ein kulturpolitisches Weltereignis:

Ganz Europa, Afrika, Nord- und Südamerika hat vom Nachmittag bis zum Abend am Lautsprecher geweilt, und wir hoffen, daß ihnen allen der gleiche technisch hervorragende Empfang zuteil wurde, wie wir ihn erleben durften. (...) Dazu kam die Übertragung des ganzen Fluidums dieser weihevollen Stimmung: die Fanfaren zu Beginn der Akte, die Anwesenheit des Führers und der Reichsregierung. All das machte die im Dienste der höchsten Kultur stehende Technik wahrnehmbar, und der Dank gebührt neben allen Künstlern vornehmlich diesen Männern, ja Künstlern der Technik, die eine Schlacht für den Frieden schlugen und gewannen.[100]

Wieviel Bluff dahintersteckte, erhellt aus der Tatsache, daß der Journalist die Zeitzonen überseeischer Erdteile nicht erwähnte, sondern bei seinem Nachmittag und Abend blieb; gleichzeitig hörte in der Schweiz Thomas Mann den »Lohengrin« im Radio und faßte zusammen:

Man hätte nicht zuhören sollen, dem Schwindel nicht sein Ohr leihen, da man im Grunde doch alle, die dabei mittun, verachtet.[101]

Da seine Bücher noch in Leipzig gedruckt wurden, blieb diese politische Kritik privat; daß die Empfangsqualität

Der jüdische
„Reklamekapellmeister"
der Staatsoper: Leo Blech

schlecht war, hätte er laut sagen können. Jedenfalls hörte auch Furtwängler von Mängeln der Übertragung. Seine Abneigung gegen das Medium Rundfunk als »Musikinstrument« verstärkte sich dadurch noch.

Im Sommer 1936 war das Judenproblem im Sinne der nationalsozialistischen Politik immer noch nicht gelöst. Es gab die »Nürnberger Gesetze«, die eine radikale, wenngleich bürokratisch verklausulierte Rassentrennung legalisierten; es gab laufende Anordnungen zur weiteren Beschränkung der Existenzmöglichkeiten für Juden; mehr oder weniger eifrige Förderung der Emigration tat ein Übriges. Dennoch blieben Fragen offen, die auch den Musikbetrieb berührten. Angesichts nach wie vor tätiger »nichtarischer« Künstler entstand Unruhe, weil die Parteitreuen darin eine sträfliche Inkonsequenz, gar Verrat an den ideologischen Grundlagen erblickten. Zwar war Furtwängler nicht der einzige gewesen, der in seinem Bereich und darüber hinaus auf der Integration der »Nichtarier« bestanden hatte, aber er allein ostentativ und signalhaft. Jetzt – die Olympiade war beendet – schien Zeit und Gelgenheit, die unangenehmen Folgerungen propagandistisch zu dämpfen.

Dies geschah im August. Hinkel dachte sich eine einleuchtend klingende Erklärung aus und instruierte die Zeitungsleute in einer der Kulturpolitischen Pressekonferenzen des ProMi. Er bat – aber das war natürlich eine Anweisung –, *die wenigen Einzelfälle, in denen man von der Regel, daß jüdische oder nichtarische Künstler nicht beschäftigt werden dürften, abgewichen sei, nicht übermäßig breitzutreten. (...) Das könne wohl einmal gesagt werden, damit das Ausland es erfahre, wie bereitwillig und großzügig Deutschland sei, aber es müsse berücksichtigt werden, daß diese Ausnahmen nur selten gemacht worden seien und eben nur, um einen »Reklamekapellmeister« zu besitzen und wenn nötig vorweisen zu können und hier und da auch einen »Reklameschauspieler«. Damit lasse sich im Auslande wirksame Gegenpropaganda treiben.*[102]

Der Funktionär verschwieg die zahlreichen, kaum namhaften Sänger und Instrumentalisten jüdischer Abkunft oder »Versippung«, denn sie hätten das Argument von den wenigen »Reklame«-Fällen widerlegt. Daß das Regime ihnen die Sondergenehmigung unter äußerem Druck erteilt und nicht aus freien Stücken und politischem Kalkül, ließ er gleich darauf – und sicher wider Willen – durchblicken:

Gerade Mischlinge, denen nach den Gesetzen die Möglichkeit gegeben sei, Reichsbürger zu werden, stellten oft den gefährlichsten Typ eines Kulturzerstörers dar und seien für »praktische kulturschaffende Arbeit« unbrauchbar und gefährlich. Man werde keinen Schritt zurück machen.[102]

Unter den Teilnehmern der Konferenz waren helle Köpfe; die mochten sich fragen, wo die Logik bliebe, wenn »Halbjuden« unter den Berliner Philharmonikern eben diese »praktische kulturschaffende Arbeit« nach wie vor leisteten, und wohin dies denn ein Schritt sei. In der Tat verstummte die Frage nicht, die ideologische Unsicherheit hielt an. Furtwänglers Generalplan, wiewohl umständehalber nicht zur Gänze realisiert, hatte Spuren hinterlassen.

Kaum waren – nicht zuletzt auf Grund des Erfolges in Bayreuth und im Ausland – wieder leidlich freundliche Beziehungen »nach oben« hergestellt, ließ der Dirigent erkennen, daß dies kein Selbstzweck sei, sondern für die Sache der Musik Nutzen bringen müsse. Gerade hatte Goebbels, immer im Bestreben, nicht nur organisatorische Ordnung durchzusetzen, sondern auch allumfassende Kameraderie unter den egoistischen und unkollegialen Künstlern zu verwirklichen, »schädliche Auswirkungen« der Kunstkritik abgeschafft. Seine Rede vor der Reichskulturkammer machte bekannt, er habe sich veranlaßt gesehen, *die Kritik überhaupt zu verbieten und sie durch die Kunstbetrachtung oder Kunstbeschreibung ersetzen zu lassen. Das bedeutet keine Unterdrückung der freien Meinung; aber seine freie Meinung darf nur der vor die Öffentlichkeit tragen, der eine freie eigne Meinung besitzt und auf Grund seines Wissens, seiner Kenntnisse, seiner Fertigkeiten und Fähigkeiten obendrein das Recht hat, über andre, die mit den Schöpfungen ihrer Phantasie an die Öffentlichkeit appellieren, zu Gericht zu sitzen.*[103]

Heute ist klar, daß dieses ein Opfer war, das der Minister »seinen« Künstlern brachte, um sie zu besänftigen, ein halbherziges dazu, denn die Praxis relativierte das »Verbot« nach einer Periode der Unsicherheit zu einer schönen Geste. Jedenfalls erhielten die Interpreten – zumal die zweite Riege – wieder einmal Anlaß zum Dank. Der Aktenstand läßt erkennen, daß die Künstler, allen voran die Musiker, durch Eingaben, Beschwerden und juristische Aktionen die Knebelung der Presse seit Jahren vorbereitet hatten. Nicht daß Goebbels ihrem Druck nachgegeben hätte; vielmehr war es die dauernde Erregtheit, der Kleinkrieg zwischen Podium und Redaktionsstube, die Forderung nach behördlichem Einschreiten, die ihm auf die Nerven gingen. Hier Frieden zu stiften, wäre ein Fortschritt hin zur Volksgemeinschaft. So erklärt sich der Kritikerlaß. Daß sein Urheber keine Anstalten machte, seine Durchführung zu kontrollieren, daß er den Gedanken an Vorzensur weit von sich wies, beweist, was dahintersteckte. Bis zum Ende des Regimes druckte die Presse Kritiken wie eh und je. Nur in der ersten Zeit täuschte die Entschlossenheit der Formulierungen in der Ministerrede etwas anderes vor als gemeint war. Furtwängler hatte einige Tage zuvor aus dem Ministerium einen Wink erhalten, daß Kritik in Zukunft nicht mehr erlaubt sei.[104] Während der Minister noch seine Kulturkammer-Rede entwarf, saß der Dirigent schon über einer Denkschrift zum Thema, sah er doch Musikkritik als unverzichtbares Korrektiv zusätzlich zu Beifall oder Ablehnung durch das Publikum an; Pressekritik sei auch zur Orientierung des Publikums und Kontrolle seiner Wertvorstellungen unerläßlich, da ein Programm in der Regel nur einmal wiedergegeben werde. Er faßte zusammen:

Denn nur durch das Prinzip des Wettkampfs ist es möglich, zu großen Spitzenleistungen zu kommen und nur solche, d. h. nur wirklich große Künstler und Kunstwerke, sind für ein Volk bedeutsam und repräsentativ, nicht aber die Mittelmäßigkeit. Diese aber ist die einzige, die aus einem Zustand der Kritiklosigkeit auf die Dauer Vorteil zöge. Nein – nicht weniger, sondern mehr, unendlich viel schärfer und vor allem wahrhaftiger muß heute kritisiert werden, um den unerträglichen Anspruch der Mittelmäßigkeit, der sich innerhalb des deutschen Musiklebens in steigendem Maße bemerkbar macht, in seine Grenzen zu weisen.[105]

Dies war spontan und ohne Rücksicht auf die Details hingeworfen, die Goebbels am nächsten Tag bekanntgab; es war flammender Widerspruch – und sichtlich hatte der Musiker seine eigene, durchaus nicht generell positive Haltung zur Musikkritik einzuarbeiten vergessen. Womöglich weil das Thema noch nicht ausgeschöpft war, behielt er die Denkschrift vorerst in der Schublade. Daß sie da nicht blieb, dafür sorgte Berta Geissmar aus der Ferne. Ohne ihre Schuld war der Kontakt zum früheren Chef zwar nicht völlig abgerissen, aber doch ausgedünnt; Tatsache ist jedoch, daß sie immer noch – ungebeten und zuweilen zu seinem Unbehagen – Dinge für ihn regelte, und sei es, indem sie Informationen über Details und Pläne des Musikbetriebs in London, Paris oder Wien oder der Schweiz mitteilte oder

Wege für Gastspielvereinbarungen ebnete. Sie fühlte sich gedeckt und suchte seine Ängste zu zerstreuen:

Nachdem, wie ich hoere, sogar vom Propagministerium Ordre wegen mir ausgegeben ist, waere es ja einfach gelacht, wenn gerade Sie sich menagieren wuerden. Andererseits habe ich nur das Noetigste veranlaßt, ich kriege auch zu wissen, wie die Verhandlungen in Berlin laufen und nun kann es ja los gehen, und das, was trotz meines Rates an Sie letztes Jahr versiebt wurde, naemlich die Fixierung der Preise, ist ja nun gemacht und das ist die Hauptsache.[106]

Mit einem Stoßseufzer kam sie dann auf die jüngste Entwicklung im Reich zu sprechen:

Unsere Heimat begiebt sich allmaehlich aller normalen Gesetze. Nachdem das freie natuerliche Spiel von Angebot und Nachfrage erstickt ist, wird nun die oeffentliche Meinung, soweit sie ueberhaupt noch bestand, ignoriert. Jemand wie Sie hat sein Publikum, aber sonst ... es wird hier sehr viel ueber diese Dinge gesprochen und niemand versteht, daß sich die großen Leute nicht dazu aeußern. (Natuerlich ist das nicht so leicht wie man denkt).[106]

Diese Bemerkung war deutlich auf Furtwängler gemünzt; er möge doch bitte protestieren, und handschriftlich – noch dringlicher – fügte sie hinzu:

Ich sollte Ihnen auch anderes erzaehlen, man hat scheints erwartet, daß Sie sich, wie vereinbart, in der Kritiksache an den Führer wenden. Man hat nichts gehört, daß Sie es taten. Der betr. Herr war eben bei mir. Sie haetten auch in der Reg. starke Stützen gehabt. Der hiesige Herr sagte, Sie haetten fest gesagt, daß Sie eintreten. Sie sollen sich an dieser Stelle laut neuestem authentischen Bericht alles erlauben können.[106]

Wäre dieser Brief von der Gestapo abgefangen worden, so hätte ein weiterer Anklagepunkt gegen den Musiker gezeugt, nämlich konspirative Verbindungen mit dem »jüdischen Feind« im Ausland; auf leichtsinnige Weise verdeutlicht der Text, daß der vorgeblich Unpolitische enge und einflußträchtige Beziehungen zur Geissmar unterhielt und Aktionen über Mittelspersonen mit ihr absprach. Damit er nicht den Mut verlöre, bescheinigte ihm seine frühere Mitarbeiterin, eben zum Organising Manager des London Philharmonic avanciert, sie halte ihn *im Grund von jeder politischen Lage unabhaengig, wenn Sie nicht von zu Hause zu sehr durch eine gewisse Art von Publicity benutzt werden. Ich bitte Sie dringendst sich in diesem Punkte Freiheit auszubedingen. Im Interesse nicht nur Ihrer selbst sondern auch ihrer Mission muß man Sie dabei ganz besonders schonen und beruecksichtigen. Ich weiß seit gestern, daß man an hoechster Stelle in dieser Beziehung sehr verstaendnisvoll fuer die Besonderheit bei Ihnen ist.*[107]

Furtwängler beherzigte die Mahnung und überreichte Goebbels Anfang 1937 seine Ausarbeitung zum Thema Kritikverbot. Dann bereitete er sich auf die Rückkehr ins Musikleben vor. Auftakt war ein Winterhilfskonzert mit den Berliner Philharmonikern am 10. Februar; wiederum saßen Hitler, Göring und Goebbels in der Ehrenloge, im Parkett drängten sich die Spitzen der Berliner Gesellschaft, Politik, Wirtschaft und Kultur eingeschlossen. Genüßlich registrierte die Presse einzeln die Botschafter von Argentinien, Brasilien, Chile, England, Frankreich, Italien und Polen, die Gesandten von Bolivien, Columbien, Dänemark, Estland, Finnland, Griechenland, Guatemala, Haiti, Irak, Jugoslawien, Lettland, Österreich, Spanien, Südafrika, Tschechoslowakei und Ungarn, einen Aufmarsch der diplomatischen Prominenz. Die Eintrittskarten kosteten bis zu 30 RM, und in der Pause übergab Geschäftsführer von Benda dem Propagandaminister einen Scheck über den Reinertrag des Abends – 21 065,40 RM. Das Publikum brachte dem Dirigenten Ovationen dar, die sich in den Zeitungsberichten spiegelten:

Aber warum lieben und verehren wir in ihm dem Künstler in solchem Ausmaße? Weil wir in der Art seines Künstlertums, seines genialen Nachschaffens den Deutschen in ihm erfühlen und erkennen, und weil er uns in unseren Meistern unser eigenes deutsches Wesen erfühlen und erkennen läßt. Wir wachsen mit ihm und danken ihm die beglückenden, uns aufs Tiefste erregenden Empfindungen unserer großen Musikschöpfer, die uns Geist und Seele weiten.[108]

Bewußt hatte er ein Erfolgsprogramm gewählt, die »Freischütz«-Ouvertüre, die Vierte von Brahms und am Ende Beethovens Siebente. Die internationale Aufmerksamkeit, die seine Rückkehr eingetragen, veranlaßte die Funktionäre, ihn als unumgängliches Übel zu dulden. Am 2. März um 12 Uhr 30 empfing Goebbels den Unbequemen; obwohl die Tagesordnung nicht überliefert ist, gehörte die Frage des Kritikverbots zu den drängenden Aktualitäten, und es ist wahrscheinlich, daß sie – wie auch eine Garantie für seine »unpolitische« Künstlerexistenz – zur Sprache kam. Der Minister dachte anders; solchen Mann auf die Seite der Partei zu ziehen, sei es auch nur an ihren getarnten Rand, wäre eine Aufgabe für den Meister der Propaganda. Da dieser Ehrenmitglied und Schirmherr der Kameradschaft der deutschen Künstler e. V. war, geschah es wie von ungefähr, daß Furtwängler vom Präsidenten dieses Vereins, Benno von Arent, eine Einladung zum Beitritt erhielt. Dem Schreiben vom 2. April lag ein Merkblatt bei, das über Sinn und Zweck der KDDK informierte; sie solle u. a. *alle künstlerisch schöpferischen Menschen auf Grund des Leistungsprinzips zu einer kameradschaftlichen Gemeinschaft vereinigen, deren bestimmende Grundlage die nationalsozialistische Weltanschauung ist. Ihre Mitglieder machen es sich zur Pflicht, untereinander Kameradschaft zu pflegen, sich von der Ich-betonten Prominenten-Einstellung loszusagen zum Wohle des Gemeinschaftsgedankens ihrer Kameradschaft und darüber hinaus zum Wohle der deutschen Volksgemeinschaft. Ihre Bestrebungen sind rein künstlerische, im Sinne des Kulturaufbauprogramms unseres Führers.*[109]

Ein Künstlerklub, bedarfsweise politisch zu verwenden; in der Praxis ein Treff der Prominenz, wo man unter sich war, lecker speisen und – selbst im Übermaß – einen guten

v.Ar./Hy.

BERLIN W 35 den 2.4.37
VICTORIASTRASSE 3—4
FERNRUF: KURFÜRST 81 4/94.95

Sehr geehrter Herr Reichskultursenator!

    Die Kameradschaft der deutschen Künstler als Stätte
kameradschaftlicher Zusammenkunft aller künstlerisch-schöp-
ferisch tätigen Künstler von Rang ist Ihnen seit langem bekannt, und Sie wissen, dass ihr Schirmherr der Präsident
der Reichskulturkammer, Herr Reichsminister Dr. Goebbels
ist.

    Es ist in seinem Sinn, wenn wir Sie als Mitglied des
Reichskultursenats hierdurch kameradschaftlich auffordern,
der KddK beizutreten und damit ihre ideellen Bestrebungen
zu unterstützen. Wir würden uns sehr freuen, wenn Sie unserer Bitte nachkämen und teilen Ihnen gleichzeitig mit,
dass seit einem Jahr die Aufnahme in die KddK gesperrt ist
und Aufnahmen nur in besonderen Fällen genehmigt werden.
Doch legen wir den grössten Wert darauf, dass gerade die
Mitglieder des Reichskultursenats, auch wenn sie ausserhalb
Berlins wohnen, sämtlich Mitglieder der KddK sind.

    Wir legen Ihnen Aufnahmeformular, "Sinn und Zweck"
und die Mitgliederliste zu Ihrer Orientierung bei. Selbstverständlich ist für Sie als Mitglied des Reichskultursenats
die Nennung von Paten nicht notwendig.

    In der Hoffnung, Sie bald als Mitglied bei uns begrü-
ßen zu können, bin ich im Namen der Kameradschaft der
deutschen Künstler in Kameradschaft

               Heil Hitler!
               Ihr

275

Tropfen trinken konnte. Furtwängler, der Eigenbrötler, erklärte seinen Beitritt, erhielt die Mitgliedsnummer 868 und zahlte 120 RM Jahresbeitrag. Es handelte sich vordergründig um eine Formsache; da der Klub auch zwanglosen Treffen mit Politikern dienen sollte, mochte er hoffen, hier in entspannter Atmosphäre Ansprechpartner für musikpolitische Probleme zu finden. Daß sogar der Schirmherr des Vereins sich nur äußerst selten sehen ließ, merkte er erst später.

Am 10. April begann er in der Staatsoper mit dem »Ring des Nibelungen«; der auf allerhöchsten Befehl ausgesetzte Gastspielvertrag wurde einen Tag nach der »Walküre« mit Verbesserungen neu unterschrieben. Zwei Tage vor Hitlers Geburtstag leitete er ein Sonderkonzert, Beethovens Neunte mit dem Kittelschen Chor und Erna Berger, Gertrude Pitzinger, Walther Ludwig und Rudolf Watzke als Solisten. Die Parteipresse vermerkte, es sei schöner Brauch des Chors, *in den Auftakt eines nationalen Feiertags eine festliche Aufführung zu stellen. Einen geradezu symbolischen Hinweis auf den Geburtstag des Führers gab gestern die Beethovensche »Neunte« mit ihrem Kämpfen und Ringen, Überwinden und freudigen Siegen.*[110]

Kunstbetrachtung, die sich an politischen Daten entlangrankt, war für jene Zeit alltäglich; sie mußte »bekennen« und bei der politischen Aneignung von Kunst und Künstlern assistieren. Der Umstand, daß Schillers Text der Menschheitsverbrüderung – über Rassenschranken hinweg – das Wort redet, also die Braunhemden-Ideologie mattsetzte, durfte natürlich nicht mitgeteilt werden; am Ende wäre dieser oder jener Leser noch auf die Idee gebracht worden, Pg. Bruno Kittel und Nicht-Pg. Furtwängler hätten sich verbündet, um den Führer mit diesem zweideutigen Werk ins Unrecht zu setzen. Falls eine amerikanische Quelle nicht irrt oder lügt, hätte der Dirigent den hohen Geburtstag doch noch brav quittiert; danach habe ein US-Soldat nach Kriegsende den Auftrag bekommen, Dokumente der deutschen Ministerien sicherzustellen, darunter auch

276

Hitlers »Fan-Post«; ihm fiel dabei ein Telegramm vom
20. April 1937 in die Hände:

Adolf Hitler, Berlin
An diesem Tage die herzlichsten Wünsche Ihnen und Ihrem
Werk.
Generalmusikdirektor   Wilhelm   Furtwängler,   Preußischer
Staatsrat.[111]

Hätte der glückliche Finder und Berichterstatter, ein wil-
der Gegner des Dirigenten noch nach dessen Entlastung
durch die Spruchkammer, die Wahrheit gesagt, müßte er
ein unfehlbares Gedächtnis für den exakten Wortlaut oder
eine Kopie gehabt haben. Trotz intensiver Suche, nicht nur
im Bundesarchiv, ist das Original verschollen; hätte GI.
Sonnenfeld es an sich gebracht, so wäre damals leicht ein
Faksimile abzudrucken gewesen. Als Fälschung dagegen
scheint das Zitat allzu durchsichtig. Der Dirigent hat aus-
weislich der überlieferten Dokumente den – ohnehin lediglich von der Stadt Berlin und vor 1933 verliehenen – GMD-
Titel nie geführt;[112] es wäre lächerlich gewesen, damit wie
mit dem Staatsrat gegen den Diktator aufzutrumpfen, der
genau wußte, wer Furtwängler war. Eine Kalendernotiz
vom 19. April vermerkte unter den zu erledigenden Dingen
zwar ein Schreiben an Ribbentrop, eines wegen Pfitzner an
Göring, ein drittes an Frau Hindemith, doch sonst nichts
dergleichen, auch am 20. April nicht. Angenommen, das Telegramm sei tatsächlich existent gewesen und halbwegs genau wiedergegeben, so könnte es sich um die »diplomatische« Rückerstattung der Wünsche handeln, die Hitler dem
Musiker zum Fünfzigsten übermittelt, um einen Versuch,
aus der Schuldigkeit zu gelangen. Dies sähe ihm eher ähnlich. Eine besondere Annäherung in diesen Tagen, die den
Geburtstagsgruß erklären könnte, läßt sich nicht feststellen; dagegen ist neue Distanzierung dokumentiert. Am
21. April brachen die Berliner Philharmoniker zu ihrem
Frühjahrsgastspiel über Halle, Bielefeld, Dortmund, Düsseldorf und Köln nach Paris und London auf. Einen Tag

später erfuhren die bei der Kulturpolitischen Pressekonferenz im ProMi versammelten Journalisten:

Furtwängler ließ bitten, bei Presseveröffentlichungen darauf zu achten, daß er seine Auslandreisen und seine Gastspiele im Ausland als freier Künstler unternehme. Und nicht im Rahmen der Austauschkonzerte. Nur während der Pariser Weltausstellung werde er in Paris in einem Austauschkonzert dirigieren.[113]

Diese Bekundung von Unabhängigkeit traf wohl nicht den Geschmack des Propagandaministers, der das Instrument dieser Pressekonferenzen zur Sprachregelung geschaffen hatte und nicht zur Verbreitung von Wahrheit. Diese Wahrheit kam seinem Interesse an Politisierung der Kunst in die Quere. Hatte da jemand nicht aufgepaßt, weil es außerhalb ministerialbürokratischer Vorstellung lag, daß jemand so ein Instrument gegen seinen Erfinder benutzen könnte? Trotz dieser Erklärung glaubten die Beamten im ProMi, es sei nicht so ernst, als wüßte da ein realitätsferner Künstler nicht, was er wollte. Sie taten harmlos und gaben einen Auftrag von Goebbels weiter:

Die Kulturtagung des Reichsparteitages ist vom Führer und Reichskanzler als die Veranstaltung erklärt worden, auf der künftig der vom Führer und Reichskanzler geschaffene deutsche Nationalpreis (Anti-Nobelpreis) verliehen werden soll. Damit erfährt der Charakter der Kulturtagung eine weitgehende Umgestaltung. Die Kulturtagung des diesjährigen Parteitages wird am Dienstag, dem 7. September im Opernhaus zu Nürnberg stattfinden. Ich bitte Sie, mit dem Berliner Philharmonischen Orchester die Umrahmung der Kulturrede des Führers und der oben beschriebenen Feier zu übernehmen. Ich bitte Sie des weiteren, mir möglichst bald ihre Vorschläge für das Programm zu unterbreiten. Ich wäre Ihnen dankbar, wenn außer einer von Ihnen zu bestimmenden Ouvertüre zu Beginn der Veranstaltung, als Abschluß eine von Ihnen zu bestimmende Symphonie von Beethoven aufgeführt werden könnte.[114]

Furtwängler, den man nicht einmal einer Anrede gewürdigt hatte, teilte nüchtern und ebenfalls ohne Anrede mit, *daß ich in Nürnberg nicht dirigieren kann, da ich für die fragliche Zeit schon andere Verpflichtungen übernommen habe.*[115] Dies hätte man im Ministerium wissen müssen, war es doch in die Vorbereitung jener anderen Verpflichtung eingeschaltet, nämlich der Deutschen Kulturwoche in Paris aus Anlaß der Weltaustellung; wie man sieht, garantiert selbst eine Diktatur nicht jenes Mindestmaß an Information, das zu ihrem Betrieb nötig ist. Jedenfalls waren es nun Peter Raabe und Siegmund von Hausegger mit der Münchner Philharmonie, die in Nürnberg die Verkündung des Anti-Nobelpreises der NSDAP-Regierung umrahmten – mit dem »Einzug der Götter in Walhall« aus »Rheingold« und dem Finale von Bruckners Fünfter.

Furtwängler dagegen war mit Sorgen belastet, die nur mittelbar mit Musik zusammenhingen; noch meinte er, die einer Zusammenarbeit nicht förderliche Atmosphäre in Bayreuth aushalten zu können, aber anderes Unheil stand vor der Tür. Mitte Juni begann – auf Veranlassung des Stellvertreters des Führers – eine neue Aktion gegen die Nichtarier, zunächst gegen die im Geschäftsbereich des Reichserziehungsministeriums beschäftigten 91 Mischlinge und »jüdisch versippten« Beamten; von wenigen Ausnahmen abgesehen, sollten sie in den Ruhestand versetzt werden – ein klarer Bruch des Gesetzes zur Wiederherstellung des Berufsbeamtentums, § 6. Da auf der Hand lag, daß dies Kreise ziehen werde, schrieb der Dirigent an Hitler und drängte auf eine Audienz, und zwar da, wo ein Ausweichen unmöglich wäre:

Die Dinge, über die ich sprechen wollte, sind teils sachlicher, teils – dies vor allem – allerpersönlichster Art, und ich wäre dankbar, wenn die so lange verschobene Audienz während Ihres Aufenthaltes in Bayreuth stattfinden dürfte.[116]

Abermals verabschiedete er sich nicht mit »Heil Hitler«, sondern entbot einen »verehrungsvollen Gruß«; »Ihr erge-

279

benster« Furtwängler wollte den Führer als effektiven Krisenmanager benutzen, und dazu mußte er ihn sachlich und nicht byzantinisch behandeln. Es war höchste Zeit. Die Reichskanzlei rührte sich Anfang Juli mit einem Gesprächsangebot. Doch blieb man reserviert.

Einige Tage später lag jene Sache im Geschäftsgang des ProMi; der Reichsinnenminister hatte rasch auf den Wink des Stabsleiters der Kanzlei des Führers reagiert und versuchte nun, im Einvernehmen mit dem Reichsminister der Finanzen, auch die Angestellten mit »nichtarischem« Einschlag auszuscheiden, und zwar durch Analogie zum Berufsbeamtengesetz, also gegen dessen Wortlaut. Da das Reich längst aufgehört hatte, Rechtsstaat zu sein, standen die Chancen für den Erfolg dieses Handstreichs günstig. Tatsächlich listete auch das ProMi die Angestellten mit Dauervertrag oder weniger als einjähriger Kündigungsfrist auf: im Deutschen Opernhaus der Regisseur Hans Batteux, die Sängerinnen Elise von Catopol und Margarete Slezak und der Sänger Günther Treptow; bei den Philharmonikern die Mitglieder mit jüdischen Ehepartnern Ernst Fischer, Otto Heß und Hugo Kolberg und die »Halbarier« Hans Bottermund und Bruno Stenzel. Der Sachbearbeiter, Assessor Baumann, war so wenig in dem Stoff bewandert, daß er Kolberg mit falschem Vornamen Paul zum 1. Kapellmeister erhob. Ob diese Künstler zu entfernen seien, mußte nun Goebbels entscheiden; er riskierte – zur Überraschung Furtwänglers – die kulturpolitische Gefährdung, die von diesen unsicheren Zeitgenossen zweiter Klasse angeblich ausging. Funk schmierte mit dickem Farbstift eine Aktennotiz mit vielen Unterstreichungen quer über die Vorlage:

Der Herr Minister hat auf meinen mündlichen Vortrag hin entschieden, daß in dieser Angelegenheit z. Zt. nichts veranlaßt werden soll, da sämtliche Fälle von dem Herrn Minister als begründete Ausnahmefälle bereits im Sinne einer Weiterbeschäftigung der in Frage kommenden Künstler entschieden wurden.[117]

Dieses Problem war demnach zunächst beigelegt; in der Schwebe blieb die Sache Hindemith. Für den Komponisten sprach vieles; gegen ihn – nach wie vor – stand Rosenberg, aber auch er nicht mehr im Grundsatz, sondern nur noch, was die Dauer einer »Bewährungsfrist« für den Entarteten anging. Schließlich hatte der folgsam getan, was man von ihm verlangte. Minister Rust hatte ihm im Dezember 1934 nahegelegt, um Beurlaubung von seiner Musikhochschulprofessur einzukommen. Hindemith machte das. Dann folgte er – mit Zustimmung der beteiligten Reichsministerien – einem vorübergehenden Auftrag der türkischen Regierung, der in Berlin als gute Propaganda für das Reich begrüßt wurde, weil Ankara nun deutsche Methoden beim Aufbau eines »westlichen« Musikbetriebs kennenlernte:

Bei dieser Aufgabe hat sich Hindemith gegen die stärksten russischen und französischen Konkurrenzbemühungen durchgesetzt und die Anerkennung seines Auftraggebers in dem Maße gewonnen, daß er weitgehende Handlungsvollmachten erhielt und so in die Lage gesetzt wurde, auf dem Gebiet der Musik den deutschen Kultureinflüssen in der Türkei den Vorrang zu sichern.[118]

Im April 1935 verständigte das ProMi Rust, es habe keine Bedenken gegen eine Wiederaufnahme der Lehrtätigkeit Hindemiths. Der Erziehungsminister erklärte den Urlaub für beendet, verlängerte ihn aber auf Einspruch des mächtigen Rosenberg noch bis Juli. Nach einigem Hin und Her legte man die Sache Hitler zur Entscheidung vor; dieser – sonst stets überaus entscheidungsfreudig – mochte nicht persönlich Stellung nehmen und überließ Rust das letzte Wort. Rust wollte keine Eventualitäten, vor allem eine spektakuläre Kündigung nicht:

Auf diesen Augenblick, der ihn zum Emigranten stempelt, wartet das ganze, dem nationalsozialistischen Reiche unfreundlich gesonnene Ausland mit einer Reihe glanzvoller Angebote. Der deutschen Kulturpropaganda im Ausland wäre eine solche Entwicklung wohl nicht förderlich. Insbesondere

auch würden dann die ausbaufähigen Möglichkeiten einer
deutschen Einflußnahme auf das türkische Kulturleben ent-
fallen, die sich in erfreulicher Entwicklung befinden.[119]

Im Januar leistete Hindemith einen Amtseid auf Hitler,
denn Rust suchte einen Eklat zu vermeiden; eine neue Arbeitsperiode in Ankara schob die Entscheidung auf. Rosenberg verlangte nach wie vor eine längere »Bewährungsfrist«, lockerte aber gleichzeitig den Boykott der Werke des
prominenten deutschen Komponisten; alles vollzog sich
unterhalb irgendeines amtlichen Verbots. In einer der Kulturpolitischen Pressekonferenzen erfuhren die Journalisten
dann auch:

Unter Hinweis auf besondere Vertraulichkeit wurde auch
an dieser Stelle Mitteilung darüber gemacht, daß Hindemith
künftig aus den Konzertprogrammen ausscheide.[120]

Dies zu verhindern, hatte Furtwängler schon mehrere
Male Vorstellungen erhoben, mündlich und schriftlich. Da
nun ein Treffen mit Hitler verabredet war, griff er die Frage
erneut auf und verfaßte, schon in Bayreuth, eine Denkschrift, in der er die bewährte Argumentation noch ausbau-
te und das Paradoxon vortrug, die Wiederzulassung jener
Musik werde ihren Ruin bedeuten, denn gerade wegen des
Boykotts sei ein großer Teil der Jugend, nicht nur der HJ,
sondern auch fast die gesamte junge Kritikerschaft, zu Hindemith übergewechselt. Und er fragte – Thema Nr. 1 –, wie
man sich überhaupt die Entscheidung über geistige Leistung denke:

Max Reger wird heute offiziell zum repräsentierenden Mu-
siker des 3. Reichs gestempelt. Hat der Führer eins seiner cha-
rakteristischen Werke jemals gehört? Nach meiner Meinung
ist Max Reger der eigentliche Initiator der Decadence in der
Musik. Es widerspricht sich aufs lebhafteste, wenn Hindemith
verboten wird, und Max Reger als d e r gegenwärtige Musiker
bezeichnet wird. Besser wäre es, wenn sowohl das eine wie das
andere unterbliebe, und man dem Publikum das Urteil dar-

BERLIN W 8, DEN 1.7.37
REICHSKANZLEI

DER FÜHRER UND KANZLER DES DEUTSCHEN REICHES
ADJUTANTUR

Hauptmann a.D. Wiedemann

W/Mi

Herrn

Staatsrat Wilhelm F u r t w ä n g l e r

P o t s d a m

Viktoriastrasse 36

Sehr geehrter Herr Staatsrat !

    Ich habe den Inhalt Ihres Schreibers vom 16.6.37 dem Führer vorgetragen. Der Führer ist bereit, Sie in Bayreuth zu empfangen.

    Ich bitte Sie, sich unter Berufung auf dieses Schreiben beim diensttuenden Adjutanten dort anzumelden.

               Mit der Versicherung meiner
               vorzüglichsten Hochachtung !
               Ihr sehr ergebener

               Wiedemann

               Adjutant des Führers

über überließe. (...) Im Ausland hat Hindemith bisher nie ent-
fernt die Rolle gespielt wie in Deutschland und hat erst in den
letzten Jahren als politischer Märtyrer Deutschlands Beach-
tung gefunden. Dazu eignet er sich deshalb besonders gut,
weil er moralisch, wie theoretisch, ebenso wie auch in seiner
persönlichen Haltung durchaus unangreifbar ist und sich
nicht das geringste hat zu schulden kommen lassen. In den
Augen Unbeteiligter stärkt dies sehr sein Märtyrertum.[121]

Das war eine plausible, zudem durch Tatsachen gestützte
Überlegung, zum Beispiel durch den überraschenden Ver-
kaufserfolg der eben erschienen »Unterweisung im Ton-
satz«, 1. Teil, von dem binnen kurzem mehr als zweitausend
Exemplare weggingen, so daß der Verlag Schott's Söhne
die Nachfrage kaum befriedigen konnte. Eine Rohfassung
dieses Memorandums trägt freilich den Vermerk »nicht
überreicht«; daß Furtwängler aber entlang der schriftlich
entworfenen Linie beim Treffen mit Hitler argumentierte,
darf als sicher gelten. Allerdings stieß er auf Granit und
machte den Diktator noch mißtrauischer.

Andererseits fielen in den Sommer einige Ereignisse –
womöglich als Nachwirkung seiner dirigentischen Erfolge
bei den Krönungsfestlichkeiten in London –, die auf eine
vorübergehende Konsolidierung des Verhältnisses zu anderen hohen Funktionären schließen lassen. Im Zuge der Umbildung der Preußischen Akademie der Künste hob Göring
die alte Satzung auf, und Rust ernannte zu ordentlichen
Mitgliedern des Bereichs Musik Furtwängler neben Armin
Knab, Hermann Reutter und Heinrich Kaminski, der Nöte
mit seinem Abstammungsnachweis hatte; ausgeschieden
war zuvor *bereits der größte Teil von Mitgliedern einer ver-*
gangenen Kunstepoche, die einer nationalsozialistischen Neu-
belebung der Akademie nicht im Wege stehen wollten.[122]

Auch in Bayreuth erntete der Dirigent wieder »aller-
höchste« Anerkennung, obwohl ihm die Atmosphäre der
Festspiele nicht mehr behagte und der große Krach vor der
Tür stand. Am »grünen Hügel« besprach er mit Goebbels

Details einer neuen Musikzeitschrift, die der Verlag Schott's Söhne herausgeben wollte, und vermerkte auch da einen Erfolg:

Mich interessierte vor allem, wie weit dieselbe Freiheit des Urteils, d. h. Freiheit der Kritik haben würde, da davon meine Haltung in dieser ganzen Angelegenheit abhängt. Der Minister versicherte mich in zuvorkommendster Weise, daß, wenn ich ihm für den Inhalt einstünde, wir keinerlei Schwierigkeiten haben würden.[123]

Ein Konflikt mit Toscanini in Salzburg trübte indessen zwischendurch die Hochstimmung dieser arbeitsreichen Monate; es ging um Politik, und doch wohl auch noch um mehr, denn hier waren sich zwei Große des Taktstockes ins Gehege gekommen wie schon früher gelegentlich, nur massiver. Es ist möglich, daß der italienische Maestro, immer das Herz auf der Zunge, mehr sagte, als er angesichts des eigenen Entwicklungsganges wagen konnte. Ein damaliger Furtwängler-Biograf berichtete, Toscanini habe erklärt:

Wer in Bayreuth dirigiert, das von den bösen Nazis verseucht ist, hat in Salzburg nichts zu suchen. Wilhelm Furtwängler wandte sich gegen diese Anschauung mit klugen und entschiedenen Worten. Aber fast die ganze außerdeutsche Presse stimmte Toscanini zu. Es war, als ob alle Welt über Salzburg zu bestimmen hätte, mit Ausschluß der niederträchtigen Deutschen.[124]

Die verschiedenen Versionen des Hergangs verdecken mögliche Motive; daß Toscanini einiges zu kompensieren hatte, ist mehr als wahrscheinlich. Sein überraschter Konkurrent ging aus dem Streit zwar betroffen, aber unbeschädigt hervor, weil er sicher war, daß nicht die Emigration den Unterschied zwischen Nazis und Antifaschisten ausmachte. Ebenfalls noch im August stand »ganz oben« die Entscheidung über die Vergabe des neugestifteten Deutschen Nationalpreises für Kunst und Wissenschaft an; es handelte sich um eine politische Unternehmung, um ein

Auftrumpfen des beleidigten Führers gegenüber der Welt, denn, so ließ er mitteilen, der *internationale Friedensnobelpreis war in diesem Jahr durch das Nobelpreiskomitee dem Pazifisten von Ossietzky verliehen worden, einem der übelsten Schädlinge und Verderber des deutschen Volkes, den das Reichsgericht wegen Landesverrats verurteilt hatte! Diese Verleihung stellte einen unverschämten Angriff auf das nationalsozialistische Deutschland dar (...). Deutschland beantwortete all diese Verunglimpfungen durch die Tat – durch die kulturelle Leistung. Und es kann einwandfrei festgestellt werden, daß es noch keinen Staatsmann gegeben hat, der so viel für die Förderung der Kultur getan hat wie gerade Adolf Hitler. Ein Blick auf die kulturelle Leistung seines Reiches läßt alle jüdischen Behauptungen als giftige Verleumdungen erkennen.*[125]

Auf der Liste der 26 Vorschläge, die der persönliche Referent des Reichspropagandaministers am 31. August an SA-Brigadeführer Schaub nach Berchtesgaden schickte, stand Furtwängler alphabetisch an neunter Stelle, vorgeschlagen von Goebbels selber. Der Preis fiel jedoch – da existierte ja das Dossier – nicht an ihn, sondern an den Chirurgen Prof. Dr. August Bier, den Geophysiker Wilhelm Filchner, den Chirurgen Prof. Dr. Ferdinand Sauerbruch, an Alfred Rosenberg und den verstorbenen »Baumeister des Führers« Prof. Ludwig Troost, und derart sollte der Nobelpreis allen Ernstes in den Schatten gestellt werden. Furtwängler grämte sich nicht, sondern nahm seine Verpflichtung bei der Deutschen Kulturwoche in Paris wahr, die vom 3. bis 12. September die Spitzenkünstler des Reiches in der Hauptstadt Frankreichs vorzeigte; es war ein Arrangement des ProMi, das auch ohne Rückfrage die 30 000 RM Reisekosten vorschoß, die das BPhO verlangte. Er begann am 7. des Monats mit der Neunten von Beethoven in der Salle Pleyel, brachte einen Tag später im Théâtre des Champs-Elysées die »Walküre« und wiederholte sie am 11., dies alles natürlich mit ersten Besetzungen, und die Eintrittspreise waren danach. Die deutsche Presse frohlockte, vermeldete schon beim ersten Konzert zwölf Hervorrufe, die Anwesenheit des französischen Staatspräsidenten, mehrere Minister und nahezu aller Chefs der diplomatischen Vertretung, und unterstrich:

Furtwängler (...) hat mit diesem Abend seinen Weltruf erneut gestärkt. Die deutsche Musik, deren Interpret er war, hat durch ihn und mit ihm in Paris einen großen, ja man darf wohl sagen, einen ihrer größten Siege gefeiert.[126]

Das Publikum konnte an diesem aktuellen Beispiel lernen, daß künstlerische Leistungen offensichtlich nicht die geringsten ursächlichen Beziehungen zu irgendeinem Regime haben, das mit ihnen zu glänzen sucht; denn diese Musiker und sogar die Parteigenossen unter ihnen waren keine Subjekte der NS-Regierung, auch wenn in ihrem Paß der Hoheitsadler mit Hakenkreuz prangte. Nicht die Regierung in Berlin produzierte Kunst. Sie schuf organisatorische und technische Voraussetzungen für künftige expansive Zwangsherrschaft, und Einzelheiten enthüllten die Pariser Zeitungen Tag für Tag; was auf Täuschung berechnet war, erwies sich – dank der Intelligenz des Metropole-Publikums – als etwas ganz anderes:

Es war der Erfolg des Deutschtums im besten, nicht nationalistischen, sondern europäisch-weltbürgerlichen Sinne des Wortes, und die Botschafter dieses Deutschland hießen nicht Ribbentrop, Ley oder Funk, es waren Furtwängler, Schlusnus, Krauß, die Berliner Philharmoniker und die Künstler und Künstlerinnen der deutschen Opernbühnen. Es war das alte Deutschland, das sich hier, trotz den politischen Stürmen der jüngsten Zeit, durchsetzte.[127]

Daß das Publikum, als der Staatspräsident das Theater betrat und die Nationalhymnen erklangen, fast vollzählig sich nicht nur erhob, sondern auch die Hand zum Hitlergruß ausstreckte, änderte daran sicher nichts. Der Presse fiel eines auf: Nicht Furtwängler dirigierte die Hymnen, sondern der Geschäftsführer Hans von Benda. Und noch etwas. Im Hotel Georges V. fand auf Einladung des deut-

287

schen Reichskommissars für die Weltausstellung ein feierlicher Empfang nach der »Neunten« statt; die deutschen
Künstler, Staatssekretär Funk, französische Politiker, unter
ihnen Außenminister Delbos, die Mutter des Präsidenten
der Vereinigten Staaten Roosevelt und viele andere Prominenz war versammelt. Furtwängler zeigte sich erst nach
Mitternacht, als die offiziellen Reden längst gehalten waren. Hitler – derzeit beim Reichsparteitag in Nürnberg –
quittierte die begeisterten Erfolgsnachrichten aus Paris mit
der spontanen Einladung an die bekanntesten Mitwirkenden. Am 10. September teilte die Botschaft in Paris dem
Auswärtigen Amt mit, die Damen Marta Fuchs und Ruth
Berglund und die Herren Rudolf Bockelmann, Erich Zim-
mermann und Josef von Manowarda nähmen dankbar an
und flögen Montagfrüh – also am 13. – nach Nürnberg ab.
Furtwängler hatte sich wiederum entzogen.

Dessen ungeachtet versuchte er, sein Bayreuth-Problem,
das sich inzwischen zugespitzt hatte, an höchster Stelle anzubringen und bat abermals um eine Audienz bei Hitler,
möglichst bald:

*Ich werde nur kurze Zeit in Berlin sein, da ich sehr bald auf
mehrere Wochen nach Wien fahren muß.*[128]

Auch diesmal schloß er mit »verehrungsvollen Grüßen«,
warb aber in einem Postskriptum für sein neues Sinfoni-
sches Konzert für Klavier und Orchester, das fürs 2. Philharmonische Konzert mit Edwin Fischer als Solist angesetzt war. Hitler ließ starke dienstliche Inanspruchnahme
mitteilen; die Audienz blieb aus. Da der Dirigent aber
kundtun wollte, welche Probleme ihn zum Ausscheiden aus
der Equipe der Wagner-Festspiele bewegten, schrieb er sie
im einzelnen für Winifred Wagner nieder und schickte die
Kopie an Hitler; der Adjutant sorgte dafür, daß der Führer
Kenntnis nahm. Es war ein schwerer Vorwurf an die Adresse der Wagner-Erbin. Was früher für die Kapellmeister
selbstverständlich gewesen wäre, *nämlich von Bayreuth aus
maßgebend, vorbildlich, im besten Sinne traditionsbildend*

288

auf die Pflege der Wagnerschen Kunst in der ganzen Welt ein-
zuwirken, haben Sie mir unmöglich gemacht. Sie sind allen
Ernstes der Anschauung, daß ein führender Musiker ersten
Ranges für Bayreuth nicht nötig ist. Sie kennen so wenig die
Rolle, die grade der musikalische Teil, und damit der Diri-
gent, innerhalb des Gesamtkunstwerkes Wagners spielt; Ih-
nen ist so wenig bewußt, wie tief gefährdet die Stellung Bay-
reuths in der heutigen Welt ist, und wie grade hier nur die Be-
sten eingesetzt werden dürfen, soll Bayreuth für die Zukunft
überhaupt noch Existenzberechtigung haben. (...) Sie vertrau-
en auf die Machtmittel des autoritären Staates. Grade weil
diesselben Bayreuth zur Verfügung stehen, müßten Sie dop-
pelt verantwortlich handeln.[129]

Damit der Vorwurf nicht etwa verlorenginge, erhielten
auch Göring und Goebbels Kopien. Sie wurden dadurch
wieder einmal erinnert, eine wie schwierige Persönlichkeit
der Dirigent war, so lange er in einer Arbeitsgemeinschaft
wirken sollte, deren sonstige Teilhaber andere Vorstellungen von Ästhetik oder auch nur Organisation vertraten: ein
Alleinherrscher mit Monopolanspruch, der zwar in der
Kunst aufging, aber die Kunst auch in sich aufgehen ließ
und daher auf diesem Gebiet Kompromisse nicht duldete.
Dies war seine Stärke, aber auch seine Schwäche. Zumal
der Ministerpräsident erkannte den wunden Punkt. Immer
wieder packte ihn die Wut, weil der Musiker nicht funktionierte, wie er sollte, trotz aller gnädigen Vorleistungen und
Konzessionen nicht, daß er seine Dankesschuld nicht
durch Wohlverhalten abtrug, sondern es für selbstverständlich hielt, wenn die Führer des Reiches ihn hofierten. Im
Dezember 1937 beschloß Göring, der Sabotage seiner kulturpolitischen Absichten durch diesen Mann, der sich unentbehrlich und unersetzlich wähnte, ein Ende zu machen.

Attacke aus dem Hinterhalt

Die Situation des Dirigenten Ende 1937 war rundum zufriedenstellend. Trotz der kulturpolitischen Krisen hatte er sich den Verlockungen des Regimes objektiv entzogen, seine Freiheit bewahrt; er übte seinen Beruf aus wie eh und je, genoß nationale und internationale Anerkennung, und kein informierter Kunstfreund konnte ihm rechtens vorwerfen, er betreibe das Geschäft der braunen Barbaren. Kein Zweifel auch, daß er inzwischen eine realistischere Einschätzung der NS-Politik gewonnen; eben so wenig Zweifel an seiner und vieler anderer Deutscher Hoffnung, das Regime werde über kurz oder lang durch ausländische Intervention oder inneren Putsch stürzen. Abgesehen davon, gibt es Anzeichen dafür, daß er den Nationalsozialismus, gegen den er seine Geisteswelt immer wieder minutiös abzugrenzen suchte, zunächst als eine schmerzhafte Prozedur der internen »Selbstreinigung« wertete, bis ihn die Totalität und Irrationalität der amtlichen Aktionen eines anderen belehrte; insofern sollte die »Kristallnacht« 1938 einen wichtigen Erkenntnispunkt markieren. Für den Augenblick belästigten ihn zwar Probleme, doch fühlte er sich auch im Vollbesitz der nötigen Kräfte zu ihrer Bewältigung. Er war an den kulturpolitischen Auseinandersetzungen gewachsen. Konnte ihm überhaupt noch etwas zustoßen?

Die Affäre mit Bayreuth ärgerte ihn, gewiß, und die zunehmende Politisierung der Festspiele mag ihn zusätzlich gestört haben; auch die Arbeit an der Staatsoper – immer noch mit dem aufgeschobenen und dann verbesserten Vertrag – schien ihm mehr oder weniger Frondienst. Aber die Zuwendung des Publikums, das in höchsten Tönen regelmäßig gespendete Lob der Zeitungen entschädigte ihn reichlich. Und war nicht dies auch eine mögliche Basis für die positive Einwirkung auf die Politiker? Müßte seine Moral und Integrität nicht am Ende in ihrer Überzeugungskraft geradezu unwiderstehlich sein? Da Hitler und seine Paladine nun einmal da waren, konnten sie, durften sie nicht ignoriert werden, weil in ihren Händen die Macht lag, die er sich ausleihen mußte zu ändern, was seiner Meinung nach unbedingt geändert werden sollte. Dem Dirigenten vorzuwerfen, er habe sich nicht pauschal in der Judenfrage engagiert, die immerhin ein Symptom für den Ernst der Lage war, kalkuliert nicht die Zeitumstände ein. Das wilde Pogrom – und scheinbar nur dieses – war Ereignis; die antijüdische Gesetzgebung betraf Beruf, Zivilstand, Vermögen und dergleichen und bezog aus der Propaganda weitreichende Plausibilität. Im »Lande der Dichter und Denker« konnte einfach nicht geschehen, was einige andere zivilisierte Länder verbrochen, die Massaker der Briten im Burenkrieg und in Indien, die Ausrottung der Armenier durch die Türken, die Abschlachtung der Großbauern im Rätestaat, das Blutbad, das die Kulturnation Frankreich unter den Kabylen angerichtet ... Solches war Ende 1937 noch nicht absehbar. Antisemitische Brandreden, Hetzkarikaturen, »wissenschaftliche« Studien über rassische Minderwertigkeit schienen Auswüchse, die der festgefügten gesetzlichen Ordnung nicht gefährlich werden konnten. Für ihn wie für das Gros der Deutschen bestand kein Grund zum Mißtrauen gegenüber der Obrigkeit.

Was die Musik anging, konnte er zunächst nicht hellhörig werden, denn allzuvieles erfuhr er nicht. Daß Tietjen über ihn herzog, blieb ihm verborgen; aber Göring kannte die Klagen des Regisseurs, auch die privaten:

Der Tannhäuser war mir geglückt, bis die Pultprimadonna, so wie 1936 den Lohengrin, Alles kaput machte, dafür aber Berlin zu seinen Füßen liegen hatte. Es war die letzte Inscenierung, die ich in diesem Leben mit diesem Parfümeur R. Wagners gemacht habe; 10 Jahre lang habe ich es versucht ihm Werktreue beizubringen, es wurde Publikumshypnose daraus und R. W. war der Dumme – und wir gingen kaput![1]

Dieser Stoßseufzer war vor der dritten Aufführung der Neuinszenierung des »Tannhäuser« niedergeschrieben; »Charming girl«, wie der Regisseur kaum noch onkelhaft die Wagner-Enkelin titulierte, schätzte den Undurchsichtigen als Intriganten ein und neigte mehr dem scheinbar hilflosen Dirigenten zu, zumal als sich die Sache zur großen Affäre auswuchs. Nun war »Werktreue« ohnehin ein Reizwort für ihn – vom ersten Tag an, als er Vorwürfe hatte hören müssen, er nehme es damit nicht genau genug. Wiederholt suchte er sich zu erklären; nicht Buchstabenglaube – oder Spielen im Takt – sei wesentlich, sondern die »wirkliche, d. h. sinngemäße Werktreue«.[2] Das eigentliche Problem für ihn lag aber nicht im Ästhetischen; es war eine Organisationsfrage, die sein Prestige berührte. Göring hatte nach dem Weggang von Krauss und um einen passenden Operndirektor verlegen – der Furtwängler-Vertrag war ja durch Hitler ausgesetzt – das Amt gemäß Empfehlung des Finanzministers abgeschafft und Tietjen mit der künstlerischen Gesamtleitung des Instituts betraut. Die Presse erhielt Anweisung, »die Kritik der künstlerischen Arbeit der Berliner Staatsoper künftig auf den neuen künstlerischen Leiter, Generalintendant Tietjen abzustellen«.[3]

So sah sich der Dirigent plötzlich als Untergebener des trickreichen Regisseurs, der alle Fäden in die Hand nahm und mit seiner Abneigung nicht hinter dem Berg hielt. Da die Presse gemeldet hatte, er werde ein Engagement an der Wiener Staatsoper annehmen, benutzte er die Richtigstellung, um den Bettel gleich hinzuwerfen:

Ich kann aber, wie ich sehe, die nötige Freudigkeit zur Arbeit nicht mehr aufbringen in einer Situation, die mir für mich als Mensch wie als Künstler gleich unwürdig erscheinen muß. Da meinem Wirken an der Staatsoper unter diesen Umständen ohnedies keine Zukunft beschieden sein dürfte, ist es vielleicht besser, schon jetzt damit aufzuhören.[4]

Göring reagierte mit erhobenem Zeigefinger und sichtlich ungehalten; er gab sich besorgt, *daß Ihr Ruf nicht durch fortgesetzte Unzuträglichkeiten, die Sie bald hier, bald dort, ob Berlin, Bayreuth, ob Oper oder Philharmonie, haben, erheblich leidet. (...) Wie jeder von uns, so sind auch Sie schließlich in erster Linie Deutschland gegenüber verpflichtet. Von mir aber können Sie schlechterdings nicht verlangen, daß ich termingemäß jedes Jahr einen Fall Furtwängler an der Staatsoper habe.*[5]

Der Dirigent versuchte zu beruhigen, blieb aber im Wollen – Entlassung aus dem Staatsopernvertrag – fest und teilte dem Politiker überdies noch Mitschuld zu, sei er doch seinerzeit willens gewesen, seine beste Kraft der Staatsoper zu widmen:

Sie haben davon keinen Gebrauch gemacht. Sie dachten offenbar für Ihr Institut (genau wie Frau Wagner in Bayreuth) nicht an den Künstler Furtwängler als Gesamtpersönlichkeit, der bereit war, die Mitverantwortung für die führende Opernbühne und damit für das Gesamtniveau des musikalischen Lebens in Deutschland zu übernehmen, sondern lediglich an den beliebten Dirigenten.[6]

Für seine Kanzlei vermerkte Göring auf diesem Schreiben »F. sofort mitteilen, daß ich ihn empfange, falls er das wünscht«, so wichtig war ihm eine Kompromißlösung, die den Dirigenten dem Hause erhalten hätte. Doch ergab sich nichts dergleichen ... außer sporadischem Auftreten bis zum Ende der Spielzeit. Furtwängler war für die Staatsoper verloren. Also mußte ein gleichwertiger, beim Publikum nicht minder beliebter Dirigent gefunden werden, wenn der Spielbetrieb nicht auf Provinzniveau absinken sollte; die Staatsoper hatte schließlich Staat zu machen. Die ersten Monate des neuen Jahres standen im Zeichen einer intensiven Suche nach einem möglichen Nachfolger, am besten jemand, der den allzu Schwierigen in den Schatten stellen könnte. Tietjen fahndete nach einem Konkurrenten, mit dem Furtwängler zu bestrafen wäre.

Der ahnte nicht, daß sich dunkle Wolken über ihm zusammenzogen, und regierte wie eh und je im deutschen und internationalen Musikbetrieb. Beim 7. Philharmonischen Konzert, das ausgerechnet auf den 30. Januar fiel, warf er das Orchesterkonzert von Gottfried Müller, das im Programm gestanden, kurzerhand hinaus und ersetzte es durch Bartóks »Musik für Saiteninstrumente, Schlagzeug und Celesta«, eine Erstaufführung, die schon im November hätte stattfinden sollen. Müller, 23 Jahre alt, mit viel Vorschußlorbeeren bedachtes »Wunderkind«, war im Herbst allen Ernstes von Hinkel für den Professoren-Titel vorgeschlagen, aber mangels würdigen Alters nicht damit bedacht worden. Daß er an einem Werk arbeitete, in dem Aussprüche Hitlers verwendet waren, wußten die Eingeweihten auch. Des Führers Gnade für den jungen und ehrgeizigen Musiker war offensichtlich. Dem Dirigenten schien Bartók in diesem Augenblick angemessener, und das Publikum dankte ihm beifällig.

Einige Tage später war die Philharmonie dicht an dicht mit Hitlerjugend besetzt; da die Reichsjugendführung den Nachwuchs mit Kultur bekanntmachen wollte, trat sie als Konzertveranstalterin auf und und arrangierte eine Reihe von Meisterkonzerten für die HJ mit namhaften Künstlern und Ensembles. Eines davon – nur eines – leitete Furtwängler. Das geschah am 3. Februar, und als er in den Saal blickte, merkte er, daß mehr beabsichtigt war als nur ein Schülerkonzert in Uniform; denn nicht nur die Kinder saßen da, sondern auch Prominente aus der Politik, der Stellvertreter des Führers Rudolf Heß, Reichsjugendführer von Schirach, Staatssekretäre aus mehreren Ministerien, Generalinspektor Dr. Todt, Militärs, SS-Obergruppenführer Krüger, die SA-Obergruppenführer Litzmann und Prinz August Wilhelm, Rosenbergs Stabsleiter Urban, viele weitere Parteifunktionäre und dann natürlich fast die gesamte HJ-Führung, darunter Stabsführer Lauterbacher, Obergebietsführer Axmann und der Chef des Kulturamtes der Reichsjugendführung, Obergebietsführer Karl Cerff, der Initiator der Konzertreihe. Dies mag den Ausschlag gegeben haben. Nie mehr hob er den Stab für diesen Zweck. Bis auf den stürmischen Beifall erntete er ohnehin keinen Dank. Politisches Kalkül wendete sich wieder einmal gegen ihn.

Es ging um die Salzburger Festspiele. Schon im Februar diskutierten höchste Amtsstellen, welche Politik man in dieser Frage einschlagen sollte, da immerhin das Prestige des Reiches auf dem Spiel stand: Rückzug oder Attacke? Die Reichskanzlei forderte ein Gutachten an – bei der Dienststelle des Außerordentlichen und Bevollmächtigten Botschafters des Deutschen Reiches – und bekam unter anderm eine Ereignisrückschau:

Während des Aufenthaltes von Furtwängler in Salzburg hat Toscanini öffentlich erklärt, daß Furtwängler nicht das Recht hätte, in Salzburg zu dirigieren, weil er die Politik in das künstlerische und musikalische Leben gebracht hätte. Der einzige Dirigent, der den künstlerischen Standard der Salzburger Festspiele auf demselben, wenn nicht auf einem höheren, Niveau erhalten kann wie es durch Toscanini der Fall wäre, ist Furtwängler, der trotz der Hetze, die gegen ihn von gewissen internationalen Kreisen betrieben wird, im Ausland den größten Ruf genießt. Es erhebt sich die Frage, ob es angebracht ist, daß österreichischerseits an den Dirigenten Furtwängler herangetreten wird, um ihn aufzufordern, die musikalische Leitung der Salzburger Festspiele in die Hand zu nehmen. Wäre es möglich, daß Hauptmann Wiedemann nach Rücksprache mit dem Führer der in Frage kommenden österreichischen Stelle einen Wink in dieser Richtung geben könnte?[7]

Interessant an diesem Gutachten ist nicht nur die Sorge um Salzburg – einen immerhin ausländischen Festspielort; zu dieser Zeit war die Regierung in Wien offensichtlich nicht mehr Herr im eignen Haus, wenn Hitlers Adjutant schon mit Winken kulturpolitische Fragen regeln konnte, die der Souveränität Österreichs oblagen. Kein Wunder, denn der Nationalsozialist Seyss-Inquart hatte bereits das Innenministerium bezogen, erster Schritt zum »Anschluß«. Allerdings mochte Hitler gerade den ungehorsamen Furt-

Amtliche Mitteilungen
der
Reichsmusikkammer

5. Jahr   Berlin, den 1. Juni 1938   Nummer 11

Zehn Grundsätze
deutschen Musikschaffens

In seiner großen kulturpolitischen Rede anläßlich der Reichsmusiktage in Düsseldorf führte Reichsminister Dr. Goebbels u. a. folgendes aus:

Dieses Musikfest ist zum ersten Male eine Heerschau über die Musikkultur unserer Zeit. Es legt Rechenschaft ab über das, was wir erreicht haben, und fixiert die Zielsetzungen für die nähere und weitere Zukunft. Hier möge sich der Ruhm Deutschlands als des klassischen Landes der Musik aufs neue beweisen und erhärten. Hier mögen vor allem die Grundsätze wieder festgelegt und anerkannt werden, die seit jeher Ursprung und Triebkraft unseres deutschen musikalischen Schaffens gewesen sind. Und diese lauten:

1. Nicht das Programm und nicht die Theorie, nicht Experiment und nicht Konstruktion machen das Wesen der Musik aus. Ihr Wesen ist die Melodie. Die Melodie als solche erhebt die Herzen und erquickt die Gemüter; sie ist nicht deshalb kitschig oder verwerflich, weil sie ihrer Einprägsamkeit wegen vom Volke gesungen wird.

2. Nicht jede Musik paßt für jeden. Es hat deshalb auch jene Art von Unterhaltungsmusik, die in den breiten Massen Eingang findet, ihre Daseinsberechtigung, zumal in einer Epoche, in der es Aufgabe der Staatsführung sein muß, neben den schweren Sorgen, die die Zeit mit sich bringt, dem Volke auch Erholung, Unterhaltung und Erquickung zu vermitteln.

3. Wie jede andere Kunst, so entspringt die Musik geheimnisvollen und tiefen Kräften, die im Volkstum verwurzelt sind. Sie kann deshalb auch nur von den Kindern des Volkstums dem Bedürfnis und dem unbändigen Musiziertrieb eines Volkes entsprechend gestaltet und verwaltet werden. Judentum und deutsche Musik, das sind Gegensätze, die ihrer Natur nach in schroffstem Widerspruch zueinander stehen. Der Kampf gegen das Judentum in der deutschen Musik, den Richard Wagner einmal, einsam und nur auf sich allein gestellt, aufgenommen hat, ist deshalb heute noch unsere große, niemals preiszugebende Zeitaufgabe, die allerdings seit nicht mehr von einem Wissenden und genialen Außenseiter allein betrieben, sondern von einem ganzen Volke durchgeführt wird.

4. Die Musik ist die sinnlichste aller Künste. Sie spricht deshalb mehr das Herz und das Gefühl als den Verstand an. Wo aber schlüge das Herz eines Volkes heißer als in seinen breiten Massen, in denen das Herz einer Nation seine eigentliche Heimstätte gefunden hat. Es ist deshalb eine unabweisbare Pflicht unserer Musikführung, das ganze Volk an den Schätzen der deutschen Musik teilnehmen zu lassen.

5. Unmusikalisch sein, das ist für den musikalischen Menschen so viel wie blind oder taub sein. Danken wir Gott, daß er uns die Gnade gab, Musik zu hören, sie zu empfinden und leidenschaftlich zu lieben.

6. Die Musik ist jene Kunst, die das Gemüt der Menschen am tiefsten bewegt; sie besitzt die Kraft, den Schmerz zu lindern und das Glück zu verklären.

7. Wenn die Melodie der Ursprung der Musik ist, so folgt daraus, daß die Musik für das Volk sich nicht im Pastoralen oder Choralen erschöpfen darf. Sie muß immer wieder zur bewegten Melodie als der Wurzel ihres Wesens zurückkehren.

8. Nirgendwo liegen die Schätze der Vergangenheit so reich und unerschöpflich ausgebreitet wie auf dem Gebiete der Musik. Sie zu heben und an das Volk heranzutragen, ist unsere wichtigste und lohnendste Aufgabe.

9. Die Sprache der Töne ist manchmal durchschlagender als die Sprache der Worte. Die großen Meister der Vergangenheit sind deshalb Repräsentanten der wahren Majestät unseres Volkes, denen Ehrfurcht und Achtung geziemt.

10. Als Künder unseres Volkes sind sie damit auch die eigentlichen Majestäten unseres Volkstums, in Wahrheit von Gottes Gnaden und dazu bestimmt, den Ruhm und die Ehre unserer Nation zu erhalten und zu mehren.

Stiftung eines Nationalen Musikpreises

Zur Förderung des musikalischen Solistennachwuchses verfüge ich mit dem heutigen Tage die Stiftung eines Nationalen Musikpreises.

Dieser Preis wird jährlich in Höhe von 20 000 RM. je zur Hälfte an die besten deutschen Pianisten und die besten deutschen Geiger des Nachwuchses zur Verteilung gelangen.

Berlin, den 28. Mai 1938

Der Reichsminister
für Volksaufklärung und Propaganda

Dr. Goebbels

Ein Minister lehrt Musikästhetik   41

wängler nicht an so exponierter Stelle einsetzen. Der Botschafter nahm dies zur Kenntnis:

Der Führer ist gegen eine Teilnahme Furtwängler's an den Salzburger Festspielen.[8]

Der Vorschlag mit der musikalischen Leitung fiel völlig unter den Tisch; nicht einmal Teilnahme war opportun. Allerdings verhandelte in diesen Tagen der Dirigent schon in Wien mit dem künstlerischen Leiter der Salzburger Festspiele und Direktor der Wiener Staatsoper, Dr. Erwin Kerber. Er hatte sich bereit erklärt, in Salzburg einige Opernaufführungen und Konzerte zu übernehmen und in der nächsten Saison auch vier Konzerte der Wiener Philharmoniker und mehrere Staatsopernaufführungen zu leiten. Als er am 5. März aus Wien zurückkam, merkte er, daß alles überholt war, und so teilte er auf dem Dienstweg über die Musikabteilung des ProMi dem Minister mit:

Wie ich höre, hat der Führer über die Aufgabe und das Programm der Salzburger Festspiele eine fest umrissene Auffassung, die sich in entscheidenden Punkten von der meinen unterscheidet. Da ich den Schatten einer »Kollision« meiner Anschauungen mit denen des Führers vermeiden möchte, bitte ich Sie hiermit, von unseren Verhandlungen wegen Übernahme der Leitung der S. F. zurücktreten zu dürfen.[9]

Spätestens bei diesem Anlaß muß dem Dirigenten aufgegangen sein, welche permanenten Schwierigkeiten ein Kollisionskurs auch in Zukunft mit sich bringen würde, nicht nur für die persönliche und künstlerische Entwicklung, sondern auch für die Sache des Musiklebens, die er vertrat. Dies war der Zeitpunkt, an dem alles zu einem neuen Versuch des Tauschhandels drängte. Die Gelegenheit ergab sich rasch. Per Volksabstimmung am 10. April wollte sich Hitler vor aller Welt seine Annektionspolitik gegenüber Österreich mit weiterem »Appeasement« honorieren lassen; das Ausland sollte erfahren, daß hinter ihm »wie ein einziger Block« das gesamte deutsche Volk stehe, einschließlich der »angeschlossenen« Österreicher, die nun

»Ostmärker« hießen. Wieder publizierte die Presse einige Tage zuvor Wahlaufrufe prominenter Persönlichkeiten. Gewandhauskapellmeister Herman Abendroth ging davon aus, daß es in der Musik zwischen Deutschland und Österreich nie eine Trennung gegeben habe, und fuhr werbend fort:

Daß diese Zusammengehörigkeit dank der einzigartigen Tat des Führers nunmehr auch politisch vollzogen ist, dafür wird gerade die deutsche Musikerschaft dem Führer Dank wissen, und sie wird diesen Dank geschlossen abstatten am 10. April![10]

Der Präsident der RMK, Peter Raabe, verkündete mit der Siegesgewißheit eines noch neuen Parteimitglieds:

Dem deutschen Musiker braucht man nicht zu sagen, wie er am 10. April zu stimmen habe (...); er weiß, daß das Endziel der Politik unseres Führers die Festigung des deutschen Wesens ist und daß deutsches Wesen seinen reinsten Ausdruck in der deutschen Musik findet.[11]

GMD Karl Böhm, wiewohl nicht Pg., machte es noch deutlicher, gar in der straffen Pose des Provinzpolitikers:

Wer dieser Tat unseres Führers nicht mit einem hundertprozentigen JA zustimmt, verdient nicht, den Ehrennamen Deutscher zu tragen![12]

Wilhelm Rode, Altparteigenosse und Generalintendant des Deutschen Opernhauses in Berlin, formulierte geradezu byzantinisch:

Was der Führer will und verlangt, dem folge ich, stets und immer begeistert mit einem gehorsamen, treuen und dankbaren »Ja!«[13]

Diesen Tenor oder ähnlichen hatten alle spontanen oder von den Reichspropagandaämtern »erbetenen« Wahlhilfen: Es waren Aufforderungen, eine Ja-Stimme abzugeben. Auch Furtwängler beteiligte sich, aber was er schrieb, war so, daß die Redaktion ein paar Zeilen voranstellen mußte, damit der Leser überhaupt merkte, es beziehe sich auf die Abstimmung; der Text konnte aus einem Geschichtsbuch stammen:

Seit St. Germain hatte ein selbständiges Österreich seinen Sinn verloren. Seine Rückkehr in das große gemeinsame Reich war zur Notwendigkeit, ja zur Selbstverständlichkeit geworden. Diese Notwendigkeit aber Wirklichkeit werden zu lassen, ist die unauslöschbare geschichtliche Tat Adolf Hitlers.[14]

Der Dirigent hat nach dem Ende des 3. Reiches auf Anfrage zu dieser Äußerung Stellung genommen und erklärt, er könne sie, *wenn man sie sehr wörtlich nimmt, heute auch noch unterschreiben. (...) Ich sagte damals zu meinen Freunden, daß es eine unauslöschbare geschichtliche Tat sein wird. Welche Vorzeichen man diesem »unauslöschbar« gibt, ist eine andere Frage. Vergleichen Sie damit einmal, was andere, die man dazu gepreßt hat, geschrieben haben.*[15]

Die doppeldeutige Tatsachenfeststellung umriß einen historischen Sachverhalt, mehr nicht, und war für den Zweck der Abstimmungspropaganda – mangels Begeisterung und persönlichem Bekenntnis – so wenig brauchbar, daß sie auch den Fortgang der Aktion gegen den unbequemen Künstler keineswegs unterbrach oder auch nur behinderte. Göring blieb zu allem entschlossen. Und nun kam ihm der Zufall zur Hilfe.

Das Berliner Philharmonische Orchester pflegte – fast traditionsgemäß – außerhalb der Furtwängler vorbehaltenen oder nur mit namhaften Meistern des Taktstocks geteilten Philharmonischen Konzerte weniger bekannte Dirigenten vorzustellen. Es war immer eine Art Bewährungsprobe, denn das Berliner Publikum galt als wählerisch und kritisch. Mit so einem Klangkörper zu musizieren, war der Traum eines jeden hoffnungsvollen Kapellmeisters. Inzwischen konnten die Philharmoniker – nun Dienststelle des ProMi – nicht mehr gemietet werden; die Geschäftsleitung verschickte eine Einladung, wenn sie es für richtig hielt und nach Absprache mit Furtwängler; diese Verständigung klappte weiterhin, obwohl er nicht mehr »Chef« war, sondern nur noch der prominenteste unter den Gastdirigenten. Die Frage der Qualität spielte bei der Auswahl der Gäste eine größere Rolle als je zuvor. Weil sich seit einigen Jahren in Aachen der junge städtische GMD Herbert von Karajan immer stärker profiliert hatte, erging auch an ihn eine Einladung. Von der Westgrenze des Reiches und mit den Augen eines ehrgeizigen – und hochbegabten – Musikers gesehen, mußte Berlin wie höchste Erfüllung scheinen. Karajan kam. Er schlug sowohl das Publikum wie die Presse in Bann, und man braucht nicht zu unterstellen, er habe von den Nachwehen des Kritik-»Verbots« profitiert, denn die Zeitungen machten durchaus auch Vorbehalte geltend. Das Konzert, das er am 8. April 1938 mit dem BPhO gab, bot Mozart, Ravel und Brahms. Mehr als ein Berichterstatter registrierte Befriedigung, *denn der Mann hat alle Gaben eines geborenen Eroberers, gleich mit welchen Truppen er es zu tun hat. (...) Es ist eine ganz starke Dirigentenbegabung, ein Mann, der in der vordersten Front des Nachwuchses steht. Sobald er an das Pult der Philharmoniker tritt und den Stab ergreift, ist man gebannt von einer seltenen Synthese von Wissen, Wollen und Können: Wissen um das Wesen der Musik, Wollen ihrer Gestaltung, Können ihrer Verwirklichung.*[16]

Man bescheinigte dem jungen Dirigenten die besten Hoffnungen, quittierte einen beispiellosen künstlerischen Erfolg, unterstrich seine Jugend und äußerte die Überzeugung, daß ihm *auch auf anderem Gebiet noch große Aufgaben im deutschen Musikleben gestellt werden.*[16]

Der Musikberichterstatter – hatte er Gerüchte gehört? – war wie einige seiner Kollegen den Tatsachen hellsichtig voraus. Denn Karajan kehrte nach Aachen zurück, ohne daß ein Wunder ihn emporgetragen hatte. Aber der Gedanke an die Möglichkeiten der Reichshauptstadt ließ ihm keine Ruhe. Furtwängler nahm den Erfolg des begabten Kapellmeisters aus der Provinz eben nur zur Kenntnis und konzentrierte sich auf seine eigenen Aufgaben. Während

Karajan mit den Berlinern probte, hatte er in Potsdam Besuch aus Wien. Ein Abgesandter der Wiener Philharmoniker klagte ihm sein Leid, weil 21 seiner Kollegen unter den »Arier«-Paragraphen fielen und örtliche Parteistellen die Selbständigkeit des Ensembles zu beschneiden suchten. An diesem Tag entwarf der Dirigent einen Plan, wie das traditionsreiche Orchester zu retten sei; für den Fall, daß ein neutraler Status erhalten bleibe, werde er gern die Funktion eines Chefdirigenten übernehmen. Sogleich ließ er seine Verbindungen spielen.[17]

Voll Hoffnung fuhr der Geschäftsführer nach Wien zurück. Während Karajan in Aachen aus Anlaß von Hitlers Geburtstag eine Festaufführung des neuinszenierten »Fidelio« leitete – der Führer war freilich nicht mit Pizzarro zu identifizieren, sondern mit Fidelio, dem Retter aus Kerkersnot –, führte Furtwängler die Wiener Philharmoniker in die Reichshauptstadt, um sie vorzustellen und auf ihre bedrohliche Lage aufmerksam zu machen. Für alle Fälle hatte Goebbels per Sprachregelung einen Vergleich zwischen dem Berliner und dem Wiener Meisterorchester in der Presse untersagen lassen. Die Konzerte am 22. und 23. April, wahre Triumphe, erfüllten ihren Zweck. Sie ließen eine eigenständige, schützenswerte Musikkultur erkennen, nicht Konkurrenz, sondern Ergänzung und Bereicherung. Hitler und Goebbels in der Ehrenloge schienen dies zu verstehen, obwohl sie beide mit der ungeliebten Metropole der »Ostmark« kulturelle Eingemeindungspläne hatten. Daß es Furtwängler war, der an die musikalische Tradition und Größe Wiens erinnerte, dämpfte die ohnehin schon stark angeschlagene Sympathie der Spitzenfunktionäre noch weiter, doch konnten sie an der ungehemmten Begeisterung des Publikums für die Gäste auch ablesen, daß es nicht opportun wäre, brutal aufs Ziel zuzusteuern.

Auch die nächste Reise der Berliner Philharmoniker war ein einziger Triumph, den die Zeitungen in Berlin treulich vermerkten. Das Musikpublikum in Rom, bei den Maifestspielen in Florenz, dann in Zürich und Basel und endlich auch in Paris huldigte geradezu den deutschen Musikern. Für Furtwängler bot sich nun die Chance, den Erfolg in ein angemessenes Entgelt umzusetzen; nie mehr durfte sich wiederholen, was 1933 geschah, als er nämlich wegen der Notlage des Orchesters fast ein dreiviertel Jahr kein Honorar bekommen hatte. Also forderte er von Dr. Funk, der Anfang des Jahres vom Staatssekretär im ProMi zum Reichswirtschaftsminister aufgestiegen war, eine Verdopplung seiner Bezüge von 2 000 RM je Konzert auf 4 000 RM. Goebbels genehmigte den neuen Satz prinzipiell, doch äußerte die Abteilung Haushalt seines Ministeriums Einwände, denn der Mehraufwand war nicht aus dem Etat des Orchesters zu decken. Ein Aktenvermerk zeigt aber, daß sich die Beamten sehr wohl der politischen Folgen einer Ablehnung bewußt waren:

Die Angemessenheit der Forderung Dr. Furtwänglers ist dadurch gegeben, daß er im Ausland diese Honorare ohneweiters bekommt. Daher ist auch ihre Notwendigkeit verständlich, denn eine geringere Honorarentschädigung im Inland würde ihn veranlassen, mehr im Ausland zu dirigieren, womit das Orch. einer zweiten Saison 35/36 entgegeninge (ohne F.-Konzerte leere Säle). [18]

Für den Mehraufwand wurde dann auch nicht der Orchesteretat in Anspruch genommen, sondern ein Zuschuß des Ministeriums gewährt. [19] Dennoch liefen immer wieder Rückstände auf. So schuldete die Geschäftsführung ihm im Januar 1940 abermals 50 000 RM.

Jedenfalls lebte Furtwängler im Sommer 1938 noch einmal – trotz der merklichen Distanzierung der NS-Größen – nahezu frei von Beschwernissen, getragen durch Ruhm, Erfolg, Zuneigung der Musiker wie des Publikums, und niemand war in Sicht, der es mit ihm aufnehmen konnte, mit der ersten Größe der deutschen Musik. Auch an Angeboten fehlte es nicht, und so konnte er sortieren. Die erst im Februar begründete Hans-Pfitzner-Gesellschaft Berlin hatte ihn zum Ehrenvorsitzenden erkoren, woraus ihm die Verpflichtung erwuchs, beim ersten Konzert dieses im Rahmen der NSKG tätigen Vereins den Taktstock in die Hand zu nehmen. Nun plante der Vorsitzende, der Musikschriftsteller Wilhelm Matthes, ein großes Pfitzner-Fest und wandte sich mit Programmvorschlägen an den Dirigenten, immer in der Hoffnung, ihn und die Berliner Philharmoniker an irgendeinem Termin im Frühjahr 1939 zu bekommen. Wegen der Festspielvorbereitungen in Salzburg – die Umstände hatten Hitlers Veto durchkreuzt – erhielt Matthes erst drei Wochen später Antwort; Furtwängler bedauerte wegen Zeitmangel und empfahl einen Kollegen:

Vorläufig allerdings glaube ich, daß Sie wohl einen anderen Herrn, vielleicht Herrn Karajan, damit betrauen müssen.[20]

Wenn es eines Beweises bedurfte hätte, wie arglos er immer noch war, was die Stabilität seiner Position im Musikbetrieb anbelangte, so liefert ihn diese Empfehlung, denn sie bedeutete nichts anderes, als daß Karajan wieder nach Berlin kommen müßte, wo das Pfitzner-Fest gefeiert werden sollte. Aachen, das war ein Ort an der Peripherie des Reiches in sicherer Entfernung; aber er schätzte den jüngeren GMD keineswegs als möglichen Konkurrenten ein und schon gar nicht als ernstzunehmende Gefahr. Daß der Mann etwas konnte, hatten ihm die Orchestermusiker schon berichtet, die sich in Dirigenten gewiß auskannten; mochte dieser noch so begabt sein: Der Größenunterschied blieb ... und auch die Selbstgewißheit, und so mischte er sich dann in die Vorbereitungen zum Reichsparteitag ein. Das Musikprogramm lag wieder – organisatorisch – bei Rosenberg, der seinen Musikfachmann Gerigk dazu heranzog. Furtwängler sollte es machen; der aber ließ durch Pg. Ernst Ludwig, den Referenten für Musik des Inlandes in der Abteilung X des ProMi, ausrichten: »Meistersinger« vor dem Parteikongreß ja, sonst nichts. Hitler schwankte zwischen Böhm und Weisbach und ließ Rosenberg freie Hand, nachdem er die Solisten für die Wagner-Oper ohnehin gemäß seiner Gewohnheit bestimmt hatte. An diesem

Punkt setzte Furtwängler an, um das Problem des Wiener Musiklebens unaufdringlich aber deutlich auf die Tagesordnung zu schieben. Von Salzburg aus schickte er ein persönliches Telegramm an Goebbels, Durchschlag an Hauptmann Wiedemann, Reichskanzlei:

Halte aus künstlerischen Gründen für Meistersinger Parteitag Mitwirkung erstklassigen Ensembles für unerläßlich bitte daher außer den vom Führer bestimmten Solisten Orchester Chor und kleine Solisten der Wiener Staatsoper die in Salzburg von mir genauestens einstudiert in Nürnberg einzusetzen stop

nur dann ist eine künstlerische Aufführung dieser so schwierigen Ensembleoper in der kurzen Zeit die in Nürnberg zur Verfügung steht gewährleistet stop

erbitte Zustimmung des Führers zu diesem Vorschlag der zugleich den österreichischen Anteil an der Aufführung dieses Parteitages betonen würde zu erwirken.[21]

Der Vorschlag basierte nicht allein auf künstlerischen Motiven, und auch der »österreichische« Anteil war nur vorgeschoben – vielleicht um etwas zu betonen, das die amtliche Sprachregelung zu »ostmärkisch« ausreichend entschärft zu haben glaubte. In der Hauptsache ging es um die Wiener Philharmoniker, für die eine Ausnahmeregelung durchgesetzt werden sollte; Wiener Funktionäre waren eben dabei, den Klangkörper zu zerschlagen. Schon einige Tage zuvor hatte Furtwängler den Staatsoperndirektor Dr. Kerber ersucht, *zur Aufrechterhaltung der künstlerischen Leistungsfähigkeit und damit des Ranges und Namens der Wiener Philharmoniker die Sonderbewilligung für die in beiliegender Liste verzeichneten neun Mitglieder unseres Orchesters an zuständiger Stelle beantragen und durchsetzen zu wollen.*[22]

Von Anfang an nicht zu halten waren neun »Volljuden« und zwei »nichtarisch versippte« Musiker, da die Rassenpolitik des Regimes, verglichen mit 1933, nun an Sicherheit und Elan zugelegt hatte. Die geforderten Ausnahmefälle betrafen Orchestermitglieder mit »nichtarischen« Frauen und einen »Vierteljuden«. Ihr Ausscheiden hätte die Spielfähigkeit des Ensembles lahmgelegt, zumal weil dann eine Klarinette, eine Posaune, ein Fagott und das 1. Horn ausgefallen wären. Die Zwangspensionierung der elf »rassisch Unwerten« hatte Schaden genug angerichtet, auch wenn der Vorstand, ein kommissarisch von der NSDAP eingesetzter Pg. und SS-Mann, die Folgen verharmloste:

Als nun in den historischen Märztagen 1938 eine geringfügige Veränderung des Orchesters stattfand – sie war in der Tat geringfügig –, da traten auch an die Philharmoniker neue Aufgaben heran.[23]

157

Nationalsozialistische   Deutsche Arbeiterpartei

Der Stellvertreter des Führers
    Stabsleiter

Durch Eilboten.

Herrn
Reichsleiter Rosenberg

B e r l i n W 35,
Margaretenstraße 17.

z.Zt.Obersalzberg, den 5.Aug.38
Bo./Bm.

Kanzlei Rosenberg
Eing. Nr. 2122 ...

E 1c

Betrifft: Musik bei der Kulturtagung.

Den Inhalt Ihres Schreibens vom 28.7.1938 - Dr.Gk/G.-
konnte ich erst heute dem Führer vortragen. Bitte übersenden Sie mir die Platten des Beethoven-Werkes so rasch wie möglich nach dem Berghof, wo der Führer sie sich anhören will.

Heil Hitler!

(M.Bormann)

Der Reichsparteitag wird vorbereitet

Die »geringfügige« Veränderung bestand unter anderm in der Entfernung des eminenten Konzertmeisters und Geigenvirtuosen Arnold Rosé, der bereits in dem berüchtigten Judenlexikon Hans Brückners und Christa Maria Rocks als »Jude Josef Rosenbaum« denunziert worden war. Furtwänglers listenreiches Vorgehen rettete den verbliebenen Bestand; sämtliche aufgelisteten Fälle erhielten eine Sondergenehmigung vom Propagandaminister; nur der Fagottist Hugo Burghauser mußte, obwohl die Scheidung von seiner jüdischen Frau schon lief, aus nicht rassischen, sondern politischen Gründen weichen.

Die »Meistersinger«-Aufführung der Wiener am Vorabend des Parteikongresses in Nürnberg vor dem Führerkorps der NSDAP, allen voran Hitler, dem Diplomatischen Korps, den Gauleitern und Reichsministern und einer Abordnung der Faschistischen Partei Italiens bereitete den Boden für die weitgehende Erhaltung des Wiener Traditionsorchesters, ohne daß sich der Dirigent etwas vergeben mußte, denn diese Aufführung – am 5. September – lag vor der politischen Veranstaltung, die erst am nächsten Vormittag in der Kongreßhalle feierlich eröffnet wurde, berührte sie aber doch eben so weit, um das »richtige« Publikum zu einem Höchstmaß an Aufmerksamkeit in der Sache zu veranlassen. Kaum der Jubelworte mächtig, lobte die Presse:

Der Beifall, den besonders auch der Führer immer wieder spendete, erreichte nach dem Schlußbild (...) die Ausmaße einer begeisterten Kundgebung, die wohl in gleichem Maße dem wunderbaren Werk wie der einmalig vollendeten Wiedergabe galt. (...) Es ist ein gleicher Geist, ein gleiches Wirken von deutscher Art und Seele, was sich hier bekundet. Dort geformt mit der geistigen Kraft des begnadeten Schöpfers, hier emporgerissen von dem einzigen Bekenntnis, das Deutschland heißt und hieß durch alle Jahrhunderte.[24]

Natürlich hatte dieser Opernnachmittag auch mit Musik zu tun. Wie im Vorjahr, nur dringender noch, beschränkte Hitler durch Rundschreiben seines Stellvertreters den Kreis

der Auserwählten; das Amt für Ehrengäste der Reichsparteitage gab den Wunsch weiter, *daß nur solche Besucher teilnehmen, die wirklich ein Interesse daran haben. Auf Anordnung des Führers werden daher (...) Karten auch an die Ehrengäste nur gegen Bezahlung abgegeben.*[25]
Preisliste anbei, Vorauszahlung per mitgelieferter Zahlkarte, Weitergabe der Karten unzulässig. Die Ehre mußte mit Geld aufgewogen werden; aber so war eine gewisse Gewähr gegeben, daß sich auch auf den »politischen« der rund 1 500 Plätze des Nürnberger Opernhauses Musikfreunde einfanden statt banausischer Funktionäre.

Furtwängler nahm den Erfolg als selbstverständlich, zumal da dieser nicht allein seine Position stärkte, sondern auch den Wienern half. Sein Ansehen wuchs ohnehin, und wegen des dauernden Runs auf die viel zu wenigen Karten für die Philharmonischen Konzerte beschloß die Geschäftsführung des BPhO, eine Wiederholung zuzugeben, sodaß nun der Generalprobe drei Aufführungen folgen sollten. Aus diesem Anlaß befaßte sich die Berliner Presse wieder einmal mit Person und künstlerischer Entwicklung dieses außergewöhnlichen Künstlers; unter anderen bezog auch der Musikkritiker Edwin von der Nüll[26] Stellung, und zwar in einer vielgelesenen Publikumszeitschrift:

Furtwängler ist wie kein Zweiter heute Repräsentant des deutschen Musizierens. Obwohl er von Bach bis zu Strawinsky alles dirigiert, was ihm wertvoll erscheint, obwohl er zwei Jahrhunderte europäischer Musik übersieht und gestalten kann, bleibt sein künstlerisches Zentrum die deutsche Musik. Und zwar die deutsche Musik, die von der seelisch-geistigen Auseinandersetzung lebt, die Musik, in der (um ein Wort Kants anzuwandeln) der gestirnte Himmel über uns und das moralische Gesetz in uns wirkt. Die Musik, in der der Mensch mit sich und den ewigen Kräften ringt, die Musik, die Erhebung, Erlösung, Befreiung, Kampf, Sieg oder Vernichtung ausdrükken will. (...) In ihm spiegelt sich das Erlebnis mit unglaublicher Gewalt. Zwischen Himmel und Hölle durchmißt seine

Seele alle Stufen, projiziert sie mit Auge, Minenspiel, Bewegung nach außen, reißt das Orchester, die Sänger ebenso in den Strudel seiner Visionen wie das Publikum.[27]

Der Dirigent akzeptierte dies als eine der gewohnten Huldigungen aus der Feder eines Berichterstatters, der bei der »BZ am Mittag« für Musik zuständig war, und darüber scheint ihm entgangen zu sein, daß und wie die Attacke aus dem Hinterhalt, die er als solche überhaupt noch nicht erkannt, an Schwungkraft gewann. Geschäftsführer Benda hatte auf Grund des positiven Echos nach dem Konzert im Frühling den Aachener GMD abermals eingeladen, diesmal zu einem Meisterkonzert für die NS-Gemeinschaft »Kraft durch Freude« und die Berliner Konzertgemeinde; diese beiden waren politische Organisationen oder aus solchen hervorgegangene, die einen beachtlichen Zuhörerstamm mobilisierten und regelmäßige Veranstaltungen des BPhO »abkauften«, übrigens zu einem minimalen Preis, weil sie ihren Mitgliedern Vorzugsbedingungen bieten wollten. Als erstes dieser Meisterkonzerte der Saison fand das von Karajan geleitete am 27. September statt. Es war der Auftakt zu Größerem. Seit dem Konflikt mit Furtwängler hatten Göring und Tietjen einen Dirigenten suchen lassen, der ihm Paroli bieten konnte; sie holten sachverständige Urteile ein, so von Rudolf Bockelmann, der im Februar in Aachen den Wotan verkörpert hatte.[28] Ob die Behauptung des Musikproduzenten Walter Legge stimmt, er sei es gewesen, der Tietjen den Rat gegeben, Karajan zu holen, muß dahingestellt bleiben, da es diesem Autor offensichtlich auf Selbstdarstellung ankam und nicht auf historische Faktizität.[29] Man kann unterstellen, daß der Generalintendant zwar Information, aber keinen Rat in seinem eigenen Metier benötigte. Jedenfalls machte er sich schon nach einem Bericht seines Dramaturgen Julius Kapp vom Vorjahr ein positives Bild von der Leistung des jungen GMD und lud ihn dann ein, an seinem ehrwürdigen Institut gastweise zu wirken. Karajans Auftritt in der Staatsoper – am 30. September – bot einen denkwürdigen »Fidelio«:

Es war einer jener seltenen Abende, an denen alle im Kunst-
werk beschlossenen Kräfte zur Entfaltung kommen. Die Auf-
führung war von einer Spannung ohnegleichen erfüllt. (...) Der
junge Dirigent hatte nach wenigen Minuten auch den ganzen
Apparat der Staatsoper für sich gewonnen.[30]

Keine Hand rührte sich zur Begrüßung, aber vom zweiten Akt an feierte das Publikum den bislang so gut wie Unbekannten stürmisch; solches ließ sich nicht organisieren,
es war Karajan – der Eroberer. Die spontane Reaktion des
Publikums veranlaßte von der Nüll sogar, über Unterschiede des Hörerverhaltens analytisch nachzusinnen:

Das Publikum hat sich auf Anhieb entschieden. Es hat eine
Leistung als überragend bewertet und sich entsprechend ver-
halten.[31]

Nicht allein wegen der Publikumswirkung schloß Tietjen
sogleich einen Gastspielvertrag mit Karajan; dieser Mann
konnte für die Abrechnung mit Furtwängler nützlich werden, war er doch nicht nur Künstler, sondern auch ein besessener Aufsteiger, der keine Möglichkeit ausließ, die seinem Erfolg dienlich sein konnte. So weit beherrschte der
Kommandant dieses umfangreichen und konfliktträchtigen
Kulturbetriebs Psychologie aus eigener Erfahrung.

Für seinen Ehrgeiz war der junge Kapellmeister früher in
Ulm von provinzieller Erfolglosigkeit geplagt gewesen; der
Sprung an eine große deutsche Musikbühne hätte ihm be-
hagt, aber da waren Vakanzen so rar, daß ein Anfänger
allenfalls auf eine Korrepetitorstelle hoffen konnte. Dann
kam Hitler an die Macht. In den ersten Monaten des Jahres
1933 setzten die neuernannten linientreuen Intendanten ihre jüdischen Kapellmeister auf die Straße; aber dies schien
in Pogromstimmung geschehen und vielleicht nur vorübergehend. Eines Tages bestätigte der Reichstag die Sachlage,
eben mit dem berüchtigten »Gesetz zur Wiederherstellung
des Berufsbeamtentums« vom 7. April 1933, in Wirklichkeit
nachträgliche Legalisierung des Boykotts gegen jüdische
Staatsdiener. Karajan hielt sich gerade bei seinen Eltern in

Salzburg auf, 25 Jahre alt, getrieben vom Willen, nach oben zu kommen. An diesem Freitagabend meldete Radio München die gesetzliche Neuerung; am nächsten Morgen brachte ein mit der Nationalsozialisten sympathisierendes Blatt – vor den anderen Salzburger Zeitungen – die Nachricht schwarz auf weiß. Nun, so stand da zu lesen, existierten endlich die *Voraussetzungen, um Parteibuchbeamte und jüdische Beamte allenthalben aus dem öffentlichen Dienst entfernen zu können.*[32]

Wer am Theater arbeitet, weiß natürlich, daß Kapellmeister städtischer und staatlicher Häuser sozusagen Beamte auf Zeit sind. In Karajans Elternhaus, Schwarzstr. 1, befand sich ein Lädchen, wo man nicht nur dieses »Salzburger Volksblatt«, sondern auch Werbematerial des österreichischen Ablegers der NSDAP erhalten konnte; um sich über die Möglichkeiten von morgen zu informieren, mußte der junge Musiker nicht einmal über die Straße gehen. Es wäre ihm also leichtgefallen abzuschätzen, daß es auf Grund jenes »Arier«-Paragraphen zu einer Massenentlassung jüdischer Theaterdirigenten kommen werde, wodurch sich zwanzig bis dreißig Stellen, darunter einige höchst begehrenswerte, auftun müßten. Die Konkurrenz wäre groß, gewiß; aber wenn sich ein wenig nachhelfen ließe ...

An diesem Samstag, dem 8. April, unterschrieb Karajan eine Aufnahmeerklärung für die NSDAP, bezahlte fünf Schilling Anmeldegebühr und gab dem Werber – Pg. Herbert Klein, später Historiker und Leiter des Landesarchivs Salzburg – den Zettel zurück; Klein lieferte die Beitrittsbescheinigung in der Werbestelle der Partei ab, nämlich just in jenem Laden in der Schwarzstraße 1, wo Karajans Eltern lebten. Daß hinter diesem Entschluß, politisch Farbe zu bekennen, eine Kalkulation steckte, läßt sich nicht nachweisen; man kann natürlich auch annehmen, es müßte sich um einen jener unwahrscheinlichen Zufälle handeln, die nur alle Jubeljahre passieren und dann die schlimmsten Folgen haben. Der Musiker brauchte weder Rundfunk gehört noch das »Volksblatt« überflogen zu haben, um zu tun, was der

310

Ehrgeiz ihm diktiert haben könnte, sobald er Kenntnis der politischen Sachlage gewonnen hätte; er konnte auch der NSDAP beitreten, wenn er ein fanatischer Anhänger Hitlers gewesen wäre. Andere als diese beiden Motive sind nicht recht ersichtlich.[33]

Fest steht aber, daß er irgendeinen Zweck mit diesem frühen Bekenntnis verfolgte, sonst hätte er gewiß nicht – schon im Besitz der Parteinummer 1.607.525 – drei Wochen später bei der Ortsgruppe Ulm der NSDAP zum zweitenmal eine Beitrittserklärung unterzeichnet und nun die Nummer 3.430.914 entgegengenommen. Auch diesmal fällt ein Zusammenhang mit einem Datum ins Auge. Der Tag dieses Beitritts, der 1. Mai, war der letzte für vier Jahre, an dem die Partei noch ziemlich wahllos Mitglieder akzeptierte; mit ihm begann eine von Hitler verfügte Sperrzeit.[34] Daß die Mitgliedschaft auch für den Kapellmeister recht nützlich sein konnte, erhellt aus einer ganzen Reihe von Beispielen, in denen wenig begabte Künstler – wenn auch nur vorübergehend – wegen ihrer »politischen Verdienste« zu Posten kamen, ob sie sie nun ausfüllten oder nicht. Karajan war zu begabt und daher unbequem, und deswegen schickte ihn der Ulmer Intendant, nachdem er ihn einige Zeit auf dem freien Posten des abgesetzten jüdischen 1. Kapellmeisters Otto Schulmann ausprobiert, endgültig fort; das war im März 1934.

Der arbeitslose Musiker ging nach Berlin und versuchte, irgendein Engagement zu bekommen. Nun existierte in der

Konzertabteilung Reichsmusikerschaft

KONZERT   Bechsteinsaal, Donnerstag, 15. Nov., 8 Uhr

MARIA OERTEL (Sopran)
ARMIN LIEBERMANN (Cello)

Mitw.: **Prof. Julius Dahlke** (Klavier)

Arien v. **Gabrielli** u. **Händel**, Cellokompositionen v. **Brahms, Tschaikowsky**, Lieder v. **Brahms, Hugo Wolf, Fr. Welter**

Karten bei Bote & Bock, Wertheim, Abendkasse

Reichshauptstadt neben dem Bühnennachweis und mehreren Konzertagenturen eine Konzertabteilung, die im Rahmen der RMK von der »Reichsmusikerschaft« im Februar begründet worden war. Auf Veranlassung Havemanns hatte man zum Geschäftsführer dieser sozusagen amtlichen Stellenvermittlung den Nicht-Pg. Rudolf Vedder bestellt, einen höchst rührigen und erfolgreichen Ehrgeizling mit nicht einwandfreier Vergangenheit; und dieser Mann wirtschaftete nun drauf los, vermittelte Engagements, besetzte Vakanzen, schuf sich Rückhalt in der Künstlergemeinschaft, bis er unentbehrlich schien. Für einen stellungslosen Kapellmeister wäre es logisch gewesen, zu allererst Herrn Vedder aufzusuchen. Obwohl ein Kontakt zwischen ihm und Karajan erst für 1935 oder 1936 bezeugt ist,[35] könnte er schon im April bis Mai 1934 angebahnt worden sein; er war unvermeidlich, falls der Arbeitslose tatsächlich alles tat, um eine neue Möglichkeit zu finden. Im Herbst 1938 – inzwischen erfolgreicher GMD in Aachen – stand er mit Sicherheit in Vedders Kartei, und obwohl der Vermittler mit großem Krach aus der aufgelösten Konzertabteilung der RMK geschieden war, arbeitete er selbständig mit stärkerer Effektivität, machte sich Spitzenkünstler geradezu hörig und tat für Karajan einiges; ob die Idee, ihn nach Berlin zu bringen, nicht in Vedders von Neu-Westend am Stadtrand ins Zentrum an den Potsdamer Platz verlegter Konzertdirektion ersonnen und angebahnt wurde, ist keine müßige Frage. Furtwängler war für den Agenten ein rotes Tuch, und das beruhte auf Gegenseitigkeit.

Der 21. Oktober markiert jedenfalls den Beginn des Großangriffs gegen den schwierigen »Alten«. An diesem Abend dirigierte Karajan in der Staatsoper »Tristan und Isolde«. Es war sein zweiter Auftritt in diesem Hause. Eine Zeitung – eine einzige der fünf bis sechs großen in Berlin – bauschte den unbezweifelbaren Erfolg zu einer Weltsensation auf. Es war die »BZ am Mittag«, und der sehr persönliche und überdreht knallige Bericht trug die Unterschrift Edwin v. d. Nüll. Titel: »In der Staatsoper: Das Wunder

Karajan«, vierspaltige Balkenüberschrift für das einmalige Genie – und ein wenig auch für Nüll, den mittelbaren Entdecker dieses Phänomens. Nüll war bescheiden. Er bescheinigte die Ehre des Fundes lieber dem »großen Künstler und Organisator« Tietjen; und dann, fortissimo, die Lobeshymne:

Was er gestern zeigte, grenzt ans Unbegreifliche. Ein Mensch von dreißig Jahren stellt eine Leistung hin, um die ihn unsere großen Fünfzigjährigen mit Recht beneiden dürfen. (...) Karajan ist ein Geschenk. Ich glaube, er weiß genau, was er wert ist. Um ihn werden sich in Kürze die Opern-Metropolen der Welt reißen.[36]

Damit niemand im Unklaren bliebe, wer sich angesprochen fühlen sollte als »unsere großen Fünfzigjährigen«, war Furtwängler in einem der vorgestellten beiden Sätze genannt und sein Foto auf dieser Seite plaziert. Ein Redaktionskollege des Kritikers hat später Details dieser Tage geschildert und auch Teile der Rezension zitiert, allerdings gegenüber dem Original verkürzt und verändert.[37] Danach habe Nüll voll Begeisterung am Morgen des 22. Oktober das gemeinsame Redaktionszimmer betreten und ihm, dem Kollegen Bernd Ruland, den Bericht aus dem Manuskript vorgelesen. Mit einem Scherz schlug Ruland den Titel vor. Auch der Satz dieser reißerischen Überschrift als Blickfang über die ganze Blattbreite ging auf dessen Konto. Allein schon der Text war offensichtlich als Tiefschlag gegen Furtwängler berechnet, und nun konnte sich erweisen, was jener Kritik-Erlaß des Ministers taugte, der solche Auswüchse verhindern sollte. Der Dirigent, wenngleich Gegner eines Kritik-Verbots, aber durchaus willens, den Zeitungsleuten eine gewisse Disziplin des Ausdrucks beizubringen, war nun ein wenig ratlos. Denn seit 1933 hatte sich einiges geändert, existierten amtliche Zuständigkeiten, die mehr Erfolg versprachen als ein Telefonanruf beim Chefredakteur; also war der Dienstweg unerläßlich. Aber konnte er – nun selber Betroffener in eigener Sache – irgendwo »da oben« betteln

gehen? Zumal da Goebbels in Erinnerung an seine Kritik-
denkschrift vom letzten Jahr ihn schadenfroh abweisen
können würde?

Vor 1933 war die Disziplinierung allzu vorwitziger Kritiker kein Problem gewesen. Dafür gibt es mehrere Indizien,
darunter einen Briefentwurf an einen ungenannten Chefredakteur:

*Ich habe davon abgesehen, zu der mehr als unsachlichen
Haltung, die Ihr Referent A. B. seit vielen Jahren gegen mich
einnimmt, jemals Stellung zu nehmen. Es würde zu weit führen, seine theoretisch stets ebenso richtigen, wie sachlich-prak-
tisch falschen Äußerungen zu widerlegen. Wenn er diesmal
aber behauptet, daß ich im Andante der C-dur-Sinfonie von
Schubert rüstige Viertel schlage (2mal wird darauf hingewiesen), während ich in Wirklichkeit niemals etwas anderes als ⁴⁄₈
schlage und das Tempo dieses Satzes im Durchschnitt langsa-
mer nehme als andere Dirigenten, so kann man hier fragen,
ob bewußte Fälschung oder geradezu maßloser Dilettantismus
vorliegt. Ich lehne es ab, mich dem Urteil eines solchen Kritikers weiter auszusetzen und bitte Sie, mir zu erklären, daß er
in Zukunft meine Konzerte nicht mehr besprechen wird. Sollten Sie diese Erklärung nicht abgeben, werde ich mit öffentlicher Begründung nicht mehr nach München kommen, da ich
nicht einsehe, warum man sich als Künstler, neben allem andern, auch noch ausgesprochenen Fälschungen des Tatbestandes aussetzen soll.*[38]

Es war wahrscheinlich Alfred Burgartz bei der »Bayerischen Staatszeitung«, den dieser Bannstrahl traf; ob sein
Abgang nach Stuttgart damit zusammenhängt, läßt sich
nicht mit Sicherheit bestimmen. Der Dirigent sammelte
Kritiken und wertete sie aus, beobachtete nicht nur seine eigene öffentliche Wirkung, sondern auch die von Kollegen
wie Böhm, Elmendorff, Sabata, Kabasta, Talich und dergleichen. In diesem Falle stand eine reine Sachfrage zur
Debatte, seine ohnehin umstrittene Schlagtechnik; die Hef-
tigkeit der Reaktion verlieh dem Anlaß mehr Bedeutung,

als ihm tatsächlich zukam. Ein anderer Fall – knapp vor der »Machtübernahme« – ereignete sich in Hamburg; ihn spiegelte anschaulich genug ein Brief:

Eben hat mich Lütgert angerufen, nachdem er mit Professor Roth eine Stunde lang konferiert hat, er sagt, Roth sei sehr erschrocken gewesen, daß derartige Konsequenzen drohen, habe langsam aber sicher retiriert, und habe gesagt er werde das in seiner nächsten Kritik beweisen. Wenn Sie mit Chevalley essen, sollen Sie aber davon nichts wissen. Denn Chevalley will die Ehre haben, es allein gemacht zu haben.[39]

Was einst – zwar mit einem Aufwand, der einer besseren Sache dienlich gewesen wäre – stets gelang, nämlich den Zeitungsleuten den Größenunterschied und ihre eigenen Grenzen vor Augen zu führen, stieß nun auf Schwierigkeiten, die der politisch Exponierte, wollte er sich nichts vergeben, einkalkulieren mußte. Daher schickte er zunächst nur seine Sekretärin Freda von Rechenberg vor. Sie wandte sich an Dr. Drewes und erfuhr, daß die Musikabteilung des Pro-Mi, der dieser vorstand, keine Kompetenz in Fragen Kunstbetrachtung habe. Nun redete der Chef mit dem Beamten, der bis vor kurzem – als Nachfolger Furtwänglers – noch Vizepräsident der RMK gewesen war, ein »Kollege« sozusagen, auch GMD, aber alter Nationalsozialist. Drewes riet wahrscheinlich, es weiter oben zu probieren, nämlich bei Staatssekretär Naumann, dem Leiter des Ministeramts. So geschah es. Bei allem Vorbehalt gegen den Musiker erkannte Goebbels hier eine Chance, die alte Rechnung mit seinem Rivalen Göring ein wenig auszubalancieren, und er griff ein. Die Redaktion der »BZ am Mittag« erhielt vom Ministerium eine ernste Rüge wegen der »bombastischen Aufmachung« jener Rezension.[40] Der Hauptschriftleiter gab sie weiter und sorgte dafür, daß Nüll dem streitbaren Dirigenten fernblieb. Ob ein Auskunftsersuchen der Hauptstelle Kulturpolitisches Archiv im Amt Rosenberg – Dr. Gerigk – an das Geheime Staatspolizeiamt Berlin wegen von der Nülls früherer politischer Betätigung oder eventueller NS-Gegnerschaft, das vom 16. März 1939 datierte und am 8. Mai 1940 angemahnt wurde, mit der Sache zusammenhängt, muß offenbleiben. Jedenfalls wann immer ein Furtwängler-Konzert zu besprechen war, tat ein anderer dies.[41] Bei den Musikfreunden blieb dies nicht unbemerkt. Ein Kollege aus dem gleichen Hause las dem Pechvogel gar öffentlich die Leviten:

Auch eine gute Kritik kann viel Unheil anrichten, wenn ihr die Mache auf dem Gesicht geschrieben steht. Sie kann den Besten in den Ruf bringen, daß er »durchgepaukt« werden soll. (...) Wenn zwischen einem komponierenden Anfänger und einem Hans Pfitzner oder zwischen einem dirigierenden Neuling und einem Wilhelm Furtwängler keine Gradunterschiede für den Leser mehr erkennbar werden, verliert die Kunstbetrachtung ihren letzten Kredit.[42]

Nun hatte wieder Karajan Anlaß zur Erbitterung, weil er sich – mit vollem Recht – durch das Etikett »dirigierender Neuling« diskriminiert fühlte, und da auf der Hand lag, wer dahintersteckte, zielte sein Zorn nicht gegen Matthes und nicht gegen den Minister, sondern gegen Furtwängler. Zu dessen 2. Philharmonischen Konzert, das am 5., 6., und 7. November u. a. Bruckners Fünfte in Originalfassung bot, schickte die »BZ« nun Matthes, der gemessenes, eindeutiges Lob spendete und erläuterte, *woher diese tiefsten geistigen Beziehungen zu einer so weit ausströmenden Musik kommen. Man fühlt, hier sind die letzten Grenzen alles Darstellbaren erreicht.*[43]
Das Auge des Ministers blickte indessen nicht in jeden Winkel, um Vergleiche und Gegenüberstellungen beider Dirigenten zu unterbinden, und an Vorzensur dachte er ohnehin nicht; gleichwohl verhielt sich seine Presse nun auch vorsichtiger. So brachte die »Berliner Illustrierte« einige Tage später eine Bildseite, in der rechten Spalte oben ein Foto des dirigierenden Furtwängler, doppelt so hoch wie das darunter abgedruckte von Karajan. Die Legende besagte:

Der Musikwinter hat begonnen: Wilh. Furtwängler, der erste deutsche Musiker, der geistigste und innigste Dirigent der symphonischen Musik, feiert seine ersten Triumphe in der Saison.[44]

Unter dem Foto des Konkurrenten war zu lesen:

Herbert von Karajan, der erst dreißigjährige Aachener Generalmusikdirektor, eine unerhörte opern-dramatische Begabung, ist die große Entdeckung des Berliner Musikwinters. Ministerpräsident Generalfeldmarschall Göring berief ihn an die Berliner Staatsoper.[44]

Die Superlative für Furtwängler redeten eine deutliche Sprache; er, sollte das heißen, bliebe der unvergleichliche Erste. Am gleichen Tag erledigte die »BZ« noch eine Schuldigkeit; Nülls Wunder-Kritik konnte so nicht stehenbleiben und mußte auf die branchenübliche Tonart heruntertransportiert werden. Dies war eine Protokollfrage, die der dritte Musikmann in der Schriftleitung, Walter Steinhauer, vornehm und geschickt erledigte. Er verkleinerte alles auf die Hälfte; statt 97 Zeilen waren es nur 43; eine zweispaltige Überschrift setzte jene vierspaltige außer Kraft, und von Wunder war keine Rede mehr, obwohl es um den gleichen »Tristan« ging, sondern der Kritiker konstatierte nur noch *eine ungemein fesselnde und intensive Verwirklichung.*[45]

Daß Furtwängler sich selber ein Bild machte, was der junge Rivale leistete, und wo die wesentlichsten Unterschiede lägen, kann nicht überraschen. Die Affäre hatte ihn tief aufgewühlt, und an irgendeinem Punkt war zweifellos seine Selbstachtung berührt. Also studierte er eben diesen angeblich sensationellen »Tristan« in der Handschrift des Aachener Eindringlings und kam zu einer bemerkenswerten Analyse:

Der intellektuelle Dirigent (Karajan, Tristan) dirigiert, da er nicht das Stück neu erlebt, sondern nur das, was er weiß und will, nur die Nuancen. Daher dieselben alle übertrieben. Die langsamen Tempi zu langsam, die schnellen zu schnell, kein harmonisch-polyphones Gesamterleben des Orchester-

klanges, sondern einzelne, absichtlich und übermäßig hervor-
tretende Stimmen. Vor allem leidet der Gesamtklang (Strei-
cher). Ausdrucksmäßig ist nur »da«, was hysterisch ist, oder
es wird ins hysterisch-übertriebene umgedeutet.[46]

Dies war eine erstaunlich emotionsfreie Schau, die zugleich alles das beinhaltete, was Furtwängler als Trennen-
des ansah; immer noch fehlte jedes Indiz, daß er in Karajan
zu diesem Zeitpunkt einen bedrohlich gefährlichen Gegner
gefürchtet haben könnte. Die »Wunder«-Kritik schien entschärft; seinem Rang war Genüge geleistet, und nun konnte
er sich beruhigt neuen musikalischen Aufgaben zuwenden.
Wer oder was dahintersteckte, interessierte ihn im Augenblick nicht so sehr. Aber der Ärger saß tief. Wer wollte,
konnte ihn leicht an die Oberfläche holen; er brauchte nur
zu behaupten, Furtwängler sei eifersüchtig auf Karajan.
Solches betrieb der künstlerische Geschäftsführer von Benda virtuos, nachdem der »Chef« sich gegen ihn gewendet
hatte, weil er den Mißbrauch der Philharmoniker zu Konzertreisen in Kammerbesetzung, aber unter hochstapleri-
schem Namen, unterbinden wollte, und der Konflikt endete mit Bendas Ablösung, als klar lag, daß er als vorgescho-
bener Posten des Konzertvermittlers Vedder in der Auseinandersetzung mit Furtwängler diente. Dieser wies jeden
Gedanken an Eifersucht von sich und wehrte ab:

Ich habe nur dagegen protestiert, daß Karajan von heute
auf morgen durch eine gewisse Presse so dargestellt wird, als
ob er der Herrgott selber wäre.[47]

Einige Tatsachen hatte er sich schon zusammengereimt.
Schließlich mußte Null irgendwann zwischen dem 4. und
dem 22. Oktober eine jähe Schwenkung vollzogen haben;
da er den ersten Staatsopernabend Karajans schon miter-
lebt hatte, ohne undiszipliniert enthusiastisch zu reagieren,
konnte es nicht an dem Eindruck gelegen haben, den der
Gastdirigent ihm vermittelte, denn dieser war beim ersten
Auftritt nicht weniger außergewöhnlich als beim zweiten.
Sollte man annehmen, daß Null erst beim zweitenmal etwas

Staats- **Theater**
Staatsoper Tel.: 16 72 62

TRISTAN UND ISOLDE
Anfang **19** Uhr   Ende **23¼** Uhr
Dirigent: **von Karajan**
Rünger, Klose,
Seibel a. G., Großmann, v. Manowarda

Schauspielhaus Tel.: 12 48 59

HAMLET
von **Shakespeare**
Anfang **19½** Uhr   Ende gegen **23¼** Uhr
Ausverkauft!

Kleines Haus Tel.: 25 36 78

Begegnung mit Ulrike
Komödie von Graff
Anfang **20** Uhr   Ende **22½** Uhr
Hellberg, Körber, Leibelt,
Braun, Graf, Clement, Henckels

Das „Wunder Karajan"
zeigt sich an

merkte? Oder daß seine Hymne im »Stern« zu Anfang des
Monats unaufrichtig war? Vielleicht gar kalkuliert, um
Furtwängler in Sicherheit zu wiegen? Andererseits hatte
er – nach allem Anschein – keinen persönlichen Grund zu
solcher Art Rache. Bei der Spruchkammerverhandlung in
Sachen Furtwängler stimmten die Zeugen überein, daß der
Kritiker enge Beziehungen zum Reichsluftfahrtministerium
unterhielt, dem Göring vorstand, und daß er damit bei den
Kollegen sozusagen auch hausieren ging. Das mag seinem
Selbstbewußtsein gut bekommen sein. Dieses brauchte er
schon deshalb, weil er sich betont für neue Musik einsetzte
und damit oft aneckte. Noch in seinem – bibliografisch
nicht nachweisbaren – Buch »Lebendige Musik«, das 1943
in Leipzig erschien, herausgegeben von der Wehrbetreuung
der Luftwaffe und gleich im Auftrag des Reichsluftfahrtmi-
nisteriums unter Einschaltung des NS-Führungsstabes der
Luftwaffe verteilt und daher vergriffen, strich er Komponisten wie Egk, Orff und Wagner-Régeny heraus. Dies war

die konsequente Fortsetzung einer Entwicklung, die zehn Jahre zuvor mit der Studie »Moderne Harmonik« begonnen hatte. Also gehörte er auch in der Ästhetik zu den Gegnern Furtwänglers.

Als einer von zwanzig Berliner Musikberichterstattern und nicht einmal besonders prominent, mochte er den Rückhalt »nach oben« ohnehin gebraucht haben. Überliefert ist, daß sowohl Göring wie Tietjen ihn kannten; außer den beruflichen mögen noch andere, persönlichere Beziehungen gepflegt worden sein. Solches wäre nicht ungewöhnlich. Beide Seiten konnten daran ein Interesse haben. Da Göring kein eigenes publizistisches Organ besaß – anders als Rosenberg, Ley, Goebbels und andere Größen des Regimes –, war es ihm um Einfluß in der Presse gewiß zu tun. So ein direkter Kontakt ersparte es, den Propagandaminister um Gefälligkeiten bitten zu müssen. Noch eine andere Persönlichkeit kannte von der Nüll gut und hatte häufig Umgang mit ihm, und auch sie erfreute sich bester Beziehungen zum Luftfahrtministerium: der Konzertagent Rudolf Vedder.

Vedder war bei der Verschwörung gegen Furtwängler eine Art graue Eminenz; das Intrigenspiel, möglichst im Hintergrund, gehörte zu den großen Begabungen dieses eiskalten Geschäftsmannes, der vom Metier und vom Musikbetrieb mehr verstand als seine Konkurrenten, allerdings obendrein barbarisch rücksichtslos war. Er hatte die Konzertabteilung der Firma Steinway & Sons geleitet und mehrfach anfallende Künstlerentgelte in die eigene Tasche gesteckt. Das war 1927. Weil es um immerhin 10 200 RM ging, die Steinway den Geprellten ersetzen mußte, bekam Vedder mit neutralem Zeugnis die Entlassung; indes blieben ihm strafrechtliche Folgen der Unterschlagung erspart, ging die Firma doch davon aus, daß jemand, der im Gefängnis säße, den Schaden nicht wiedergutmachen können werde. Vedder begriff rasch, wie er noch in dieser Situation profitieren konnte, und ließ sich von seinem früheren Arbeitgeber mit Empfehlungen und dergleichen unter die Arme greifen. Wegen der allgemeinen Wirtschaftslage glückte dies nur ungefähr; entsprechend schleppend liefen die Raten auf den Schuldbetrag in der Hamburger Firmenkanzlei ein.

Natürlich bemühte sich der nunmehr selbständige Konzertagent um die besten Musiker. Er machte sich auch an Furtwängler heran, aber der besaß eine perfekte Sekretärin für Gastspielarrangements, arbeitete, was die Konzerte mit dem BPhO anging, bereits mit der Agentur Wolff & Sachs und ließ den Übereifrigen daher abblitzen. Das war 1929. Nun setzte Vedder alle Werbemittel ein, um Furtwängler kleinzukriegen; naheliegende Methode: eine Gegenkraft aufbauen und durchsetzen. Er versuchte dies mit Eugen Jochum und prahlte:

Jochum ist eine Kanone, er ist der kommende Mann und wird Furtwängler sehr bald in den Schatten stellen! [48]

Dieser Streich mißlang; Jochum kam nicht an, denn die Berliner hielten ihrem vertrauten Idol die Treue. Arbeitsethos und Organisationstaktik des Agenten erhellen aus einem anderen Fall. Furtwängler hatte – es mag 1931 gewesen sein – die »Matthäuspassion« aufzuführen und brauchte dazu die Sopranistin Mia Peltenburg, die Vedder »liefern« sollte. Sie erschien jedoch nicht zur Probe. Der Vermittler lief, zuerst nervös, dann mit dem Gestus tiefster Verzweiflung im Saal auf und ab und entschuldigte sich immer wieder für die Dame. Es sei unglaublich, und so kenne er sie gar nicht; ob da vielleicht etwas passiert sei? An der nächsten Probe nahm die Peltenburg teil, als sei nichts geschehen, und verriet, Herr Vedder habe ihr für den gestrigen Probenabend noch rasch ein Engagement besorgt und gesagt, sie brauche zu der Probe nicht zu erscheinen. Furtwängler sah klar, kanzelte den ungetreuen Agenten ab und verzichtete auf jede weitere Zusammenarbeit mit ihm.

Mit dieser Methodik und ohne Skrupel war Vedder auch zu seiner einflußreichen Position im Musikbetrieb aufgerückt. Er hatte als Künstlersekretär angefangen, so für Edwin Fischer und Georg Kulenkampff. Zugunsten seiner ohnehin prominenten Schützlinge präsentierte er rasch steigende Honorarforderungen, aber hoffnungsvollen Nachwuchs, der den Größen hätte gefährlich werden können, unterdrückte er, nicht zuletzt mit Hilfe seiner guten Beziehungen zur Presse. Er kaufte und verkaufte in jeder Hinsicht, hing aber nach wie vor am Faden von Steinway. Was neu war im Agenturgewerbe, betrieb er virtuos, nämlich nicht nur seine eigenen Künstler lautstark anzupreisen, sondern die der Konkurrenz schlechtzumachen und zu verdächtigen. Aber so gelang es ihm, unentbehrlich zu scheinen, hier geliebt, dort gefürchtet. Mit dem 30. Januar 1933 bekam er erst recht Oberwasser.

Im November 1933 machte er sich an die Agentur Wolff & Sachs heran, die seit einigen Monaten ihre Verbindung zu Erich Sachs gelöst hatte und nun wieder als Konzertdirektion Hermann Wolff firmierte. Zuvor studierte er geradezu generalstabsmäßig die Lage – auch dies ein Indiz für seine Gefährlichkeit. In einer Denkschrift hielt er alle nützlichen Informationen fest, einschließlich der wirtschaftlichen Situation der Firma, die natürlich unter dem antisemitischen Boykott litt und zum 1. Juli mit einem Fehlbetrag von 4 000 RM bilanziert hatte; auch Details des Personalstandes interessierten ihn, war doch Frau Wolff nach dem Abgang ihrer jüdischen Mitinhaber Erich Sachs und Erich Simon alleinige Chefin:

Louise Wolff ist angeblich Christin, die Töchter Halbjüdinnen. Gegen die Beschäftigung der Töchter wird von allen Seiten Widerstand gezeigt, vor allem vom Geschäftsführer des Philharmonischen Orchesters (Herrn Höber). (...) Der Vertrag mit dem Philharmonischen (10 Furtwängler Konzerte) ist in dieser Saison gekündigt. Die Verlängerung des Vertrages ist unklar. Furtwängler will Frau Wolff unterstützen und die Konzerte bei der Firma lassen. Der Geschäftsführer HÖBER wünscht keine Verlängerung des Vertrages falls in der Inhaberschaft und in der Frage der Töchter keine Änderung erfolgt.[49]

Besonders brauchbar schien ihm die vertrauliche Information, die Firma habe ihre Steuern nicht korrekt bezahlt; schließlich strebte er Mitinhaberschaft an. Unter dem Druck der Zeitumstände verhandelte Frau Wolff tatsächlich mit ihm und machte sogar ein Vertragsangebot – freilich ohne auf die Forderungen des Eindringlings einzugehen und mit der ausdrücklichen Klausel:

Eine Kündigung der derzeitigen Prokuristin Frau Stargardt und Frau Brandenburg ist nur mit Genehmigung der Gesellschaftsversammlung zulässig.[50]

Gerade mit den »halbjüdischen« Töchtern wollte Vedder nichts zu tun haben, und er lehnte rundweg ab. Auch ein zweiter Entwurf führte zu keiner Einigung. Am 5. Januar 1934 ließ er durch seinen Anwalt mitteilen, er lege keinen Wert auf Anstellung als Geschäftsführer, wobei die materielle Frage nur von nebensächlicher Bedeutung sei. Steinway-Direktor Theodor Ehrlich beobachtete die Entwicklung und wirkte hinter den Kulissen zugunsten seines säumigen Schuldners. Noch andere Leute setzten sich ein, so auch der begüterte Sänger Carl Clewing, Pg. und SS-Führer, der im ersten Weltkrieg als Kampfflieger gedient und dabei einen Fliegeroffizier namens Hermann Göring kennengelernt hatte, und dies führte dazu, daß ihn der alte Kamerad – kaum auch noch zum Reichsjägermeister aufgerückt – zu seinem Musikbeauftragten ernannte.

Mit so viel Hilfe gelang Vedder der entscheidende Schritt. Er wurde Leiter der Konzert-Abteilung der Reichsmusikerschaft (RMK), die im Februar 1934 zu arbeiten begann. Sein Vertrag datiert vom 16. März. Das erste, was er – in dankbarer Gemeinschaft mit seinem Förderer Havemann – unternahm, war die »Entjudung« der Musikstätten der Provinz, indem er einfach keine jüdischen Künstler dahin vermittelte. Obwohl ihm bewußt war, damit gegen Furtwängler aufzutreten, versuchte er abermals, sich dem Dirigenten zu nähern. Am 22. März klopfte er bei Frau Geissmar an, und sie fand ihn umgänglich und wichtig:

Der mir ganz neue Lichter aufsteckte. Ich sehe vielerlei jetzt
viel klarer und keiner Ihrer ganzen Ratgeber oder Mitarbeiter
sagt Ihnen in einer Viertelstunde so viel in der knappsten Wei-
se wie der. Ich halte es für absolut notwendig, daß Sie ihn mal
empfangen und werde Ihnen mündlich sagen warum.[51]

Sie hatte dem nun amtlichen Vermittler von der Besprechung Ihres Chefs im ProMi acht Tage zuvor berichtet und
gewann nach dem Kommentar ihres Gastes die Überzeugung, Furtwängler sei dort doch sehr merkwürdig behandelt worden und seine Gesprächspartner hätten an völlig
unverantwortliche Dinge gedacht. Vedder war gut informiert, und das benutzte er, um wieder Kontakt anzubahnen. Er versuchte dies noch mehrmals, zuletzt sogar nach
dem Weggang von Berta Geissmar; diesmal wollte er Lucas, den Produktionsleiter bei Telefunken, vorschicken, der
Furtwänglers Vertrauen hatte. Aber der lehnte es ab, entsprechend wegen einer Alleinvertretung vorzufühlen. Dessen ungeachtet entwickelte Vedder unter dem Mantel der
RMK hektische Geschäftigkeit. Überall im Musikbetrieb
regte er seine Hand; ohne die im Inland vorgezeigten Bedenken arbeitete er mit dem jüdischen Konzertbüro Organisation Artistique Internationale, das die Emigranten
Erich Simon, Horwitz und Dr. Schiff in Paris aufgemacht
hatten, und ließ sich von ihnen namhafte Künstler wie Dusolina Giannini, Poldi Mildner, den Don-Kosaken-Chor
oder Jack Hyltons Jazz-Orchester zuliefern. Allzu gern veranlaßte er andere, sein Geschäft zu besorgen. So wandte
sich der RMK-Landesleiter Westfalen, der Pianist Erwin
Gräwe, mit Rundschreiben an bedeutende Dirigenten und
Musikvereine seines Gaus und teilte mit, die RMK wünsche, daß mehr als bisher die Konzertabteilung der Reichsmusikerschaft in Anspruch genommen werde.

Dem Sekretär Gaspar Cassadós, des spanischen Cello-
Virtuosen, der seine Tourneeleitung bei Vedder kündigen
wollte, sagte der Vermittler brüsk, er wolle ihn nicht hindern, doch täte es ihm schon wegen der Lizenzen leid, die
dem Künstler zugutekämen; im übrigen sei er imstande,

das Bestmögliche herauszuholen, doch wäre es auch möglich, daß es Schwierigkeiten bei der Lizenzerteilung gäbe
und Limits festgesetzt würden. Solche Art Nötigung führte
meist zum Erfolg. Daß sich die privaten Konzertdirektionen gegen die – laut Statuten der RMK unzulässige – amtliche Konkurrenz wehrten, kann nicht überraschen. Sie appellierten mehrfach an die Kammer und wiesen schließlich
auf die Mißwirtschaft hin, die Vedder betrieb. Er hatte
nämlich von der Reichsmusikerschaft einen Kredit über
19 600 RM aufgenommen, schloß aber im Geschäftsjahr
1934/35 mit einem weiteren Verlust von rund 13 500 RM
ab; die Eingänge deckten nicht einmal die Gehälter und So-
zialabgaben der Konzertabteilung. Als nun auch noch eine
langatmige, aber gut dokumentierte Denunziation gegen
ihn aus der Feder seines Erzfeindes Max R. Müller direkt in
der Reichskanzlei landete und von da auf den Tisch von
Ministerialrat von Keudell im ProMi kam, handelte die Geschäftsführung der Reichskulturkammer endlich. Moraller
vermerkte kampfesbewußt:

Druff! Erbitte Rücksprache.[52]

So geschah es, und mit Schreiben vom 5. Juli 1935 informierte die RKK Vedder von seiner Entlassung »mit sofortiger Wirkung«. Der Polizeipräsident von Berlin versuchte,
Ermittlungen wegen Verdachts des unlauteren Wettbe-
werbs einzuleiten, doch verschleppte die RMK die Angelegenheit und lieferte keine Unterlagen. Irgendwer deckte
diesen Mann. Nun fiel etwas ganz Erstaunliches vor. Nachdem die RMK die führerlose Konzertabteilung zum 1. Oktober überhaupt aufgelöst hatte, erklärten Dutzende der
von ihr bislang betreuten Künstler, sie wollten bei Vedder
bleiben, der sofort eine neue Firma gegründet hatte – dank
eines falschen Zeugnisses von RMK-Präsident Raabe:

*Herr Vedder hat die Konzertabteilung jederzeit mit großem
Geschick und unermüdlichem Fleiß geleitet. Unter seiner Lei-
tung hatte die Abteilung die größten Erfolge zu verzeichnen.
Die Zusammenarbeit von Herrn Vedder sowohl mit den ihm*

gleichgestellten, als auch mit den ihm unterstellten Mitarbeitern ist in der kameradschaftlichsten und einwandfreiesten Form erfolgt.[53]

Die dem wendigen Agenten weiterhin vertrauten, waren fast durchweg in- und ausländische Spitzenmusiker, Solisten aller Sparten und Kammerensembles; etliche davon sprangen im Verlaufe des mörderischen Konkurrenzkampfes ab, mit dem er sich bald an den »feindlichen« Konzertdirektionen rächte. Aber dieser Mann war für noch mehr Ungemach gut. 1937 klagte er bei seinen Gläubigern Steinway & Sons über die schlechten Zeiten und erreichte eine Minderung seiner Schuldenraten auf 50 RM monatlich. Als ihm die RMK die vereinbarte Abfindungszahlung schuldig blieb, trat er diese – gerissen, wie er war – an Steinway ab und hetzte damit die Firma gegen die RMK. Prozesse waren die Folge. Die Kammer lenkte ein. Steinway erhielt Geld und sah seine außerordentliche Kulanz gegenüber Vedder belohnt, denn er setzte sich, wo immer Gelegenheit war, für die Fabrikate der Firma ein, vermittelte 1937 zum Beispiel einen Steinway an den Sänger Karl Schmitt-Walter und bot dem Komponisten Dransmann und einem Rechtsanwalt gebrauchte Flügel dieser Marke an, immer nach der Devise, daß eine Hand die andere wäscht.

Seine Methoden brauchte er nicht zu zivilisieren, denn in dieser Machtposition konnte er sich alles leisten. Wer ihm Feind war, mußte Schaden erleiden. Als er im Auftrag der Leitung der Berliner Kunstwochen 1941 das Festival organisierte, besetzte er an drei Abenden, auf Vorrang pochend, den von der Konzertdirektion Geo Albert Backhaus fest gemieteten Beethoven-Saal mit eigenen Festkonzerten, worauf die von Backhaus verpflichteten Künstler, um dem Festival nicht zu schaden, absagten, sodaß an ihrem Vermittler ein Verlust von 600 RM hängenblieb. Wieder einmal hatte Vedder gesiegt. Seinen Schützlingen imponierten solche Taten, denn sie kamen ihnen zugute, und so scharten sie sich anhänglich um ihn. Bei Saisonbeginn 1941/42 hielt er die Alleinvertretung für die Dirigenten Benda, Eugen Jochum, Karajan, Paul van Kempen, Gustav König, Clemens Krauss, Willem Mengelberg und Hans Swarowsky, für die Pianisten Eduardo del Pueyo, Claudio Arrau, Benedetti-Michelangeli, Ornella Puliti Santoliquido, Edwin Fischer, Conrad Hansen, Rosl Schmid und Hugo Steurer, für die Geiger Georg Kulenkampff, Gioconda de Vito, Jan Dahmen und Antonio Abussi, die Cellisten Hoelscher und Mainardi, für die Sopranistinnen Irma Beilke, Tilla Briem, Helene Fahrni und Marta Schilling, den Alt Marta Rohs, die Tenöre Peter Anders und Walther Ludwig, den Bariton Karl Schmitt-Walter, die Bassisten Wilhelm Schirp, Fred Drissen und Hans-Friedrich Meyer, für die Duos Fischer/Kulenkampff, Elly Ney/Ludwig Hoelscher und Kulenkampff/Siegfried Schultze, die Trios Fischer/Kulenkampff-Mainardi, Kulenkampff/Mainardi/Schultze und Santoliquido/Pelliccia/Amfiteatrov, für das Breronel-Quartett und das Strub-Quartett, weitere drei Duos mit Liebesliederwalzern und Zigeunerliedern, für das Kammerorchester Edwin Fischers und das Berliner Kammerorchester, das Hans von Benda leitete, schließlich für den Begleiter Ferdinand Leitner.

An einem bestimmten Punkt war Vedders Spitzenstellung so unumgänglich, daß ehemalige Konkurrenten – zu seinen Bedingungen – mit ihm zusammenzuarbeiten begannen; gute Beziehungen zum Leiter des Amts für Konzertwesen, einer gemeinsamen Einrichtung der RMK und des Deutschen Gemeindetags, Dr. Otto Benecke, sicherten dem Vermittler auch Einfluß auf die mittleren und kleinen Städte, die in eigner Regie Konzerte organisierten. Daher konnte er seine Macht bis weit in die Provinz hinein ausdehnen. Bald nach Kriegsbeginn riß er auch einen Teil der musikalischen Soldatenbetreuung an sich. Hier wirkte unter anderm der Kapellmeister Erich Seidler, der aus der NSKG kam, förderndes Mitglied der SS war, bis 1936 die musikalische Leitung des Reichssenders Königsberg hatte, darauf kurz die Musikbühne der NSKG leitete, noch einmal in Hamburg beim Rundfunk Fuß faßte und endlich den Anschluß verlor, sodaß er sich ab 1938 mit der Leitung der Rundfunkspielschar der HJ in München begnügen mußte. Göring ließ Seidler dann zum Chef seiner Dienststelle für den Konzerteinsatz in der Wehrbetreuung der Luftwaffe bestellen; über ihn plazierte Vedder nun seine Schützlinge auch noch in dieses so expansive wie profitable Geschäft; da er gelernt, daß sich erwiesene Dankbarkeit auszahlt, klemmte er sich hinter Paul van Kempen, der übers Geschäftliche hinaus in der Familie längst nur noch »Onkel Päule« war, und brachte Seidler tatsächlich bei ihm in Dresden als 2. Kapellmeister der Philharmonie unter. Das war 1941.

Auch im Persönlichen kehrte er die Spielernatur heraus, die Risiken akzeptierte und austeilte. Es ging drunter und drüber. Prozesse säumten seinen Weg, einschließlich Scheidung, diese nicht zuletzt, weil Frau Vedder gegen die HJ war und ihre Tochter in die katholische Jugendgruppe Heliand schickte, aber nun den ungebärdigen HJ-begeisterten 16jährigen Sohn gegen sich hatte, der sie rundweg für staatsfeindlich erklärte. Vedder entfloh diesem tragischen Konflikt in ein neues Verhältnis, eine neue Ehe mit einer 29jährigen Referentin der Kulturabteilung der Reichsjugendführung. Eine hektische Existenz führte dieser Mann, die in aberhundert Blatt Akten ihre Spur hinterließ. Obwohl er viele seiner Feinde niedergekämpft hatte, blieben einige übrig, die stärksten, und einer von diesen war Furtwängler, der inzwischen herausgefunden hatte, wo der Motor lief, der das Komplott in Gang hielt. Im Herbst 1941 ließ sich die Kameraderie Vedder – Nüll – Karajan, im Hintergrund Göring, nicht mehr verborgen halten.

Der Musikkritiker, zu den Waffen gerufen, mußte nicht in den Krieg ziehen[54], sondern lediglich anwenden, was er gelernt, nämlich in der musikalischen Wehrbetreuung der Luftwaffe, wo Vedder nach Seidlers Abgang nun ihm die Künstler zur Verfügung stellte. Karajans Agent unternahm einen weiteren Schachzug, um sein Imperium auch politisch abzusichern. Er stellte am 1. März 1940 einen Antrag auf Aufnahme in die NSDAP. Die Ortsgruppe gab dem Antrag zum 1. August 1941 statt. Dies schien dem neugebackenen Pg. mit der Nummer 8.742.192 noch nicht ausreichend, und so spannte er – wieder einmal – einflußreiche Freunde ein, hier einen SS-Brigadeführer, der höheren Ortes bat, den Musikvermittler in die Allgemeine SS und gleich mit dem Dienstgrad eines SS-Untersturmführers aufzunehmen. Besondere Empfehlung:

Vedder ist für die Luftwaffe auf dem Gebiet der Wehrmachtsbetreuung ehrenamtlich mit großem Erfolg tätig. Sein Wissen und seine entsprechend großen Verbindungen bei den höchsten Stellen im Kulturleben kann auch für die Schutzstaffel in entsprechender Weise eingesetzt werden.[55]

Fürsprache durch diesen Gönner, den Vedder seit 1938 kannte, war ein Befehl, denn Alvensleben diente dem Reichsführer-SS Heinrich Himmler als Chefadjutant. Unverzüglich kam enstprechende Vollzugsmeldung. Der Musikagent erhielt die SS-Nummer 413.729, und bereits am 27. November ernannte ihn das SS-Personalhauptamt zum Sonderführer beim – SS- und Polizeiführer SS-Brigadeführer von Alvensleben. Dies war nicht sein einziger »Pate«; noch eine Rangstufe höher setzte sich jemand für ihn ein:

Vedder hat von den verschiedenen Ministerien den Auftrag, auf der Krim für die verwundeten Soldaten ein großzügiges Erholungswerk aufzubauen. Seine Beförderung zum Untersturmführer der Allgemeinen-SS ist auch deshalb wünschenswert, weil Vedder als einer der Verantwortlichen bezüglich der Konzertgestaltung und des Nachwuchses in Europa, in hervorragender Weise im Rahmen des Schulungsamtes eingesetzt werden könnte.[56]

Gegen Jahresende 1941 besaß der Konzertvermittler ein kulturpolitisches Monopol – selbst über die Grenzen des Reiches hinaus – von solchem Gewicht, daß er sich absolut unangreifbar wähnte. Dies ist die klassische Situation, die Fehler geradezu provoziert. Daher rannte Vedder, der

IM NAMEN DES FÜHRERS

VERLEIHE ICH

DEM

ᛋᛋ-Untersturmführer (F)

Rudolf   V e d d e r

"Höherer ᛋᛋ- und Polizeiführer
Schwarzes Meer"

DAS

KRIEGSVERDIENSTKREUZ 2. KLASSE
MIT SCHWERTERN

Feld-Kommandostelle, DEN   20. April   1944

H. Himmler.

REICHSFÜHRER-ᛋᛋ

Der Konzertagent wird dekoriert

schwächere Gegner wie Müller oder den Baßbariton und Hochschullehrer Josef Maria Hauschild mühelos untergekriegt hatte, nun gegen Furtwängler an. Es geschah mit voller Absicht, sozusagen als entscheidende letzte Kraftprobe.

Der Dirigent, immer auf der Suche nach überragenden Instrumentalisten, hatte den hochbegabten 18jährigen Geiger Gerhard Taschner entdeckt und spontan als Konzertmeister ins BPhO aufgenommen. Anfang 1942 näherte sich Vedder dem jungen, vom frühen Ruhm doch wohl ein wenig aus der Balance geworfenen Künstler und verwickelte ihn in ein Gespräch. Er fragte nach dessen Gage, die er einfach lächerlich fand.[57] In der Staatsoper bekäme man viel mehr, und ohnehin sei er fürs Orchester zu schade und müsse die Solistenkarriere wählen ... Wahnsinn, mit Furtwängler einen längeren Vertrag zu machen. Er müsse unbedingt bei Karajan spielen, denn der sei der beste Dirigent und streiche schon heute pro Konzert vier- bis fünftausend Mark ein, und die Zukunft gehöre eben Karajan, der in kurzem alle anderen an die Wand drücken werde. Die Kalkulation liegt auf der Hand. Erstklassige Geiger waren selten. Könnte dieser abgeworben werden, so rangierten die Philharmoniker gegenüber der Staatskapelle erst einmal auf dem zweiten Platz. Taschner weihte Furtwängler ein, und dieser verstand, daß eine Entscheidung ein für allemal fallen mußte. Er alarmierte das Ministerium. Zugleich half er mit einem Memorandum zum Fall Vedder nach und brachte beiläufig gleich grundsätzliche Kritik an:

Es muß nun noch erwähnt werden, daß die gegenwärtigen Zeitverhältnisse der Bildung einer ungesunden Machtstellung, wie sie V. heute einnimmt, entgegenkommen. Da ist einmal die sehr weitgehende Zentralisierung; gute »Beziehungen« zum Amt für Konzertwesen, dem Gemeindetag, und damit den Städten, zu KdF., der Wehrmacht usw. können da Wunder wirken. Dazu kommt die Ausschaltung der Presse und zugleich auch des Publikums als mitbestimmender Faktor in einem gewissen Grade, durch die Agenten und Konzertveranstalter in den Stand gesetzt werden, weit unkontrollierter

und selbstherrlicher vorzugehen, als früher. (...) Der Fall V. ist
innerhalb des Musiklebens gerade des heutigen Deutschlands
auf die Dauer nicht tragbar. Daran ändert nicht, daß V. die
Klaviatur der »Beziehungen« mit Virtuosität zu spielen ver-
steht, bis hinauf zu dem Unterschlupf bei der SS, den er in
letzter Stunde sich verschafft hat.[58]

Der Dirigent – ahnte er nicht, daß er sich damit nun auch
hohe SS-Funktionäre zu Feinden machte? – legte diese
Denkschrift bei einer Untersuchung vor, die Ministerium
und RMK nun endlich einleiteten. Der Agent, vorgeladen
und mehreren Zeugen, so auch Taschner, gegenüberge-
stellt, versuchte recht und schlecht, sich herauszureden. Dabei
fiel häufig der Name Karajan. Fraglos hat Karajan den
Vernichtungsfeldzug gegen seinen älteren Rivalen nicht
ausgelöst; aber er nahm daran teil. Ganz bewußt forderte er
den Konkurrenten nun auch auf dem Konzertpodium heraus. Auf Vedders Betreiben waren mit Saisonbeginn
1940/41 die Staatsopernkonzerte wiederaufgenommen
worden; am Pult Karajan, und nun hatte die Presse erst
recht Anlaß, die beiden Dirigenten miteinander zu vergleichen. Schon das erste Konzert der Spielzeit erzeugte Par-
teinahme. So erhielt Karajan in der renommierten »Frankfurter« 44 Zeilen, Furtwängler dagegen nur 26, und dies,
obwohl dort ein übliches Standardprogramm zu besprechen war, hier dagegen die Erstaufführung von Pfitzners
neuer Sinfonie.[59]

Als Goebbels beim 50. Wunschkonzert für die Wehrmacht die Prominenz aufmarschieren ließ, waren nicht nur
Zarah Leander und Wilhelm Strienz, sondern auch Karajan
dabei. Er kompensierte, daß Furtwängler ihn seit Mitte
April 1939 nicht mehr ans Pult der Berliner Philharmoniker
gelassen, und ließ sich gern von der Presse hofieren. Dem
Älteren behagte die offene Parteilichkeit der Zeitungsleute
nicht. Deswegen klagte er Goebbels sein Leid; der sah ein,
daß Abhilfe nottat:

Ich stelle das ab. Sonst benimmt sich Furtwängler sehr or-
dentlich. Und er ist nun einmal unser größter Dirigent.[60]

Der Minister verstand nicht recht, weswegen der notorisch Unbequeme seit einiger Zeit Wohlverhalten an den Tag legte und auf diese Weise eher allerhöchsten Schutz zu bekommen hoffte; aber da auch er gewisse Vorbehalte gegen Karajan hatte, ließ er durch seinen Ministerialrat Wilfried Bade die Publizisten ermahnen:

Es muß als Unsitte bezeichnet werden, eine Wertskala der Dirigenten aufzustellen, etwa Karajan gegen Furtwängler auszuspielen. Die Vielfalt künstlerischer Erscheinungen ist als unser Stolz zu betrachten, darf aber nicht zu Vergleichen führen.[61]

Die Sprachregelung griff nicht sofort, und in seiner Angst bat Furtwängler abermals den Minister um Schutz. Der registrierte fast mitleidig:

Krach Furtwängler gegen Karajan. Karajan läßt sich zu sehr anhimmeln in der Presse. Darin hat Furtwängler recht. Schließlich ist er eine Weltgröße. Ich stelle das ab.[62]

Kein Zweifel, daß der unsicher Gewordene Zuspruch nötig hatte, und Zuspruch wurde ihm von mehreren Seiten, unter anderm auch aus der Reichskanzlei zuteil. Ein Liebesgabenpäckchen kam ihm an Weihnachten zu, begleitet von einer Grußkarte mit der Goldprägung des Hoheitszeichens:

Ich bitte Sie, das beifolgende Paket Kaffee als kleines Geschenk entgegennehmen zu wollen. Es entstammt einer größeren Sendung, die mir aus dem Ausland gespendet wurde. Mit den herzlichsten Glückwünschen für das Weihnachtsfest und zum Neuen Jahr

Ihr Adolf Hitler[63]

Damit niemand glaube, er unterhalte in den Gewölben der Reichskanzlei ein Hamsterlager für Busenfreunde, erklärte der ehrpusselige Führer, was es mit der knappen Kolonialware auf sich hatte. Solche Spenden hatten ihn schon

vor dem Kriege erreicht, so von auslandsdeutschen Kaffee-
farmern unter dem Kilimandscharo; diesmal war es der
Imam von Jemen, der die alliierten Transportkontrollen
überlistete und eine Ladung Landesprodukte übersandte.
Nicht nur der Dirigent – der keinen Kaffee mochte – erhielt
etwas davon, sondern unter anderen auch Gauleiter Bohle
und gleichzeitig Heinrich Schlusnus, nicht Gauleiter, sondern Sänger, nicht einmal Pg., ja sogar ohne den unerläßlichen Abstammungsnachweis. Daß Furtwängler ausgerechnet bei Funktionären Deckung suchte, die er bislang sowohl bekämpft wie zur Durchsetzung seiner Forderungen
für den Musikbetrieb benutzt hatte, bedeutet nichts anderes
als daß ihm der Ernst seiner Situation bewußt war, zumal
da die Machtkonstellation zu seinen Ungunsten stand. Sie
änderte sich zunächst auch nicht. Die Sprachregelung
durch den Minister brachte zwar ein erhöhtes Risiko ins
spekulative Spiel der Journalisten – »Wer ist der Größte im
ganzen Land?« – und ließ Zurechtweisungen befürchten;
aber dieses Verbotene machte gerade scharf, sodaß sich die
Musikberichterstatter auf den Vergleich geradezu speziali-
sierten. Etwa so:

*Furtwänglers Kunst ist wie das Leben, unbedenklich sich
verströmend, unerschöpflich, absichtslos, bezwingend durch ihren alles durchglühenden Atem, überzeugend durch ihr erfüll-
tes Dasein, vor dem jede Frage verstummt. (...) Konnten uns
Worte wie »Leben« und »Kunst« dienen, um Wesentliches in
der Gestaltungsweise der anderen zu benennen, so mag für
Karajans Leistung die vieldeutige Formel des »Geistes« stehen. Wir meinen nicht den denkenden Geist, den Diener des
Intellekts, sondern den unbewußten »organischen« Geist der
Kunst (denn auch die Kunst hat ihren eigenen Geist), der vor-
wärtstreibt zu Wahl und Entscheidung, der die Kraft der Be-
grenzung und Einseitigkeit kennt, der nicht, wie das Leben,
den überlegenen Standpunkt der Weisheit zum Ziel hat, sondern in leidenschaftlichem Kampf um die besondere Wahrheit
seiner Epoche seine Bewährung sucht.*[64]

So stand es in der neuen, aus einer Idee von Goebbels hervorgegangenen Wochenzeitung für intellektuelle und »liberalere« Leser, raffiniert auf vergleichende Wertung hin zugeschnitten und gipfelnd in der maliziösen Unterstellung, Furtwänglers Interpretationsstil sei der ungeistige. Das Komplott umfaßte viele, die man dabei nicht vermutet hätte. Obendrein begünstigte nun auch der Krieg noch die Verschwörung. In der Nacht vom 9. zum 10. April 1941 sank die Staatsoper durch Luftangriff in Schutt und Asche. Gegen den Widerstand des »Hausherrn« erhielt Karajan mit seiner Konzertreihe der Staatskapelle – wenn auch nur vorübergehend – Gastrecht in der Philharmonie, und fraglos gefiel es ihm hier besser als irgendwo sonst. Im Dunstkreis des Gegners mußte der Verdrängungswettbewerb erst recht Früchte tragen. Die Frage von Konkurrenzkonzerten war von jeher aktuell gewesen; deswegen hatte sich die Geschäftsführung des BPhO weitgehend abgesichert. So existierte seit 1937 ein Vertrag mit der Philharmonie- und Beethoven-Saal-Betriebsgesellschaft, wonach es dieser untersagt war, in ihren Räumen andere Sinfoniekonzerte als die des BPhO zu veranstalten; Gegenleistung: eine jährliche Mietgarantie von 67 500 RM, die so großzügig bemessen war, daß etwa zwischen 1938 und 1940 regelmäßig rund ein Drittel der Summe zugezahlt werden mußte, auch dies ein Tribut an die uneingeschränkte Handlungsfreiheit. Aber die feindlichen Bomben – gegen sie fruchteten Verträge nichts – hatten Karajan nun an Furtwänglers eigenes Pult befördert, ein unverhoffter »Kriegsgewinn« ganz nach dem Geschmack des Herausforderers.

Die Konfliktsituation legte an Schärfe zu. Erbarmungslos setzten sich die Vergleiche in der Presse fort, als seien die Kunstbetrachter lieber Kritiker. Immer wieder fühlte sich der sensible, unsichere Ältere angegriffen; mit dem Jüngeren verglichen zu werden, mußte ihm – gerade in dieser Periode eines barbarischen Jugendkults, der Fünfzigjährige zum »alten Eisen« warf – wie Mißtrauen gegenüber seiner Bedeutung und Leistungsfähigkeit vorkommen:

Furtwängler ist vor allem ein von starken Trieb- und Gei-
steskräften bewegter Plastiker des Klanges. Karajan steht
dem Maler und Zeichner näher, obwohl auch er einen starken
Sinn für organischen Aufbau und plastische Form besitzt.
Furtwängler ist ein heftiges Temperament, Karajan ein wei-
cheres. Jener musiziert sehr expressiv, dieser – man hört das
nicht nur, man kann es auch an der Zeichengebung ablesen –
mehr zurückhaltend und beschaulich, obwohl auch er der Ek-
stase fähig ist. Bei Furtwängler steht der bewußt formende
Mensch im Vordergrund der Wirkung, bei Karajan der zart
besaitete Gefühlsmensch, der sich vorwiegend als Medium
fühlt, zugleich aber auch merklich vom Werk distanziert. Dort
werden wir in den Kraftstrom des Werkes und des Interpreten
am Pult hingerissen; hier werden wir sanfter hineingezogen.
Furtwängler deutet uns die Musik dramatisch, Karajan mehr
episch und lyrisch.[65]

Natürlich nahm das Musikpublikum solche griffigen Gegenüberstellungen des Musikfachmanns dankbar auf. Im
Winter 1941/42 lief eine Front quer durch Berlin: hie Furtwängler, da Karajan. Eine Partei bekämpfte die andere,
und wer das Rennen am Ende machen werde, war eine Frage, die manche Wette anregte. Furtwängler verteidigte sich,
fest entschlossen, nicht das Feld zu räumen, und als Bundesgenosse war ihm jeder recht. Er ließ sich sogar herbei,
anläßlich eines Weihnachtsempfangs in der Reichskanzlei
vor Hitler zu spielen; schließlich war er ein guter Pianist,
und die Situation stand so, daß er mit der Abwehr ganz
oben beginnen wollte, hier auch eines offenen Ohres gewiß
sein konnte, weil der Führer Karajan nicht mochte und als
eitlen Fant einschätzte. In dieser Zeit beging der Staats-
opernkapellmeister einen Fehler, den Goebbels in seinem
Tagebuch unter dem 5. Juni 1942 vermeldete; er präsentierte Tietjen – um Nummer 1 im Musikleben der Reichshauptstadt zu werden – größenwahnsinnige Forderungen, die der
Generalintendant sogleich, scheinbar hilfesuchend, dem eigentlich nicht zuständigen Minister weiterreichte. Damit
aber auch Furtwängler gestraft wäre, fügte Tietjen beiläufig

336

hinzu, wie skrupellos der Wiener Kultur-Generalreferent Thomas kulturpolitisch gegen Berlin arbeite; in vielen Musikfragen war Thomas in der Tat das Echo des Wahl-Wieners Furtwängler.

Im Verfolg des Verfahrens gegen den Agenten Vedder stellte sich nun auch heraus, daß die Ministerebene ausreichte. Auf persönliche Weisung von Goebbels wurde der Konzertvermittler zum 30. Juli endgültig aus der Reichskulturkammer ausgeschlossen. Hinkel verständigte den Chef des SS-Personalamts vertraulich:

Damit hat Vedder sich in schroffen Gegensatz zur Reichsregierung gestellt, von der er wissen mußte, daß ihr die Aufrechterhaltung und die Aufwärtsentwicklung des Philharmonischen Orchesters als des repräsentativsten Klangkörpers Deutschland am Herzen liegt.[66]

Vedder nahm Ausschluß und Verlust seiner Agenturlizenz mit Seelenruhe und hielt den Kontakt zu den meisten seiner Schützlinge mit Hilfe einer verläßlichen und treuen Sekretärin – für den Fall des Falles. Karajan jedoch war schockiert. Was es bedeutete, wenn mitten in der Vorbereitung der Saison 1942/43 sein Beschaffer ausfiel, konnte er sich vorstellen: Er bliebe – ohne regelmäßige Gastverpflichtungen, wie sie ihm Vedder bislang vermittelte – auf die keineswegs sichere Tätigkeit an der Staatsoper reduziert. So war es, denn nun zahlten es die anderen Konzertvermittler den Anhängern des Geschlagenen doch ein wenig heim und schützten oft Schwierigkeiten vor, wenn es darum ging, einen Verwaisten unterzubringen. Da obendrein seine Absicht, musikalischer Oberleiter an der Dresdner Staatsoper zu werden, von Goebbels durchkreuzt worden war, geriet er in Nöte. Er mußte sogar erleben, daß er – vorübergehend – aus der mit großem Aufwand wieder hergerichteten Staatsoper vertrieben wurde, als nämlich Furtwängler am 7. Dezember 1942 zur Feier des 200jährigen Bestehens des Instituts und zugleich zur Wiedereröffnung des Hauses »Die Meistersinger« dirigierte.

Dafür gelang ihm noch im gleichen Monat – laut Verfügung des ProMi jedoch auch nur vorübergehend – der Wiedereinbruch in die Domäne des Älteren, nämlich mit drei Konzerten als Gast der Berliner Philharmoniker zugunsten des Winterhilfswerks. Eines fand öffentlich in der Philharmonie statt, das zweite in Borsigwalde vor Rüstungsarbeitern, das dritte wieder in der Philharmonie für Verwundete. Dahinter stand die Kalkulation, der nationale Zweck werde es niemandem erlauben querzuschießen, weil er dann die öffentliche Meinung und das Veto von Goebbels gegen sich hätte. Schließlich kämpften Hitlers Soldaten in diesen Tagen und Wochen verzweifelt in den Ruinen von Stalingrad, eingekesselt, zunächst noch unzureichend aus der Luft und bald gar nicht mehr versorgt. Karajan nahm wahr, was sich für ihn als Gunst der militärischen und politischen Lage darstellte. Das Reichspropagandaamt Berlin war der gleichen Meinung und bat die Presse durch geheimen Rundspruch, diese Konzerte »gut zu beachten«.[67]

Trotz dieses Erfolges im Verdrängungswettbewerb tat sich Karajan selber leid; als er auf den Skihängen von Cervinia Winterferien verlebte und dort Luis Trenker begegnete, schüttete er ihm jedenfalls das Herz aus. Er beklagte sich, daß er kein »im gemäßes« Orchester habe, als ob die Staatskapelle nichts wäre, und setzte kleinmütig hinzu:

In Berlin läßt mich Furtwängler nicht an die Philharmoniker, in Berlin habe ich nichts, kaum eine magere Dreizimmerwohnung.[68]

Daß jener Sieg zu nichts führen würde, so lange das BPhO mit seinem langjährigen Meister verbunden war, mußte ihm Unbehagen bereiten; zudem kämpfte er mit politischen Widrigkeiten. Er hatte wenige Monate zuvor eine zweite Ehe begonnen. Die Auserwählte, Anna Marie Sauest, geb. Gütermann, genannt Anita, galt dem Gesetz nach – obwohl »Vierteljüdin« – als »arisch«, und der Verbindung mit Sondergenehmigung hätte nichts im Wege gestanden; Karajan aber war kein gewöhnlicher Staatsbürger, sondern gehörte zur politischen Elite der Parteigenossen, sodaß er strengerem Recht gehorchen mußte. Mit der NSDAP war es ihm fraglos Ernst. Jahrelang hatte er nur die provisorische Mitgliedskarte besessen, doch endlich im Sommer 1938 einen Antrag auf Ausstellung eines Mitgliedsbuches über seine Ortsgruppe bei der Gauleitung Köln-Aachen eingereicht.[69] Das Motiv liegt auf der Hand. Dieses Dokument in der Brieftasche, bei Bedarf stets vorzuweisen, konnte so etwas wie ein stiller Bundesgenosse sein, nicht nur bei der Eroberung der Staatsoper, sondern auch bei dem umständlichen Kontrollverfahren, mit dem ausgeschlossen werden sollte, daß Hitlers Gnade einen Unwürdigen auszeichnete; hier stand der »Staatskapellmeister« zur Debatte. Fast alle gemäß der 2. Verordnung des Führers und Reichskanzlers über die Verleihung von Titeln vom 22. Oktober 1937 nach und nach ernannten Staatskapellmeister – Karl Elmendorff, Hans Gahlenbeck, Robert Laugs, Walter Lutze, Wilhelm Franz Reuss, Hans Schmidt-Isserstedt, Johannes Schüler, Kurt Striegler und Ernst Zulauf – gehörten der NSDAP an, und jeder einzelne hatte seine politische Zuverlässigkeit zu beweisen. Wenngleich an Karajans Mitgliedschaft kein Zweifel bestand, kam das Dokument zu spät, denn die Ernennungsurkunde für den nunmehrigen Staatskapellmeister datiert vom 20. April 1939, Hitlers Geburtstag. Das Mitgliedsbuch wurde erst am 13. Juli ausgefertigt, umständehalber; der Antrag brachte nämlich jene doppelte Mitgliedschaft ans Licht, und aus Gründen der bürokratischen Ordnung mußte der Beitritt in Salzburg mitsamt der Nummer 1.607.525 erst annulliert werden, zumal da Karajan nur den Aufnahmebetrag bezahlt und im gleichen Monat noch mit unbekannter Adresse aus Salzburg abgereist war, demnach die vorgeschriebene Anmeldung bei der Ortsgruppe des neuen Wohnsitzes – Ulm –, die sogenannte Monatsmeldung, unterlassen hatte. Der Ulmer Beitritt am 1. Mai 1933 blieb also der gültige.

Ein Pg., der eine »Vierteljüdin« ehelichte, beging eine »ehrenrührige Handlung« und brach sein Treuegelöbnis:

Ich gelobe meinem Führer Adolf Hitler Treue. Ich verspreche, ihm und den Führern, die er mir bestimmt, jederzeit Achtung und Gehorsam entgegenzubringen.[70]

Solche Fälle waren mit Ausschluß auf Grund eines ordentlichen Parteigerichtsverfahrens zu ahnden, das auch dann durchgeführt werden mußte, wenn der Abtrünnige seinen Austritt erklärte, um dem Ausschluß zuvorzukommen. Bei der späteren Entnazifizierung in Österreich gab Karajan an, er sei 1942 wegen dieser Heirat vor ein Parteigericht gekommen und habe da seinen Austritt aus der NSDAP erklärt. Dies war eine Halbwahrheit, die ihm Entlastung bringen sollte. Ihr widerspricht die Tatsache, daß auf den beiden Karteikarten Karajans in der Zentralkartei der NSDAP kein Austritt – aber auch ein Ausschluß nicht – vermerkt ist, sodaß der Regelwidrige bis zum 8. Mai 1945 als Mitglied geführt wurde. Die ganze Wahrheit erschließt sich aus der Praxis des Parteigerichtsverfahrens, das den Ausschluß lediglich beantragen, aber nicht vollstrecken konnte. Die Vollstreckung in der ersten Instanz oblag dem Ortsgruppenleiter, doch war gegen den Beschluß des Parteigerichts Beschwerde – mit aufschiebender Wirkung – zulässig. Ohne Zweifel brachte der Verlust der Mitgliedschaft Nachteile, die sehr weit reichen konnten:

So selbstverständlich es ist, daß ausgeschiedene Angehörige außer ihrer Mitgliedschaft auch ihre etwaige Führerstellung oder Arbeitsstätte in der Partei und all ihren Organisationen und auch alle im Auftrage der Partei übernommenen Ehrenämter im Staat und in den Gemeinden bei ihrem Ausscheiden automatisch verlieren, so wenig ist es im allgemeinen angebracht, daß aus der Bewegung Ausgeschiedene auch aus ihrer privaten Arbeitsstelle hinausgeworfen werden.[71]

Wenn dies eigens erwähnt werden mußte, kam es demnach häufiger vor als erwünscht und war eine reale Möglichkeit. Karajan – auch noch von seinem Staatsopernposten entfernt? Wer so verbissen um den Aufstieg zu kämpfen wußte, nutzte auch hier alle Möglichkeiten, mochten sie noch so nebulös sein. Letzte Instanz für Ausnahmen von den Arierbestimmungen der NSDAP bei Parteigenossen: Hitler selbst. Der Zeitpunkt, um allerhöchste Gnade einzukommen, war leider nicht sehr günstig; schon rümpfte der Führer die Nase über das allzu österreichische Gehabe des jungen Genies und glaubte auch nicht mehr so recht an dessen überragende musikalische Fähigkeiten. Zwei Jahre zuvor und ausgerechnet bei einer Aufführung der »Meistersinger« in der Staatsoper, die dem Staatsbesuch des Prinzregentenpaares von Jugoslawien galt, hatte Karajan ihn im Stich gelassen, sodaß der Adjutant vermerkte:

Hitler war von der Aufführung enttäuscht. Ich hörte ihn über nicht exakte Einsätze sprechen, und daß er es anmaßend von einem jungen Dirigenten fände, ein großes Werk ohne Noten zu dirigieren. Selbst Wilhelm Furtwängler hätte das nicht getan.[72]

Dennoch ebnete ein Machtwort Hitlers den weiteren Weg. Dieser allerhöchste Gnadenerweis ist noch nicht dokumentiert; lediglich seine verfahrensrechtliche Möglichkeit erhellt aus einem vertraulichen Erlaß des Reichsministers des Innern an die Reichsstatthalter vom 28. Juni 1937.[73] Aber ein anderer Weg existierte damals nicht. Fest steht, daß das Hauptamt für Gnadensachen, also in der Hierarchie der Instanzen die vorletzte und direkt der Kanzlei des Führers unterstellte, im November 1942 mit dem Fall Karajan befaßt war, der unter dem Aktenzeichen III r - 201 055 lief. Ohne persönliche Entscheidung Hitlers ließ sich die Mitgliedschaft in der NSDAP unter diesen Umständen nicht retten; sie wurde aber gerettet, denn noch im Juni 1943 rief Goebbels einige Eiferer zur Ordnung, die sich zu angelegentlich um den Stammbaum der Frau von Karajan kümmerten.[74]

Diese Krise ging also vorüber. Karajan wußte wieder, was er wert war; aber da Arbeitsmöglichkeiten und Status diesem Wert nicht entsprachen, lenkte er wiederum einen Vorstoß gegen Furtwängler, in dem er den großen Verhinderer haßte. Wie gewöhnlich hatte Tietjen für die Spielzeit 1943/44 wieder sechs Konzerte der Staatskapelle angesetzt und seinen Staatskapellmeister damit betraut; als Veranstaltungen der Staatsoper sollten sie in deren Hause stattfinden. Aber da hatte Karajan eine bessere Idee. Er wollte in der Philharmonie dirigieren – wie schon nach der Zerstörung der Staatsoper, nun aber einfach so, ohne einen anderen triftigen Grund als den, Furtwängler einzuengen. Der appelierte an Goebbels, fügte das damals zur Klärung der Frage des Aufführungsortes abgegebene Gutachten bei und erklärte, weswegen Karajan in der Philharmonie nicht zusätzlich am Platze sei:

Nun aber, da er von Seiten der Staatsoper ein weitgehendes Angebot erhalten hat, so sehe ich mich im Falle seiner Absage – schon aus Loyalität gegenüber dem Schwesterinstitut der Staatsoper außerstande, ihn zu Konzerten mit dem Philharmonischen Orchester heranzuziehen, zumal seine Haltung in solchem Fall geradezu eine Brüskierung der Staatsoper, ja – des ganzen Berliner Musiklebens bedeuten würde, die gewiß nicht im Interesse Ihrer großzügigen Aufbau-Politik liegen dürfte.[75]

Der Minister sorgte dafür, daß die feindlichen Brüder getrennt blieben, damit der offensichtliche Konflikt nicht ausartete. Ein bißchen Konflikt scheint ihn keineswegs gestört zu haben, denn damit ließ sich Furtwängler bändigen und von Extravaganzen abhalten; Karajan war die Peitsche, mit der man notfalls den Buckel des Größeren traktieren konnte. Wer der Größere war, bezweifelte Goebbels keinen Augenblick:

Ich habe eine ausführliche Aussprache mit Furtwängler. Er ist sehr krank gewesen und macht auch jetzt noch einen ziemlich leidenden Eindruck.[76] Trotzdem kann er es nicht lassen, sich mit dem jungen Dirigenten Karajan an allen Ecken und Enden zu reiben. Ich werde versuchen, zwischen beiden eine Einigung herbeizuführen. Unter allen Umständen möchte ich Karajan neben Furtwängler oder hinter Furtwängler in Berlin halten. Allerdings kann natürlich Karajan mit Furtwängler als Persönlichkeit überhaupt nicht verglichen werden.[77]

Damit war die Niederlage des Angreifers ungefähr besiegelt, der rüde Versuch gescheitert, Furtwängler nicht nur aus seiner Machtposition in Berlin, sondern vielleicht überhaupt aus der Reichshauptstadt zu verdrängen. Der Attakkierte schlug aus der Defensive zurück, wie immer er konnte, aber es waren eigentlich eher ein paar Zufälle, die den Ausschlag gaben, und auch nur fürs erste, nicht auf lange Sicht. Strategisch hatte Karajan alle Vorteile.

Eben darauf baute Vedder, der aus der RMK Hinausgeworfene. So erklärt sich seine Gelassenheit. Fast augenblicklich erfuhr die SS, was sich in der Kulturkammer zugetragen. Der Führer des SS-Oberabschnitts Elbe war mit Vedder zusammengekommen – in einer Ermittlungssache gegen einen Orchesterleiter – und hatte so ein unbehagliches Gefühl; daher bat er das SS-Personalhauptamt, *Augenmerk auf diesen SS-Untersturmführer zu richten; denn ich bin der Auffassung, daß man ihn etwas mit Vorsicht genießen muß.*[78]

Aber diese Dienststelle war bereits informiert; sie folgte einem Vorschlag des Hauptamtes SS-Gericht und ließ ein Disziplinarverfahren gegen Vedder einleiten, ernannte den Verdächtigen aber dessen ungeachtet mit Wirkung vom 1. Oktober zum Fachführer beim Stab des SS-Oberabschnitts Ukraine. Die Untersuchung des Tatbestandes kostete ganz wenig Zeit. Schon Anfang Januar 1943 erfuhr das Hauptamt SS-Gericht, daß *das Disziplinarverfahren gegen V. vor dem Abschluß steht und voraussichtlich mit einer Rehabilitierung Vedders enden wird.*[79]

Natürlich wollte auch das ProMi wissen, wie die Sache sich entwickelte; Goebbels mobilisierte seinen Staatssekretär Gutterer, denn der war SS-Brigadeführer und seine Verbindung zum Reichsführer-SS. Im Juni erfuhr Vedder, daß das Verfahren eingestellt sei, *da die angestellten Ermittlungen die Haltlosigkeit der gegen Sie in beruflicher Hinsicht vorgebrachten Beschuldigungen ergeben haben.*[80]

DER REICHSFÜHRER-ℍ
CHEF DES ℍ-HAUPTAMTES

Berlin W 35, den 31.Dezember 1942
Lützowstraße 48/49
Postschließfach 43

I 3 - Zi./Sch.

Bitte in der Antwort vorstehendes Geschäftszeichen und Datum anzugeben.

Betr.: ℍ-Untersturmführer(F) Rudolf V e d d e r, ℍ-Nr.: 413729.
Bezug: Dortiges Schreiben vom 15.12.1942, Akt.Z. PA. Nr. 25 588.
Anlg.: keine.

An das

ℍ-Personalhauptamt,

B e r l i n SW 11

Prinz Albrecht Str. 9

Zu dem in Bezug genommenen Schreiben wird mitgeteilt, daß das Disziplinarverfahren V e d d e r vor dem Abschluß steht und voraussichtlich mit einer Rehabilitierung Vedders enden wird.

I.A.

ℍ-Untersturmführer

344

Dies war eine Spitze gegen Goebbels; Himmler zeigte wieder einmal, wer das Sagen hatte, und vor lauter Verblüffung und unangenehmer Überraschung tat der Minister zunächst einmal gar nichts. Endlich wies er Hinkel an, sich um die SS-Personalien Vedders zu kümmern, und erhielt Mitte Dezember die erbetenen Informationen. Wie er sich fühlte, zeigt die Tatsache, daß er wiederholte Erinnerungen an die Rehabilitierung von SS-Seite entweder gar nicht oder ausweichend beantworten ließ. Erst im April 1944 lud der Präsident der RKK den Musikvermittler vor, um seinen Wiedereinsatz im musikalischen Veranstaltungswesen zu klären; aber inzwischen waren die Zeiten an der Ostfront, wo Vedder als Verbindungsoffizier bei einer Heeresgruppe für den Höheren SS- und Polizeiführer Schwarzes Meer, SS-Obergruppenführer und General der Polizei Hildebrandt, Dienst tat, nicht mehr so, daß man beliebig herumreisen konnte. Daher betraute er Freunde mit dem Verfolg seiner Angelegenheit. Vom SS-Hauptsturmführer Walraven Genth erfuhr er zum Beispiel, daß die RKK ihn in den neugeschaffenen Künstlerdienst einbauen wolle; SS-Sturmmann Diefenbach, zwar niederen Ranges, aber Jurist und auf dem Wege zum Obersten SS-Richter, informierte seinen Kameraden mehr über Hintergründe und Taktiken:

Aber nun ist ja manches anders geworden. Vor allem ist Naumann jetzt Staatssekretär und braucht nicht mehr Rücksichten zu nehmen. Und der RF SS kann ja jetzt als Innenminister auch ein Wort mehr mitreden über solche Zustände. Wenn das ProMi jetzt noch ablehnen sollte, müßte man die PK erneut in Marsch setzen. (...) Da muß man jetzt, wenn es nicht direkt zwischen RF SS und Dr. N. zu erledigen geht, dahinterhaken.[81]

Diefenbach selber wandte sich – über einen Bekannten – an die Reichskanzlei; aber nichts lief, und erst am 20. Juli empfing ein Beamter der RKK einen Beauftragten Vedders, der seine Forderungen mitteilen ließ; diese lagen knapp unter einem Verlangen nach Schadensersatz:

Der Höhere ϟϟ-und Polizeiführer
Schwarzes Meer
_____
Abteilung VI

HPPX/Pol 66   6.7.   1710 =

F e r n s c h r e i b e n.
==========================

O.U., am 6. Juli 1944

An ϟϟ-Hauptamt – Gerichtsführer – ϟϟ-Hauptsturmführer Dr.Hennings,
Berlin – Dahlem Pücklerstraße 16

ϟϟ-Gruppenführer Hinkel bittet ϟϟ-Obersturmführer Vedder
zur abschließenden Besprechung, zur Bereinigung und Klärung
Kulturkammerangelegenheit nach Berlin. Anwesenheit Vedder
in Berlin augenblicklich unmöglich. Hauptsturmführer Hennings
wird gebeten, Verhandlungen ~für-Vedder-zu-führen~ für Vedder
nach Rücksprache mit Weinsberg zu führen. ϟϟ-Gruppenführer
Hinkel ist verständigt.

                                        Der Höh.ϟϟuPolFührer S.M.
                                              I.A.

                                                   ϟϟ-Obersturmführer

1.) Vorbehaltlose Wiederaufnahme in die Reichsmusikkammer, 2.) Wiedererrichtung seiner Konzertvermittlung mit den gesetzlichen, den Konzertvermittlern zustehenden Rechten.[82]

Dies hätte zur kompletten Rehabilitierung noch gefehlt und schien in der Tat nur eine Frage ganz kurzer Zeit; in den Wirren des hastigen Rückzugs vor der Roten Armee plante Vedder bereits seine berufliche Zukunft, als sei nichts geschehen. Alte Verbindungen waren zu aktivieren. Wozu hatte er denn seine SS-Kanäle? Das war ganz wörtlich zu nehmen, und so bat er über den Fernschreiber des Höheren SS- und Polizeiführers Schwarzes Meer – die Sowjets standen schon in Rumänien – die SS-Standortkommandantur Wien, eine bestimmte Kiste an GMD Paul van Kempen abzuschicken; so verständigte er über SS-Kurier den Kammersänger Karl Schmitt-Walter, der etwas von ihm gewollt; so bat er einen Kameraden SS-Hauptsturmführer, *bei Baron von Holzing, Dresdner Bank Bukarest anzurufen, ob er für Frau von Karajan noch 2 Paar Schuhe stehen hat. Bitte mitgeben lassen. Werden von mir an Frau von Karajan befördert.*[83]
Obwohl im Zuge der kriegsbedingten Maßnahmen die Konzertagenturen schon lange stillgelegt waren, bereitete sich Vedder auf seinen persönlichen »Endsieg« vor. Inzwischen war er zum Rasse- und Siedlungshauptamt-SS versetzt. Nun endlich erhielt er auch die Mitteilung, daß nach abermaliger Überprüfung seiner Sache durch die Reichskulturkammer die Ausschlußverfügung aufgehoben sei ... am 5. Januar 1945. Und um noch im letzten Augenblick einen Trumpf draufzusetzen, gutachtete der Sachbearbeiter nach weiteren zwei Monaten:

M. E. besteht keine Notwendigkeit, daß der Herr Staatssekretär Herrn Staatsrat Furtwängler ein Schreiben mit dem vorgesehenen Inhalt zusendet. Im jetzigen Zeitpunkt hat Furtwängler weder Anlaß noch Möglichkeit irgendwelche Angriffe gegen Vedder zu richten. Sollte er dies später, wenn Vedder seine Tätigkeit mit unserer Genehmigung wieder aufnimmt,

*tun, so bleibt immer noch die Möglichkeit hiergegen Schritte
zu unternehmen.*[84]

Die beabsichtigte Mahnung an den Dirigenten, er möge
weitere Schritte in der Sache gefälligst unterlassen, ging
nicht zur Post. Sie wäre ohnehin nicht angekommen. Denn
Furtwängler befand sich in Sicherheit. Der Brief, den er in
diesen Tagen aus Clarens am Genfer See für alle Fälle über
die Gesandtschaft in Bern an Goebbels abgeschickt hatte,
eine Bitte um Urlaub aus Krankheitsgründen, ging in den
Wirren des Zusammenbruchs ebenfalls verloren.

... In Zukunft schweigen

Unter den vielen Zeitungsausschnitten, die Furtwängler sammelte und auswertete, ist eine kurze Meldung, die
zuerst in der Zeitschrift »Nationalsozialistisches Bildungs-
wesen« erschienen war:

*Die italienischen Behörden haben sich angesichts des politi-
schen Verhaltens des Dirigenten Toscanini im Auslande außerstande gesehen, den Reisepaß Toscaninis zu erneuern. In
Italien unterliegt die künstlerische Tätigkeit Toscaninis keinerlei Beschränkung. Toscaninis Benehmen auf seiner letzten
Palästinareise, wo er sich von den Juden als Antifaschist feiern ließ, seine öffentlichen Äußerungen gegen Deutschland
und sein auch auf politische Dinge übergreifendes maßlos ex-
altiertes Betragen wurde wiederholt in der italienischen Öffentlichkeit kritisiert.*[1]

Diese Information, gerade am möglichen Beginn einer
Kampagne gegen ihn, an der auch staatliche Behörden, ja
Minister mitwirkten – könnte in dem deutschen Dirigenten
ein Warnungssignal ausgelöst haben. Die öffentlichen
Greuel der Judenverfolgung in der »Kristallnacht« mögen
ein übriges getan haben, ihm zu zeigen, wie gnadenlos das
Regime herrschte[2]. Er müßte in Zukunft vorsichtiger sein,
vielleicht gar mehr als bisher ein gewisses Maß an Entgegenkommen beweisen. Auch für ihn war der gültige Reisepaß eine Vorbedingung für künstlerische Tätigkeit überhaupt, stützte doch gerade seine Position im Ausland die
mannigfaltigen Unternehmungen für bedrohte Menschen
und die nicht weniger bedrohte Kunst. Abermaligen Entzug
konnte er nicht riskieren – wie 1934 als Folge der Hindemith-Affäre; irgendeine Einschränkung seiner Arbeit griffe
an sein existenzielles Fundament. Daher mußte er alles tun,
um ideologischen Krach zu vermeiden. Im Ästhetischen,

das war ihm klar, markierte sein Programm des 4. Philharmonischen Konzerts vom 11. bis 13. Dezember 1938 eine
schon reichlich weit vorgeschobene Grenze: zwischen
Haydn und Beethoven einerseits und Wagner andererseits,
Strawinskys Ballettmusik »Der Kuß der Fee« und von Ravel das Klavierkonzert für die linke Hand, beides zum erstenmal. Ärgere Konflikte konnten von heute auf morgen
außerhalb der Tonkunst eine Herausforderung sein; was
dann? Daß Berlin, wo nahezu alle seine Gegner lebten, eine
ständig präsente Gefahr war, hatte er zur Genüge erfahren.
Vielleicht war es mit einer ungefähren Ausweichbewegung
getan. Sein Berliner Publikum, seine Philharmoniker gar
konnte er nicht im Stich lassen; aber er konnte mit entsprechender Steigerung seiner Leistungskraft eines tun, ohne
das andere zu lassen. Und das hieß, mindestens für einen
Teil des Jahres und zusätzlich zu den Auslandsaufenthalten
eine weitere Sicherheitszone zwischen sich und das gefahr-
drohende Zentrum zu legen. Dies lief am Ende auf einen
Konflikt der Anhänglichkeiten hinaus, auch wenn der große Schritt nach Wien keine Ausreise in die Fremde war,
sondern eine Rückkehr in so etwas wie eine zweite – un-
preußische – geistige Heimat, die überdies jetzt seiner mehr
bedurfte als die Reichshauptstadt. Denn die Rivalität der
Berliner Partei- und Staatsbehörden zur künstlerischen Metropole der »Ostmark« – nach wie vor Kreuzungspunkt
kultureller Bestrebungen der früher in der Donaumonar-
chie versammelten Länder – war offensichtlich. Hitler liebte diese Stadt nicht, weil sie Zeuge der Niederlagen seiner
verpfuschten Jugend gewesen, und Goebbels ließ sofort das
Kulturkammergesetz auf die »angeschlossenen« Kulturschaffenden ausdehnen und schickte sich an, Wien zur Kolonie Berlins umzumodeln, nicht nur durch Kommissare
aus dem Reich mit entsprechenden Sondervollmachten,
sondern auch weniger direkt. Zum Beispiel schaffte er die
bislang in Wien beheimatete Internationale Bruckner-Gesellschaft ab und ersetzte sie durch eine nationale Vereinigung, um zu demonstrieren, daß der Komponist – den Hit-

350

ler sehr schätzte – deutsches Eigentum sei. Noch vor der Neugründung ernannte er Furtwängler zum Präsidenten und teilte am gleichen Tag dem Wiener Rechtsanwalt Dr. Friedrich Werner mit:

Ich bestelle Sie hiermit zum Geschäftsführer und beauftrage Sie, die »Deutsche Bruckner-Gesellschaft« auf Grund der in zehnfacher Ausfertigung anliegenden, von mir grundsätzlich genehmigten Satzung sofort in Wien zu gründen und alsdann unverzüglich die Eintragung im Vereinsregister herbeizuführen.[3]

So sah sich der Dirigent plötzlich als des Ministers rechte Hand in Sachen des »deutschen« Meisters Bruckner, der kein österreichischer mehr sein durfte; aber gerade diese zweifelhafte Ehrung barg eine Menge Konfliktstoff für die kommenden Jahre. Denn entweder mischte sich Goebbels in Vereinsangelegenheiten ein, oder er mußte als Schlichter bei internen Streitigkeiten in Anspruch genommen werden. Andererseits konnte der Präsident viele seiner eigenen kulturpolitischen Vorhaben in die Gesellschaft einbringen und dann sogar – mit Hilfe des späteren Gauleiters Schirach – ihre weitgehende Unabhängigkeit gegenüber Berlin durchsetzen und verteidigen[4]. Um die Jahreswende 1938/39 herum und vor dem Hintergrund des Komplotts zur Verdrängung Furtwänglers sonnte sich der Minister freilich schon in der Gewißheit, daß »er Furtwängler zerbrochen habe«[5]. Aber er hatte nicht mit der Widerstandsfähigkeit des Musikers gerechnet, der sich nach Kräften zur Wehr setzte und dabei immer den Vorteil wahrnahm, den das Regime ihm dadurch bot, daß es ihn als künstlerischen Herold des Reichs im Ausland nicht allerhärtesten Maßnahmen aussetzen konnte. Nach wie vor reiste er unangefochten, und als er zu Weihnachten in der Pariser Opéra Wagners »Siegfried« dirigierte, traf er mit Friedelind Wagner zusammen, die ihm, der immer wieder ihren Entschluß bewunderte, nicht ins Reich zurückzukehren, trocken sagte:

Sie sind ja jetzt draußen. Werfen Sie ihr Retourbillet weg.[6]

Aber gerade dies war kein richtiger Zeitpunkt, sich sozusagen ins Leere fallen zu lassen[7]. Dafür lagen mehrere Gründe vor, deren wesentlichster wohl die Erfahrung mit dem Boykott anläßlich des 1936 geplanten Amerika-Gastspiels war; denn daß er auch künftig Ähnliches werde gewärtigen müssen, Schlimmeres vielleicht, schien ihm sicher, und so verdichtete sich der Gedanke an Emigration, Furcht und gleichzeitig »schreckliche Hoffnung« für den Eventualfall, zu einem traumatischen Zustand. Zudem drängte ihn eine Art »Nibelungen-Treue« gegenüber den Seinen, trotz allem auszuharren, und sei es nur als vielleicht nicht ganz machtloser Zeuge. Die Seinen, das waren die Mitmenschen und Mitopfer, denen er sich durch seine Kunst verpflichtet fühlte, aber die Führer und Funktionäre zählten gewiß nicht dazu. Immer wieder tat er – über die Musik hinaus –, was er für Selbstverständlichkeit hielt. Im Februar 1939 versteckte er einige Wochen lang den Schauspieler und Kabarettisten Werner Finck vor dem Zugriff der Gestapo. Finck hatte sich die Schließung des Kabaretts »Die Katakombe« im Frühjahr 1935 trotz Verwarnung wegen seiner staats- und parteifeindlichen Späße nicht zu Herzen genommen, sondern war weiterhin ohne »jede positive Einstellung zum Nationalsozialismus« tätig gewesen; nun verfügte Goebbels seinen Ausschluß aus der Reichskulturkammer, also Berufsverbot. Da des Musikers derzeitige Lebensgefährtin, die Ärztin Maria Daelen, in Pieskow bei Bad Saarow ein Landhaus besaß, fand Finck dort Unterschlupf, bis die Situation geklärt und wieder Ruhe war.

Inzwischen – und nicht ohne gewisse diplomatische Verwicklungen – hatte die französische Republik Furtwänglers Kulturleistung anläßlich der Weltausstellung 1937 in Paris mit einer Auszeichnung gewürdigt, die zugleich beweist, daß das offizielle Frankreich jene Konzerte durchaus nicht als »faschistische« Propaganda einschätzte, und da die Annahme ausländischer Auszeichnungen genehmigungspflichtig war, dauerte es noch einige Zeit, bis der so Geehrte die Mitteilung erhielt:

Der Führer und Reichskanzler hat durch Urkunde vom 11. März 1939 die Genehmigung zur Annahme des Ihnen verliehenen Komturkreuzes der Französischen Ehrenlegion erteilt.[8]

Allerdings änderte der Orden nichts an der vorsichtigen Einschätzung, die sich die NS-Funktionäre – aufgrund des Aktenstandes und immer neuer Nachrichten über das, was der Musiker sich wieder geleistet – zu eigen gemacht hatten. Goebbels, noch in bester Siegerlaune, verriet einmal, welche Rolle in der Kultur des Reiches er diesem in höheren Sphären lebenden Genie gerade noch zubilligte, und damit es auch richtig zu dessen Ohren käme, wählte er dazu ein Zusammentreffen mit den Trägern des Nationalen Musikpreises am 21. Mai nach der Schlußkundgebung der Reichsmusiktage in Düsseldorf, denn einer der von seiner Hand Ausgezeichneten war Siegfried Borries, Konzertmeister des Berliner Philharmonischen Orchesters:

Was will denn dieser Furtwängler mit seinen lächerlichen zweitausend Zuhörern in der Philharmonie. Was wir brauchen, sind die Millionen, und die haben wir mit dem Rundfunk![9]

Einen Tag später schrieb der Dirigent einen Brief an das ProMi und beschwerte sich abermals gegen die ungerechte Behandlung, die ihm die Zeitungen angedeihen ließen. Wenn er wollte, mochte Goebbels darin zusätzlich einen Wink sehen, daß er verstanden worden war und Ungerechtigkeit nicht allein ein Fehler der Presse sei.

Im Juni übernahm Furtwängler die Leitung der Wiener Philharmoniker. Diese hatten ihn ob ihrer bedrohlichen Situation darum gebeten, und eine stärkere Betonung seiner Gebundenheit an Wien konnte dem Minister durchaus zur guten Lehre gereichen. Von hier aus – in einer Rede bei der Schlußkundgebung des Bruckner-Festes – nahm er den Politiker gleich wieder aufs Korn wegen der ästhetischen und kunstpolitischen Probleme, die aus der quasi amtlichen Organisierung eines tönenden Massenkonsums folgten:

*Notwendige Folge einseitig-geistiger Bemühungen indessen
ist, daß die vitale Sphäre nicht genug an dem Mitteilungswil-
len des Künstlers teilhat, damit als Quell und Ursprung der
Kunst ausscheidet, und (...) der Banalität verfallen muß. Damit entsteht jene erst heute ganz Tatsache gewordene unüber-
brückbare Scheidung zwischen ernster und Unterhaltungsmusik, die eine Äußerung eines allzu problembeladenen Lebens,
die andere eines allzu leicht gewogenen Genusses.*[10]

Daß er beiläufig auch davon sprach, ein Künstler dürfe
»nie den Mutterboden seiner geliebten Erde unter den Füßen verlieren«, mag heutigen Ohren ein ideologisch besetztes Bild scheinen; der späte Romantiker ging natürlich arglos damit um, ohne auch im Theoretischen eine jähe Grenze
zwischen seiner Welt und der der Barbaren ziehen zu können, denn dazu hätte er jenes analytisch-kritische Inventar
gebraucht, von dem er angewidert meinte, daß sein Gegner
Goebbels es besäße. Gerade dieses war ihm von Grund auf
verhaßt, und so vermißte er es bei sich selber überhaupt
nicht. Eben deswegen aber waren seine Erkenntnismöglich-
keiten, was politische Zusammenhänge und die Aufhellung
von Ursache und Wirkung hinter ihnen betraf, äußerst begrenzt und oft von Mißverständnissen gestört. Was immer
er war, so war er doch vor allem ein Mensch jener von Mythen aus Tradition und Propaganda überwucherten Zeit,
ein Desorientierter aus heutiger Sicht.

Wohin Hitlers Politik führen mußte – die Münchner
Konferenz hatte nur knapp den Krieg vermeiden helfen –,
blieb ihm verborgen, als dies längst offensichtlich war. Seine Achtung vor Autorität und Obrigkeit, ohne die auch seine Selbstachtung nicht abgesichert wäre, verbot ihm Zweifel, solche Zweifel, wie sie ihn an der Weimarer Republik
hatten irre werden lassen. Macht und Gesetz mußten von
Gott kommen, welches Unheil auch von ihnen ausgehen
mochte, und noch im schlimmsten Falle konnten sie Prüfung bedeuten. Er wollte das Vertrauen des Regimes, dessen »geistigen Grundlagen« er sein eigenes Vertrauen nicht
entziehen konnte. Daher versuchte er, wieder mit Hitler zu

reden. Er entwarf einen Brief mit Bitte um Audienz. Um den Führer nicht gleich abzuschrecken, hätte er betonen wollen, *daß ich nicht Dinge persönlicher Art, die lediglich die Vergangenheit betreffen, berühren möchte, und daß es sich überhaupt nicht um Dinge handelt, die irgendwie eine unmittelbare Stellung- oder Entschlußnahme von Ihnen, mein Führer, erforderten. Trotzdem handelt es sich um Sachen von allgemeinster Bedeutung. Zudem möchte ich als Künstler und Mensch endlich die Gelegenheit haben, mich Ihnen gegenüber vertrauensvoll auszusprechen. Dieses Ihr Vertrauen und damit diese Aussprache ist, wie Sie begreifen werden, für meine künstlerische Tätigkeit in Deutschland als Künstler von entscheidender Bedeutung.*[11]

Es ging also um nichts weiter als um die Vertrauensfrage, und dafür war ausreichend Anlaß. In diesem Augenblick scheint der Dirigent gefühlt zu haben, daß nahezu alles, was er gewollt und erstrebt und durchzusetzen gesucht, widrigen Kräften ausgeliefert war, und dies beinhaltete zugleich den schrecklichen Verdacht, seine Existenz als Künstler und Kunstautorität wäre vielleicht »oben« nicht so geschätzt, wie ihr zukäme. Dieser Brief ging jedoch nicht zur Post, statt dessen ein anderer – an Staatsminister Meißner, den Chef der Präsidialkanzlei des Führers, denn der hatte angeregt, noch einmal wegen einer Audienz vorstellig zu werden. Die Idee, mit Hitler reden zu müssen, steigerte sich zur Besessenheit. Nicht daß Furtwängler den Krieg verhindern wollte. Er sah ohnehin nicht, daß da schon ein Uhrwerk ablief. Es ging ihm immer noch nur um Kunst und ihre Organisation und – nicht zuletzt – um seine persönliche Rechtfertigung durch allerhöchste Gnade. War er doch so weit schon gebrochen?

Kalendernotizen geben zu erkennen, was er ungefähr hätte vortragen wollen. Immer noch quälte ihn die Bayreuth-Frage; er wolle nicht nach Bayreuth, so lange Frau Winifred unter Tietjens Einfluß stehe, doch wolle er, *daß Herr Tietjen die Verantwortung dafür übernimmt, und nicht in infamster Weise hinterrücks, wo ich mich nicht wehren kann, mein Charakter oder gar meine Kunst dafür verantwortlich gemacht werden und angeschwärzt werden.*[12]

Dann das Problem Göring. Der Feldmarschall, wegen seines Rückzugs aus der Staatsoper verdrossen, habe es doch in der Hand gehabt, ihm neben und nicht unter Tietjen eine Stellung zu verschaffen. Immer wieder:

Tietjen. Man hat offenbar die Anschauung, daß der Organisator im Reiche der Kunst den höheren Wert gegenüber dem Künstler repräsentiert – eine Anschauung, die dem gesunden Instinkt des Publikums stets unverständlich bleiben wird.[13]

Verstand er nicht, daß und warum ein solches Regime der »Apparatschiks« bedurfte? Oder fühlte er sich durch diese Machtpositionen in Frage gestellt? So sieht es aus, denn er beklagte, *daß sich heute der Organisator an Stelle des Künstlers setzt. Der Organisator, der in der Kunst wirklich nur die Funktion der Polizei im höheren Sinne zu erfüllen hat. Jene Begabungen, bei denen das Organisatorische im Vordergrunde, das Künstlerische als eine mehr oder minder bescheidene Beigabe zu betrachten ist, treten hervor. Benda, Drewes, Tietjen. Sie regieren die Kunstwelt heute.*[14]

Dies war nicht allein ein gewöhnliches Problem jeder künstlerischen Organisation, in die Künstler persönlich eingespannt sind, sondern auch eine spezielle Qualitätsfrage. Gerade den Musikchef des Ministeriums rechnete er zu den Negativa, weil dieser alles verstaatlichen wolle, Einfluß nehme auf die Besetzung durch führende Musiker wie Elmendorff, Hugo Balzer oder Herbert Albert, seine Position zum Dirigieren ausnütze und sogar das Internationale Musikfest in Baden-Baden aus Angst vor der Konkurrenz mit seinen Reichsmusiktagen in Düsseldorf zu verbieten gedroht hatte. Fazit in Form eines Kalendereintrags:

Fraglichkeit autoritärer Musikführung durch Persönlichkeit, die durch nichts qualifiziert ist, weder musikal. noch menschlich.[15]

Sicher geht man nicht fehl in der Annahme, daß er eingedenk einer solchen unglücklichen Besetzung – ohne Rücksicht auf durchaus vorhandene positive Eigenschaften und Wirkungen dieses Funktionärs – immer wieder sich selber zum Maßstab setzte, nämlich an den Segen dachte, den er für das Musikleben hätte bewirken können, wäre er nicht 1934 als Vizepräsident der RMK abgesetzt worden. Fraglos tat dieser Verlust immer noch weh. Andererseits scheint der Musiker klar gesehen zu haben, daß das System solche Erscheinungen gebar und daher auch für sie verantwortlich war, und nun legte er sich erst recht mit den ideologischen Grundvoraussetzungen solcher Praxis an:

Planwirtschaft ist am Platze, wo ein bestimmtes vorhandenes Kontingent geregelt, geordnet werden muß. Dieselbe Planwirtschaft wirkt da, wo es sich um einen Wettlauf der Werte, eine beständige Neu- und Umbildung der Werte handelt, wie bei der Kunst, geradezu kunstfeindlich. Sie ist aber das, was die Mittelmäßigkeit will.[16]

Dieses alles und noch viel mehr wollte er bei Hitler vorbringen, gewiß ein Indiz dafür, wie wichtig er seine Sache – und in ihr sich selber – nahm. Allerdings hatte der Führer andere Probleme. Lediglich Goebbels stellte sich, wenn auch nicht lange, einem Gespräch und bedeutete dem Mitteilsamen dabei, wie kostbar seine Minuten seien. Den störte dies nur wenig, und weil er immer noch auf Hitler als Gesprächspartner bestand, schrieb er dem Minister schon bald wieder:

Wenn Sie mir von der großen Arbeitslast, die auf den Schultern des Führers ruht, sprechen und mir in diesem Zusammenhang sagen, daß auch Sie selber sehr lange auf eine Besprechung warten mußten, so sind das natürlich Argumente, die schlagend, ja niederschmetternd auf mich wirken; zumal ich der letzte bin, der nicht wüßte, welch ungeheuren Leistungen der Führer täglich vollbringen muß. Trotzdem muß ich nachträglich doch sagen, daß – so wie die Dinge liegen – die Möglichkeit für mich zu weiterer positiver und produktiver Arbeit in Deutschland entscheidend davon abhängt ob mir der Führer Gelegenheit gibt, mit ihm zu sprechen.[17]

Wiener Philharmoniker

Spielzeit 1942|43 (101. Bestandsjahr)

Abonnement=Konzerte und Nicolai=Konzert

---

31. Oktober/1. November: **Wilhelm Furtwängler.** Brahms: Violinkonzert (Wolfgang Schneiderhan) / Bruckner: 5. Symphonie

14./15. November: **Wilhelm Furtwängler.** Beethoven: Klavierkonzert in G-dur (Wilhelm Kempff) / Dvořák: 5. Symphonie /
Zeitgenössisches Werk

5./6. Dezember: **Hans Knappertsbusch.** R. Strauß: Don Quixote /
Mozart: Concertantes Quartett (H. Kamesch, L. Wlach,
G. Freiberg, K. Oehlberger) / Brahms: 2. Symphonie

19./20. Dezember: **Wilhelm Furtwängler.** Reger: Hiller-Varia-
tionen / Schubert: Symphonie in C

2./3. Januar: (Nicolai-Konzert) **Wilhelm Furtwängler.** Beethoven: Coriolan-Ouvertüre, 4. und 5. Symphonie

6./7. Februar: **Hans Knappertsbusch.** Pfitzner: Scherzo / Haydn:
Oxford-Symphonie / Bruckner: 4. Symphonie

20./21. Februar: **Wilhelm Furtwängler.** · Weber: Euryanthe-
Ouvertüre / Schumann: 4. Symphonie / R. Strauß: Domestica

13./14. März: **Carl Böhm.** Bruckner: 7. Symphonie und ein Werk
von Brahms oder Beethoven

3./4. April: **Carl Böhm.** Weber: Oberon-Ouvertüre / Mozart:
Jupiter-Symphonie / Brahms: Haydn-Variationen / R. Strauß:
Donau, Symphonische Dichtung – den Wiener Philhar-
monikern gewidmet. *(Uraufführung.)*

Ob die zwischen den Zeilen sichtbare Drohung mit der
Emigration vom Minister als solche verstanden wurde, ist
zweifelhaft, zumal da dieser von anderen Gelegenheiten
her wußte, daß die Anhänglichkeit des Musikers für Bela-
stungen fast unempfindlich war... Er hätte es wohl ironischer formuliert. In der Tat hatte Hitler keine Zeit für musi-
sche und persönliche Probleme. Er war angestrengt damit
beschäftigt, die Wiederholung dessen vorzubereiten, was
ihm nicht nur das Sudetenland, sondern sogar Prag in den

Schoß geworfen hatte, nun gegen den polnischen Nachbarn: Gewaltpolitik. Schon war es gelungen, Terror gegen die deutsche Minderheit in den westlichen Grenzgebieten Polens zu provozieren, eine klassische Situation seit eh und je, die nach militärischer Abhilfe rief. Auch der propagandistische Glanzpunkt fehlte nicht, jenes Arrangement, das den »exakten Beweis« dafür liefern sollte, daß das kleine und schwache Polen den waffenstarrenden und zu allem entschlossenen Nachbarn feige überfallen habe, weswegen dieser nicht anders konnte, als sich zur Wehr setzen. Aber was Hitler plante und welche Folgen dies – endlich – haben werde, nahm Furtwängler gar nicht wahr; nur daß er ihn nicht sprechen konnte, bedrückte ihn über alle Maßen...

Wenigstens machte sich der Propagandaminister nicht rar, und ihm mußten nun Konzessionen für die Wiener Philharmoniker abgehandelt werden, deren Selbständigkeit bedroht war; es ging darum zu verhindern, daß mit ihrer Verstaatlichung ein »ostmärkisches Reichsorchester« entstehe, denn allem Anschein nach lagen entsprechende Pläne vor. Der Dirigent schrieb nach Wien, er werde den Fall Goebbels unterbreiten, und versicherte beruhigend:

Im Übrigen möchte ich Ihnen in aller Form mitteilen, daß – falls Ihre Selbständigkeit tatsächlich so beschnitten würde, daß Sie die selbständige Wahl des Dirigenten verlören – ich persönlich von meiner Leitung von Konzerten bei Ihnen sofort zurücktreten würde.[18]

Furtwängler meinte es zweifellos ernst; er verpflanzte sogar eine ständige Beobachterin nach Wien, Agathe von Tiedemann, die in Berlin eine Gemeinschaft junger Musiker geleitet und Konzerte mit zeitgenössischer Musik veranstaltet hatte und nun den »ostmärkischen« Musikbetrieb im Auge behielt, regelmäßig berichtete und, wenn nötig, auch Alarm schlug. Der erste Versuch des Ministeriums, die Wiener Philharmoniker im Umweg über ein Subventionsangebot zu verstaatlichen, mißglückte; also probierte man es nun politisch-organisatorisch. Der Dirigent traf am 11. August mit Goebbels zusammen; Thema des intensiven Gesprächs: der zukünftige Status dieses Klangkörpers, der als private Musikergenossenschaft nicht geduldet werden könne. Am anderen Tag teilte Furtwängler kleinlaut mit, der Minister habe ihm gesagt, *daß die freie Dirigentenwahl seitens des Orchesters gegen ein nationalsozialistisches Grundgesetz verstoße. Demnach muß diese Forderung fallen gelassen werden. Ich bedauere dies; jedoch werde ich trotzdem, soweit ich kann, mit meiner Person Ihnen immer beistehen.*[19]

War er denn jetzt überhaupt noch fähig, irgendwelchen Beistand zu leisten? Die Hohlformel »nationalsozialistisches Grundgesetz« konnte dieses oder jenes bedeuten, beliebig mit Inhalten belegt werden und erfüllte daher immer ihren Zweck, nämlich jeden Widerspruch im Keim zu ersticken. Der dümmste Funktionär konnte sich ihrer bedienen. Sie war der Anlaß, daß Furtwängler nun sein Verhältnis zur Ideologie kontrollierte; er tat es nicht öffentlich, sondern im improvisierten Zwiegespräch mit seinem Kalendertagebuch. Daß ihn die »neue Ordnung« da störte, wo ihre zumeist sach- und fachfremden Regelungen in seinen Bereich übergriffen, nimmt nicht wunder. Aber er trennte die Theorie von der Praxis, als ob nicht eines das andere bedingte, und deswegen wollte es ihm nicht in den Sinn, *daß Nationalsozialismus und Mittelmäßigkeit für die Kunst identisch sein sollen.*[20]

Hatte die unablässige Propaganda mit »deutscher« Qualität eine solche Wirkung, daß darüber abhanden kam, wie sehr diese Weltanschauung – und gerade in der Person Hitlers – genau das verkörperte, was der Musiker verabscheute, ein Regiment lauter, unverschämter Emporkömmlinge, die sich selber zum Maß aller Dinge setzten und doch nur Mittelmaß erreichten, wenn es hoch kam? Dagegen wird ganz deutlich, wie sehr Furtwängler mindestens die »geistigen« Grundlagen des Regimes als so etwas wie historische Notwendigkeit sah, sozusagen als Antithese zur „gesetzlosen", libertinistischen Republik:

Soweit der Faschismus usw. Revolution, sind seine Ideen vergänglich. Soweit sie aber das Gesetz mit einbeziehen, so nicht; trotz des Massencharakters bedeutsam und lebendig. Mit ihm und dem Nationalsozialismus ist tatsächlich etwas Neues, bisher Unbekanntes in die Welt getreten.[21]

Selbst jetzt noch verzichtete er – ausgenommen die Abneigung gegen Revolutionäres – auf jede Bewertung; die ziemlich unbeholfene Objektivierung sperrte Kritik geradezu aus, weswegen Analyse der braunen Ideologie und Mythologie nicht einmal im Ansatz stattfand. Bei der Kontrolle seiner politischen Haltung blieb er auf halbem Wege stehen, und so war es unausbleiblich, daß er das historische Gewicht des Regimes, seine Fälligkeit, gänzlich falsch einschätzte, weil er Begriffe wie »Gesetz« nicht auf die Goldwaage gelegt und am Ende immer wieder auch Vergleiche mit der Kunst parat hatte, die völlig danebentrafen:

Warum Deutschland in diesem Krieg siegt? Warum sich das autoritäre System notwendig mit der Zeit durchsetzt? Es entspricht menschlichem Wesen, daß der Mensch schrankenlose oder auch nur zu große Freiheit nicht verträgt. In der Kunst zeigt sich das ebenso deutlich. Reger und Strauss, von den Atonalen zu schweigen, stellen den Zustand dieser Freiheit dar. Sie sind schon veraltet und erledigt. Was not tut, ist eine neue Erfüllung des Gesetzes.[22]

Da sprach ein Konservativer, der die Verführungskräfte der Freiheit mit Mißtrauen und Gesetz und Gesetzmäßigkeit als Bindemittel sah, um dem Chaos zu wehren. Daß sein eigener psychischer Habitus dieser Argumentation zwingend bedurfte, ist wahrscheinlich; Wie oft mögen Lehrer und Erzieher den über die Stränge schlagenden Jungen ehedem zur Bravheit ermahnt haben? Wie wichtig muß für den impulsiven, triebgesteuerten Erwachsenen eine höhere Ordnung – selbstgewählt oder von außen auferlegt – gewesen sein, die ihn daran hinderte zu tun, wovor er sich fürchtete? Es konnte ihm nicht eingehen, daß eine Obrigkeit überhaupt imstande wäre, Gesetze zu verkünden, die aller

Moral Hohn sprachen. Jener Versuch im Sommer 1939, sich Klarheit über sein Verhältnis zum Nationalsozialismus zu verschaffen, mißlang demnach, weil er kurz vor der entscheidenden Frage steckenblieb.

Zu dieser Zeit bereitete Hitler nicht nur den Überfall auf Polen vor, sondern – ganz am Rande – auch den nächsten Parteitag, den »Reichsparteitag des Friedens«, wie er angekündigt war. Und so bekam Furtwängler am 25. Juli einen Anruf aus der Kanzlei des Stellvertreters des Führers, er habe beim Reichsparteitag mitzuwirken, und so und so sähe das Programm aus. Gleichzeitig erfuhr der in die Vorbereitung der Kulturtagung eingeschaltete Rosenberg:

Der Führer hat entschieden, daß bei der Kulturtagung keiner der von Ihnen vorgeschlagenen Dirigenten, sondern Herr Staatsrat Dr. Furtwängler dirigieren soll und zwar eingangs, wie von Ihnen vorgeschlagen, die Ouvertüre von »Iphigenie auf Aulis« und vor der Rede des Führers soll die »V. Sinfonie von Beethoven« gespielt werden.[23]

Also sollte nicht nur die Festaufführung der »Meistersinger« *vor* der Eröffnung des Parteikongresses – wie schon 1935 und im Jahr zuvor – unter der Leitung Furtwänglers stattfinden, sondern auch das musikalische Ritual um Hitlers Kulturrede herum; die Nürnberger Oper annoncierte den »Reichsparteitag des Friedens« sehr angemessen am 1. September, während die deutschen Panzer nach Polen hineinrollten, mit einem »Friedenstag«, den eine Tanzsuite feierte, doch statt der »Meistersinger« am 3. September spielte sie Léhars »Zarewitsch«. Als Hitler verstand, daß das britisch-französische Ultimatum zum Rückzug seiner Wehrmacht aus dem überfallenen Land ernst gemeint war, und der Polen-»Feldzug« ihm den großen Krieg einbringen werde, sagte er den Reichsparteitag ab. Der Dirigent mußte keinen Parteidienst leisten; doch endeten die politischen Probleme damit noch lange nicht. Am 22. September registrierte die Poststelle des Propagandaministeriums den Eingang eines handgeschriebenen Briefes, der in den drei Abteilungen, die er durchlief, Befremden erregte. Es war eine Denunziation ohne Absender, die Unterschrift unleserlich – angeblich von der Gattin eines Musikers aus dem Berliner Philharmonischen Orchester:

Bekanntlich sind noch heute viele Orchestermitglieder mit Jüdinnen verheiratet. Es ist nun sehr schmerzlich zu beobachten wie diese Frauen aus ihrem Haß gegen den Nationalsozialismus heraus ihre Männer ungünstig beeinflussen; und mit echt jüdischer Raffinesse wühlen und bohren sie, und säen Unfrieden wo sie können. (...) Es müßte doch da ein Ausweg geschaffen werden können. Es ist doch in allen Unternehmen reiner Tisch gemacht worden und ausgerechnet bei unserem berühmtesten Orchester, dessen Chef unser verehrter Herr Reichsminister Dr. Goebbels ist, sollte das nicht möglich sein?[24]

Oberregierungsrat Kohler, Abteilung Personal, erinnerte an einen älteren Vorgang über die »jüdisch Versippten« im Orchester und ließ diesen heranziehen; Ministerialdirektor Dr. Greiner schrieb wütend, weil sich die Absenderin nicht zu erkennen gegeben, unter ihr Gekritzel »Auch noch feige!« Gleichwohl ging das Ministerium der Sache nach. Die Geschäftsführung des Orchestes betonte, es seien nur noch drei Musiker, die jüdische Frauen hätten, und fügte beruhigend hinzu:

Gerade mit Rücksicht darauf, daß die Angeberin ihren richtigen Namen nicht unterzeichnet, neigen wir stark zu der Annahme, daß hier ein Racheakt o. ä zu Grunde liegt.[25]

Daß Furtwängler das Ziel dieser neuen Attacke aus dem Hinterhalt war, unterliegt keinem Zweifel, denn er hatte die Weiterbeschäftigung dieser »verdächtigen« Musiker durchgesetzt und sich immer für sie verwendet, wenn Gefahr drohte; aber unterhalb dieser Gefahr lagen Erscheinungen, denen kein noch so einflußreicher Helfer entgegenwirken konnte: die scheelen Blicke der Nachbarn, das Getuschel, das kalte Mißtrauen, dergleichen private Deutlichkeiten gegenüber diesen »störenden Elementen«. Der Konzertmeister Hugo Kolberg hatte den Psychoterror nicht länger ertragen können. Am 1. Januar 1939 spielte er noch Beethovens Violinkonzert unter Leopold Reichwein, einem von der Gunst des Regimes getragenen Altparteigenossen und Antisemiten, und im 5. Philharmonischen Konzert vom 7. bis 9. Januar setzte ihn Furtwängler in der Erstaufführung von Pfitzners Duo für Violine und Cello mit Orchester ein; aber damit Kolbergs Erfolg nicht Hintergedanken wekke, mußte er gedämpft werden, und dies schaffte eine kleine Sprachregelung für die Presse:

Bei Besprechung des Konzerts des Konzertmeisters des Philharmonischen Orchesters Hugo Kolberg wurde um Zurückhaltung gebeten (Gründe sind bekannt).[26]

Glücklicherweise hatte sich der Geiger gerade noch rechtzeitig den Boden in den USA vorbereitet, nämlich anläßlich einer Gastspielreise im September 1938 mit dem eigenhändigen Ja von Goebbels, den seine Abteilung I B vergeblich gewarnt:

Immerhin muß man mit der Möglichkeit rechnen, daß er auf der Reise Gelegenheit nimmt, Beziehungen anzubahnen, um später für dauernd nach Amerika zu gehen. Wenn Kolberg bei der Philharmonie im Augenblick auch nicht zu entbehren ist, so glaubt Herr von Benda doch, daß er im nächsten oder übernächsten Jahr zu ersetzen sein würde, und hat deshalb gegen die Genehmigung der Reise keine Bedenken.[27]

Der Minister folgte nicht seinem Referenten, sondern Geschäftsführer Benda, und so durfte Kolberg reisen, in den USA feste Abmachungen treffen, zurückkehren und dann bald nach seinen Januarkonzerten mit Reichwein und Furtwängler endgültig das ungastliche Reich verlassen, obwohl sein Vertrag noch bis 1940 lief. Wieder fühlte sich Furtwängler allein. Wie wenig er sich in der Situation zurechtfand und die andersartigen – normalen – Notwendigkeiten seiner Zeitgenossen verstand, lehrt ein Vorfall in

Winterthur, wo er das Orchester des dortigen Musikkollegiums zu dirigieren hatte. Aber das schweizerische Städtchen war auch der Ort, an dem sich Hermann Scherchen als Leiter der Abonnementskonzerte niedergelassen. Eine Begegnung der beiden ließ nicht auf sich warten, und nun lud Furtwängler den im Reich wie in der Schweiz als »Kommunist« verdächtigen Emigranten allen Ernstes ein, die Philharmonischen Konzerte in Berlin mit ihm zu teilen ... als ob man nicht 1939 schriebe, und die Zeit stehengeblieben sei. Tatsächlich aber wollte Scherchen in unglaublicher Naivität nach Deutschland zurück, und er betrieb dies intensiv, kaum daß die Schweiz nach der Kapitulation Frankreichs sozusagen »eingeschlossen« war; denn nun wandten sich seine Musiker gegen ihn, weil die deutschen Behörden es ablehnten, die deutschen Mitglieder des Winterthurer Orchesters vom Waffendienst fürs Reich freizustellen, so lange ein solcher Emigrant Chef bliebe. Daß er unter diesen Umständen an »Heimkehr« dachte, mutet wie Wahnwitz an. Wie blind versuchte er Furtwänglers Vermittlung zu nutzen, erhielt aber im Sommer 1940 von diesem Nachricht, er gelte nach wie vor bei den offiziellen Stellen als Feind Deutschlands, und daher sei es ratsam, am besten gleich in Amerika ein neues Arbeitsfeld zu suchen. Jedenfalls wußte Furtwängler jetzt, weswegen er in diesem Fall Hilfe verweigern mußte: Die Zeit war eben leider nicht stehengeblieben.

Das erste Kriegsjahr markierte für ihn jedoch eine gewisse künstlerische Wende. Er entdeckte trotz aller Vorbehalte gegen die mangelhafte Klangqualität den Rundfunk als musikalisches Medium. Möglich, daß ihn das flapsige Wort des Ministers von den Millionen, die man durch den Rundfunk bekomme, beeindruckt oder die Tatsache nachdenklich gemacht hatte, daß Karajan sich lebhaft für diese technische Übertragungsmöglichkeit interessierte. Bislang hatte der Reichsrundfunk sporadisch – und gemäß jenem Vertrag, der die Finanzierung des BPhO erleichtern sollte – Konzerte übernommen und gesendet, auch solche, die

Furtwängler leitete, aber kaum mit diesem Klangkörper Eigenproduktionen auf Matrize genommen. Die Kriegsaufgaben des Rundfunks verlangten jedoch mehr als nur die Sendung von Schallplattenmusik. Daher lud er die Berliner Philharmoniker und nun auch ihren prominenten Dirigenten zu intensiv propagierten Reichssendungen aus dem Großen Sendesaal im Funkhaus ein. Eines der Sendekonzerte fand am 22. September statt; worum es ging, verriet die Presse:

Edle Musik war immer ein Balsam edler Seelen, und wenn ein Volk in hoher Zeit hochgestimmt sein muß, dann muß auch seine Musik »hochgestimmt« sein, so daß alles Mindere und Niedrige entfällt. Doch spricht ja die hohe Musik, zumal die Beethovens, viel mehr aus als nur Tröstliches oder Entsagendes: alle Leidenschaften steigern sich da zu einer großgearteten Pathetik des Heroischen, und wir fühlen uns unter Schicksalshämmern, die wir zu hören meinen, verpflichtet, hart zu werden.[28]

Diese primitive Assoziation von Gefühlen traf den Nerv der Zeit; Größe und Höhe und ihre Fiktion mußten allenthalben dazu herhalten, den nationalen Minderwertigkeitskomplex abzubauen; Platon, der es nicht besser gewußt, winkte den NS-Kulturpolitikern zu, die tatsächlich glaubten und hofften, Tonkunst sei eine Droge und könne Tatsachen und Übel aus der Welt oder doch aus den Hirnen und Herzen schaffen. Das Publikum war mehr denn je zuvor auf tönenden Balsam erpicht. Die Geschäftsführung des Orchesters unterstrich dann auch erleichtert, *daß die Befürchtungen, die man anfangs gehabt hatte, die durch den Krieg bedingten Maßnahmen (Verdunkelung, Einschränkung der Verkehrsmittel usw.) würden den Konzertbesuch beeinträchtigen, grundlos waren; im Gegenteil: das Kriegserlebnis bewirkte bei dem deutschen Konzertpublikum eine noch regere Anteilnahme und noch größeres Interesse für die Darbietungen ernster Musik.*[29]

So hatten auch die Rundfunkkonzerte in dieser Saison –

es waren allein im September elf und davon zwei unter Furtwänglers Leitung – großen Zulauf. Goebbels ordnete an, daß auch die zehn Philharmonischen Konzerte zu übertragen seien, jedenfalls ihre erste Hälfte, während die zweite zwecks versetzter Sendung auf Wachsplatten aufgenommen wurde. Selbst in der »Ostmark« zeigte sich – wie im Altreich – gesteigertes Musikbedürfnis; die Wiener Philharmoniker, durch »ihren« Furtwängler weit herum präsentiert, hatten freilich immer noch Fürsprache nötig, um in den politischen Querelen ihren Status zu behaupten. Als ihnen der Gauleiter zum hundertjährigen Bestehen gratulierte, nahmen sie dies als Wink des Schicksals und antworteten:

Die Wiener Philharmoniker haben mit großer Freude die Wünsche des Gauleiters und Reichskommissars entgegengenommen. Ich bitte Sie namens des Philharmonischen Orchesters, dem Gauleiter die Einladung zum Eröffnungskonzert der 80. Abonnementssaison (...) im Großen Musikvereins-Saal zu übermitteln. Für den Herrn Reichskommissar steht die Staatsloge zur Verfügung.[30]

Gauleiter Bürckel war kein musischer Mensch und gegenüber den kulturpolitischen Fragen hilflos, mit denen ihn der Streit der Fraktionen und Gruppierungen in Wien konfrontierte. Daher ernannte er mit Wirkung vom 9. Dezember Furtwängler zu seinem Bevollmächtigten für das gesamte Musikwesen der Stadt Wien; darunter sei – nähere Erläuterung – *vor allem die Förderung und Pflege der Musik zu verstehen, insofern sie zu den Aufgaben sowohl der staatlichen als auch der Gemeindeverwaltung dieses Reichsgaues gehört. Es handelt sich demnach vor allem um die Einflußnahme auf das Wiener Konzertleben, die musikalischen Theater und die Musiklehranstalten in Wien. (...) Die einheitliche Betreuung der musikalischen Belange durch meinen Bevollmächtigten macht es notwendig, daß auch sonstige Dienststellen im Reichsgau Wien, hinsichtlich Förderung und Pflege der Musik in Wien, Veranlassungen nur mit Kenntnis und Zu-*

stimmung meines Bevollmächtigten treffen und hierzu zunächst das Einvernehmen mit Ihnen pflegen.[31]

Was der Dirigent alle die Jahre hindurch vergebens durchzusetzen gesucht, fiel ihm jetzt und hier aus Unfähigkeit eines NS-Funktionärs zu, der so ehrlich war einzugestehen, was Goebbels nie über sich gebracht hätte, daß er sachkundiger Unterstützung bedurfte. Jetzt schien freie Bahn für eine großzügige, von intimer Kenntnis der musikhistorischen Rolle dieser Stadt getragene Musikpolitik unabhängig von Berlin. Während Furtwängler mit solchen vielversprechenden Aussichten die Wiener Philharmoniker wieder – am 11. und 12. Dezember – in München vorzeigte, sammelten seine Gegner sich so dreist und offensichtlich, daß die politische Polizei davon Wind bekam; sie vermerkte großes und unliebsames Aufsehen:

Obwohl die Berufung wegen der künstlerischen Fähigkeit Furtwänglers anerkannt wird, werden bereits Befürchtungen wegen seiner bekannten Einstelllung laut. Man hat in Wien seine innigen Freundschaften noch nicht vergessen und befürchtet, daß diese Kreise nun wieder Einfluß bekommen werden.[32]

Der SD-Inlandsbericht nannte auch Namen; da war die – jüdische – Musikwissenschaftlerin Dr. Elsa Bienenfeld, Ministerialrat Dr. Alfred Eckmann, der Leiter der Staatstheaterverwaltung, Hofrat Dr. Karl Wisoko-Maytsky, Sektionsrat Dr. Friedrich Dlabać, der vor dem »Anschluß« die Gesellschaft der Musikfreunde geleitet hatte, und – obwohl Pg. – Prof. Franz Schütz, Direktor der Reichshochschule für Musik. Die nächste SD-Meldung verständigte den Gauleiter mit Bedauern:

Der Allgemeinheit wurde von einer Zurücknahme oder Einschränkung des Auftrages nichts bekannt und es herrscht deshalb noch immer eine gewisse Bestürzung in den durch diese Maßnahme betroffenen Kreisen. Z. B. soll sich Weisbach sofort krank gemeldet haben und Knappertsbusch war angeblich nur mit Mühe davon abzuhalten, Wien zu verlassen.[33]

Das mochte etwas übertrieben gewesen sein, denn Weisbach gesundete rasch und tat nach wie vor seinen Dienst im Rundfunk und bei der Gesellschaft der Musikfreunde, und Knappertsbusch blieb 1. Kapellmeister der Staatsoper und lief nicht davon. Beide verstanden nämlich am Ende, daß es gemeinsame Anliegen gab, die sich leichter durch kundigen Machtspruch von oben verwirklichen ließen als durch Intrigen hinten herum. Immerhin aber reiste Musikabteilungsleiter Drewes im Auftrage seines Ministers an und versuchte Bürckel gegen Furtwängler zu beeinflussen; Goebbels drängte nach Wien. Zum Beispiel hatte er, weil er einen Brückenkopf wollte, den Hamburger Generalintendanten Heinrich K. Strohm zum Oberleiter der Wiener Staatsoper ernannt, der in dieser exponierten Position durchdrehte und mit paranoischen Anwandlungen regierte, bis Furtwängler es – unterstützt durch den neuen Gauleiter von Wien, Schirach – nach hartem Kampf fertigbrachte, Berlin von der Notwendigkeit eines Wechsels zu überzeugen, und die Drohung, nicht mehr dirigieren zu wollen, war hier ein wirksames Druckmittel. Doch zeigte sich an diesem Fall, daß Goebbels auch einen klinisch kranken Mann aus politischem Kalkül bis zum letzten Augenblick der Blamage halten konnte, so sehr lag ihm daran, Wien in seinen Herrschaftsbereich einzubeziehen.

Alle diese musikpolitischen Ordnungsarbeiten kosteten Zeit, und der Titel »Bevollmächtigter«, der ein Titel blieb und keine entgeltliche Funktion anzeigte, wirkte dazu noch wie ein Magnet und ließ den Posteingang des Dirigenten in Wien beträchtlich anschwellen. Diese Belastung addierte sich zur Mühsal der Konzertroutine hier und in Berlin und zur Strapaze der Konzertreisen. Daß irgendwo noch eine europäische Hauptstadt existiert haben sollte, für die er eine neue Erfahrung war, mutet unglaubwürdig an, und doch konnte er ein Debüt feiern – in Oslo. Das geschah Anfang April 1940. Die Zeiten waren unsicher. Hitler hatte in seinem Hauptquartier längst die Pläne für das Unternehmen »Weserübung« fertig und wartete nur auf die passende

Stunde; die Sicherung der Erzzufuhr aus Schweden – über den norwegischen Hafen Narvik – stand auf der Tagesordnung. Furtwängler flog am 28. März gegen neun Uhr morgens aus Berlin ab, quer durch die Bereitstellungsräume für den vorbereiteten Angriff, und er bemerkte nicht, worauf die Verspätung seiner Maschine zurückzuführen war; als er nach neun Stunden in Oslo landete, schien alles normal, doch auch die Norweger lebten noch in der »guten alten Zeit«, und so begrüßten sie den Gast – er sei *der berühmte deutsche Dirigent und Beethovenexperte Wilhelm Furtwängler, der Nachfolger von Richard Strauss und Nikisch in Deutschlands vornehmster Musikerstellung und Toscanini ebenbürtig in New York, Vizepräsident in der Reichskulturkammer, Generalmusikdirektor, Chef der Berliner Philharmoniker und der Staatsoper usw. usw.*[34]

Soweit die Angaben überhaupt stimmten, betrafen sie weit zurückliegende oder inzwischen überholte Tatsachen. Aber die Osloer Philharmoniker, in vier Proben auf den Dirigenten hin geformt, gaben sich Mühe, und die Universitätsaula, der größte Konzertsaal der Stadt, war trotz der hohen Preise ausverkauft. Die norwegischen Musikfreunde sahen diesen 1. April als seltenes Kunsterlebnis, weswegen die Deutsche Botschaft frohlockte, daß das Konzert *einen ganz nachhaltigen positiven Eindruck in Oslo hinterlassen hat und in im besten Sinne geeignet war, Sympathien für deutsche Kunst und für Deutschland zu wecken und zu beleben.*[35]

Ob die Norweger in der Haydn-Sinfonie Nr. 88, »Tod und Verklärung« von Strauss, der Siebenten Beethovens und der zugegebenen »Tannhäuser«-Ouvertüre deutsches Image witterten, ist fraglich, denn diese Musik war – ohne nationales Etikett – Repertoire der beiden Osloer Orchester, also durchaus einheimischer Kulturbesitz. Zudem wäre es eine kurze Sympathie gewesen. Denn acht Tage später liefen Hitlers Kriegsschiffe in den Oslo-Fjord ein und beschossen die Stadt; über dem Hotel Continental ging die Reichskriegsflagge hoch. Schon wenig später marschierte auf dem Platz vor der Universität ein Infanterie-Musikkorps der Besatzer auf und blies den Norwegern vor, was nun tatsächlich deutsche Musik war, Militärmärsche, und auch »Erika« fehlte dabei nicht.

Die Idee, Furtwängler nicht nur durch den jungen Konkurrenten Karajan zur Strecke zu bringen, sondern ihn zusätzlich in einer Weise in die Rituale des Regimes zu verstricken, die jede Selbstachtung zerstören mußte, hatte im Amt Rosenberg die eifrigsten Vertreter. Da wußte man genau, wo dieser Mann politisch stand, und wie man seine starke Persönlichkeit beschädigen konnte. Mitte Juli 1940 meldete Rosenberg dem Reichsleiter Bormann, die Berliner Philharmoniker hielten sich bereit, um im Herbst die Kulturtagung des Reichsparteitags auszuschmücken, auf Abruf. Rosenbergs Musikfachmann Gerigk wußte bereits, daß Furtwängler ebenfalls zur Verfügung stehe, doch habe er mündlich geäußert, er möge *die Kulturtagung nur dann dirigieren (...), wenn ihm der Führer auch die traditionelle Meistersingeraufführung überträgt.*[36]

Dies wäre gerade das, was er fünf Jahre zuvor – mit der Ausrede zusätzlicher Arbeitslast – entschieden von sich gewiesen hatte, und dies mußte auch seinem Gesprächspartner auffallen; hätte sich der Musiker so rasch bekehrt, den Dienst an der Sache der Partei als seine Pflicht erkannt? Nein, er legte nur eine unvermeidliche Fallgrube an. Die 5. Sinfonie von Beethoven – Gerigk hatte seinen Programmvorschlag vom Vorjahr beibehalten – sei eigentlich gar nicht so geeignet, erklärte er dem Funktionär, doch eine äußerlich viel großartigere Wirkung ermögliche das Finale der Neunten; voll Begeisterung erläuterte er weiter:

Das Chorfinale dauert nahezu 30 Minuten und bildet eine groß angelegte Kantate, die auch für sich allein besonderer Wirkung sicher sein wird. Die technischen Voraussetzungen zur Aufstellung eines Chores von mehreren hundert Sängern sind in Nürnberg vorhanden. Der Chor kann im Bedarfsfalle nahezu unsichtbar aufgestellt werden entweder hinter Blumenarrangements oder hinter transparenten Vorhängen.[37]

In der Tat, ein einleuchtender Ratschlag, ganz uneigennützig dazu. Denn zur Verblüffung Gerigks setzte er hinzu, einen einzelnen Satz eines zusammenhängenden sinfonischen Werks werde er aus ästhetischen Gründen natürlich nicht dirigieren und schlage Professor Karl Böhm für diesen Fall vor. Die Probe aufs Exempel konnte freilich unterbleiben. Vier Tage später entschied Hitler, daß der geplante Reichsparteitag ausfiele. Nicht immer ging es so glimpflich ab.

Das ProMi als Dienstherr des BPhO erteilte Aufträge; so hatte Furtwängler im Vorjahr bei den Maifestspielen in Florenz die »Matthäuspassion« aufführen müssen; aber dies schien ihm keine Korrumpierung, weil es sich schlimmstenfalls um Sympathiewerbung handelte und Belange der NSDAP nicht zum Zuge kamen. Überdies betrafen solche Aufträge nicht ihn allein. Das ProMi befahl zum Beispiel ausländische Gastdirigenten – in der Saison 1940/1941 etwa den Spanier José Cubiles, den Japaner Hidemaro Konoye, den Italiener Franco Ferrara und den Kroaten Lovro von Matačić – ans Pult des Orchesters, durchweg zweite Größen, die von der übermächtigen Kultur des Reiches beeindruckt werden sollten. Sympathiewerbung – und doch wohl schon ein bißchen mehr – war auch ein Gastspiel in Prag im Auftrag des Ministeriums. Die Hauptstadt der ehemaligen Tschechoslowakei, nun des Reichsprotektorats Böhmen und Mähren, galt formalrechtlich nicht als besetztes Gebiet; vielmehr hatte Hitler verfügt, das Protektorat sei integraler Bestandteil des Deutschen Reiches, und wer nicht nach der Moral dieses »Rechts« fragen konnte, begnügte sich damit zu glauben, daß der tschechische Staatspräsident am 15. März 1939 »das Schicksal des tschechischen Volkes in die Hände Adolf Hitlers gelegt«[38] habe, und dann entfielen etwaige moralische Hinderungsgründe für ein Gastspiel in Prag. Hier ging es freilich darum zu beweisen, daß Böhmens Metropole seit jeher und jetzt wieder Zentrum des Deutschtums sei und nicht etwa ein gerade wegen seiner kulturellen Vielfalt an tschechischen, deutschen und österreichischen Beiträgen faszinierender Schmelztiegel. Zur Einweihung des Deutschen Opernhauses – das die Aufgabe erhielt, das tschechische in den Schatten zu stellen – erschien Furtwängler mit den Berliner Philharmonikern. Natürlich nutzte die örtliche Prominenz von Partei und Staat – dies war die Dienststelle des Reichsprotektors – gern die Chance und machte sich zum Mittelpunkt des festlichen Anlasses. Die zwei ersten Parkettreihen mit Ehrengästen, verwundeten Soldaten aus Prags Lazaretten, gerieten fast in Vergessenheit. Der Berichterstatter der hauptstädtischen NS-Zeitung vermied politische Kommentare und konzentrierte sich auf den Dirigenten:

Es gibt Erscheinungen, die so weit über Alltag und »Betrieb« unseres Musiklebens stehen, daß ihre Existenz allein uns besondere Maßstäbe aufnötigt. Und doch sind sie die eigentlichen, ja im Grunde die einzigen Träger künstlerischer Kultur; denn nur das Außerordentliche, nur die höchste Leistung entscheidet und gilt in geistigen Dingen. Es ist ein Wesensrätsel aller künstlerischen Wirkung, daß die differenzierteste Geistigkeit gerade mit der Volksseele in einem so tiefen und magischen Zusammenhang steht, so sehr sie sich auch scheinbar von ihr entfernt. So erklärt sich die Breitenwirkung eines Mannes wie Wilhelm Furtwängler.[39]

Das war am 7. November. Nummer 1 des Programms: Smetanas »Moldau«. Heute mag dies mit Achselzucken quittiert werden. Damals war es ein deutliches Signal, mehr als eine entschuldigende Geste gegenüber der Tschechoslowakei. Diese Programm-Musik ist Teil eines Zyklus, mit dem der tschechische Meister »Mein Vaterland« feierte und seinerzeit – in der zweiten Hälfte des 19. Jahrhunderts – die Einigungsbewegung seiner Landsleute gegen die österreichische Fremdherrschaft unterstützte. Jetzt, 1940, wiederholte sich die Situation. Der Zwingherr hieß nun Hitler. Welches ideologische Gewicht Smetanas Zyklus hier anhaftete, beweist – wenngleich Aufführungen nicht verboten waren – der Umstand, daß gegen Kriegsende eine politisch gefärbte Rezension von »Mein Vaterland« die Ermordung des Kritikers durch Gestapo-Schergen zur Folge hatte[40]. Wenn Furtwängler mit der »Moldau« begann, war das zwar kein Wagnis, aber dennoch eine Darlegung seines Standorts gegenüber den unterdrückten Tschechen. Von Berlin aus mochte das als Huldigung an den Genius des Ortes gerade noch hingehen, wenn man die Augen davor verschloß, daß dieser Genius ein »fremdvölkischer« war.

Das Selbstverständnis der NS-Ideologen um Rosenberg berührte auch die kulturpolitischen Neuerungen, die der neue Wiener Gauleiter Schirach inzwischen eingeführt und gegen die örtlichen Parteivertreter verteidigt hatte. Ihm ging es darum, Wien nicht zum Museum zu degradieren. Was dies besagen wollte, demonstrierte der kulturverständige Funktionär unter anderm mit einer Woche des zeitgenössischen Operntheaters, die bei der Uraufführung von Wagner-Régenys Oper »Johanna Balk« in einen politischen Skandal ausartete. Und so benutzte er den Anlaß, um in eine Rede über die kulturpolitischen Zukunftspläne für Wien einzuflechten:

Wir wollen keine Friedhofsruhe. Die junge Generation von heute wolle ihr künstlerisches Erlebnis haben, auch wenn andere das Recht haben, es abzulehnen. Es seien schon so viele Stäbe über den Häuptern der jungen »Kunstverbrecher« gebrochen worden, daß schon der Versuch einer Wiedergutmachung an ihnen gerechtfertigt sei. Wir handeln nicht im Sinne der Großen, die in dieser Stadt gelebt haben, wenn wir unsere Aufgabe darin sehen, nur die Tradition zu pflegen.[41]

Dies war Furtwängler aus der Seele gesprochen und glich etwa seiner eigenen Anschauung, zeitgenössische Werke nicht den Eiferern und »Chaoten« zu überlassen, sondern sie behutsam, aber in bestmöglicher Interpretation in die Programme zu integrieren und ihre Wirkung auf das Publikum auszuprobieren. Daß er sich gegenüber flüchtigen Erscheinungen auf dem Markt kompositorischer Eitelkeiten reserviert verhielt, kreidete ihm die »Fortschritts«-Partei immer wieder an. Tatsächlich wählte er sorgsam aus. Da alle Welt ihm Partituren zur Begutachtung schickte, hatte er guten Überblick über die »Marktlage«, und so konnte er es sich leisten, Unterschiede zu machen. Zum Beispiel schickte ihm der Münchner Alfred von Beckerath, dem als Musiklehrer in einem Landschulheim im oberbayerischen Ambach viel Zeit zum Komponieren blieb, eine Auswahl seiner Werke, natürlich nicht gerade die Marschfantasie über Hans Baumanns Kampflied »Es zittern die morschen Knochen« oder die Musiken zu Rundfunkhörfolgen wie »Die Straßen des Führers« oder »Völkischer Beobachter – Geschichte einer Kampfzeitung«, sondern harmloses Konzertantes. Nachdem er hier wie dort geblättert hatte, notierte der Dirigent verwundert:

Das Komponieren scheint heutzutage ein Gesellschaftsspiel. Nur freilich hat die Gesellschaft kein Vergnügen daran, sondern ausschließlich der Komponist.[42]

Dagegen erhielt Heinz Schubert, der Rostocker Musikdirektor, obgleich Pg., von Furtwängler ohne Umstände eine Empfehlung, die ihm bescheinigte, er sei *ein echter Musiker, ein Komponist von großen musikalischen Qualitäten (ich selber habe ein Werk von ihm, Praeludium und Toccata, mit ausgezeichnetem Erfolg in einem Berliner Philharmonischen Konzert zur Aufführung gebracht) und dürfte sicherlich auch als Kapellmeister hervorragendes leisten. Jedenfalls kann ich eine Beförderung dieses echten, schlichten und wahrhaftigen Musikers nur befürworten.*[43]
Eine solche Empfehlung mit dieser Unterschrift war der Traum eines jeden Musikers, und so erklärt sich die große Zahl entsprechender Ansuchen um Begutachtung. Zuweilen verfuhr er wohl auch nicht fachlich-sachlich, sondern nach anderen Motiven. Da lebte in Bergen auf Rügen ein Unterhaltungsmusiker, Pianist und Geiger, der lange am Stadttheater Guben gearbeitet und – da er etwas konnte – auch Aushilfsdienste beim BPhO geleistet hatte, sodaß Furtwängler ihn persönlich kannte; Paul Henckel war den

Herr Heinz S c h u b e r t

ist ein echter Musiker, ein Komponist von grossen
musikalischen Qualitäten (ich selber habe ein Werk von
ihm(Praeludium und Toccata)mit ausgezeichnetem Erfolg
in einem Berliner Philharmonischen Konzert zur Aufführung
gebracht) und dürfte sicherlich auch als Kapellmeister
hervorragendes leisten. Jedenfalls kann ich eine Beförderung dieses echten, schlichten und wahrhaftigen Musikers
nur befürworten.

Dr. Wilhelm Furtwängler

Abstammungsnachweis schuldig geblieben und auch sonst
verdächtig, sodaß seine NSDAP-Ortsgruppe auf Grund eines Berichts des Kreisschulrats Rügen zu dem Schluß kam:

*H. ist politisch unzuverlässig, er verweigert grundsätzlich
den Gruß »Heil Hitler«. Beteiligung an Sammlungen ist
schlecht, Versammlungen der Partei werden nicht besucht.*[44]

Gerade um diesen Mann kümmerte sich der Dirigent und
ließ ihn durch seine Sekretärin bitten, im Frühjahr 1940 –
also rechtzeitig für die Programmdisposition der nächsten
Saison – seine Partituren einzusenden. Da aber die kompositorische Leistung Henckels für die Präsentation in so her-
ausgehobenem Zusammenhang nicht hinreichte, realisierte
sich keine Aufführung. Trotz allem legte Furtwängler seiner Auswahl immer das – sehr große – Gesamtangebot zu-

grunde, und dann konnte es eigentlich nicht zweifelhaft sein, daß Komponisten wie Karl Höller und Theodor Berger eher zur verdienten Uraufführung kamen. Im ersten Philharmonischen Konzert im Oktober 1941 durfte sich Höller mit dem Cellokonzert op. 26, das Hoelscher spielte, dem von Klassik und Romantik verwöhnten Publikum vorstellen, und gleich im nächsten kam Bergers Ballade op. 10 an die Reihe. Berger, »junges Genie« und Hoffnung für einen »ostmärkischen« Beitrag zur zeitgenössischen Musik, hatte anläßlich der Reichsmusiktage 1939 in Düsseldorf von Goebbels einen Kompositionsauftrag für 5 000 RM bekommen, und obwohl ein kulturpolitisches Motiv mitgespielt haben mag, ist sicher, daß der dynamische Minister – anders als die Rosenberg-Clique – aus stilistischer Nachfolge Strawinskys nicht nur nichts »Entartetes«, sondern geradezu ein Symbol für den politischen Elan, die aufrüttelnden und mitreißenden Aspekte der NS-Bewegung heraushörte, Reflektion des »Erlebens unserer Tage«. Als Berger sein Werk mit just dieser vieldeutigen Floskel im Programmheft kommentierte, kam er jedoch bei der Fraktion Rosenbergs schlecht an. Musikbetrachter Hermann Killer, mit der Mitarbeit am inzwischen erschienenen »Lexikon der Juden in der Musik« nicht mehr belastet, Hauptstellenleiter des Kulturpolitischen Archivs im Amt Kunstpflege und daher mit Verdächtigungen aller Art vertraut, rügte diesen Programmtext, weil da weiter zu lesen war, daß die Ballade eine »apokalyptische Stimmung« widerspiegele, *was doch wohl von ungefähr so etwas wie Weltuntergangsstimmung bedeuten soll. Der so beeinflußte Hörer, der den großen Freiheitskampf des deutschen Volkes wohl kaum unter dem Gesichtswinkel einer biblischen »Apokalypse« betrachten dürfte, hat sich dann sehr gewundert, als ein in rasantes Tempo gebannter Klagbogen über ihn hereinbrach, der (...) durch seine schlagzeuggewürzte Dissonanzenfülle eher Visionen des Furchtbaren als des Großen und Erhebenden heraufbeschwor.*[45]

Nicht nur Kritik und Publikum entzweiten sich wegen

der Novität; hier brach auch der Konflikt zwischen Alt und Jung auf, und die eine Seite begrüßte diese »Ästhetik des Fortschritts«, während die andere sie verdammte. Der Dirigent aber sah sich von gewissen Parteikreisen verdächtigt, er wolle im Auftrage des »Weltjudentums« durch die Hintertüre alle die musikalischen Verderbnisse wieder einschmuggeln, die man mit der Person Hindemiths glücklich und glimpflich losgeworden glaubte. Allerdings hatte er eine argumentative Taktik in der Schublade, solche – nicht harmlosen – Verdächtigungen zum Schweigen zu bringen. Sie war entwickelt auf Grund der Situation der zwanziger Jahre, als Parteiungen im Musikleben sehr ähnlich wirkten wie ein Jahrzehnt später Parteidiktatur und staatliche Lenkung; damals mußte er immer wieder von »linken« Fortschrittlern den Vorwurf einstecken, er tue nichts für die lebenden Komponisten, ersticke sie sogar unter seinen Programmen in Meisterformat. Zwar zeugte die Statistik dagegen, aber sie ließ sich leicht wegzaubern mit dem Einwand, dies sei viel zu wenig und käme immer den Falschen zugute und nicht den »wirklich Genialen«, nämlich den Lieblingen der Fortschrittspartei. Was Furtwängler dann bei seinem Kampf für Hindemith unverdrossen als List verwendet, hielt schon ein Kalendereintrag von 1927 fest:

Da sind Rücksichten auf die Allgemeinheit, die so weit gehen, daß es notwendig werden kann, ein Werk nur deshalb zu bringen, um es zur Diskussion zu stellen und zu erweisen, daß es nicht das ist, was aus ihm gemacht wird. Daß das ad absurdum-führen in dem von mir gemeinten Sinn die denkbar beste Aufführung ebenso verlangt, als das größte Kunstwerk, ist selbstverständlich. Es ist daher Unsinn zu glauben, daß ich für alle die Werke, die ich mache, mich einsetze.[46]

Natürlich wußte er sehr gut, daß stilistische Aktualität einen Erfolg keineswegs ausschloß. Mit der Diskussion begann oft die Breitenwirkung, und gerade bei Bergers Stükken, derer sich der Dirigent annahm, war das offensichtlich; aber nun konnte er den Vorwurf der Fahnenflucht von

Seiten der Klassikfreunde wiederum abbiegen mit dem Hinweis, er habe sich keineswegs eingesetzt und dieses sei eben ein gutes und erfolgreiches Stück, was zu beweisen gewesen...

Allerdings bedurfte es keiner Ausrede, daß und warum die Zeitgenossen generell ein Minderheitenprogramm darstellten. Breitenwirkung hatten nicht einmal die Philharmonischen Konzerte, obwohl sie – inzwischen je dreimal gespielt – stets ausverkauft waren. Über den Rundfunk erreichte er natürlich, für die Neuen auch, aber mehr noch für die großen Meister, unvorstellbar große Hörerbeteiligung, denn so erhielt *die breite Masse des deutschen Volkes Gelegenheit, daran teilzunehmen und damit ein Kunsterlebnis zu genießen, das ihr zum großen Teil ohne den Rundfunk nie beschert wäre. (...) Für die Aufnahme wird ein neues Verfahren, das Magnetofon, verwendet. Dieses Verfahren gibt jede feinste Klangabstufung wieder und damit ein völlig getreues Klangbild des Konzertes.*[47]

Obwohl ein Rundfunksinfonieorchester existierte, hatten die Berliner Philharmoniker – zumal unter Furtwängler – einen festen Platz im Sonntagsprogramm. Doch traten trotz Magnetofon Qualitätsnöte auf; zwar arbeitete versuchshalber schon ein UKW-Sender, der besseren Empfang als Mittel- oder Langwelle gewährleistete, aber auch dieses System war technisch noch nicht ausgereift und daher störanfällig. Daß der empfindsame, auf höchste Qualität bedachte Musiker immer wieder Mängel rügte, ist nicht im mindesten verwunderlich. Der Minister quittierte die Bedeutung des Orchesters und ließ es im Frühjahr 1942 von jedem Wehrdienst befreien, *weil es wichtige Heimataufgaben zu erfüllen hat und andererseits auch sein Bestand von so kostbarem Wert ist, daß man ihn nicht zerreißen darf.*[48]

Allerdings beabsichtigte Goebbels, den »kostbaren Wert« nun auch ganz direkt in politischem Zusammenhang unter Beweis zu stellen. Die sowjetische Winteroffensive hatte die Gewißheit, als Sieger in Moskau einzuziehen, gründlich enttäuscht und weite Gebiete, zumal vor Lenin-

grad und im Mittelabschnitt den Deutschen wieder abge-
jagt; Hitler hatte Halt und »fanatischen Widerstand« be-
fohlen, den Oberbefehlshaber des Heeres abgesetzt und
sich selber die Führung des »russischen Feldzugs« angeeignet, ein Alleskönner, auf welchem Gebiet auch immer, der
es nun auch der unfähigen Generalität noch zeigen wollte.
Das neue Image als Feldherr mußte entsprechend gefeiert
werden. Zuständig dafür war Goebbels, und er bewies, welche propagandistischen Fähigkeiten ihm eigneten. Zum
nächsten Geburtstag Hitlers entfesselte er einen Sympa-
thiefeldzug in allen Medien und über die Grenzen hinweg
bis in die befreundeten Länder hinein, entwarf einen Festakt mit – seiner eignen – Festrede, requirierte die Philharmonie, besetzte sie zum einen Teil mit den üblichen Vertretern von Staat, Partei und Wehrmacht, zum anderen mit
Soldaten, Verwundeten und Rüstungsarbeitern, verpflichtete das Berliner Philharmonische Orchester für dieses Ritual und ... bekam Ärger mit Furtwängler. Aus verständli-
chen Gründen wollte der Minister die Feier der NSDAP
durch die Mitwirkung des deutschen Meisterdirigenten verschönern, und der Boden schien ausreichend vorbereitet,
denn Ende Februar hatte Goebbels bei einem Gespräch einen scheinbar ganz und gar verwandelten, ja bekehrten
Furtwängler erlebt. Der Dirigent, stellte er verwundert fest,
strotzt nur so von nationaler Begeisterung. Dieser Mann hat
eine Wandlung durchgemacht, die mir außerordentlich viel
Freude bereitet. Ich habe jahrelang um ihn gekämpft und sehe
jetzt den Erfolg. Er billigt vollkommen meine Rundfunk- und
Filmpolitik und stellt sich für alle meine Arbeiten bereitwilligst
zur Verfügung. Sein Urteil über Karajan ist viel gereifter ge-
worden; er beteiligt sich nicht an dem öffentlichen Streit, son-
dern steht diesen ganzen publizistischen Zänkereien mit einer
souveränen, reifen Sicherheit gegenüber. Er macht bei dieser
Unterredung einen außerordentlich sympathischen Eindruck.
Ich freue mich, ihn auch einmal von dieser Seite kennenzuler-
nen.[49]
Heute mutet es unglaubwürdig an, wie der intelligente

Minister sich durch die neue Rolle des Musikers täuschen ließ, obwohl er doch informiert war, daß die Entscheidung in der Auseinandersetzung mit Karajan und seinem Schutzherrn Vedder vor der Tür stand. Sollte es ihm wirklich entgangen sein, weswegen nie von der NSDAP und Hitler die Rede war, sondern immer nur von Deutschland? Daß der Musiker, der nichts von Rundfunk- und Filmpolitik wußte, dem Fachmann nur nach dem Munde redete, um ihn nicht etwa zu erzürnen? Denn ein ungnädiger Goebbels in diesem Augenblick konnte den Sieg gegen den rücksichtslosen Rivalen kosten. So erklärt sich auch das, was der Minister als Bereitwilligkeit deutete, an seinen – politischen – Arbeiten mitzuwirken. Im Tagebuch stand es aber nun einmal geschrieben, und bald stellte sich heraus, daß es eine Fehleinschätzung war. Denn als Furtwängler nach Berlin kommen und beim Festakt zum Führergeburtstag auftreten sollte, tat er alles, um sich zu drücken. In Wien hatte er tatsächlich Konzert- und Probentermine so gelegt, daß er an die Stadt gebunden war, und deswegen wendete er sich an Schirach, als Goebbels auf unverzüglicher Anreise bestand. Der Wiener Gauleiter versuchte zu vermitteln, wollte aber den Bogen auch nicht überspannen, sodaß er ins Hintertreffen geriet und das Konzert verschieben ließ. Jetzt war der Anlaß der Absage beseitigt; sich weiter zu weigern, wäre dem Dirigenten als Sabotage ausgelegt worden, zumal da der Veranstalter sein persönliches Prestige mit der Sache verkoppelt hatte. Vorsorglich überlegte der Gepreßte sogleich, wie sich solche Verpflichtungen in Zukunft unauffällig umgehen ließen; der glückliche Einfall kam, und in den folgenden Jahren »nahm« er in dieser gefährlichen Frühlingszeit eine Krankheit, die ihn stets am Auftreten hinderte, also nicht nur Grippe oder Magenverstimmung, sondern Spondylitis, eine Entzündung der fürs Dirigieren unerläßlichen Hals- und Rückenwirbel. Die entsprechenden Atteste schrieb 1943 Dr. Johannes Ludwig Schmitt; Schmitt war der renommierte Spezialist der Berliner Künstlerprominenz, zumal der Schauspieler, und seit Rudolf Heß nach

England geflogen, einer seiner Patienten aus dem Politiker-
lager, praktizierte er nicht mehr zu Hause, sondern saß als
mutmaßlicher Mitwisser dieser wahnwitzigen Unternehmung im Gefängnis. Wollte sich eine Berühmtheit behandeln lassen, so bekam der Doktor, unentbehrlich wie er
war, Urlaub, und so konnte Furtwängler ihn wochenlang in
Anspruch nehmen und sich dadurch revanchieren. Dieses
typische Kapellmeisterleiden dauert natürlich viel länger
als einen Tag, und da es aufgefallen wäre, nur pünktlich am
20. April von Spondylitis befallen zu sein, mußte sich die
Erkrankung über mehrere Wochen erstrecken. Dr. Schmitt
stand dafür ein. 1944 diagnostizierten Dr. Egon Fenz in
Wien und – doppelt hält besser – Geheimrat Prof. Dr. Sauerbruch in Berlin den Frühlingsdefekt und lieferten befrei-
ende Atteste. 1943 und 1944 dirigierte Knappertsbusch den
Vorabend, ohne daß ihm daraus von Emigranten und
Nachkriegsautoren ein Vorwurf erwuchs; zweierlei Maß
gehört wohl zu den bequemen Gewohnheiten.

1942 aber, da Schirach ihn nicht hatte schützen können,
erlag der Dirigent dem Zwang und erschien, Widerwillen
im Gesicht, auf dem Podium in der Philharmonie, an jenem
Spätnachmittag des 19. April; der Abend war wegen der an-
glo-amerikanischen Luftangriffe – wie in Kinos und Thea-
tern auch – auf den Tag vorverlegt, doch tat dies dem Festakt des »Vorabends« keinen Abbruch, zumal da alle Sender
von Norwegen bis Griechenland, von der Atlantikküste bis
Dnepropetrowsk zugeschaltet und die Kameras der UFA-
Tonwoche aufgebaut waren. Das begann zur Einstimmung
mit dem Air aus der D-dur-Suite von Bach. Dann hielt der
Minister eine markige Ansprache, die – im Hinblick auf die
Premiere des Films »Der große König« in diesen Tagen –
mit einer Erinnerung an die geschichtliche Größe und Leistung Friedrichs des Zweiten begann, danach die Paralleli-
tät der Historie zur Gegenwart beschwor, den Preußenkö-
nig mit dem Führer gleichsetzte, diesem neue Treue und
neuen Glauben stellvertretend fürs deutsche Volk gelobte
und dann den Bogen zurück in die Philharmonie schlug:

Diesmal sollen die Klänge der heroischsten Titanenmusik,
die je einem faustischen deutschen Herzen entströmten, dieses
Bekenntnis in eine ernste und weihevolle Höhe erheben. Wenn
am Ende unserer Feierstunde die Stimmen der Menschen und
Instrumente zum großen Schlußakkord der Neunten Sympho-
nie ansetzen, wenn der rauschende Choral der Freude ertönt
und ein Gefühl für die Größe und Weite dieser Zeit bis in die
letzte deutsche Hütte hineinträgt, wenn seine Hymnen über
alle Weiten und Länder erklingen, auf denen deutsche Regi-
menter auf Wache stehen, dann wollen wir alle, ob Mann, ob
Frau, ob Kind, ob Soldat, ob Bauer, ob Arbeiter oder Beam-
ter, zugleich des Ernstes der Stunde bewußt werden und in
ihm auch das Glück empfinden, Zeuge und Mitgestalter dieser
größten geschichtlichen Epoche unseres Volkes sein zu dür-
fen.[50]

Der Propagandaminister verstand sein Handwerk, und
was er – bis hin zur Coda der Ansprache, einem Gebet an
den Allmächtigen, »uns den Führer zu erhalten, ihm Kraft
und Segen zu geben, sein Werk zu steigern und zu mehren« – derart musikalisch verpackte, machte zweifellos
gläubige Stimmung ... bis zum nächsten Sirenengeheul. Interna erschließen sich nicht aus den damaligen Zeitungsberichten, und auch Zeugen sind nicht so verläßlich wie der
Film, der eine Niederlage des Ministers festhält: Goebbels
sitzt mit verkniffenem Gesicht in der ersten Parkettreihe,
und daß er sich unbehaglich fühlte, lag nicht allein an dem
von politischem Streß motivierten Ekzem, das ihn quälte,
sondern auch an der Gewißheit, daß Furtwängler nur unter
Androhung von Gewalt aus Wien hergereist war und nicht
voll Begeisterung zu Ehren Hitlers. Entsprechend eisig verlief die Begrüßung. Der Musiker nahm die Hand, die ihm
der kleine Minister hochstreckte, von oben herab, und
wandte sich, während die Kamera das Erstarren seiner Ge-
sichtszüge festhielt, brüsk ab. Dies läßt sich am Schneide-
tisch heute noch Bild für Bild nachvollziehen.

Politisch hatte Furtwängler in diesen Tagen eine ganz andere Aufgabe. Es ging um den Bratschisten Erich Bader,

der ohnehin als politisch nicht ganz einwandfrei galt und
sich nun neue Unbill zugezogen hatte. Bei der Straßen-
sammlung für das Winterhilfswerk am 28. Februar und
1. März des Jahres verlegten Pg. Kleber, der Betriebsob-
mann, und Pg. und SA-Mann Woywoth die Sammlung mit
einer Spendenliste in die Philharmonie; dies war, genau genommen, unzulässig, da es sich nur um Sammeltätigkeit unter freiem Himmel handeln durfte. Deswegen beteiligte sich
Bader nicht. Kleber zog Pg. Schuldes als Zeugen hinzu und
stellte den Kollegen wegen dessen Spitzfindigkeit zur Rede.
Ein Wort gab das andere; Bader deutete unsaubere Machenschaften an und schloß mit der Versicherung: »Ich gebe nichts zur Sammlung, damit andere sich Orden verdienen können.« Eine der vielen Auseinandersetzungen zwischen gewöhnlichen Bürgern und Nationalsozialisten,
wenngleich nicht ungefährlich. Kleber erstattete Meldung
beim Betriebsführer Dr. von Westerman und bei Furtwängler. Bader drohte mit Anzeige bei der NSV,[51] falls die Geschäftsleitung die Sache nicht binnen acht Tagen aufkläre.
Die Frist verstrich; die NSV fertigte ein Protokoll an, doch
weigerte sich der Bratschist, eine Ehrenerklärung für die
beiden Sammler hinzuzufügen. Westerman suspendierte
den Starrkopf am 9. April vom Dienst und ließ auch Verhandlungen mit dessen Anwalt ins Leere laufen; der befaßte das Arbeitsgericht mit dem Fall, der nun Kreise zu ziehen
drohte. Das ProMi versuchte zu vermitteln und holte auch
Furtwängler dazu, der eine gütliche Regelung in die Wege
leitete, sodaß der Philharmoniker im Orchester verbleiben
konnte.

Darüber vergingen Monate. Der Krieg äußerte sich in
weiteren Beschränkungen, auch für den Musikbetrieb:

*Der Grundsatz, die deutsche Reichsbahn möglichst wenig
zu belasten, brachte es mit sich, daß wir im vierten Kriegswin-
ter von Konzertreisen im deutschen Reichsgebiet vollkommen
absahen. Selbst die traditionellen Abonnements-Konzerte in
Hamburg und Dresden mußten fallengelassen werden.*[52]

BERNISCHE MUSIKGESELLSCHAFT

GEGRÜNDET 23. NOVEMBER 1815

Dienstag, den 26. Januar 1943, **20** Uhr

Konzertmässige Hauptprobe: Montag, den 25. Januar 1943, 20 Uhr

Extra-Abonnements-Konzert

im

CASINO BERN

Leitung: **Dr. Wilhelm Furtwängler**

PROGRAMM

Ludwig van Beethoven
Bonn 17. Dezember 1770
Wien 26. März 1827

Symphonie Nr. 1 in C-Dur, op. 21
  Adagio molto — Allegro con brio
  Andante cantabile con moto
  Allegro molto e vivace (Menuetto)
  Adagio — Allegro molto e vivace

Ludwig van Beethoven Ouvertüre zum Schauspiel „Coriolan"

Pause

Anton Bruckner
Ansfelden 4. September 1824
Wien   11. Oktober 1896

Symphonie Nr. 4 in Es-Dur
  Ruhig bewegt
  Andante
  Scherzo
  Finale, mässig bewegt

Ende 22.00 Uhr

Billett-Vorverkauf im Musikhaus Krompholz & Co., Spitalgasse 28, Telephon 2 42 42
Die Tombolalose H 5 und A 5 sind gültig für das VI. Abonnementskonzert vom 8./9. Februar
Abendkasse im Casino am Konzerttag von 19 Uhr an geöffnet

Preise der Plätze: Fr. 12. —, 10. —, 8. —, 6. 60, 4. 50
Konzertmässige Hauptprobe: Fr. 6. 60, 4. 50

GARDEROBEGEBÜHR und BILLETTSTEUER sind in allen Preisen inbegriffen

---

Beethovens sämtliche Streichquartette, Kammermusikkonzerte des Berner Streichquartettes,
im grossen Saal des Konservatoriums, 1. Abend: Dienstag, den 2. Februar
VI. Abonnementskonzert: 8./9. Februar. Leitung: Luc Balmer, Solist: Wilhelm Kempff, Klavier.
Werke von Bach, Mozart, Beethoven, Schumann

Auch die Auslandreisen reduzierten sich. Im September 1942 führte Knappertsbusch den Klangkörper über Krakau und die Slowakei nach Rumänien und Bulgarien und zurück über Jugoslawien und Ungarn; im Mai reisten er und Robert Heger mit den Philharmonikern durch Frankreich, Spanien und Portugal. Furtwängler gastierte – ohne eigenes Orchester – in Schweden, engagierte sich stärker in Wien; ein Indiz dafür bietet die Eintragung der Telefonnummern der Reichsstatthalterei und der Wohnung von Reichsleiter Schirach in seine Taschenkalender. Wieder Konzerte, hier ein »Tristan«, dort ein »Fidelio«, ein Abstecher nach Budapest, Vorbereitung der Programme für die nächste Saison … Routinearbeit eines Dirigenten. Allerdings war Krieg, und dazu gehörte Propaganda und Gegenpropaganda. Ein deutsches Orchester, das nicht nur in besetzten Gebieten, sondern auch in neutralen Staaten gastierte, war höchst verdächtig, jedenfalls von London oder Paris gesehen. Schon 1940 hatte so ein propagandistischer Schlag ins Schwarze getroffen. Die französische Nachrichtenagentur Havas verbreitete die Nachricht, das Berliner Philharmonische Orchester, gerade auf einer Balkan-Tournee mit Karl Böhm begriffen, sei mit 500 Mann Begleitpersonal unterwegs und führe Koffer voll Bomben und Waffen mit sich. In Belgrad und Zagreb, den nächsten Stationen der Reise, griff die Presse diese Meldung begierig auf und hängte antifaschistische Betrachtungen daran. Vorsichtshalber, damit es nicht zu Übergriffen gegen die Musiker käme, sagte der deutsche Gesandte nach Rücksprache mit Berlin die jugoslawischen Konzerte ab.

Jetzt, im Herbst 1942, lief eine neue Aktion an. Urheber: das Londoner Boulevardblatt »Daily Sketch«. Es war eine Story, die um die Welt ging und selbst der australischen Rundfunkzeitschrift eine ganze Seite wert war. Höchst lebendig, als sei der Berichterstatter immerfort dabeigewesen, stand eine Geschichte, wie dänische Antifaschisten entdeckten, daß beim letzten Kopenhagener Gastspiel der Philharmoniker Musiker auf dem Podium saßen und nur markierten und nicht musizierten, also – ganz klar! – Spione waren, die Furtwängler von der Gestapo mitgeschickt bekommen hatte, ein angeblicher Flötist und zwei ebensolche Geiger, und zwecks besserer Glaubwürdigkeit lieferte die Zeitung ihren Lesern sogar die Namen: Adolf Mann, Franz Leuchtenberg und Hans Boekel, schöne deutsche Namen wie aus dem Berliner Adreßbuch herausgesucht. Der Erfinder der Sensationsmeldung ahnte wohl nicht, daß er dadurch zugleich die Möglichkeit lieferte, den Wahrheitsgehalt des Berichts zu überprüfen ... Allerdings war damals niemand unter den englischen Lesern, der das vermocht hätte, und daß sich die deutsche Presse sofort über die Story lustig machte, konnte Nazi-Propaganda sein. Heute gibt der Archivbestand hinreichend Auskunft.

Daß diese Namen in den Musikerkalendern jener Jahre nicht vorkommen, besagt nichts; sie würden da auch fehlen, wenn sie frei erfunden wären, und zudem handelte es sich, wie zu lesen, gar nicht um Fachmusiker, bestenfalls um Amateure. Doch müssen die angeblichen Spione Boekel, Leuchtenberg und Mann mit Gewißheit in der Liste der Berliner Haushaltungsvorstände erscheinen, wollte man nicht unterstellen, sie seien sämtlich Untermieter gewesen, und mit Wahrscheinlichkeit – da Gestapo-Personal in der Regel der NSDAP angehörte – in der Zentralkartei der Parteigenossen. Beide Datenbestände geben alle drei Namen mehrfach her, jedoch durchweg mit »harmlosen«, nicht auf Polizeizugehörigkeit weisenden Berufsangaben – u. a. ist ein Schuhmacher dabei – oder schon höheren Alters und daher auszuscheiden. Dies war eine Propagandalüge:

Jetzt wissen Künstler und Politiker im Ausland, daß das Berliner Philharmonische Orchester nicht in rein freundschaftlichem Geist kommt. Seine Kunst dient den Nazis als Vorwand, um Meinungsverschiedenheiten zu säen, zu spionieren und Aktivitäten der Fünften Kolonne zu begünstigen.[53]

Alle diese Ziele zu erreichen, wäre zudem mehr Zeit notwendig, als ein von Tag zu Tag weiterreisender Musiker erübrigen könnte; solches fiel in den Aufgabenbereich der Botschaften und ihrer Mittelspersonen, der Auslandsorganisation oder des Außenpolitischen Amts der NSDAP, und hier besaß die Gestapo genug Zuträger und Erfüllungsgehilfen, die in Ruhe und gut getarnt verschiedene Aufgaben erledigten. Wäre es nur um die Beobachtung der Orchestermitglieder gegangen, war jederzeit die unauffälligste Lösung möglich, nämlich einen der – wenigen – parteigebundenen Philharmoniker dafür anzuheuern; aber in der Regel fiel solches ohnehin in den Aufgabenbereich des Orchesterobmanns. Dennoch hat die Lügenstory einen wahren Kern. Furtwängler besaß eine Liste mit den Namen von Musikern und sonstigen Leuten, die nicht dem Orchester angehörten, aber aus rassischen oder politischen Gründen des Schutzes bedurften. Im Notfall gab er sie als Philharmoniker aus; so gelang es zum Beispiel, den Sohn des »halbjüdischen« Geigers Max Leuschner, Hendrik, von Mal zu Mal vor Schwierigkeiten zu bewahren. Dies bedeutet also, daß nicht nur Aushilfsmusiker mitfuhren, darunter ein Solocellist, Pg. und im Auftrag als »Diplomat« tätig, sondern auch ab und an ein Herr, der als Musiker fungierte, ohne je ein Instrument zu spielen. Aber diese saßen natürlich nicht – wie jene britische Meldung fantasievoll unterstellte – während der Probe in Berlin im Orchester, konnten also dem Dirigenten auch nicht durch ihre Unfähigkeit auffallen.

Das Spätfrühjahr bewies aber auch, daß Hilfsaktionen mit tragischem Mißerfolg enden konnten. Die Gestapo hatte im Mai den jungen hochbegabten Pianisten Karlrobert Kreiten auf Grund einer Denunziation verhaftet. Das Übliche: ein unbedachtes Wort gegen Hitler, gegen den – nach Stalingrad – tatsächlichen aussichtslosen Krieg; keine spektakuläre Tat des Widerstandes, sondern eine dumme Unvorsichtigkeit. »Feind hört mit!« sagten Plakate in allen Verkehrsmitteln, an allen Anschlagsäulen, aber der häufig reisende Künstler beherzigte sie nicht. Nun war solches Geschwätz, wenn nicht eine Widerstandsaktion, gar noch einer Gruppe dahintersteckte, für die Justiz noch kein Kapitalverbrechen; Leute aus dem Volk kamen zumeist mit ein paar Monaten Haft davon, im schlimmsten Fall mit einem Jahr oder zwei. Da es gerade die Künstler aber an Solidarität im »Schicksalskampf gegen die jüdisch-bolschewistische Weltverschwörung« hatten fehlen lassen, mußte nun ein Exempel statuiert werden, in aller Heimlichkeit zunächst. Furtwängler hatte sehr bald zugunsten des Untersuchungshäftlings bei den zuständigen Behörden interveniert und gewisse Zusicherungen gehört, die ihn glauben machten, die Sache werde ohne böse Folgen beigelegt. Am 3. September 1943 fällte der 1. Senat des Volksgerichtshofs unter Vorsitz seines Präsidenten Dr. Freisler das Todesurteil:

Ein solcher Mann hat sich für immer ehrlos gemacht. Er ist in unserem jetzigen Ringen – trotz aller beruflichen Leistungen als Künstler – eine Gefahr für unseren Sieg. Er muß zum Tode verurteilt werden. Denn unser Volk will stark und einig und ungestört unserem Siege entgegenmarschieren.[54]

Im Normalfall blieb selbst nach einem Todesurteil Hoffnung, weil nun noch immer das Begnadigungsverfahren eine Aussetzung der Vollstreckung bewirken konnte. Gerade aber hatte ein anglo-amerikanischer Bombenangriff auf Berlin die Strafanstalt Plötzensee in Mitleidenschaft gezogen, und da Hitler Angst hatte, Todeskandidaten – Mitte August waren es rund 900 – könnten durch geborstene Mauern entkommen, ließ er über Bormann den Justizminister ermächtigen, in zweifelsfreien Fällen die Vollstreckung ohne Rücksicht auf die Gnadenfrage anzuordnen. Dies geschah auch hier. Kreiten starb am 7. September unter dem Fallbeil, und so erhielt Werner Höfer Stoff für einen Leitartikel zum Problem der Künstlersolidarität, der im »12-Uhr-Blatt« vom 20. September 1943 der Tat applaudierte. Erst jetzt erfuhr Furtwängler davon. Das Schicksal des jungen Künstlers war für ihn eine persönliche Niederlage, die ihm die Augen öffnete, wie enge Grenzen seinen Bemühungen entgegenstanden. Dennoch gab er nicht auf.

Im Mai 1943 gastierte er mit den Wiener Philharmonikern in Kopenhagen, Malmö, Stockholm und Uppsala und berührte auf der Rückreise Berlin, ganz ohne irgendwelche politischen Schwierigkeiten; doch demonstrierte die Reiseroute auch seine Nöte, wenn es darum ging, Auftritte in besetzten Ländern zu vermeiden. Dänemarks Hauptstadt lag am Wege nach Schweden; ein anderer Dirigent nur für Kopenhagen war nicht zu haben, doch konnte, weil die Reise finanziert werden mußte, dieses Konzert nicht etwa ausfallen. Dies brachte den Sachzwang mit sich, wie schon im Jahr zuvor, nun abermals im besetzten Kopenhagen aufzutreten, allerdings zum letzten Mal. Im Hinblick auf diese Skandinavien-Reise ist in einem Taschenkalender – ausgerechnet unter dem 9. April, dem dritten Jahrestag der Besetzung Dänemarks und Norwegens durch Hitlers Streitkräfte – ein Hilfsvorhaben notiert, nämlich der skizzierte Entwurf eines Empfehlungsschreibens an »Luschek, Sicherheits-Polizei, Victoria Terasse, Oslo«; es ging um den Dirigenten Issay Dobrowen, ehemals am Großen Theater in Moskau, seit 1923 in Deutschland und hier zuletzt in Dresden und an der Berliner Staatsoper, später in Sofia, New York, San Francisco, Rochester, Philadelphia, Los Angeles, auch in Palästina, aber immer mit einem Fuß in der Osloer Philharmonie, und hier überraschte ihn der Einmarsch der Deutschen. Für den Juden Dobrowen bedeutete dies tägliche Lebensgefahr, zumal nach Beginn der »Endlösung«. Furtwänglers Empfehlung lief darauf hinaus, den Künstler, weil er ohnehin vertraglich an die Königliche Oper in Stockholm gebunden war, mit seiner Familie nach Schweden auswandern zu lassen. Hier hatte er Erfolg; und schon während seines Gastaufenthaltes im Mai konnte er ausgiebig mit dem Geretteten in Stockholm zusammensein.[55]

In diesen Maitagen stellte sich heraus, daß er einen neuen Hausstand gründen werde, nicht nur um seiner äußeren Ordnung willen, die unter der unsteten Existenz gelitten, sondern auch sozusagen als Rettungsanker in der Erscheinungen Flucht. Natürlich war es vorab, wie immer bei ihm, eine Gefühlssache, und in der Kriegerwitwe Elisabeth mit ihren vier Kindern fand er nicht nur die ideale Gefährtin, sondern in mancher Hinsicht auch die Meisterin. Bei einem Zusammentreffen am 29. Mai teilte er dem Propagandaminister mit, er wolle wieder heiraten, und Goebbels erfuhr:

Er hat eine Reihe von Familiensorgen. Ich werde ihm bei ihrer Überwindung behilflich sein.[56]

Mindestens ein Teil dieser Probleme bedurfte in der Tat der Hilfe »von oben«; bei den Scheidungsvereinbarungen mit seiner ersten Frau Zitla hatte er Unterhaltsverpflichtungen auf sich genommen; sie aber, von Geburt Dänin, doch durch Ehe im Besitz eines deutschen Passes, mochte nicht im Reich leben, sondern zog sich in die Schweiz zurück und bewohnte dort ein ihm gehörendes Haus in St. Moritz. Zu dieser Zeit war die Aufgabe, den Unterhaltsbetrag transferiert zu bekommen, nahezu unüberwindlich, weil die kostbaren Schweizer Franken, über die der Reichsfinanzminister verfügte – zum Teil nur Kredite »neutraler« Kapitaleigner – natürlich für private Transaktionen gesperrt waren. Goebbels gelang es jedoch, Abhilfe zu veranlassen, und so geschah es, daß erhebliche Summen, die der Dirigent mit Gastkonzerten in der Schweiz für den deutschen Staatssäckel verdiente, wieder zurückflossen.

Just in dieser Zeit äußerte Hitler den Wunsch, in der kommenden Konzertsaison sei Furtwängler für einige Konzerte in München zu verpflichten, und zwar mit Sinfonien von Bruckner und Beethoven, die er so liebte. Ohnehin war für den 30. September ein Konzert mit den Münchener Philharmonikern zu deren 50. Jubiläum angesetzt, doch im übrigen sagte der Dirigent ab:

Zu meinem aufrichtigen Bedauern aber wird es im Laufe des Winters nicht möglich sein, noch weitere Konzerte der Münchener Philharmoniker zu übernehmen, da ich über meine Zeit den ganzen Winter hindurch bereis völlig disponiert habe und es jetzt zu spät ist, an diesen Dispositionen noch etwas zu ändern.[57]

Inzwischen war auch die Hochzeit aktuell; einen Tag nach einem Beethoven-Konzert mit den Berliner Philharmonikern in Potsdam fand die Trauung am 26. Juni statt, kurz, unrituell wie irgendein anderes Ereignis in der Realität jenes Kriegssommers. Aber zu dieser Realität gehörte auch, daß sich Goebbels anheischig machte, der jungen, gleichwohl schon sechsköpfigen Familie ein Heim zu verschaffen, wie es sich gehörte. Dies überforderte jedoch selbst die Möglichkeiten eines mächtigen Ministers. Der Bombenkrieg hatte die Bevölkerung zum Zusammenrücken gezwungen; jeden Tag fielen mehr Häuser in Ruinen. Zudem sollte es etwas »Standesgemäßes« sein. Zur gleichen Zeit plagte auch Hitler so ein Hausproblem. Frau Bechstein, die Erbin der Klavierbauerdynastie, hatte ihr Eigentum in Berchtesgaden als Gästehaus für den Obersalzberg zur Verfügung gestellt und zum Ausgleich ein anderes Haus verlangt, entweder in der näheren Umgebung Berlins, am Starnberger See oder am Tegernsee. In Hitlers Auftrag erkundigte sich Bormann beim Reichsfinanzminister, ob nicht ein solches Haus »aus Judenvermögen« abgezweigt werden könne, worauf dieser einen seiner Ministerialräte beauftragte, entsprechende Vorschläge zu machen. Die Suche zog sich jedoch hin, weil über örtliche Behörden nachgeforscht werden mußte. Und nun kam noch Goebbels mit seinem Wunsch dazu: ein Haus für Furtwängler. Auch dieses Ersuchen geriet zunächst Bormann und dann dem Reichsfinanzminister auf den Tisch; als Dr. Helmut von Hummel für die Parteikanzlei am 23. August dort nach dem Stand der Angelegenheit fragte, hatte der Dirigent schon von der Überraschung erfahren, die ihm der Propagandaminister zugedacht, und ebenso dankend abgelehnt wie früher schon Ehrenposten und Ehrenpension. So konnte er es vermeiden, in einem Haus zu wohnen, dessen jüdische Eigentümer zuvor hinausgesetzt und vielleicht nach Auschwitz »umgesiedelt« worden wären.

Doch fand er eine eigene, bessere Lösung, obwohl auch darüber noch Monate vergingen. Als er zu Weihnachten

Besuch auf Schloß Achleiten in der Nähe von Krems machte, lud ihn die Gastgeberin Bernarda von Aichinger mitsamt Familie ein, im Schloß Wohnung zu nehmen. Inzwischen war die Frage der Münchner Konzerte nicht zur Ruhe gekommen. Hitlers Wunsch galt als Befehl. Da nun die fertigen Dispositionen nicht mehr umzuwerfen waren, machte der Münchner Gauleiter Paul Giesler, der die Sache ungeduldig in die Hand genommen, begütigend Mitteilung an Bormann:

Ich bitte Sie davon Kenntnis zu nehmen, daß ich dafür sorgen werde, daß Furtwängler im nächsten Jahre mehr Konzerte in München gibt.[58]

Mittlerweile absolvierte Furtwängler – neben Abendroth – »Die Meistersinger« anläßlich der »Kriegsfestspiele« in Bayreuth. Wie Reichsorganisationsleiter Dr. Ley bei einem Presseempfang in der Gauschule Bayreuth versicherte, *bekunden diese einzigartigen Kriegsfestspiele weithin sichtbar den heiligen Glauben an unser Vaterland und den unbeugsamen Willen zur Behauptung des Lebens unseres Volkes, dem ein verbrecherischer und barbarischer Feind mit der Zerstörung ehrwürdigster Kulturdenkmäler und friedlicher Wohngebiete in vielen deutschen Städten eine beispiellose Kulturvernichtung entgegenzusetzen wagt.*[59]
Da dem Funktionär nun einmal die historische Reihenfolge von Ursache und Wirkung verlorengegangen war, lag Konsequenz darin, den Festspielchor durch Hitlerjungen und BDM-Maiden und Männer der SS-Standarte Wiking zu verstärken. Allerdings hatte bei der Bevölkerung das Verständnis für eine Unternehmung nachgelassen, die rund 30 000 Menschen in der überlasteten Eisenbahn verfrachtete und zum großen Teil für fünf Tage der kriegswichtigen Produktion entzog. Zudem taten sich die Künstler fast wie im Frieden gütlich, während Frontsoldaten nicht einmal ein Glas Wein oder Kognac bekamen. Womöglich als noch schlimmer ermittelte der SD, *daß der Kammersänger Lorenz mit seiner jüdischen Frau in Bayreuth war, die sich in den*

Festspielräumen aufhielt und im Restaurant mit allen ande-
ren die Vergünstigungen genoß. Das habe nicht nur in der
Bayreuther Bevölkerung und dort vor allem in der Parteige-
nossenschaft, sondern darüber hinaus bei allen Festspielteil-
nehmern, denen diese Tatsache bekannt wurde, ehrliche Ent-
rüstung hervorgerufen.[60]

Gleichwohl kam es in diesem Jahre nicht vor, daß die
von KdF herangeholten Gäste während der Vorstellungen
schliefen oder ihre Karten verkauften oder gegen Schnaps
eintauschten. Das Fazit des SD-Berichts war positiv:

Aus sehr vielen spontanen Äußerungen von Festspielteilneh-
mern geht hervor, daß sie das Erlebnis Bayreuth wirklich als
ein Geschenk des Führers empfinden und daß sie sich durch
das große Erleben persönlich dem Führer gegenüber zu inni-
gem Dank verpflichtet fühlen.[60]

Keine Frage, daß es – um diese Zeit – Parteigenossen waren, die mit ihrem Dank an den Führer dem propagandistischen Zweck dienten. Furtwängler aber konnte wie schon
1940 sein Auftreten in Bayreuth als einen Sieg über Tietjen
betrachten, obwohl der Generalintendant ihn keineswegs
freiwillig ans Pult im Festspielhaus geholt hatte.

Zum Herbst 1943 und pünktlich nach Bekanntgabe der
Reisetermine des BPhO für die Wintersaison wärmte der
»Daily Sketch« in London auch die alte Agentengeschichte
wieder auf; die spanischen Konzerte im August und September unter Knappertsbusch zu stören, war es zu spät,
aber vielleicht gelänge das für die Frühjahrstournee nach
Spanien und Portugal ... So ähnlich muß die Kalkulation
wohl ausgesehen haben. Die deutsche Presse bis in die Provinz hinein höhnte nur:

Jedenfalls ist es für die künstlerische Vorstellung der Eng-
länder wieder einmal sehr bezeichnend, daß sie es für möglich
halten, einem Geheimagenten einfach eine Fiedel in die Hand
zu drücken und ihn zu einem perfekten ersten Geiger zu ma-
chen. Vielleicht hat der Secret Service es gelegentlich mit sol-
chen Methoden versucht. Das wäre immerhin eine Erklärung

für die Tatsache, daß britische Orchester von Weltrang bisher nicht bekannt geworden sind![61]

Furtwängler dirigierte zum Saisonauftakt im 1. Philharmonischen Konzert die Erstaufführung von Ernst Peppings 2. Sinfonie, verhandelte am 2. November um 12 Uhr 45 mit Goebbels, reiste nach der dritten Wiederholung des Programms am nächsten Tag nach Wien, leitete hier ein Konzert und fuhr nach Budapest weiter, wo er probte und am 10. November konzertierte, stieg am Tag darauf in den Zug nach Berlin und stand rechtzeitig nach zwei Proben, davon einer öffentlichen Generalprobe, zum 2. Philharmonischen Konzert auf dem Podium der Philharmonie, nämlich am 14. November ... zwei Wochen Dirigentenroutine. Anfang des Monats hatte ihn eine Einladung des Stockholmer Konzertvereins erreicht, in Schwedens Hauptstadt einige

So sieht man in Australien die „Spione" im Berliner Philharmonischen Orchester

Aufführungen der Neunten von Beethoven zu leiten. Am 18. November fuhr er nach Wien, probte dort »Die Meistersinger« und reiste am 23. November nach Skandinavien ab. Die Vorbereitung lief gut, und Stockholm hörte das Werk am 5., 6. und 8. Dezember. Aber nun zeigte sich, daß Furtwängler auch hier als mehr politisches denn künstlerisches Symbol galt, vielleicht weil die britische Propaganda doch Fuß gefaßt oder die deutschen Besatzer in Oslo opponierende norwegische Studenten und Professoren verhaftet hatten und daher skandinavische Solidarität zu erweisen war. Die Studentenschaft der Universität Stockholm entwarf einen Protestbrief, ließ namhafte Persönlichkeiten des Kulturlebens unterschreiben und sammelte weitere Sympathisanten. Federführend bei dieser Aktion war Marianne Hillbom. Am 3. Dezember, Freitag, fand eine vom Vorsitzenden der Studentenschaft, dem Referendar Folke Lyberg, geleitete Protestversammlung gegen die Osloer Massenverhaftungen statt. Der Brief an Furtwängler lautete:

Mit großer Sorge glauben viele der Abonnenten und Besucher der Konzertvereinigung, davon Abstand nehmen zu müssen, sich Ihrer Kunst zu erfreuen. Wir betrachten Sie als einen der vornehmsten Vertreter des deutschen Musiklebens. Aber Sie sind zugleich der Vertreter einer Nation, deren Politik eine tödliche Gefahr für die nordische Kultur darstellt. Wenn wir nun das Stockholmer Musikpublikum aufrufen, den von ihnen geleiteten Konzerten nicht beizuwohnen, so geschieht das als Protest gegen die Übergriffe, die in jüngster Zeit von den deutschen Machthabern begangen wurden. Unter den gegenwärtigen Verhältnissen die schwedisch-deutschen Kulturbeziehungen aufrechtzuerhalten, ist mangelnde Solidarität gegenüber unserem Brudervolk.[62]

Dies war wohl der vornehmste und ungewöhnlichste Protest, der dem Dirigenten je entgegenschlug; aber er bekam ihn nicht zu Gesicht und erfuhr nur ungefähr, was vor sich ging. Außenpolitische Rücksichten brachten die Stockholmer Studenten zum Schweigen – auf ungeklärte Weise. Die schwedische Regierung hatte eine Demarche wegen der Vorgänge in Oslo nach Berlin geschickt, war aber von Außenminister Ribbentrop diplomatisch doch deutlich auf die eigenen Angelegenheiten verwiesen worden. Irgendwer hielt es daher für opportun, den Studentenprotest abzublasen; zwar dementierten die dafür zuständigen Behörden, Außenministerium und Informationsverwaltung, irgendetwas damit zu tun zu haben, und Hochschulsekretär Allan Hellstrand wollte nicht sagen, wer ihn gebeten hatte, den Wunsch nach Beendigung des Protests weiterzugeben. Um gewappnet zu sein, trug Furtwängler in seinen Kalender unter dem 1. und dem 2. Dezember Textskizzen ein, die ihn gegenüber solchen undifferenzierten Vorwürfen decken sollten; die zweite, komplettere Ausarbeitung der ersten, mündete in die Gewißheit:

Die Botschaft aber, die Beethoven in seinen Werken und zumal in der IX. Sinf. an die Menschen richtete, die Botschaft der Güte, des Vertrauens, der Einigkeit vor Gott scheint mir nie nötiger gewesen zu sein, als gerade heute.[63]

Er stellte sich wieder als unpolitischer Künstler dar, der keine feste vertragsmäßige Stellung mehr angenommen habe, sondern nur noch Gast- oder Vertrauenspositionen – wie in Wien. Die Verhältnisse waren aber nicht so, daß eine solche formaljuristische Argumentation auf Verständnis zumal bei erregten jungen Leuten gestoßen wäre, und so nahm der Dirigent außer einem Taschenkalender auf das Jahr 1944 und einem blauen Pullover, den er für seine Haushälterin in Potsdam, Helene Matschenz, gekauft hatte, aus Stockholm die Erkenntnis mit, daß keine Differenzierung ein – um so viel bequemeres – Pauschal-Ressentiment abbauen kann.

Während er – nach dem vierten Philharmonischen Konzert in Berlin und Konzerten in Wien – Weihnachten auf Schloß Achleiten verbrachte, war in der Reichshauptstadt der Chef der Sicherheitspolizei und des SD gutachtlich tätig, nämlich in der ungewohnten Frage des Einsatzes der deutschen Musik im Ausland, und sie berührte natürlich auch Furtwänglers Tätigkeit:

Das Pariser Gastspiel der Berliner Staatsoper im Mai 1941 unter Karajan habe nach übereinstimmenden deutschen und französischen Äußerungen den Erfolg aller deutschen Veranstaltungen vor dem Kriege bei weitem übertroffen und noch auf Monate hinaus das Denken vieler einflußreicher französischer Kreise beherrscht. (...) Als bedauerlich bezeichnete man die Feststellung, daß Furtwängler z. B. in den letzten Jahren nur im neutralen oder befreundeten Ausland, aber niemals in den besetzten Gebieten dirigiert habe, obwohl er gerade dort nachhaltige Wirkungen erzielt hätte.[64]

Der SD klagte, daß die nun vorgesehene Reise in die Türkei solche lästigen Schwierigkeiten mache, weil Furtwängler kein Interesse zeige, auf dem Balkan zu dirigieren, und für Istanbul oder Ankara nur eine unverbindliche Zusage für März oder April 1944 gegeben habe, sofern weder anderweitige Verpflichtungen noch seine Gesundheit darunter leiden würden. Daß sich hier bereits die Taktik des Dirigenten anmeldete, den nächsten 20. April zu vermeiden, vermutete die Polizeibehörde wohl nicht. Was die letzte Balkan-Tournee anbelangte, registrierte der SD Unvollkommenheiten:

Man bedauert vor allem, daß Furtwängler nicht an der Reise teilgenommen habe. Furtwängler sei zusammen mit den Berliner Philharmonikern zu einem bestimmten Begriff geworden, so daß sein Fehlen leicht zu falschen Auslegungen Anlaß gebe. Die Feststellung, daß das Orchester in vielen anderen Hauptstädten unter Furtwängler gespielt hat, aber auf dieser Reise von weniger berühmten Dirigenten geleitet wurde, führe bei der Empfindlichkeit der Balkanvölker leicht zur Verstimmung und zum Gefühl einer Behandlung als zweitklassiges Land.[64]

Die Horcher des SD hielten fraglos das Echo offizieller Gedanken zu dieser Frage fest, nicht die Stimme des Volkes, sondern die der Funktionäre, denen es darauf ankam, solche Konzertreisen nicht wegen des künstlerischen Ertrags zu veranstalten, dafür aber kulturpolitisch einzusetzen, und ganz in ihrem Sinne gipfelte der SD-Bericht in einem brisanten Vorschlag:

> *Jede Veranstaltung werde damit zu einer Angelegenheit des Reichsinteresses. (...) Man bezeichnet es deshalb vielfach als erstaunlich, daß die persönlichen Verhandlungen mit den Dirigenten über reichswichtige Konzerte heute noch in der gleichen Weise verlaufen wie vor dem Kriege und hält es für unbedingt erforderlich, auch die Tätigkeit der großen Dirigenten unter dem Gesichtspunkt der geistigen Kriegsführung als Kriegseinsatz anzusehen.*[64]

Aber dieser letzte Schritt, Orchesterleiter per Dienstverpflichtung zu Konzertreisen in politisch wichtige Länder zu nötigen, hatte so viele negative Aspekte auch in propagandistischer Hinsicht – Goebbels mochte sich mit Schaudern die Schlagzeile »Beethoven auf Nazi-Kommando« in der »Feindpresse« vorstellen –, daß er unterblieb. Ob dieses Problem bei dem Gespräch Furtwänglers mit dem Minister am 12. Januar 1944 – wieder einer der beliebten Mittagstermine um 12 Uhr 15 – auf der Tagesordnung stand, läßt sich nicht mehr ausmachen, falls es nicht in dem großen Themenkomplex »Politisches« steckte, den der Musiker in seinem Kalender festhielt. Zur Sprache kam diesmal aber die Bestellung eines Preiskommissars, möglichst Giovanni di Bellas, die er schon Dr. Drewes ans Herz gelegt hatte, damit im Musikbetrieb wieder eine gewisse ökonomische Ordnung einzöge, und vor allem Prag ... Dies war ein Auftrag, den der Minister nur weiterreichte. Im März stand in der nunmehrigen Hauptstadt des Reichsprotektorats Böhmen und Mähren die Fünfjahresfeier jenes politischen Schachzugs Hitlers an, der die Tschechoslowakei von der Landkarte gewischt. So etwas mußte mit Pomp und Propaganda begangen werden, und für das musikalische Ritual hatte Hitler, obwohl er die Abneigung des großen Dirigenten gegen Auftritte in politischen Zusammenhängen kannte, niemand anders als diesen auserkoren. Daher lief das Gespräch mit dem Minister auf einen verbissenen Handel hinaus. Der Musiker, der noch nicht wußte, ob ein ärztliches Attest ausreichen werde, ihn von der Mitwirkung an der kommenden Führergeburtstag-Feier zu befreien, präsentierte dem Politiker vorsichtige Bedenken, denn schließlich stände es mit seiner Gesundheit nicht zum Besten, aber wenn man an Prag denke, so sei das politisch jedenfalls weniger exponiert als ein Konzert zum 20. April, wie es schon zwei Jahre zuvor im neutralen Ausland so ein unliebsames und den kulturellen Beziehungen schädliches Aufsehen erregt habe ... So ungefähr mußte er argumentieren, damit der Schacher gelang: Prag ja, Hitlers Wiegenfest nein. Und es war ein riskantes Geschäft, weil Goebbels in Fragen, die den Führer berührten, durchaus sklavisch reagierte.

Einen halben Monat später – Quittung zum Tage der 11. Wiederkehr der Machtübernahme am 30. Januar – war die Philharmonie ein rauchender Trümmerhaufen; das Orchester mußte in die Staatsoper umziehen, wenn es Philharmonische Konzerte spielte, wogegen Knappertsbusch im Dom konzertierte und die kleineren Konzerte in der Aula der Berufsschule in Lichtenberg Heimstätte erhielten. Weil die Staatsoper aber 600 Plätze weniger faßte als die Philharmonie, waren bis zum Ende der Saison Abonnements für 1 800 Plätze zurückzuzahlen. Trotz solcher Schwierigkeiten engagierte Goebbels »sein« Orchester immer wieder einmal für Spezialaufgaben, so für eine Sonderveranstaltung des ProMi am 12. Februar im Dom; es sollte eine große Sache werden, zudem öffentliche Demonstration gegen die Barbarei der westlichen »Plutokratien«, denn die Kuppel des Gotteshauses war durch Luftangriffe zerstört und Schnee lag auf den Stufen, in den Gängen. Furtwängler dirigierte ein Concerto grosso von Händel und Beethovens Fünfte – also bis auf Mozarts G-moll-Sinfonie eine Wiederholung des Programms, das er einige Tage zuvor im 7. Philharmonischen Konzert geboten. Wollte Goebbels zwischen den bei-

400

den Musikwerken zu seinen geladenen Gästen sprechen?
Irgend etwas muß ihm in die Quere gekommen sein. Dem
bestellten Kamerateam der Wochenschau ließ er das Fil-
men in der Ruine des Doms untersagen und gab lediglich
kurz vor Beginn der Veranstaltung die Erlaubnis, vor dem
Dom zu drehen, aber derartig kurzfristig, daß die Zeit dafür
zu knapp war. Auch die Presse schwieg, obwohl sie auf Politisches eingestimmt war und am selben Tag Furtwänglers
»Meistersinger«-Aufführung an der Staatsoper – teilweise
in Neubesetzung – als weiteren Höhepunkt unterstrich:

Im Glauben an den unsterblichen deutschen Genius zeigt
sich unser Volk auch besonders in schweren Zeiten immer wie-
der mit seinen großen Meistern verbunden, die ihm durch ihre
einmalige Kunst die Herzen weiten und mit neuem Lebensmut
erfüllen.[65]

Und dann kam jener 16. März mit dem Festkonzert im
Spanischen Saal der Prager Burg. Reichsprotektor Reichsminister Dr. Frick war Gastgeber; die Zeitungen meldeten
hohe Beteiligung. Die Gauleiter Henlein, Sudetenland, und
Eigruber, Oberdonau, waren da, der Wehrmachtbevoll-
mächtigte beim Reichsprotektor und Befehlshaber im
Wehrkreis Böhmen und Mähren, General der Panzertrup-
pen Schaal, vollzählig auch die Protektoratsregierung,
Deutsche und Tschechen, als Ehrengäste Verwundete aus
Prager Lazaretten. Furtwängler begann mit der E-moll-Sin-
fonie des Tschechen Dvořák – recht demonstrativ:

Im sinnstarken Rahmen dieses Festkonzerts gab diesem
heißen Sehnsuchtsruf, in dem alles Innige und Schöne aus Dvo-
řáks heimatlicher Volksmusik in geläuterter künstlerischer
Form aufklingt, die gewaltige, in Beethovens Fünfter zu einem
säkularen Dokument gesammelte geistige und sittliche Kraft
der europäischen Kultur und das heroische Lebensgefühl, das
diese Kultur zutiefst adelt und gegen allen Ansturm seelenlo-
ser Gewalten unbesiegbar verteidigt, die überwältigende, er-
füllende und über alle Zeiten hinweg gültige sinfonische Ant-
wort.[66]

Daß diese Sinfonie von Dvořák ihre Entstehung dem anderthalbjährigen Aufenthalt des Komponisten in den USA verdankt und dortige »Volksmusik« bis hin zum Negro Spiritual schöpferisch kommentiert, erhöhte noch die politische Pikanterie dieser Programmauswahl für den so ganz entgegengesetzten Anlaß. Die unzureichende musikhistorische Bildung der Politiker sorgte freilich dafür, daß kein entsprechender Verdacht aufkam, und so schwankten sie in ihrer Beurteilung des Dirigenten weniger als je. Goebbels liebte ihn geradezu:

Ein Künstler wie Furtwängler (...) nötigt mir die größte Bewunderung ab. Das ist eine Persönlichkeit aus einem Guß. Er ist nie Nationalsozialist gewesen. Hat auch nie ein Hehl daraus gemacht. Was für Juden und Emigranten Grund genug war, ihn für ihresgleichen und den Mittelpunkt einer sogenannten »inneren Emigration« zu halten. Wie haushoch er über diesem Gesindel steht, hat Furtwängler, dessen Einstellung sich uns gegenüber noch in keiner Weise geändert hat, durch seine Haltung während der Bombenangriffe auf Berlin gezeigt. Er ist nicht nur nicht ausgerissen wie viele andere sogenannte Künstler, sondern er hat in diesen schweren Wochen und Monaten seine ganze Kunst in den Dienst der Berliner Bombenopfer und Rüstungsarbeiter gestellt.[67]

Natürlich ließ er den Dirigenten zusammen mit Strauss und Pfitzner auf die Liste der in jedem Falle »unersetzlichen Künstler« setzen; sie, die »Gottbegnadeten«, sollten, was immer passierte, vor dem Untergang bewahrt werden. Diesem Ziel diente auch Hitlers Anordnung im Laufe dieses Frühjahrs, daß für Furtwängler und die Seinen ein Privatbunker zu errichten sei, allerdings nicht im fast täglich gebombten Berlin, sondern in Achleiten, weit entfernt von jedem möglichen Bombenziel, neben dem alten Schloß, das den Dirigenten und seine Familie beherbergte, mit tiefen mittelalterlichen Kellergewölben und Grundmauern, die bis zu drei Meter Dicke maßen. Da lag dann auch das Argument des Beschenkten gegen so viel zwecklosen Unfug nahe:

(1) Berlin, den
Parisr Platz 3
Ruf: 12-10-52

M 2157/44

ZA/Ch/Kr.

An
Herrn Reichsminister Dr. Goebbels
Reichsministerium für Volksaufklärung
und Propaganda

(1) B e r l i n W 8
Mauerstr. Nr. 45

zur Absendung
an Büro:

Lieber Parteigenosse Dr. Goebbels,

Generalmusikdirektor Dr. Wilhelm Furtwängler hat
- wie mir Reichsleiter Bormann mitteilte - den in Abschrift
beiliegenden Brief an den Führer gerichtet. Der Führer hat
inzwischen angeordnet, dass der Keller des z.Zt. von Dr.
Furtwängler bewohnten Hauses soweit wie irgend möglich gesichert und verstärkt werden soll, ich habe entsprechende
Weisungen gegeben.

Ich würde nur wünschen, dass der von Dr. Furtwängler hinsichtlich des Bunkerbaues eingenommene Standpunkt von
recht vielen Prominenten geteilt wird. Leider ist dies z.Zt.
nicht der Fall! Ich würde es für sehr zweckmässig halten,
wenn in ähnlichen Fällen auf den von Dr. Furtwängler eingenommenen Standpunkt als Vorbild hingewiesen würde. Vielleicht
haben Sie, lieber Parteigenosse Dr. Goebbels, hierzu auch
Gelegenheit. Ich habe Herrn Dr. Furtwängler gegenüber über
den von ihm eingenommenen Standpunkt vor allem als General-
bevollmächtigter für die deutsche Bauwirtschaft meine Freude
zum Ausdruck gebracht.

Ich begrüsse Sie herzlich mit

H e i l H i t l e r !
gez. Speer

3453

Anlage!

*Selbstverständlich bin ich sehr dankbar, wenn ich während
eines feindlichen Fliegerangriffs in einer gefährdeten Stadt –
etwa in Berlin – einen bombensicheren Unterstand benutzen
kann. In einem Augenblick aber, wo jeder Deutsche die Pflicht
hat, seinen Anteil am Kriege zu tragen und auch ich mich dem
weder entziehen kann noch will, scheint mir ein so großes Bau-
unternehmen allein für mich und meine Familie doch wohl
sehr anspruchsvoll, zumal angesichts des geringen Gefahren-
momentes hier auf dem Lande.*[68]

Gleichwohl ließ sich Hitler nicht von seiner Idee abhalten und setzte ein umständliches Verfahren in Gang.
Reichsleiter Bormann mußte Reichsminister Speer verstän-
digen; der schaltete den Chef seines Zentralamtes ein, dieser wiederum den Ministerialdirektor Dorsch als Chef der
Zentrale der Organisation Todt, die Bauaufgaben erledigte,
sowie den Einsatzgruppenleiter Gießler. Speer dankte Furtwängler für die edle und vorbildliche Haltung, machte Bormann und Goebbels lobend darauf aufmerksam, und am
Ende lief es darauf hinaus, daß Achleiten in Vergessenheit
geriet, aber die Berliner Bauunternehmung Otto Reime mit
tausend Mauersteinen und 2,15 Kubikmeter Balken Furtwänglers Keller in Potsdam abstützte, splittersicher machte
und dafür – nach sieben Monaten Geduld – vom General-
bauinspektor der Reichshauptstadt 550,92 RM zu Lasten
des Sektors »Führerbauten« angewiesen bekam.

Nachdem der Dirigent so deutlich die Gunst Hitlers ge-
spürt, nutzte er sie sofort aus – wie immer nicht für sich,
sondern hier für den in Ungnade gefallenen Strauss. Es war
nichts Politisches. Der nur mit sich selber beschäftigte Meister hatte es abgelehnt, Bombengeschädigte in sein Haus in
Garmisch aufzunehmen, und im Verlauf der Auseinandersetzung auf Sonderrechte gepocht:

*Auf den Hinweis, heute müsse Jeder Opfer bringen, der Sol-
dat an der Front setze sogar ständig sein Leben ein, antwortete er, das gehe ihn nichts an, für ihn brauche kein Soldat zu
kämpfen.*[69]

Die örtlichen Parteigrößen trugen Hitler den Fall vor, und der verfügte nicht nur die Beschlagnahme eines Nebengebäudes der Komponistenvilla, sondern auch das Ende des persönlichen Verkehrs, den führende Persönlichkeiten der Partei bislang mit Strauss gepflogen. Da unter diesen Umständen sogar jede Erwähnung des Komponisten anläßlich seines 80. Geburtstags, erst recht jede offizielle Feier, fraglich geworden war, und die Zeit verstrich, ohne daß aus dem Führerhauptquartier irgendeine korrigierende Anweisung kam, telegrafierte Furtwängler an Hitler und machte ihn darauf aufmerksam, was für ein negatives Echo im Ausland unvermeidlich wäre, wenn ein Künstler wie Strauss anläßlich des Achtzigsten nicht gefeiert werde. Hitler schien das – widerwillig – einzusehen. Mit einem knappen Geburtstagstelegramm gab er das Signal zur Normalisierung des amtlichen Verhältnisses gegenüber dem greisen Meister.

In diesen Tagen versuchte auch Rosenberg wieder einmal, den Dirigenten zu benutzen. Er hatte das Projekt eines viertägigen internationalen anti-jüdischen Kongresses entworfen, der in Krakau stattfinden sollte, weil Hitler dies gewünscht. Hans Hagemeyer, nicht nur Präsidialrat der Reichsschrifttumskammer, sondern auch Leiter des Amts Schrifttumspflege im Amt des Reichsleiters, war mit der Vorbereitung betraut, und was die musikalische Dekoration betraf, instruierte ihn Rosenberg im Mai 1944, wie das Protokoll festhielt:

Gegen die Hinzuziehung des polnischen Symphonieorchesters äußerte der RL starke Bedenken. Auch wenn Furtwängler dieses Orchester dirigiere, sei dies nicht tragbar. Der RL schlug die Berliner Symphoniker unter Furtwängler vor.[70]

Ungeachtet dessen, daß Rosenberg das Sinfonieorchester des Generalgouvernements sachlich zwar richtig, aber organisatorisch falsch als »polnisches« bezeichnete und das Berliner Philharmonische Orchester mit den längst im Städtischen Orchester aufgegangenen Berliner Symphoni-

kern verwechselte, suchte Hagemeyer nun Kontakt zu Furtwängler. Vergebens. Also fragte er den Kollegen Gerigk
vom Amt Musik, der seine Dienststelle ins sichere Schloß
Langenau über Hirschberg evakuiert hatte, und der wußte
Rat, drückte sich aber nicht gerade hoffnungsvoll aus, denn
er hatte sich ein recht zutreffendes Bild gemacht:

Es erforderte beinahe Taschenspielertricks, um die derzeiti-
ge Anschrift von Furtwängler zu erfahren. Er hat sich für eini-
ge Zeit von der Welt zurückgezogen. Es wird außerordentlich
schwierig sein, ihn zur Übernahme eines Konzertes zu bewe-
gen.[71]

Die Probe aufs Exempel konnte wieder einmal unterbleiben; wegen der Landung der Alliierten in der Normandie
blies Hitler den Kongreß ab. Rosenbergs großer antisemiti-
scher Auftritt kam nicht zustande. Dieser Eingriff des
Schicksals konnte dem Dirigenten nur gelegen kommen. So
blieb ihm erspart, sich wieder in Ungnade zu bringen, gerade da er höchstes Wohlwollen brauchte. Am leichtesten war
es noch, von Bormann die Genehmigung zum Besitz einer
Handfeuerwaffe zu erhalten, denn unter den in der Nähe
von Achleiten eingesetzten »Fremdarbeitern« – also ins
Reich verschleppten oder abgeworbenen Ausländern – hatte es Unruhen mit Übergriffen gegen die Bevölkerung gegeben; als Ersatzvater von vier Kindern dachte er an deren
Schutz, aber die Pistole, die man ihm zubilligte, diente ihm
nicht zuletzt auch als Spielzeug im Schloßpark. Schwieriger
war es, jetzt noch etwas für Gefährdete und Verfolgter zu
erreichen. Kalendernotizen bieten vage Hinweise. Auf einem der freien Blätter hinten im Kalender für das 3. Viertel-
jahr 1943 steht der Name Samuel; dann in Stichworten das
Verfahren:

Polizei Berlin SD – Auswärtiges Amt muß die zuständige
Polizeibehörde (Legationsrat Krieger) – (Wiesbaden) 4 Wo-
chen. – ärztliches Zeugnis (Dendort) (Dr. Fortmann bestä-
tigt) – Schulthess: Am betr. Schweizer Konsulat müßte Ge-
nehmigung bereitliegen.[72]

Offenbar zog sich diese Hilfsaktion in die Länge; auch 1944 kämpfte er noch um Ausreisesichtvermerke, außer für Samuel nun noch für einen zweiten mit dem Namen Jarosch; ob dieser etwa ein Verwandter des Chefdramaturgen Wilhelm Jarosch von der Wiener Staatsoper war, läßt sich nicht klären. Jener war mit großer Wahrscheinlichkeit Hermann Samuel, ein talentierter Pianist, Schüler von Theodor Leschetitzky; während seinem jüngeren Bruder Jacques, Klavierfachmann und -kaufmann, 1938 die Emigration nach England glückte, wo er Konzertrepräsentant der Firma C. Bechstein wurde, blieb Hermann in Wien, und hier endet seine Spur. Jedenfalls wandte sich der Musiker wegen dieser beiden Fälle an den Chef der Sicherheitspolizei und des SD, Dienststelle Berlin-Pankow, Berliner Straße. Immer noch pochte er auf seine Prominenz. Aber es dauerte nicht sehr lange, da mußte er einsehen, daß er den Bogen überspannt hatte. Nach dem fehlgeschlagenen Attentat des Grafen Claus Schenk von Stauffenberg am 20. Juli und dem Zusammenbruch der Offiziersrevolte nahm sich Goebbels vor, Hitler durch eine einmalige Sympathiekundgebung des ganzen Volkes zu trösten. Er organisierte über die Gauleitungen im Reich Treueversammlungen und ließ sich darüber Bericht erstatten; enttäuscht vermerkte er das geringe Echo, sogar am Regierungssitz, vor seiner eigenen Tür:

Anhand des Berliner Materials können Sie sich noch einmal selbst überzeugen, daß es in keiner Weise dem entspricht, was man sich von Treuekundgebungen der Reichshauptstadt erwarten dürfte.[73]

Erbittert, ja wütend wandte sich der Minister an die Künstler und Gelehrten. Wer immer Rang und Namen hatte, sollte unter dem Motto »Wir stehen und fallen mit Adolf Hitler« einen Text liefern, der ein Zeugnis innerlicher Verbundenheit wäre. Daraus wollte er eine Broschüre zusammenstellen und im Inland zur Propaganda, im Ausland zwecks Beweis für die einmütige Geschlossenheit Deutschlands verbreiten. Auch Furtwängler erhielt eine Aufforderung, sich zu beteiligen; man erwarte jetzt unbedingt eine eindeutige Stellungnahme von jedem verantwortungsbewußten Deutschen. Fraglos gab es Künstler, die immer noch überzeugt waren; sie beschworen gern ihre Solidarität mit dem Führer, hatten zumeist aber keinen großen Namen. Die Zweifler und Skeptiker versuchten, doppeldeutig zu schreiben, ein vordergründiges Bekenntnis durch das zu entschärfen, was sie zwischen die Zeilen legten. Einer, der solcherart teilnahm, berichtete über diese Spitzfindigkeiten; so habe der Schauspieler Hans Söhnker geschrieben:

»Wer an den Führer glaubt, glaubt an den Sieg!« Orff schickte eine lateinische Horaz Ode mit antikem Durchhaltecharakter und seiner Unterschrift, Oskar Fritz Schuh schickte fünf Seiten wirren Bockmist, aus dem auch nicht ein halber Satz herauszuziehen war und ich schrieb: »Die Basis der Kunst ist das Wahre, Schöne und Gute. So tief der Führer dem Wahren, Schönen und Guten verbunden ist, so tief sind die deutschen Künstler ihm auch verbunden«. Und so fort.[74]

Auch Furtwängler sandte ein Schreiben, das wohl als verloren gelten muß. Es enthielt die klare und kühle Ablehnung, sich an dieser Huldigung zu beteiligen. Offensichtlich im Zusammenhang damit steht ein Blindband, eine Broschüre in Kleinformat, zur Ansicht hergestellt, nur Titel und eine Seite gedruckt, sonst leer, die sich in der Aktenüberlieferung der Reichskulturkammer, Bestand des Berlin Document Center, erhalten hat:

Das Bekenntnis des Herzens, Worte deutscher Männer und Frauen für Adolf Hitler. Im Auftrage des Reichsministers Joseph Goebbels herausgegeben von SS-Gruppenführer Hanns Johst und SS-Gruppenführer Hans Hinkel. Hans Arens Verlag Berlin/Herrlingen.

Die Jahreszahl fehlt, und der Text auf Seite 5 unter der Überschrift »Wilhelm Furtwängler« ist – wie häufig bei solchen Mustern – Teil einer längeren, mit dem Titel nicht verbundenen Abhandlung über deutsche Wissenschaft, möglicherweise von fremder Hand, wenngleich sich der

Musiker gelegentlich seine – durchweg abfälligen – Gedanken zum Thema Wissenschaft gemacht hatte. Das Muster beweist immerhin, daß eine Publikation dieses Titels geplant war und darin auch ein bekennerischer Text von ihm. Weil er keinen lieferte und sonst noch einiges schief ging, unterblieb das beabsichtigte Bekenntnis zu Hitler, und der Propagandaminister hatte das Nachsehen. Sehr bald nahm er die Gelegenheit wahr, dem Dirigenten heimzuzahlen, weil dieser ihm das Konzept verdorben hatte. Eine interne Korrespondenz der Abteilung Kultur des ProMi verrät, wie einfach und unauffällig die Rache in Gang gesetzt werden konnte, ohne daß der Betroffene zunächst etwas davon mitbekam. Oberregierungsrat Fritz von Borries ließ den Staatssekretär wissen, *der Herr Minister habe bereits im Fall Furtwängler entschieden, daß es keine Ausnahme von der Volkssturmpflicht gibt, sodaß auch Furtwängler, der sogar auf der unsterblichen Liste steht, dazu heranzuziehen ist.*[75]

Eine Einberufung zum letzten Aufgebot, das der schlecht ausgebildete und unzureichend bewaffnete, aus Greisen und Halbwüchsigen bestehende Volkssturm tatsächlich darstellte, hätte die großartige Sicherstellung mit Hilfe der »Unsterblichen«-Liste durchkreuzt. Allerdings bemerkte Furtwängler gar nicht, was sich hinter seinem Rücken tat, wenngleich er andere, direktere Folgen seiner Absage erwartet haben muß, wußte er doch, unter welchem Regime er lebte.

Im Herbst 1944 konzentrierte sich seine Aufmerksamkeit immer stärker auf den Rundfunk, weil Goebbels im August das gesamte Kulturleben des Reiches ausgesetzt, die Theater geschlossen, den Musikbetrieb reduziert hatte und alle Kräfte entweder der Kriegsindustrie oder dem Rundfunk zuführte. Hier ging es nun um die vertragliche Sicherung der Mitarbeit. Die geschäftstüchtige Rundfunkverwaltung legte den Berliner Philharmonikern eine Neufassung der alten Abmachung vor, wonach gegen einen Pauschalbetrag die Philharmonischen Konzerte beliebig oft über alle Sender ausgestrahlt werden dürften. Die Geschäftsführung

Herbert von Karajan

spielt:

mit dem Orchester der Staatsoper Berlin

Symphonie Nr. 7 A-dur, op. 92
von Ludwig van Beethoven . . . . 67643 8 LM

mit dem Philharmonischen Orchester Berlin

Ouvertüre zur Operette „Die Fledermaus"
von Johann Strauß . . . . 68043 LM

Ouvertüre zur Operette „Der Zigeunerbaron"
von Johann Strauß . . . . 67997 LM

auf

SIEMENS
SPEZIAL

Hersteller: Deutsche Grammophon
G. m. b. H. Berlin-Hannover

Plattenpreis: RM 5.40

Ein neues Medium: Karajan ist auch
hier Konkurrent (1943)

410

und Furtwängler erhoben Einspruch dagegen, und er recht nachdrücklich, indem er sich weigerte, vor Rundfunkmikrofonen zu dirigieren, ehe die Situation bereinigt sei. Der Treuhänder wurde eingeschaltet; der Rundfunk gab nach, weil die unbegrenzte Ausbeutung der künstlerischen Leistung der Musiker den Bestand des Orchesters finanziell ruiniert hätte. Zunächst nahm der Rundfunk vertragslos auf; am Ende legalisierte eine revidierte Neufassung des Orchestervertrags und ein Sondervertrag für Furtwängler die Verwendung der Aufnahmen. Es blieb das Qualitätsproblem, und so verbot der Dirigent mehr als einmal die Sendung eines Stücks.

In den August fielen auch – zum letztenmal im NS-Regime – wieder Kriegsfestspiele in Bayreuth, die er sich mit Abendroth teilte, natürlich ausschließlich »Die Meistersinger« für immer neue Zuschauerscharen, so etwas wie eine Massenabfütterung mit tönendem Stärkungsmittel, auch wenn es nur ein Placebo wäre. Die Zeitungen schrieben, was sie sollten, und stellten das Festival *in die große Tradition eines deutschen Menschentums, das im Kunstwerk den Ausdruck seines völkischen Daseins empfindet und in langer Geschlechterkette die Dokumente der deutschen Kultur heraufreicht in eine Gegenwart, der es vom Schicksal aufgegeben ist, Idee und Besitz der Jahrhunderte vor der drohenden Vernichtung zu bewahren.*[76]

Eine Pflichtleistung, welche – wie generell – Ursache und Wirkung verwechselte und strikt nach Sprachregelung verfuhr, die inzwischen den Heldenmythos der Rettung des Abendlandes vor den heranbrandenden »bolschewistischen Untermenschen« ausbeutete. Hier und da wurden andere Töne laut, distanziert, ja skeptisch:

Es ist freilich ein gar »friedsames« Deutschland, das uns aus diesem Werk treuherzig und versonnen anstrahlt. Aber gerade der Blick in diese friedliche Welt und das entspannende Behagen, das er in uns auslöst, brauchen uns durchaus nicht einzulullen. Sie können vielmehr in einer Zeit wie dieser nach dem Gesetz der Kontrastwirkung in jedem Nachdenklichen jenseits des augenblicklichen Genusses auch andere Gefühle und Regungen wachrufen.[77]

Mehr als je und erstmals deutlich äußert sich Skepsis nun auch in der Schweiz, doch dauerte es noch geraume Zeit, ehe sich der Bundesrat dazu aufraffen konnte, nicht nur – am 1. Oktober – ein totales Ausfuhrverbot für Kriegsmaterial zu verkünden, sondern auch die NSDAP im Lande zu untersagen... Dies geschah gerade noch rechtzeitig am 7. Mai 1945, einen Tag vor der bedingungslosen Kapitulation der Nachfolger Hitlers. Die Presse ersparte sich dagegen selbst das allergeringste Risiko und eröffnete – wie nie zuvor bei Gastspielen in der Schweiz – die Attacke gegen Furtwängler, der zu den Musikfestwochen Luzern eingeladen worden war, wie auch aus dem besetzten Frankreich Arthur Honegger und Paul Paray; daß sie nicht kamen, schoben die alerten Zeitungsschreiber anklagend auf die deutschen Besatzungsbehörden speziell und die Kulturpolitik des 3. Reiches allgemein, deren unwillkommener Sendling eben der prominente Gast sei. Der Angegriffene wußte es besser; aber wie konnte er sich verständlich machen? Die Festspielleitung hatte das ganze Programm vertrauensvoll mit ihm besprochen; nach dem Stand vom Januar 1944 hätte außer ihm, dem Schweizer Volkmar Andreae, dem Franzosen Paray, auch Paul Kletzki, der Jude, dirigieren und unter anderm Carl Flesch solistisch auftreten sollen, laut Aufzeichnung der Deutschen Gesandtschaft Bern:

Auch Furtwängler bezeichnet die Teilnahme des französischen Dirigenten als wünschenswert und hat sich bereit erklärt, erforderlichenfalls bei den zuständigen deutschen Stellen Reiseschwierigkeiten zu beseitigen. Auch gegen Professor Kletzki (Pole) und Professor Flesch hat Staatsrat Furtwängler, da es sich um ein schweizerisches Unternehmen handelt, keine Einwände und wird sich auch in diesem Sinn in Berlin aussprechen.[78]

Dies bedeutete aber nicht mehr und nicht weniger, als daß das Propagandaministerium dem Dirigenten hier ge-

412

stattete, im Ausland zusammen mit Juden aufzutreten, also etwas, das zehn Jahre zuvor einer der Hauptanklagepunkte gegen Hindemith gewesen, und diese Erlaubnis beruhte auf der Empfehlung des Künstlers in eigener Sache. Dies zu recherchieren, wäre eine spannende Aufgabe für schweizerische Journalisten gewesen; aber allesamt sparten sie diese Mühe, wie es Leute so tun, die sich für genügend informiert halten. Sie hätten sogar herausfinden können, wie mißtrauisch seine Bewegungen vom Reich aus verfolgt wurden. Als er sich Manuskripte nachschicken und seine Diätköchin nachkommen lassen wollte, unterstellte man im ProMi, er wolle seinen Aufenthalt in der Schweiz ausdehnen, vielleicht gar abspringen, und sandte ein mit Geheimvermerk gekennzeichnetes Chiffrekabel nach Bern:

Bitte an Rückkehrtermin 1. Oktober festhalten, zumal Furtwängler Anfang Oktober für Schallplattenaufnahmen in Berlin erwartet wird. Auch Sorge tragen, daß er über 1. Oktober hinaus keine neuen Verpflichtungen dort eingeht.[79]

Raus aus Basel
Musik von Himmlers Gnaden gefällt dem Bebbi sicher nicht.

Lernte der Basler Zeichner beim „Stürmer"?:
Furtwängler als NS-Marionette

413

An der Spitze der schweizerischen »Aufklärer« kämpfte Otto Maag, Redakteur der »National-Zeitung« in Basel; ehemals protestantischer Pfarrer, der bis 1914 in Heidelberg amtierte, dann seiner Gemeinde aus nicht publizierten Gründen abhandenkam, die vielleicht ein zwölfjähriges »Loch« in seiner Biografie erklären würden, tauchte er 1927 mit journalistischen Arbeiten in Basel auf, avancierte 1932 zum Redakteur, erhielt zwei Jahre später das schweizerische Bürgerrecht, ein wehrhafter Antifaschist, dem es nichts ausmachte, Glossen gegen die Nazis zu schreiben und zugleich Tantiemen aus dem NS-Staat zu beziehen, so etwa für eine 1935 an der Staatsoper Hamburg erstaufgeführte Bearbeitung von Millöckers »Bettelstudent«, gemeinsam mit dem Emigranten Eugen Gürster und unter dem Pseudonym »Eugen Otto«. Maag polemisierte gegen den deutschen Dirigenten so:

Wie also kommen wir, Verfechter echter Internationalität im Reiche der Kunst, dazu, immer weiter und immer wieder auf all die politischen »Belange« einer Nationalität Rücksicht zu nehmen, die es einem Furtwängler nie erlauben würde, Mendelssohn zu spielen, noch mit einem nichtarischen Solisten zu konzertieren. Diese Künstler aus dem Dritten Reich wußten schließlich seit langem, auch wenn sie es nicht wissen wollten, daß der Staat, dessen Ehrentitel sie tragen, Mütter und Kinder in Gaskammern auf die grausigste Weise vom Leben zum Tode bringt, nur weil sie einer andern Rasse als der des »Herrenvolks« angehören, und wir sollten uns endlich weigern, Kunst von ihnen anzunehmen, in deren »totalem« Staat alles, aber auch alles mit Politik zu tun hat, bei denen keine künstlerische Äußerung ohne politischen Sinn sein kann und darf, bei denen man, wenn man ein Kammermusikkonzent beginnt, mit dem Horst-Wessel-Lied anfangen muß.[80]

Wider Willen verriet Maag, wie viel er gegenüber der ehemaligen Heimat zu kompensieren hatte, raffiniert formuliert, und noch die unwahren Tatsachen, die er mitteilte, appellierten zweckhaft ans Gefühl der bourgeoisen Leser,

die sich nun stolz als »Verfechter echter Internationalität«
fühlten und so, in der Selbstachtung bestärkt, von der hohen Warte moralischen Adels herunter den Sündenbock
Furtwängler in die Wüste jagen sollten. Der Journalist sta-
chelte auf, und darum war es ihm zu tun; er hätte fraglos
die Möglichkeit nutzen können, die Furtwängler-Konzerte
zu ignorieren und der Festspielleitung damit eine Lehre zu
erteilen, aber dies bedeutete ein unzumutbares Opfer, und
so schloß er seinem Propagandatext, als habe er ihn nicht
ernstgemeint, eine zwar distanzierte, aber sachliche Rezension des musikalischen Ereignisses an. Andere Zeitungen
der Schweiz – darunter »Die Tat« – und auch ein Teil der
Mitglieder des Luzerner Großen Stadtrats anläßlich einer
Interpellation nahmen gegen Maag Stellung. Ein Streit der
Parteifraktionen, weit über Luzern hinaus, bahnte sich an,
in dem Furtwängler als Munition herhalten mußte. Dennoch wollte das Gerücht nicht verstummen, Maag habe Politik nur vorgeschoben; Auslöser seiner Attacke sei die Fru-
stration gewesen, daß sein 25jähriger Sohn, Peter Maag, damals Kapellmeister am Städtebundtheater Biel-Solothurn,
nicht die Chance erhielt, sich in Luzern vor Festspielpubli-
kum zu profilieren[81].

Der Dirigent ließ die Schweiz zunächst hinter sich ... allein. Seine Frau Elisabeth mit ihrem dreijährigen Sohn
Thomas mußte zurückbleiben. Sie erwartete ein Kind und
sollte für alle Fälle in der Sicherheit des nicht am Krieg beteiligten Landes leben. Bei aller Sensibilität kann er Ende
August noch keine Information gehabt haben, was sich
über ihm zusammenbraute; vielleicht war es ein vages Gefühl des Unbehagens, der Angst, so daß er eine Trennung
auf nicht absehbare Zeit in Kauf nahm. Er mochte an mögliche Folgen seiner Absage jener Hitler-Huldigung gedacht
haben, vielleicht auch nur ans Nächstliegende, den immer
tiefer und brutaler in den Raum greifenden Bombenkrieg,
der – wir wissen es heute – in strategischer Absicht gerade
gegen die Zivilbevölkerung gerichtet war. Wie auch immer – Luftgefahr oder Sippenhaftung: Frau Elisabeth,

Thomas Ackermann und das ungeborene Furtwängler-Kind wären davon nicht berührt.

Möglicherweise war es das Ausbleiben der Loyalitätserklärungen durch die geistige Prominenz, das Hitlers Wut erregte. Er veranlaßte Bormann daher zu einer ungeheuerlichen Aktion. Sie spiegelte sich unter anderm in einem Umlauf, der auch das Kulturpolitische Archiv im Amt Rosenberg erreichte und dort – bei Reichsamtsleiter Gerigk – tätiges Interesse fand. Der Leiter der Parteikanzlei, nun auch Reichsminister, teilte mit:

Ich bitte Sie ferner um beschleunigte Namhaftmachung aller sonstigen Personen, die in Vergangenheit oder Gegenwart durch ihr Verhalten Anlaß zu Zweifeln an ihrer nationalsozialistischen Haltung und weltanschaulichen Festigkeit gegeben haben. Selbstverständlich muß den Personalien eine Begründung, die eine Nachprüfung oder sogar sofortiges Zupacken ermöglicht, beigefügt werden.[82]

Für solche Aufgaben stand bereits der Aktenvorrat der Gestapo und der Sicherheitspolizei zur Verfügung; auf ihn zurückzugreifen, hätte einen nicht mehr zu leistenden Arbeitsaufwand erfordert, weil die »Geistesgrößen« darin nur eine verschwindende Minderheit repräsentierten, die mühsam auszusortieren gewesen wäre. Dagegen hatte das Amt Kulturpolitisches Archiv speziell für diese Gruppe über mehr als zehn Jahre hinweg belastendes Material gespeichert und in mehr als 60 000 Namendossiers niedergelegt; nicht alle Kulturschaffenden waren da registriert, sondern gerade die, die Bormann wollte. Daher genügte es, die Unterlagen von A bis Z durchzugehen. Gerigk teilte der Parteikanzlei mit, er begrüße diese Aktion und biete sein Archiv dafür an:

Die Materialsammlung erfolgte ausdrücklich im Hinblick auf die kulturpolitische Zuverlässigkeit der Betreffenden. Im wesentlichen wurden Fälle bearbeitet, die auf Grund der exponierten Stellung der einzelnen Männer hierzu Veranlassung gaben oder die auf Grund von Beanstandungen einer Überprüfung bedurften.[83]

Bormanns dankbare Antwort ging direkt an Rosenberg. Betreff: Ausmerzung aller Verräter und Defaitisten. Er schaltete das Reichssicherheitshauptamt Himmlers ein und ersuchte dort, die Unterlagen des Amts Rosenberg zu nutzen. Rosenberg wollte diesen Schatz aber nicht aus der Hand geben und daher nur Einsichtnahme durch das RSHA gestatten; am 4. Dezember quittierte Bormann diesen Wunsch mit der Präzisierung:

Bei der Überprüfung von Persönlichkeiten des kulturellen und wissenschaftlichen Lebens wird dem Reichssicherheitshauptamt die Einsichtnahme in Ihr Archiv und eventuelle Auskunft Ihrer Dienststelle eine wertvolle Hilfe sein.[84]

Mit diesem Schreiben bricht die Aktenüberlieferung ab; doch gestatten es die Indizien zu rekonstruieren, was folgen sollte. Unter den Dossiers des Kulturpolitischen Archivs war eines, das seine Fülle besonders eifriger Sammeltätigkeit verdankte. Es trug den Namen Furtwängler. Das Aktenstück überstand zwar mit großer Wahrscheinlichkeit nicht das Kriegsende, doch läßt es sich über weite Strecken anhand von Kopien wiederherstellen, die in andere Bestände eingegangen sind oder dort Gegenstücke erhalten haben. Hier war jede Denunziation abgeheftet, jeder Behördenbericht über judenfreundliche Äußerungen oder Hilfeleistungen, jede Aufzeichnung eines telefonischen Geschimpfes auf die Nazis, jedes Detail über das Verhalten des Musikers im Ausland – wie etwa, daß er kurz vor der Rückreise von einem Gastspiel in Holland und Belgien, am 2. Februar 1939, vom Bahnhofspostamt in Brüssel alles Geld, das er noch hatte, an jüdische Freunde abschickte, weswegen der Zug nicht pünktlich losfahren konnte, und Hans von Benda suchend gerannt kam und zu bedenken gab, er tue solches immer wieder trotz aller Mahnungen, und darauf stehe doch Todesstrafe.[85] Information um Information muß sich in dieser Akte das Bild einer Persönlichkeit niedergeschlagen haben, die aus ihrer nationalen Gesinnung heraus nicht – wie üblich – zum Nationalsozialismus vorgestoßen war, sondern regelmäßig unter Beweis stellte, wie wenig sie von Theorie und Praxis des Regimes hielt, und dieser Dissens reichte von der Judenfrage weit in den Bereich von Religion, Moral und Kultur hinein. Daß so ein Mann, distanziert wie er war, gleichwohl – wenn auch nicht ununterbrochen – persönliche Beziehungen zu Hitler, Goebbels, Göring, Schirach und vielen anderen unterhalten durfte, steigerte noch seine Gefährlichkeit, jedenfalls nach Meinung der Rosenberg-Clique und Himmlers, der ihn bereits 1942 hatte warnen lassen, jede Tat für einen Juden oder »jüdisch Versippten« werde fortan als staatsfeindliche Handlung betrachtet.

Furtwängler schien allerdings keineswegs um seine Sicherheit besorgt. Er besprach sich mit Referenten des Propagandaministeriums über Rundfunkfragen, da er eine eigene Sendereihe mit sechs Berliner und fünf Wiener Konzerten haben wollte, reiste im Oktober nach St. Florian, um dort das neue Reichs-Bruckner-Orchester, eine Einrichtung des Reichsrundfunks, zu begutachten, die in erster Linie Karajan zugute kommen sollte, wie Goebbels diesem fest zugesagt hatte. Konflikte waren freilich unvermeidlich, weil sich Hans Fritzsche, Leiter der Abteilung Rundfunk des Ministeriums und in keiner Weise musikverständig, gegen Furtwänglers Wünsche und Ratschläge sperrte und ganz andere Belange vertrat. Sehr bald beklagte sich Ministerialdirektor Fritzsche:

Herr Furtwängler scheint es darauf anzulegen, dem Rundfunk Schwierigkeiten zu machen. So hat er kürzlich unter nichtigen Vorwänden Aufnahmen in Wien nicht durchgeführt. Er hat darüber hinaus die in Berlin im Beethovensaal angefangenen Aufnahmen für die 3. Sinfonie von Brahms abgebrochen mit der Begründung (...), daß der Beethovensaal zu klein sei – während er kurz zuvor die noch viel anspruchsvollere 9. Bruckner-Sinfonie in demselben Saal dirigiert hatte, wo er allerdings die letzten 15 Minuten nicht vollendete. Herr Furtwängler behandelt die Mitarbeiter des Rundfunks bis herauf zum Chef vom Dienst en kanaille. (...) Mich sucht er nach an-

fänglicher guter Verständigung zu umgehen. Er zielt auf die Kunstliebe des Herrn Ministers.[86]

Die Einwände des Musikers waren vorab künstlerischer Natur; Fritzsche mußte ihm sogar versprechen, daß die Konzerte so aufgenommen werden, wie sie im Saal erklangen. In einer weiteren Besprechung am 5. Dezember zerstreute er Bedenken, das Magnetofonverfahren werde Musik für die Ewigkeit konservieren und die Musiker daher brotlos machen und die noch verfügbaren Räume – nach dem Verlust der Philharmonie – garantierten keine ausreichende akustische Qualität. Bei der Programmsitzung unter der Leitung des Ministerialdirektors am nächsten Tag kam Dr. von Westerman, künstlerischer Geschäftsführer der Berliner Philharmoniker und zusätzlich Leiter der Programmgruppe »Schwere, weil unbekanntere klassische Musik« beim Reichsrundfunk, mit dem Vorschlag, Furtwängler besonders herauszustellen etwa bei der fünfzigsten Sendung »Unsterbliche Musik...« (Mitte Januar), zum Heldengedenktag im März und zum Führergeburtstag.[87]

Fritzsche wollte aber keine willkürlichen Termine, so daß der Dirigent sich nicht schon wieder überlegen mußte, wie er solches vermeiden könnte. Alle diese Rundfunkprobleme standen noch einmal bei seinem nächsten Treffen mit Goebbels zur Debatte, das am 11. Dezember – wieder um 12 Uhr 15 – stattfand.

Allerdings war der Minister eine Woche zuvor wieder jäh daran erinnert worden, daß Furtwängler ihm abermals einen propagandistischen Treffer verdorben hatte. Am 4. Dezember ging im Tauentzien-Palast die Uraufführung des Films »Philharmoniker« über die Leinwand, dem auf persönliche Anweisung des obersten Filmchefs die Prädikate »Künstlerisch besonders wertvoll, staatspolitisch wertvoll und kulturell wertvoll« verliehen waren. Dieser Streifen nach einer Idee von Friedrich Herzfeld und in der Regie Paul Verhoevens zeigte viele mit dem BPhO verbundene Dirigenten, auch Richard Strauss, nicht dagegen den langjährigen Chef dieses weltberühmten Klangkörpers; der –

obwohl Hauptperson – hatte dankend abgelehnt, sich irgendwie an einem Unternehmen zu beteiligen, das so offensichtlich kulturpropagandistische Zwecke nicht für Deutschland, sondern für das NS-Regime erfüllen sollte. Dies war übrigens auch ein Punkt, den Goebbels bemängelte. Der Film lag schon im Dezember 1943 fertig vor; als der Minister ihn ansah, beklagte er die Holzhammermethode, das Fehlen der Zwischentöne, und ließ eine neue Fassung produzieren. Aber das größte Minus war nicht zu korrigieren. Daß Furtwänglers Nichtbeteiligung bei den Filmbesuchern, zumal den Musikfreunden, Anlaß zu Fragen gab, darf man als sicher voraussetzen.

Bei der Programmsitzung am 13. Dezember teilte Fritzsche das Resultat des Besuchs des Dirigenten beim Minister mit, und daß es nicht nur um die Verfügung über die Bandaufnahmen, sondern auch um die künstlerische Kontrolle ging. Zwar hatte der Rundfunk sogar die uraufgeführte 2. Sinfonie von Kurt Hessenberg wenige Tage zuvor aufgenommen. Doch ganz generell war der Musiker unzufrieden mit der Qualität. Dies lag natürlich daran, daß er die Aufnahmen nicht im Funkhaus abhörte, sondern bei der Sendung über den Lautsprecher seines Radiogeräts. Zumal in Achleiten waren die Empfangsverhältnisse so schlecht wie auch anderswo in den Alpengebieten. Schwund und Nebengeräusche machten Musikempfang nicht eben zu einer reinen Freude. Deswegen entsandte der Ministerialdirektor einen Techniker nach Achleiten, der den Empfänger überprüfen und den Musiker in der richtigen Handhabung des Geräts unterweisen sollte. Karajan rügte übrigens ähnliche Qualitätsmängel zumal hinsichtlich seiner Aufnahme der Achten von Bruckner. Freilich begnügte er sich nicht mit dem Rat der Rundfunktechniker, sondern schlug ernsthaft vor, die Frequenzschwankungen im Radio durch den Einbau eines Widerstandes zu beheben; dann werde er die Sinfonie auch zur Sendung freigeben. Die Teilnehmer der Programmsitzung nahmen die absurde Anregung mit lautem Gelächter zur Kenntnis.

Zu Beginn der Spielzeit 1944/45 hatte der Reichsminister für Bewaffnung und Kriegsproduktion, Albert Speer, eine Reihe von achtzehn Philharmoniker-Konzerten gebucht, sozusagen außerhalb des Programms, die für alle in der Berliner Rüstungsindustrie Tätigen gedacht, aber keine Werkkonzerte waren, sondern in der Staatsoper, im Beethoven-Saal und im Admiralspalast stattfanden wie die gewöhnlichen Konzerte auch. Als Dirigenten verpflichtete er Eugen Jochum, Karl Elmendorff, Clemens Krauss, Fritz Zaun, Abendroth, Rother, Böhm, Heger, Schmidt-Isserstedt und den Flamen Hendrik Diels. Zwei der Konzerte – am 22. Oktober und 12. Dezember – waren Furtwängler anvertraut. Speer hatte mehrere Motive für diese ungewöhnliche Unternehmung. Einmal wollte er den kriegswichtigen Werkleuten im Umweg über die Tonkunst beibringen, daß sie eine gewisse Elite darstellten, zum andern aber auch das Orchester dadurch schützen, daß es nun ununterbrochen mit der nicht weniger »kriegswichtigen« Aufgabe befaßt war, dieses Publikum zu bedienen. Später erläuterte er das so:

Wie der Krieg nun dem Ende sehr schnell entgegenging, war bei Goebbels eine Art Nihilismus sichtbar, und er freute sich geradezu, wenn das eine oder andere wertvolle Kunstobjekt in Berlin durch die Fliegerangriffe in Schutt und Asche gelegt wurde; beispielsweise der wunderbare Schinkelbau, in dem sein Ministerium war, veranlaßte ihn dazu, nachdem es abgebrannt war, daß er sagte: Die Russen sollen das alles nicht haben. Die dürfen das nicht haben. Und nun hatte er auch Bemerkungen gemacht, daß das Philharmonische Orchester eigentlich sein Aufbauwerk war (...) und es wäre für ihn der Gedanke unerträglich, daß dieses Orchester vor den Russen spielen würde.[88]

Zwar übertrieb Speer stark, um seine eigene Retterrolle zu betonen; fest steht, daß die Abteilung Kult M des Propagandaministeriums durch Entscheidung vom 23. Februar 1945 das Orchester zwar geschlossen in den Volkssturm überwies, aber nur in das Aufgebot 4, und dies bedeutete, daß die Musiker – bis auf weiteres – für die Dauer ihres kriegswichtigen Orchesterdienstes vom Volkssturm befreit waren und nicht in den Einsatz mußten. Andererseits war Goebbels, die Götterdämmerung des NS-Regimes unausweichlich vor Augen, gewiß unberechenbar; jeden Augenblick konnte der Machtanspruch, diesen oder jenen, Freund oder Gegner, in den »heroischen« Untergang mitzunehmen, schreckliche Wirklichkeit werden.

Furtwängler erfuhr im November und Dezember 1944, welche Katastrophe der Zusammenbruch des Reiches bedeuten werde, daß nichts mehr das Ende abwenden könne. Einer dieser Hinweise stammte von einer Autorität in Fragen der Kriegswirtschaft, nämlich eben von Speer, der auf Bitte des Dirigenten in der Pause des Philharmonischen Konzerts am 11. und 12. Dezember ins Künstlerzimmer kam, und Speer erinnerte sich dieses Gesprächs:

Er sagte zu mir: Wie ist die Kriegslage? Nun war es damals zweifellos eine gewagte Frage, wie ich zugeben muß, weil die allgemeine Parole war, an den Sieg zu glauben und davon überzeugt zu sein, schon alleine die Frage sagte ja deutlich genug, daß er mehr als wie nur Zweifel an dem Sieg hat. Furtwängler gab sich mit dieser Frage in meine Hand, so daß ich auch sicherer war in meiner Antwort, und ich sagte ihm ganz klar und offen, daß nichts mehr zu hoffen sei, daß es zu Ende geht. Darauf war eine Unterhaltung, an die ich mich im Einzelnen nicht mehr erinnere, aber ich weiß nur, daß im Laufe dieser Unterhaltung ich Furtwängler den Rat gab, nach der Schweiz zu fahren und nicht mehr zurückzukommen.[88]

Einen Künstler, der so hoch über den Niederungen des Alltags und der Geschichte beheimatet ist, von Tatsachen zu überzeugen, die geeignet wären, seine isolationistische Existenz jäh zu verändern, hielt schwer, wenn er sogar nicht einmal bemerkte, wie Himmler ihn überwachen ließ, sondern erst von Wohlmeinenden darauf aufmerksam gemacht werden mußte. Zudem neigte er dazu, Warnungen in den

Wind zu schlagen. Schon im November hatte ihm Frau Dr. Richter, Assistentin des Modearztes der Berliner Prominenz, Dr. Schmitt, berichtet, die Zerstörung Deutschlands in der Endphase des Krieges sei mit allen Einzelheiten vorbereitet. Diese Information war absolut zuverlässig, denn die Warnerin wurde als Hausärztin der Frau Himmler mehrmals wöchentlich im Hause des Reichsführers-SS konsultiert, tat Augen und Ohren auf und erfuhr so die ungeheuerlichsten Details über die geplante »Götterdämmerung«. Auch der Name Furtwängler fiel:

Sie betonte dabei, daß vorgesorgt wäre, daß Leute wie ich, die man von jeher für »Verräter« hielt, nicht entkommen könnten.[89]

Ein zweites Gespräch mit der gleichen Information, drängender nun, kam Mitte Dezember zustande; die Ärztin bemühte sich herauszufinden, welche konkreten Tatsachen gegen den Musiker geltend gemacht werden sollten, und dies gelang ihr auch. In den Tagen des Philharmoniker-Konzerts mit Mozart und Brahms im Admiralspalast – am 22. und 23. Januar 1945 – tauchte Frau Dr. Richter ebenso überraschend wie verstohlen in Potsdam auf und erstattete abermals Bericht:

Sie erklärte mir, daß sie diesmal im Geheimen käme und niemand über ihr Kommen wissen dürfe, denn über mich sei die »Sperre« ausgesprochen. Kein Nationalsozialist oder SS-Mann dürfe noch ein Wort mit mir sprechen. Mein Telephon, jeder Schritt von mir würden überwacht und ich hätte jeden Tag mit der Möglichkeit einer Verhaftung zu rechnen. Ich stünde unter dem Verdacht der Mitwisserschaft an dem Attentat auf Hitler im Juli 1944.[89]

Inzwischen hatte sich die Gestapo für die Ärztin Dr. Maria Daelen interessiert; hier mußten Spuren aus der Frühzeit der Verschwörung – 1942 und 1943 – zu finden sein. Die Beamten nahmen aus der Praxis und aus dem Landhaus in Saarow Tagebücher, Briefe und Fotos mit, die der langjährigen Gefährtin des Dirigenten gehörten, zwangen ihre Haushälterin Erna Geske und die Praxisvertretung Frau Dr. Ulla Momsen zur Aussage. Im Januar mußte Maria Daelen mehrmals zum Gestapoverhör. Höchste Aufmerksamkeit galt jedesmal der Frage, ob und wie weit der Verdächtige in die Vorbereitungen des Attentats eingeweiht gewesen. Amtsbekannt war seine Freundschaft oder Bekanntschaft zu dem Versicherungsdirektor Otto Hübener, zu Generalmajor Hans Oster, dem früheren Botschafter in Rom Ulrich von Hassell, zu Erwin Blank und Hans Bernd Gisevius, die alle mehr oder weniger zum Kreis der Verschwörer zählten und zum Teil bereits hingerichtet waren. Die Gestapo verfuhr nach der üblichen Taktik: Das Opfer in Sicherheit wiegen, Material an der Peripherie sammeln und endlich zupacken. Mitte Januar stellte sich die Situation etwa so dar: Das Reichssicherheitshauptamt hatte mit der Auswertung der Unterlagen aus Rosenbergs Kulturpolitischem Archiv begonnen, zu denen auch das Dossier Furtwängler zählte; jedoch zogen sich weitere Ermittlungen hin, weil Kriegserfordernisse zur laufenden Abgabe von Personal an die Front nötigten. Goebbels, Himmler, Hitler und ihre hochrangigen Trabanten steckten in dem unlösbaren Konflikt einer erbärmlichen antiken Tragödie. Wollten sie ihr Leben auch nur um Tage verlängern, so mußten sie jeden verfügbaren Mann in den Endkampf werfen und vor allem auch gerade die jungen, gut ausgebildeten Spezialisten der politischen Polizei, die den Racheakt gegen die verdächtigen Künstler und Intellektuellen vorbereiten sollten. Immerhin passierte die Rote Armee eben Posen und die oberschlesische Grenze. Ging es aber vorrangig um Rache, so mußte diese nach allen absehbaren Umständen von den NS-Größen mit ihrem um Tage oder Wochen früheren Sterben bezahlt werden. Sie entschieden sich für Aufschub, sei er noch so kurz; aber dies bedeutete auch für die Verdächtigen Aufschub. Allerdings war zu erwarten, daß das scheingesetzliche Verfahren – Ermittlung, Anklage, Verurteilung, Hinrichtung – jeden Augenblick, sobald das Bedürfnis entfiele, staatliche Legalität zu beweisen, von einem weniger personalintensiven Killerkommando außer Kraft gesetzt werden könnte. Ob der Dirigent solche Befürchtungen hegte, als er zu jenem Konzert mit dem Philharmonischen Orchester in Berlin weilte, läßt sich nicht mit Sicherheit sagen. Wahrscheinlich suchten ihn vage und daher desto schlimmere Ängste heim. Wer nicht weiß, woher der befürchtete Schlag kommt, kann sich ihm nicht entgegenwenden. Immerhin begriff er, daß die größte Gefahr in Berlin lauerte:

Als er die Gewißheit hatte, daß man gegen ihn etwas im Schilde führte, überlegte er, wie er am besten sich gegen eine erneute Berlinfahrt schützen könnte, und da er ja ein leidenschaftlicher Alleinspaziergänger war – immer sehr schnell – überlegte er sich auch während des Spaziergangs seine Ausrede, dabei rutschte er etwas auf dem Eis aus, und sofort kam ihm (...) die Erleuchtung, so muß ich mich entschuldigen, Gehirnerschütterung, denn die ewige Grippe zog wirklich nicht mehr.[90]

Gesagt, getan. Am 30. Januar, 18 Uhr 40 gab er in Wien ein Telegramm ans Berliner Philharmonische Orchester auf, das am nächsten Morgen dort einging:

DURCH STURZ AUF DEN HINTERKOPF GEHIRNERSCHUETTERUNG ARZT VERORDNET FUER MEHRERE TAGE STRENGSTE BETTRUHE KONZERTE BERLIN LEIDER NICHT DURCHFUEHRBAR VORSCHLAGE STATT DESSEN KONZERT NACHZUHOLEN ANFANG APRIL.[91]

Dies war sozusagen höhere Gewalt, und so fielen die Konzerte am 4. und 5. Februar, die von Pfitzner die Ouvertüre »Christelflein« und das Cellokonzert und zum Schluß Bruckners 7. Sinfonie erklingen lassen sollten, ersatzlos aus. Der Gefahrenherd Berlin war glücklich vermieden, und dort geschah nun, was Furtwängler direkt oder mittelbar berührte. 800 viermotorige Bomber griffen am 3. Februar die Reichshauptstadt an; die Staatsoper Unter den Linden verwandelte sich zum zweitenmal in eine Ruine, und in den Trümmern des Volksgerichtshofes, an der Stätte seiner Verbrechen, starb Roland Freisler, dessen Präsident. Fraglos erreichte nur die Nachricht von der Zerstörung des traditionsreichen Kunstinstituts noch Wien, wo man sich auch nur knapp über vier Wochen der eigenen Staatsoper erfreuen konnte, ehe sie niederbrannte. Immerhin mußte der Dirigent dies als Mahnung des Schicksals angesehen haben, doch tat er so, als seien die Zeiten halbwegs normal, denn in diesem Falle hatte er zu einem Gastspiel in die Schweiz aufzubrechen, zumal da Bormanns Büro – zuständig selbst für solche Kleinigkeiten – den Ausreisesichtvermerk schon beschafft hatte.

An diesem Punkt erst begann er, gewisse Vorsicht zu üben, indem er eher nach Westen aufbrach als notwendig. Die Freundin Julia Janssen, Schauspielerin am Burgtheater, telefonierte mit Leuten in Vorarlberg, die sie kannte, und bat darum, den Künstler für einige Tage zu beherbergen, und die Familie Arthur Haemmerle in Dornbirn, gute kunstsinnige Bürger, die zur Prominenz der kleinen Stadt gehörten und noch an den Sieg Hitlers glaubten, begrüßten den Berühmten mit Freude und Stolz als ihren Ehrengast.[92] Von hier aus bis zum Grenzübergang Buchs waren es nur noch zwanzig Kilometer. Als hätte er kaum etwas zu befürchten, erledigte er bei den Haemmerles Korrespondenz und gab mindestens vier Briefe zur Post. Adressaten waren Karl Straube in Leipzig, die Schauspielerin Irme Schwab in Weil, seine Haushälterin Helene Matschenz in Potsdam und seine Schwester Märit Scheler in Heidelberg; allerdings brauchte er keine Bedenken zu haben für den Fall, daß man seine Briefpartner überwachte, denn die Post wurde nur noch unregelmäßig und schleppend befördert, und so hätte es mehr als zwei oder drei Tage gedauert, bis der Absender dingfest zu machen gewesen wäre. Zudem kannte die Gestapo seine Konzerttermine, und so hätte ein Amtshilfeersuchen an die Grenzkontrollorgane ausgereicht, ihn an der Ausreise zu hindern. Vielleicht war es vorsorglich, wenn er in allen vier Briefen ankündigte, er werde in die Schweiz fahren, aber nach zehn Tagen, am 28. Februar, zurückkehren – mit seiner Frau und dem kleinen Sohn. Allerdings drückte er Zweifel aus, ob der Grenzübertritt nicht Schwierigkeiten begegnen werde, und auch die neu aufgeflammte Boykotthetze gegen ihn in der Schweiz, von der er zuvor noch erfahren hatte, bereitete ihm Sorgen. Mitleser der Gestapo konnten dem entnehmen: Der Verdächtige wollte nicht emigrieren, sondern wäre bald wieder greifbar, und in der Schweiz gelte er als »Nazi«.

Ohne Schwierigkeiten reiste er am 7. Februar über die Grenze. Der Boykott schwoll bald in der Lautstärke an, zeigte aber Lücken. Zwar untersagte der Zürcher Regierungsrat die beiden angekündigten Konzerte im Tonhallesaal der Stadt Zürich; aber Winterthur – wie auch Lausanne und Genf – stand zum Vertrag. Die Presse jedoch blies zum großen Jagen:

Und wenn der preußische Staatsrat ins Ausland reist, um Konzerte zu dirigieren, weiht er sein Talent damit ja nicht nur der Kunst, sondern erscheint mit dem Willen der nationalsozialistischen Instanzen als Propagandist der deutschen Kultur, zu der bekanntlich ein Mendelssohn nicht mehr gehören darf.[93]

Inzwischen war er gewahr geworden, daß das führende Personal der Deutschen Gesandtschaft in Bern auf seiner Seite stand. Diplomaten des Reiches auch anderswo versuchten, was in ihren Kräften lag, um seine Rückkehr nach Berlin möglichst hinauszuzögern. Am 16. Februar setzte sich die deutsche Botschaft – Dienststelle Mailand des Reichsbevollmächtigten in Italien – mit der Gesandtschaft in Bern ins Benehmen und schlug vor, Furtwängler möge doch zwei Sonderkonzerte und eine »Meistersinger«-Aufführung an der Scala dirigieren. Besonderes Lockmittel:

Ich glaube auch, daß es möglich sein wird, Dr. Furtwängler zu dieser Reise von dort aus zu bewegen, wenn er auch noch

Rundfunksitzung (Fritzsche)
Protokoll vom 21.2.45
10. Der Reg. Rat des Kantons Zürich hat Staatsrat Furtwängler, die beiden, für den 20. u. 25.2. vorgesehenen Konzerte zu dirigieren verboten.

Beim Reichsrundfunk verfolgen sie aufmerksam,
was in der Schweiz geschieht

besonders auf die Wichtigkeit hingewiesen wird und ihm vielleicht »entre nous« gesagt werden kann, daß er einen Teil seiner Franken nach hier mitnimmt.[94]

So betrieb man – Berlin rückte immer weiter weg – von Bern aus eine zwischengeschobene Gastspielreise nach Mailand, betrachtete aber mit einiger Besorgnis die zunehmend feindliche Stimmung in der Schweiz. Vorsorglich beantragte der Chef des Zürcher Atlantis-Verlages, Dr. Martin Hürlimann, für Furtwängler und seine Familie am 21. Februar eine Verlängerung der Aufenthaltsbewilligung bei der Eidgenössischen Fremdenpolizei – in der zuversichtlichen Erwartung, sein Ruf und seine Prominenz wären eine gute Empfehlung. Die Behörde lehnte jedoch brüsk ab:

Daß Herr Dr. Furtwängler bei seiner Rückkehr nach Deutschland in besonderer Weise Verfolgungen ausgesetzt wäre, ist weder belegt noch auch nur glaubhaft gemacht. Wenn Herr Dr. Furtwängler zurückkehrt, so teilt er lediglich das Schicksal aller seiner in Deutschland lebenden Volksgenossen.[95]

Kurz vor dem Konzert in Winterthur lieferte die Linkspresse im Tonfall höchster moralischer Entrüstung förmliche Anklageschriften gegen den Musiker aus Deutschland, ganz offensichtlich um ihn als Argument in der parteipolitischen Agitation gegen die Bürgerlichen zu verwenden und daher unter Verzicht auf Tatsachen. Die Kampagne bekam gefährliche Intensität:

Furtwängler hat die unsterblichen Werke der großen deutschen Meister allein durch sein Auftreten an Dutzenden von Konzerten und Veranstaltungen der nationalsozialistischen Propaganda dienstbar gemacht. Er hat sich jahrelang dazu mißbrauchen lassen, daß nach außen die Schreie der Opfer in den Konzentrationslagern mit feierlicher Musik übertönt wurden; durch sein Wirken sollten im Ausland die grausamen Verbrechen an unzähligen Menschen nicht gehört und nicht für möglich gehalten werden.[96]

Jedenfalls schuf die Presse eine Atmosphäre der Erregung, die sozusagen einen schweizerischen »Bürgerkrieg« per Debatte anheizte. Streckenweise schien der Musiker als Feind der zivilisierten Menschheit gelten zu sollen. Um das alte eidgenössische Verständnis für Demokratie und Freiheit nicht untergehen zu lassen, schlugen sich die namhaftesten Musiker des Landes auf die Seite des Angegriffenen und begannen am 6. März mit einer Unterschriftensammlung für diesen mahnenden Text:

Wir sind über die beschämende Tatsache, daß in unserem Lande die Freiheit des Geistes mißachtet und die Kunst zu Machtkämpfen politischer Parteien mißbraucht wird, aufs tiefste betroffen. Die Auswirkungen des »Falles Furtwängler« sind nicht abzusehen und erfüllen uns mit ernster Besorgnis. (...) Wir erwarten daher von unseren Behörden, daß in Zukunft das Leben der Kunst und das für uns Schweizer unabdingbare Recht der geistigen Selbstbestimmung geschützt werden.[97]

Diesen Appell unterstützten durch ihre Unterschrift: Volkmar Andreae, Ernest Ansermet, Edmond Appia, Wilhelm Arbenz, Luc Balmer, Samuel Baud-Bovy, Ernest Bauer, Jean Binet, Robert Blum, Joseph Bovet, Alphonse Brun, Fritz Brun, Adolf Brunner, Willy Burkhard, Leopoldo Casella, Robert Denzler, Oskar Disler, Henri Gagnebin, Walther Geiser, Emil Jaques-Dalcroze, Walter Kägi, Ernst Kunz, Walter Lang, Joseph Lauber, André-François Marescotti, Frank Martin, Karl Matthaei, Albert Moeschinger, Hans Münch, Othmar Nussio, Robert Oboussier, Alfred Pochon, Werner Reinhart, Kurt Rothenmüller, Paul Sacher, Erich Schmid, Othmar Schoeck, Walter Schultheß, Max Sturzenegger, Carl Vogler und Roger Vuataz. Einige andere waren nicht erreichbar, und Heinrich Sutermeister hatte man schlicht vergessen, so daß er deswegen in einem entzürnten Brief an Sacher Vorwürfe erhob und sich bei der Deutschen Gesandtschaft in Bern schriftlich entschuldigte. Allerdings unterstellten nun die Gegner mehr oder weniger deutlich, diese Persönlichkeiten seien nichts weiter als »Nazifreunde«, und so kam es, daß sich die Wogen durchaus nicht glätteten. Neue Aufregung entstand, als das sozialistische Blatt »Volksrecht« im Brustton der Empörung meldete, der Dirigent habe bei der zuständigen Behörde ein Asylgesuch eingereicht. Natürlich gelangte diese Nachricht schnell nach Berlin. Furtwängler dementierte:

Ein solches Gesuch ist natürlich nie gemacht worden, es handelt sich um eine Pressefälschung im Zusammenhang mit dem Feldzug der Linksparteien gegen mich.[98]

Auch ohne formelles Asyl hingen die verabredeten Konzerttermine in der Luft. Mailand war ungeklärt; in Berlin blieben der 4. und 5. und der 18. und 19. März offen und in Wien der 11. und 12. und der 24. und 25.; die Berliner Philharmoniker hätten im zweiten der Konzerte ein reines Beethoven-Programm mit der Achten, der »Coriolan«-Ouvertüre und der Eroica spielen sollen. An jenem 5. März verharrte die Rote Armee in breiter Front an der unteren Oder und kämpfte in Forst und Lauban, 120 Kilometer vor Berlin, und im Westen hatten die Alliierten die Kölner Innenstadt erreicht. Jedenfalls mußte der Dirigent eine Entscheidung fällen. Er schrieb am 11. März einen Brief an Goebbels und beantragte eine Verlängerung des Sichtvermerks um sechs Wochen – aus Gesundheitsgründen; dieses Schreiben leitete er über die Gesandtschaft in Bern, damit es von dort durch Kurier nach Berlin befördert werde. Aus dem Zusammenhang ergibt sich, daß er nicht an Emigration dachte, sondern nur abwarten wollte, ob eine Rückkehr nach Deutschland in Frage käme. Inzwischen hatten die Amerikaner die Brücke bei Remagen unversehrt in die Hand bekommen und am Ostufer des Rheins einen Brückenkopf gebildet. Die Presse in der Schweiz kolportierte eine – falsche – Meldung aus den USA, nach dem Verlust von Remagen sei Hitler zum Friedensschluß bereit. Solche Entwicklung konnte die Chance zur sicheren Rückkehr bedeuten. Die Debatte kam jedoch nicht zur Ruhe und bestärkte ihn, der auf die geringste Attacke höchst sensibel bis zur Verzweiflung reagierte, in der Absicht, dieser Unfreundlichkeit ehestmöglich auszuweichen. Wenige Tage später verlangte die Dirigentin Carmen Weingartner-Studer in sentimentalischem Überschwang öffentlich, *Beethoven als das lebendige Symbol des Kampfes um die Freiheit des Geistes solange nicht mehr zu spielen, bis die Greueltaten aufgehört haben, und wir alle es vor unserm Gewissen verantworten können, wieder vor sein Antlitz treten zu dürfen.*[99]

Die Witwe des berühmten schweizerischen Dirigenten erregte mit ihrer Anklage gegen Furtwängler und ihre Kollegen, die diesen verteidigten, unliebsames Aufsehen:

In welchem Jahr ließ sich der ehrwürdige Herr Felix von Weingartner von seiner vierten Frau[100] rein jüdischen Geblütes scheiden? Wenn ich beifüge, daß in jenem Jahre Hitler bereits »an der Macht« war, so sollte das keineswegs eine Insinuation sein. Die zweite Frage scheint mir eher wichtig: Wann gastierte Herr Felix von Weingartner zum letzten Male irgendwo im großdeutschen Reich? Und – nebenbei – wann gastierte Frau Carmen Weingartner-Studer als Dirigentin zum letzten Male irgendwo im großdeutschen Reich?[101]

Am 23. März – die sowjetische Heeresführung war an der Oder-Neiße-Front mit der Bereitstellung starker Kräfte für den Großangriff auf Berlin beschäftigt – kam um 20 Uhr in der Gesandtschaft Bern ein chiffriertes Blitztelegramm aus Berlin an:

Propagandaministerium wünscht schnellste Rückkehr Furt-
wänglers nach Berlin, um hier zu dirigieren. Reise Mailand
aufschieben.[102]

Die Beamten der deutschen Vertretung kamen jedoch überein, dem Dirigenten diese Mitteilung zu ersparen und mit einer Rückfrage in Berlin die Entscheidung hinauszu- zögern. Dies schien angängig, weil es inzwischen gelungen war, die auf den 22. März festgesetzte äußerste Frist für den Schweiz-Aufenthalt durch eine Beschwerde mit aufschie- bender Wirkung beim Chef du Département Fédéral de Ju- stice et Police in Bern aus dem Kalender zu tilgen. Be- schwerdeinstanz war jener Bundesrat Eduard von Steiger, der seinerzeit bei der obersten Exekutivbehörde beantragt hatte, das Abkommen mit dem 3. Reich zwecks Kennzeich- nung der Judenpässe durch einen Notenwechsel vom 10. Oktober 1938 zu bestätigen, der später die Schreckens- nachrichten über die Judenvernichtung für unglaubwürdig erklärte und an einer restriktiven Flüchtlingspolitik fest- hielt – einschließlich Überstellung von Flüchtlingen an die Grenzpolizei des NS-Staats. Dies war nicht der Typus, der ein selbst von einer medizinischen Kapazität wie Dr. Paul Niehans unterzeichnetes Attest wegen Spondylosis defor- mans anerkannte; dieser übertraf selbst Goebbels an Härte und Unmenschlichkeit.

Das Gesandtschaftspersonal half indessen, wo es konn- te; am 13. April erhielt der Künstler eine Paßverlängerung bis 1. Mai. Eine Woche später – die Angriffsspitze der Ro- ten Armee setzte die Umklammerung der Reichshauptstadt fort und rollte im Norden durch Strausberg und Bernau, im Süden durch Jüterbog – raffte er sich zu einem Entschluß auf:

Ich verstehe, daß für das Ministerium und auch für die Gesandtschaft die politischen Gründe, die im Moment wünschenswert erscheinen lassen, daß ich nach Deutschland zurückkehre, in erster Linie ins Gewicht fallen. Der Herr Minister und auch Dr. Köcher wird es mir gewiß nicht verübeln, wenn für mich die Wiederherstellung meiner Gesundheit an erster Stelle steht.[103]

Die Diplomaten in Bern sahen dies ein, zumal da Goebbels – im abgeschnittenen Berlin – nicht mehr handlungsfähig schien, und sie schlugen jetzt einen ganz neuen Ton an:

Die schnelle Entwicklung der Dinge hat nun ein Problem gelöst, das uns vor die schwierige Aufgabe gestellt hatte, allen Seiten gerecht zu werden. (...) Das Thema (...) hat sich nunmehr unter der Macht des »Faktischen« verflüchtigt.[104]

Weitere Rücksicht auf Berlin erübrigte sich, und so erhielten der Musiker und seine Frau anstandslos die Verlängerung ihrer Pässe um ein halbes Jahr nach Ablauf des Visums. In der umkämpften Reichshauptstadt hatte der Reichspropagandaminister seine persönlichen Papiere im Kamin verbrannt, über Rundfunk noch einmal Hitler zum Geburtstag als »Mann des Jahrhunderts« gefeiert und sich entschlossen, mit seiner Familie »an der Seite des Führers« auszuharren; einige Tage im Bunker der zerbombten und zerschossenen Reichskanzlei blieben ihm noch, und dies war wohl auch letzte Gelegenheit zur Besinnung. Ob Goebbels sich noch einmal die Höhen und Tiefen seiner – politischen, menschlichen und ideologischen – Kraftprobe mit Furtwängler vor Augen führte? Ob er auch diese Niederlage, daß es ihm nicht gelungen war, den Musiker in seine Nähe zurückzuholen, noch in einen »ewigen Sieg« umfälschte oder ohne Bitterkeit daran dachte, wie dieser eine Nachwelt erleben würde, die nicht mehr die seine wäre?[105]
Am 1. Mai, während sich Goebbels im Garten der Reichskanzlei mit einem Pistolenschuß der Verantwortung entzog, notierte der Musiker in Clarens politische Gedan-

ken in seinen Kalender. Erschreckt durch das immer lautere, immer »mutigere« Echo auf die militärische Niederlage des Reiches wie durch die pauschalen Kollektivschuld-Vorwürfe, versuchte er nun, Geschichte aufzuarbeiten, Erklärungen zu finden, und wieder war es eine Verteidigung – wie eh und je – gegen Angriffe, die er gegen sich selber gerichtet fühlte. Hitler sei zunächst als Einiger Deutschlands begrüßt worden, habe dann durch Betrug und Terror, durch Lügen und Propaganda das Volk mundtot gemacht und durch Proklamierung des Rassenhasses und seine Ausrottungspolitik die sittlichen Grundlagen Deutschlands untergraben. Resultat der weiteren Überlegung:

Der Vertrag von Versailles (...) mit seinem Grundprinzip der Entehrung Deutschlands war die Leiter zu H. Aufstieg. Was heute geschieht, ist dasselbe, nur noch viel stärker. Wer das ganze Volk für die Konzentrationslagergreuel verantwortlich macht, denkt in den Geleisen der Nazi's. Sie haben die Massenverantwortlichkeit in der Judenfrage zum erstenmal erklärt und praktiziert. Er tut aber noch etwas schlimmeres: einem ganzen großen Volke die Ehre absprechen – einem Volke, das an innerem Adel mit jedem andern Volk wetteifern kann, denn es hat Goethe und Beethoven und unendlich viel andere Große Beglücker der Menschheit hervorgebracht – ist nicht nur gefährlich, es ist furchtbar. Niemals wird sich das deutsche Volk dies gefallen lassen. Dann ist es schon besser, man sei ehrlich und konsequent, und rotte es völlig aus.[106]

Furtwängler war so sehr Künstler, daß ihm, der Geschichtswissenschaft für eine Gefahr hielt, keine auch nur annähernd zuverlässige Analyse gelingen konnte. Persönliche Betroffenheit machte alle unerläßliche Distanz zunichte; persönliche Identifikation erzeugte hilfloses Mitleiden mit »seinem Volk«, und so fiel ihm dann nicht auf, daß »Ehre« im politischen Bereich eine Ideologisierung ist und kein objektiver Wert, mit dem sich aussichtsreiche Politik machen ließe – ebenso wie »Schande« und »innerer Adel«. Nicht einmal die Frage kam ihm in den Sinn, was dieses

434

deutsche Volk – nach dem Personalstand vom Mai 1945 – wirklich mit Goethe und Beethoven verbinde, da es doch ein ganz anderes, viel früheres deutsches Volk gewesen, das jenen Dichter und jenen Komponisten hervorgebracht, ja, was denn diese »Großen Beglücker«, falls es überhaupt welche wären, mit dem deutschen Volk zu schaffen hätten, es sei denn als sehr dürftiges Alibi.

Kunst und zumal Musik haben doch keine moralischen Folgen; sie gehören lediglich zu den inzwischen selbstverständlichen Betriebstechniken des Staates, ganz unabhängig vom jeweiligen Regime. »Großtechnische« Anlagen zur Versorgung der Verbraucher mit Energie, Information, Wasser, Bewegungsfreiheit und Wohnraum – und eben auch mit Musik, alle die Orchester, Operntheater, der Rundfunk, das Fernsehen – sind weltweit und unabhängig von Tagespolitik oder Gesittung normales Inventar des zivilisatorisch fortgeschrittenen Gemeinwesens. Solche Anlagen sind organisierbar, sind Ware, und so wie diese kann auch ein Künstler »eingekauft« werden, selbst wenn er sich noch so »teuer verkauft«. Gleich ihm und seiner Leistung sind auch Beethoven und Goethe konsumierbare Handelsgüter. Alles andere ist Ideologie, Illusion. So kam es, daß Furtwängler zwischen sich und der durch solche Argumente drohenden »Entwertung« eine schützende Mythologie anbringen mußte, die ihm nüchterne Wirklichkeit ersparte.

Seine naiv-unbeholfene Sinndeutung der Geschichte war – wie die Aufzeichnungen insgesamt – ins Unreine gesprochen, nicht kritisch durchdacht. Sie konnte auch nicht annähernd exakt und sachlich sein, denn dadurch hätte er die eigenen existenziellen Grundlagen angegriffen, sein Weltbild demoliert, in dem die Gewißheit der eigenen Größe wie eine Zentralsonne leuchtete. Die Kraftprobe zwischen 1933 und 1945 erklärt sich aus der verzweifelten Bemühung, dieses kostbare Weltbild durch jede Katastrophe unbehelligt hindurchzusteuern, als geistig-moralischer Führer gegen jenen politischen Führer die Oberhand zu behalten, mit so viel Handlungsfreiheit wie möglich unter diesen Umständen, und ein fiktives »anderes Deutschland« – als dessen Symbol er sich stolz zur Verfügung stellte – zum Beweis des qualitativ »Deutschen« herüberzuretten.

Aber dies bedeutete nicht mehr und nicht weniger, als sich selber der eigenen Mythologie zum Opfer zu bringen.

Abkürzungen

AMZ	Allgemeine Musik-Zeitung
AUT	Archiv des Autors
BA	Bundesarchiv Koblenz
BBZ	Berliner Börsen-Zeitung
BDC	Berlin Document Center
BDM	Bund Deutscher Mädel
BPhO	Berliner Philharmonisches Orchester
CDJC	Centre de Documentation Juive Contemporaine Paris
DAF	Deutsche Arbeitsfront
DAZ	Deutsche Allgemeine Zeitung
DTZ	Deutsche Theater-Zeitung
Gestapo	Geheime Staatspolizei
GMD	Generalmusikdirektor
GStA	Geheimes Staatsarchiv Berlin
HJ	Hitler-Jugend
KDDK	Kameradschaft der deutschen Künstler E. V.
KdF	NS-Gemeinschaft »Kraft durch Freude«
KfdK	Kampfbund für deutsche Kultur
KMD	Kirchenmusikdirektor
MNN	Münchner Neueste Nachrichten
NSBO	Nationalsozialistische Betriebsorganisation
NSDAP	Nationalsozialistische Deutsche Arbeiterpartei (NS)
NSKG	NS-Kulturgemeinde
NSV	NS-Volkswohlfahrt
NYT	New York Times
ÖStA	Österreichisches Staatsarchiv Wien
PAA	Politisches Archiv des Auswärtigen Amtes Bonn
Pg., Pgn.	Parteigenosse, Parteigenossin
PMWKuV	Preußisches Ministerium für Wissenschaft, Kunst und Volksbildung
ProMi	Reichsministerium für Volksaufklärung und Propaganda
RKK	Reichskulturkammer
RMK	Reichsmusikkammer
RMVP	Reichsministerium für Volksaufklärung und Propaganda
RPA	Reichspropagandaamt
RSHA	Reichssicherheitshauptamt
SA	Sturmabteilung
SD	Sicherheitsdienst
SS	Schutzstaffel
STAGMA	Staatlich genehmigte Gesellschaft zur Verwertung musikalischer Urheberrechte
VB	Völkischer Beobachter
WFA	Wilhelm-Furtwängler-Archiv Zürich
WPhHA	Wiener Philharmoniker, Historisches Archiv
ZStA	Zentrales Staatsarchiv Potsdam (DDR)

Anmerkungen

Alle Zitate – einschließlich der Rechtschreib- und Flüchtigkeitsfehler – stehen wie im Original; Korrekturen sind nur angebracht, wo das Verständnis beeinträchtigt gewesen wäre. Aus Raumgründen konnte nur ein Teil des verfügbaren Materials verwendet werden. Sämtliche zitierten Quellen sind als Mikrofilm, Mikrofiche, Ablichtung oder sonstige Kopie ins Archiv des Autors eingegangen, von dem auch – wo nicht anders angegeben – die Übersetzungen aus dem Englischen, Französischen, Russischen und Schwedischen stammen.

Aufzeichnungen = WF: Aufzeichnungen 1924–1954 (Wiesbaden, 1980); Edition mit Seitenzahl, unveröffentlichte Kalendernotizen mit Foliozahl des Ms.

Bachmann = Robert C. Bachmann: Karajan. Anmerkungen zu einer Karriere (Düsseldorf/Wien, 1983)

Briefe = WF: Briefe (4. Auflage; Wiesbaden, 1980)

Geissmar = Berta Geissmar: Musik im Schatten der Politik (Zürich/Freiburg/Br., 1945). Vgl. auch die gekürzte kritische Neuauflage (Zürich, 1985).

Gillis I = Daniel Gillis: Furtwängler Recalled (2. Aufl.; Zürich/New York, 1971)

Gillis II = Daniel Gillis: Furtwängler and America (New York, 1970)

Muck = Peter Muck: Einhundert Jahre Berliner Philharmonisches Orchester, 2. Band: 1922–1982 (Tutzing, 1982)

Riess = Curt Riess: Furtwängler. Musik und Politik (Bern, 1953)

Vermächtnis = WF: Vermächtnis. Nachgelassene Schriften (5. Auflage; Wiesbaden, 1975)

Wessling = Bernd W. Wessling: Furtwängler. Eine kritische Biographie (Stuttgart, 1985)

Der Sündenbock

[1] s. Hessische Nachrichten, Nr. 45, 16. Mai 1946

[2] Erika Mann: The Furtwaengler Ovation (New York Herald Tribune, Paris, 6. Juni 1947). Deutscher Text s. Elisabeth Furtwängler: Über Wilhelm Furtwängler (Wiesbaden, 1979) S. 135–137. Es handelte sich um einen Leserbrief in der Rubrik »From the Mailbag«, nicht – wie E. F. sagt und Wessling übernahm – um ein Telegramm.

[3] Bruno Walter an WF, Beverly Hills, 13. Januar 1949, in Bruno Walter: Briefe 1894–1962 (Frankfurt/M., 1969) S. 308–309

[4] F. von Unruh: Der nie verlor (Bern, 1948) S. 263

[5] Frechheiten (Basler Arbeiter-Zeitung, 3. März 1948) WF hat nicht »herzlichst« zum Überfall auf Österreich gratuliert, nicht das Horst-Wessel-Lied dirigiert, nicht »massenhaft Geld« bekommen; die Textzeile stammt nicht aus jener Parteihymne.

[6] Zum Fall Furtwängler: Es bleibt dabei (Tageblatt der Stadt Zürich, 5. Juni 1948)

[7] s. Einfach untragbar. Zum Verbot der Zürcher Furtwängler-Konzerte (Volksrecht, Nr. 46, 23. Februar 1945)

[8] National-Zeitung, Basel, an WF, 26. April 1952, unterzeichnet von A. Moser. Quelle: WFA. Diese Quelle greift Künftigem vor, dem bei der Musikabteilung der Zentralbibliothek Zürich beheimateten WFA, das sich im Aufbau, aber noch im Stadium der Sammlung befindet. Ein Teil der Dokumente ist in unterschiedlichem Privatbesitz.

[9] unsigniertes Typoskript, Dezember 1948. Quelle: WFA. Edward L. Ryerson war Präsident der Orchestral Association Chicago, George Kuyper der Manager, Aaron Mitglied des Komitees.

[10] nk.: Das war Furtwängler (Israelitisches Wochenblatt, Zürich, 10. Dezember 1954).

[11] Ira Hirschmann: Setting the Record Straight on Furtwängler (NYT, 30. September 1983)

[12] New York Herald Tribune, 11. Dezember 1945, und Zitat im – nicht abgedruckten – Leserbrief an die NYT von Gillis, 25. Oktober 1983.

[13] ARD-Fernsehsendung »Dresden: Theaterplatz 1« von Klaus Lang, Produktion des SFB 1985. Drehbuch im Besitz des Autors.

[14] Ludolf Herbst: Deutschland im Krieg 1939–1945. In: Ploetz. Das Dritte Reich. Ursprünge, Ereignisse, Wirkungen. Hrsg. von Martin Broszat und Norbert Frei (Freiburg/Würzburg, 1983) S. 69. Noch blamabler nennt Wolfgang Porth in »Konkret«, April 1984, ein Konzert der Berliner Philharmoniker 1944 unter WF in den Fabrikhallen von Borsig für Rüstungsarbeiter »Vergeistigung der Barbarei«, ohne sich zu informieren, daß so ein Konzert bei Borsig weder 1944 noch überhaupt stattfand. 1942 dirigierte Karajan bei Borsig vor Rüstungsarbeitern das BPhO.

[15] Tamara Lewaja/Oksana Leont'ewa: Paul Hindemith. Shisn' i twortschestwo (Moskau, 1974) S. 89.

[16] Anna Geissmar an WF, London, 26. Oktober 1945. Quelle: WFA
[17] Aufzeichnungen, 1929. S. 113 des Ms., unveröffentlicht. Quelle: WFA. In die Edition (Wiesbaden, 1980) ist nur ein Teil der Ms-Überlieferung eingegangen, weil die Herausgeber Elisabeth Furtwängler und Dr. Günter Birkner keine Möglichkeit der Kommentierung hatten.
[18] Aufzeichnungen, 1924, S. 69 des Ms., unveröffentlicht. Quelle: WFA
[19] Aufzeichnungen, S. 128.
[20] Aufzeichnungen, 1937. S. 159 des Ms., unveröffentlicht. Quelle: WFA. Es handelt sich um das vom RSHA verbotene »Buch vom persönlichen Leben«.
[21] s. Harry Graf Kessler: Tagebücher 1918–1937 (Frankfurt/M., 1961) S. 733.
[22] Aufzeichnungen, S. 198.
[23] Aufzeichnungen, 1939–IV. S. 30' des Ms., unveröffentlicht. Quelle: WFA
[24] Christoph Steding: Das Reich und die Krankheit der europäischen Kultur (Hamburg, 1938) S. 481.
[25] id., S. 251–252
[26] Aufzeichnungen, S. 163.
[27] Johanna Thoms-Paetow: Wilhelm Furtwängler und die Musik (AMZ LXI/41, 12. Oktober 1934. S. 555)
[28] Oswald Schrenk: Wilhelm Furtwängler (Berlin, 1940) S. 14.
[29] Aufzeichnungen, 1930. S. 10 des Ms., unveröffentlicht. Quelle: WFA

»Die dynamische Kraft der nationalen Bewegung«

[1] A. Berndt an B. Geissmar, Berlin, 27. Juli 1927. Quelle: WFA
[2] WF an Reichskanzler Brüning, St. Moritz, 30. August 1930. Quelle: BA R 43 I/828 S. 174 f.
[3] BA R 43 I/828 S. 175
[4] Adolf Hitler: Leitwort zum Programmheft der Bayreuther Festspiele 1934, s. Paul Bülow: Der Führer und der Bayreuther Kulturkreis (Die Bühne V/8, 20. April 1939. S. 183)
[5] Ottmar Weber an Albert Osthoff, Bayreuth, 7. Januar 1933. Quelle: WFA
[6] Aufzeichnungen, 1933–x. S. 17–18, 20–20' des Ms., unveröffentlicht. Quelle: WFA.
[7] H. H. Stuckenschmidt: Furtwängler äußert sich (Melos XI/5–6, Mai–Juni 1932. S. 196–201)
[8] Goebbels-Reden, Band 1 1932–1939 (Düsseldorf, 1971) S. 225. Rede am 17. Juni 1935.
[9] idem, S. 219
[10] K. U.: Furtwängler und die Philharmoniker (Westfälische Zeitung, 23. Februar 1933)
[11] Hans Otto Redecker: Großer Abend mit Furtwängler (Westfälische Neueste Nachrichten, 23. Februar 1933)

[12] A. Posse an Göring, Dresden, 17. März 1933. Quelle: BDC

[13] Entschließung, 12. März 1933. Quelle: BDC. Peter Heyworth: Otto Klemperer. His Life and Times, Vol. 1 1885–1933 (Cambridge, 1983) – S. 413 Fußnote – verharmlost und verschleiert diese Hintergründe, indem er behauptet, fünf Tage nach jener »Rigoletto«-Probe habe »Busch um unbeschränkten Urlaub von der Dresdener Staatsoper gebeten«.

[14] s. Fritz Busch: Aus dem Leben eines Musikers (Fischer-TB, Frankfurt/M., 1982) S. 204. Busch zitierte den Text der Entschließung nur sinngemäß, z. T. unrichtig, weil ihm die im 3. Reich verbliebenen Dokumente nicht zugänglich waren. Der Lektor dieser Ausgabe, für den sie greifbar gewesen wären, sah sich dennoch außerstande, auch nur die Namen der lediglich vier und nicht sieben Sänger zu ermitteln, die damals standhaft blieben.

[15] WF an Gilbert Back, Clarens, 24. März 1949. Quelle: WFA

[16] F. Busch: Aus dem Leben eines Musikers. S. 206. Furtwängler ist in dem 1949 erstmals veröffentlichten Werk nirgends erwähnt.

[17] Grete Busch: Fritz Busch. Dirigent (Frankfurt/M., 1970) S. 64–65

[18] Ovationen in der Staatsoper. Festaufführung der »Meistersinger« (BBZ, Nr. 137, 22. März 1933)

[19] J. Goebbels: Vom Kaiserhof zur Reichskanzlei (München, 1934) S. 286.

[20] Th. Mann: Tagebücher 1933–1934 (Frankfurt/M., 1977) S. 15.

[21] s. die entsprechenden Dokumente bei Joseph Wulf: Musik im Dritten Reich. Eine Dokumentation (Gütersloh, 1963) S. 102–103.

[22] Berliner Dienst des Conti-Nachrichten-Büros vom 3. April 1933. Kopie im Besitz des Autors. Genau gelesen, fanden zunächst Besprechungen der politischen Beauftragten statt; dann informierte man die Fachleute von deren Entscheidung und ließ sie vor der Öffentlichkeit die Verantwortung tragen! Daß niemand Widerspruch wagen würde, war von vornherein einkalkuliert.

[23] Max Hamm an Reichskommissar Rust, Bielefeld, 5. April 1933. Quelle: WFA.

[24] Der Rundfunk gegen hetzende Musiker (VB, Nr. 96, 6. April 1933)

[25] Hakenkreuzbanner, 20. März 1933.

[26] Fritz Kreisler an Toscanini (BBZ, Nr. 163, 6. April 1933) Der Biograf des Geigers – Louis P. Lochner: Fritz Kreisler (Wien, 1957) – »vergaß«, diesen Appell zu erwähnen, obgleich er als amerikanischer Journalist in Berlin genau informiert war. Kreislers Position war die der nationalen Rechten, die in der Niederlage des selber angezettelten Weltkriegs und in der Regierungsform der Republik ein »tragisches Schicksal« beklagte.

[27] Kommentar der DAZ, 12. April 1933.

[28] Th. Mann: Tagebücher 1933–34 (Frankfurt/M., 1977) S. 47–48. Eintrag vom 13. April 1933.

[29] Nikolaus Pevsner: Zum Briefwechsel Furtwängler-Goebbels (Zeitwende IX/7, April 1933. S. 70)

[30] Der Briefwechsel ist mehrfach nachgedruckt oder ausgiebig zitiert, z. B. Geissmar S. 96–99, Riess S. 142–144, Wessling S. 260–263.

[31] Es gibt nur gute und schlechte Kunst! (Neue Freie Presse, Morgenblatt, Wien, 12. April 1933)

[32] Zu einigen Thesen des Herrn Dr. Goebbels (23, Nr. 11/12, 30. Juni 1933). Der unsignierte Aufsatz der Wiener Musikzeitschrift stammt von Ernst Křenek.

[33] Dr. John Worpohn und Hilde Stiastny an WF, Berlin, 11. April 1933. Quelle: WFA

[34] nicht identifizierter Absender an WF, 11. April 1933. Quelle: WFA

Schachzüge

[1] Chr. Steding: Das Reich und die Krankheit der europäischen Kultur (Hamburg, 1938) S. 411.

[2] Der Oberbürgermeister, Kunst 4, Hafemann, an BPhO, 22. April 1933. Quelle: BA R 55/1146 S. 141.

[3] Eine Stunde bei den Philharmonikern (Neue Mannheimer Zeitung, 27. April 1933)

[4] Ein »Bankett« – wie Geissmar S. 102–103 und Riess S. 151 berichteten – ist nicht dokumentiert. Jene »Obersturmbannführer, Brigadeführer, Gauleiter und Kulturwarte«, die Riess erwähnte, sind seine Erfindung, um die Sache zu dramatisieren; ihn übertrumpfte Wessling S. 266 mit »Nazi-Oberen aus dem gesamten Gau«, die dem Konzert beigewohnt hätten.

[5] H. Eckert: Ausklang der Akademiekonzerte (Hakenkreuzbanner, 29. April 1933). Das Datum meint den Sieg der NSDAP bei der letzten Reichstagswahl.

[6] WF an den Vorstand des National-Orchesters Mannheim, Karlsruhe, 29. April 1933. Quelle: BA R 55/1138 S. 105 f.

[7] WF an Goebbels, Baden-Baden, 30. April 1933. Quelle: BA R 55/1138 S. 102–103.

[8] Faksimile des Originals bei Muck S. 104. Die Zahl der deutschen Juden im Flugblatt war zu hoch gegriffen; im Januar 1933 lebten im Reich 525000, s. H. A. Strauss: Jewish Emigration from Germany (Jahrbuch des Leo Baeck-Instituts XXV, NY., 1980. S. 317)

[9] W. Wagner an Albert Osthoff, Berlin, 12. Mai 1933. Quelle: WFA

[10] K. Straube an WF, Leipzig, 30. Mai 1933. Quelle: BDC

[11] s. Walter Hofer (Hrsg.): Der Nationalsozialismus. Dokumente 1933–1945 (Fischer-TB, 3. Auflage, Frankfurt/M., 1957) S. 131.

[12] R. Hernried an WF, Berlin, 1. Juni 1933. Quelle: BDC

[13] Erich Kleiber an WF, Barmen, 4. April 1921. Quelle: WFA

[14] Th. Mann: Tagebücher 1933–1934 (Frankfurt/M., 1977) S. 46. Eintrag vom 10. April 1933.

[15] idem, S. 473. Eintrag vom 15. Juli 1934.

[16] H. Gagnebin: De la situation musicale en Allemagne (Journal de Genève, Nr. 298, 1. November 1933)

[17] Ms., mit Bleistift, ohne Datum. Quelle: WFA. Übertragung vom Autor.

[18] WF an Reichsminister Dr. Rust, Paris, 4. Juni 1933. Quelle: BDC

[19] G. Busch: Fritz Busch. Dirigent (Frankfurt/M., 1970) S. 65.

[20] Disponent Carl Braun an Hinkel, 10. April 1933. Quelle: BDC

[21] Deutsche Botschaft Buenos Aires, Kaufmann, an AA, 25. April 1933. Quelle: BDC

[22] Weder Busch noch seine Witwe erwähnten in ihren Erinnerungen einen Sängernamen, geschweige denn den kulturpolitischen Hintergrund. Dagegen zierte sich Hinkel kein bißchen, als er bei der Generalversammlung der Deutschen Kunstgesellschaft am 13. Juli 1933 stolz verkündete: »Um der Greuel-Propaganda entgegenzutreten, ist das Gastspiel in Buenos-Aires zustandegekommen, das von vielen Seiten in Deutschland mißverstanden worden ist. Es kommt in der Hauptsache darauf an, positive Arbeit zu leisten und einen Ausgleich zu schaffen, wie im Falle Ebert« (s. BA R 56 I/97 o. S.)

[23] ProMi an PMWKuV, 12. Oktober 1933. Quelle: BDC

[24] Eingabe des Cellisten Fritz Schröder an Reichskanzler Adolf Hitler, Berlin, 18. Januar 1934. Quelle: BA R 55/1147 S. 43.

[25] Der Autor bittet um Verständnis, daß er das Geheimnis der Identität von »Fr.« wegen des unverhältnismäßigen Recherchen-Aufwands nicht lüften konnte.

[26] B. Geissmar an WF, London, 12. Juni 1933. Quelle: WFA

[27] idem, 12. Juni abends. Quelle: WFA. Hans Sellschopp, Kaufmann und Leiter der KfdK-Ortsgruppe Lübeck, später u. a. Leiter des Amts für Konzertwesen in der RMK; Dr. Franz Metzner, persönlicher Referent des Reichsinnenministers, I/VII/33 Ministerialrat, später SS-Oberführer.

[28] B. Geissmar an WF, London, 13. Juni 1933. Quelle: WFA. Dr. med. Erwin Pulay, Arzt in Wien, gehörte zum Bekanntenkreis.

[29] Walter Abendroth: Führerloses Bayreuth (AMZ LX/24–25, 16. Juni 1933. S. 328)

[30] Erlaß über das Konzertwesen in Preußen (BBZ, 28. Juni 1933). Goebbels machte den Erlaß zu seiner Sache und unternahm es zuständigkeitshalber, ihn auf das ganze Reich auszudehnen, indem er telegrafisch die Regierungen oder Kultusbehörden der Provinzen um Anerkennung dafür bat. Die Programmkommission, der sogenannte Furtwängler-Ausschuß, funktionierte jedoch aus verschiedenen Gründen kaum, hielt auch nicht lange und wurde nach Furtwänglers Austritt eine Zeitlang noch von Strauss beherrscht.

[31] Betr. Dr. Furtwänglers Vorschlag, undatiertes Typoskript. Quelle: BDC.

[32] Betr. Ersuchen von Prof. Bernhard Sekles. Quelle: BDC

[33] s. Gillis I. S. 108

[34] Betrifft: das Verbleiben von Prof. Carl Flesch in der Hochschule für Musik. Quelle: BDC

[35] Theophil Stengel/Herbert Gerigk: Lexikon der Juden in der Musik (Veröff. d. Instituts der NSDAP zur Judenfrage, Band 21; Berlin, 1940) S. 76.

[36] RPA Berlin. Presse-Referat. Rundspruch Nr. 44, 5. Mai 1943. Quelle: BA ZSg. 115/17 S. 20.

[37] Furtwänglers Einsatz für mehr als achtzig Persönlichkeiten ist dokumentiert, nicht gerechnet viele andere, denen er durch mündliche oder telefonische Vorsprache half. Verläßliche Zeugnisse liegen für folgende Fälle rassischer oder im weiteren Sinne politischer

Schwierigkeiten vor: Hermann Abendroth, Viktor Adler, Gilbert Back, Erich Bader, Anna Bahr-Mildenburg, Albert Bassermann, Elsa Bienenfeld, Heinrich Boell, Walter Braunfels, Hugo Burghauser, Fritz Busch, Issay Dobrowen, Georg Dohrn, Arnold Ebel, Werner Finck, Ernst Fischer, Carl Flesch, Gottfried Freiberg, Norbert Furreg, Berta Geissmar, Richard Geyer, Simon Goldberg, Nikolai Graudan, Josef Hadraba, Rudolf Hartmann, Siegmund von Hausegger, Johannes Heidenreich, Waldemar Henke, Robert Hernried, Friedrich Herzfeld, Theodor Hess, Walla Hess und ein namentlich nicht bekannter Schüler von ihr, Paul Hindemith, Franz von Hoesslin, (Dr. Wilhelm?) Jarosch, Rudolf Jettel, Fritz Jöde, Kurt Jooss, Hermann Graf Keyserling, Arnold Klatte, Otto Klemperer, Raymond Klibansky, (Karl) Köhler, Hugo Kolberg, (?) Krebs, Karlrobert Kreiten, Josef Krips, Richard Krotschak, Felix Lederer, Frida Leider, Erich Leist, Mark Hendrik Leuschner, Hermann Lüddecke, Hermann Wilhelm Ludwig, Herbert Maisch, Karl Maurer, Ludwig Misch, Ernst Morawec, Hans Joachim Moser, Hans Pfitzner, Günter Raphael, Max Reinhardt, Alfred Reucker, Otto Rieger, Curt Sachs, Hermann Samuel, Dr. med. Johann Ludwig Schmitt, Arnold Schönberg, Friedrich Schorr, Hans Schwieger, Dr. Hermann Seelig, Willi Seibert, Bernhard Sekles, (?) Speydel, Karl Straube, Hugo Strelitzer, Hans Heinz Stuckenschmidt, Jani Szántó, Gerhard Taschner, Heinz Tietjen, Max Trapp, Georg Vollerthun, Bruno Walter, Felix Wolfes, Richard Wolff, Heinrich Wollheim, Victor Zuckerkandl, ein Neffe von Fritz Zweig.
Wegen der Angaben ohne Vornamen s. Anm. 25.
Das nach Kriegsende noch vorhandene, detaillierte Material über solche Hilfeleistungen ist verschwunden. Nach seinem ersten Besuch bei Berta Geissmar teilte Martin Hürlimann, Chef des Atlantis-Verlages in Zürich, WF am 2. August 1945 mit:
Sie sagt ferner, sie hätte bei Ihnen in Potsdam noch einen oder zwei Koffer voll interessanter Akten gehabt, (...) auch einen großen grauen Koffer mit Korrespondenzen Bayreuth, Pfitzner etc. und allem, was man der G. seinerzeit abgenommen habe. Das Material sei auch deshalb interessant, weil darin auch die ganzen seit 1933 an Sie gerichteten Bittschriften enthalten seien.
Diese Unterlagen existierten kurz vor oder nach Kriegsende noch; Boleslav Barlog bezeugte per Leserbrief im »Kurier«, einen oder mehrere Ordner gesehen zu haben. Im Zusammenhang mit der bevorstehenden Entnazifizierung gab WF mit anderem »Entlastungsmaterial« offenbar auch dieses an den US-Journalisten Curt Riess, der es an General McClure weiterreichte; im Bereich des Oberkommandierenden der US-Besatzungsmacht verliert sich die Spur. Bei der Spruchkammerverhandlung im Dezember 1946 lag es nicht vor. Laut Riess wäre es, falls in Washington, nicht zugänglich.

[38] Norman Lebrecht: Discord. Conflict and the Making of Music (New York, 1983) S. 151, behauptet fantasievoll, »Die Nazis (...) ermutigten ihn zu dem quixotischen Versuch, ausländische Solisten zum Spielen nach Berlin zu locken«.

[39] WF an B. Hubermann, Berlin, 30. Juni 1933. Abschrift. Quelle: WFA

[40] Clara Klatte, geb. Senff von Pilsach, an WF, Berlin, 1. Juli 1933. Quelle: BDC

[41] s. Louis P. Lochner: Fritz Kreisler (Wien, 1957) S. 228

[42] WF an B. Geissmar, undatiert. Quelle: WFA. ( ) = Ergänzung eines unleserlichen Worts nach Sinn.

[43] Der erwähnte Brief an ihn ist publiziert; s. Briefe S. 76 – leider ohne Vorstellung des Adressaten. Ebenso der Brief an Schönberg, S. 75.

[44] B. Geissmar an WF, Berlin, 10. Juli 1933. Quelle: WFA. Rudolf Hartmann war Oberspielleiter der Oper in Nürnberg, Herbert Maisch der in Mannheim abgesetzte Intendant, Felix Wolfes ein jüdischer Kapellmeister, früher in Essen, Julius Kapp Dramaturg der Staatsoper Berlin; Hi = Hinkel, Ha = Havemann, T = Tietjen.

[45] Biografen und Musikhistoriker haben diesen Brief entweder ignoriert oder mit anderem Datum und abweichendem Text zitiert. Huberman veröffentlichte am 7. März 1936 im »Manchester Guardian« einen »Offenen Brief an die deutschen Intellektuellen«, in dem er auch Furtwängler angriff; der Brief bezeugte Hubermans Erregung angesichts der Meldung über Anprangerungen deutscher Mädchen, die Liebschaften mit Juden unterhielten, und zumal über einen Fall in Nürnberg, bei dem eine »Rasseschänderin« von der entmenschten Meute in den Wahnsinn getrieben wurde. Daß der Künstler Beschwerde führte, als nach der Befreiung, z. B. in Frankreich, Belgien, Holland oder Norwegen, tapfere Widerstandshelden eine ebensolche Hexenjagd – gleich massenweise – gegen Frauen inszenierten, die sich mit deutschen Soldaten eingelassen hatten, in einigen Fällen bis zu Mord und Totschlag, ist nicht überliefert.

[46] B. Geissmar an WF, Berlin, 13. Juli 1933. Quelle: WFA. Henry Goldman war ein jüdischer Mäzen und Kunstsammler, der Menuhin eine Stradivari geschenkt hatte.

[47] Denkschrift von Prof. Dr. E. Hoffmann, Heidelberg, 4. Juli 1933. Quelle: BDC.

[48] WF: Notiz ohne Absender und Datum. Quelle: BDC

[49] Prof. Dr. R. Klibansky an den Autor, Montreal, 9. November 1984

[50] Boleslav Barlog: Für Furtwängler (Der Kurier, Berlin, 25. Januar 1947)

[51] Gerullis an Hinkel, undatiert (ca. 18. Juli 1933). Quelle: BDC

[52] B. Geissmar an WF, 18. Juli 1933. Quelle: WFA

[53] Freie Künstlertätigkeit ausländischer und nichtarischer Musiker (Die Musikpflege IV/6, September 1933. S. 185)

[54] wie 52; Auslassung im Original.

[55] WF: Entwurf zum Thema Kunst und Politik, Typoskript, 16. Oktober 1933. Quelle: WFA. WF übersah offenbar, daß Staat und Partei im Preußischen Staatsrat die erdrückende Mehrheit hatten; nicht nur Himmler und Freisler, ein großer Teil der SA-Führung einschließlich SA-Oberführer Prinz August Wilhelm von Preußen, sondern auch Gallionsfiguren wie General Litzmann gehörten ihm an. Einige Bankdirektoren, Universitätsprofessoren, der katholische Bischof Dr. Berning aus Osnabrück und der protestantische »Reichsbischof« Ludwig Müller vertraten mit WF das »fachliche« Element.

[56] Offener Brief von Hanno Konopath an Tietjen (Nationalsozialistische Parteikorrespondenz, Folge 69, 11. April 1932. S. 6)
[57] Paul Schwers: Eine neue Tannhäuser-Parodie (AMZ LX/7, 17. Februar 1933. S. 87–88)
[58] P. Schwers: Umwälzungen im Opernleben (AMZ LX/11, 17. März 1933. S. 142)
[59] -g: Umbau der Berliner Bühnen (National-Zeitung, Essen, Nr. 144, 27. Mai 1933)
[60] WF an Rust, Paris, 4. Juni 1933. Quelle: BDC. Dieser Brief war eine Ergänzung zu dem Hauptsache-Schreiben vom gleichen Datum.
[61] WF an Hitler, 4. Juli 1933. Quelle: WFA
[62] Reichskartell der deutschen Musikerschaft, Havemann, an Staatssekretär Hinkel, PMWKuV, 12. Juli 1933. Quelle: BDC
[63] Bericht aus dem Amt Reichsleiter Rosenberg, undatiert, unsigniert, nicht adressiert. Quelle: BA NS 8/124, S. 43.
[64] wie 61
[65] WF an die Mitglieder des BPhO, Berlin, 1. August 1933. Quelle: BA R 55/1147, S. 25.

Gleichschritt – außer Takt

[1] Aufzeichnungen, 1933, S. 116 des Ms., nicht publiziert. Quelle: WFA. Furtwänglers Abneigung gegen Juden in der Presse war auch die Thomas Manns; beide verallgemeinerten Einzelfälle.
[2] WF: Memorandum mit handschriftlicher Adressierung »Führer«, undatiert, S. 1. Quelle: WFA.
[3] idem, S. 2, 3.
[4] WF: weiteres Memorandum »Besprechung mit dem Führer«, August 1933. S. 3–4. Quelle: WFA.
[5] idem, S. 7–8
[6] Geissmar, S. 125
[7] WF: Entwurf, Ms., undatiert, nicht adressiert. Quelle: WFA. Übertragung vom Autor.
[8] WF: Entwurf, Typoskript, mit handschriftlichem Vermerk »F Hitler 8. 8. 33«. Quelle: WFA.
[9] W. Rath-Rex: Meldung an die Zentrale, 17. August 1933. Quelle: BDC. Rath-Rex zeigte sich öfters hilfreich; so vermittelte er im April 1933 den Direktor der Deutschen Grammophon AG. Hugo Wünsch, der alle Schallplattenschaffenden in den KfdK eingliedern wollte, direkt an Hinkel.
Noch mehrere weitere Denunziationen gegen WF sind dokumentiert, mit denen Parteigenossen sich zu profilieren suchten. Eine davon war sogar öffentlich; der Stuttgarter Musikschriftsteller Karl Grunsky, Mitarbeiter des »NS-Kurier«, langjähriger Antisemit, Ende der zwanziger Jahre Gauredner der NSDAP, griff den Dirigenten in seinem Buch »Der Kampf um deutsche Musik« (Stuttgart, 1933) beiläufig, aber desto wirksamer an:

Furtwängler trat auf jüdischen Boden und fühlt sich anscheinend wohl, wenn er in Wort und Tat für die Moderne wirbt oder seinen Na-

men zugunsten Frank Wedekinds herleiht, der ihn ja eigentlich nichts angeht.
(S. 71). Die Verquickung von Rassismus und Diffamierung der Moderne einschließlich des 1918 verstorbenen »entarteten« Dichters war bewährtes Kampfmittel. Schon Kleinigkeiten konnten als Anlaß für Denunziation herhalten. Bei der Arbeitstagung der Reichsmusikerschaft am 17. Februar 1934 unterließ es WF – wie Strauss – beim Horst-Wessel-Lied den »Deutschen Gruß« durch Erheben des rechten Arms auszubringen, was einige Hundertprozentige veranlaßte, nach dem Konzentrationslager für die Übeltäter zu rufen; in einem Schreiben an die NSDAP-Reichsleitung vom 24. Februar vertiefte Havemann den Vorwurf u. a. so:
Wenn man auf der einen Seite verdienstvolle Beamte wegen ähnlicher Vergehen aus ihren Stellungen entläßt, so müßte zumindestens dem preuß. Staatsrat klar gemacht werden, daß er sich dem Geist des dritten Reiches einzuordnen hat. Man kann auch von den größten Künstlern dieselbe deutsche Gesinnung verlangen, die der einfachste Hitlerjunge begeistert aufbringt. Ich lege einige Abschriften meines Briefes bei und bitte die Reichsleitung dem preuß. Ministerpräsidenten Pg. Göring auch davon Kenntnis zu geben. Sollten sich ähnliche Vorfälle wiederholen, so könnte es leicht passieren, da der größte Teil unserer deutschen Musiker nie marxistisch eingestellt war, daß es ev. zu unliebsamen Radauszenen kommen könnte.
(s. G. Splitt: Richard Strauss 1933–1935... Phil. Diss. masch., Freiburg, 1985. S. 164.) Den gleichen Anlaß benutzten Hans Bullerian, Pg., Komponist und Funktionär des KfdK, und Otto Hempel am 20. Juli 1934 zu einer Mitteilung an Heß, den Stellvertreter Hitlers.

[10] BPhO an ProMi, 18. August 1933. Quelle: BA R 55/1147, S. 54–55. Max Donisch, Pg. Nr. 410.603 seit September 1930, war Leiter der Musikabteilung des Deutschlandsenders.

[11] Aufzeichnungen, 1933. S. 93

[12] Hugo Fetting: Die Geschichte der deutschen Staatsoper (Berlin/DDR, 1955) »vergaß« das Jubiläum, damit er behaupten konnte: »Das Werk Richard Wagners, das in den Jahren vor 1933 durch Heinz Tietjen bereits eine übertriebene Pflege erfahren hatte, wurde nun als Mittel der faschistischen Propaganda mißbraucht«; S. 249–250.

[13] Anlage zum Brief von Fritz Schröder an Hitler, 18. Januar 1934. Quelle: BA R 55/1147, S. 44.

[14] P. Schwers: Frisches Blühen im Berliner Musikleben (AMZ LX/38, 22. September 1933. S. 454)

[15] idem, S. 455

[16] Aktennotiz von Mutzenbecher, 23. August 1933. Quelle: BA R 56 I/97, o. S.

[17] Aktennotiz von Staatssekretär Funk, 27. Oktober 1933, auf dem Schreiben des OB vom 26. Oktober. Quelle: BA R 55/1141, S. 65.

[18] Fritz Schröder an Hitler, 18. Januar 1934. Quelle: BA R 55/1147, S. 35.

[19] Hinkel an Kultusminister Rust, 26. Oktober 1933. Quelle: BDC

[20] Deutsches Konsulat an ProMi, St. Louis, 17. November 1933. Quelle: BA R 55/1175, S. 144.

[21] Fritz Busch an Deutsche Kunstgesellschaft, 12. Dezember 1933. Quelle: BA R 55/1175, S. 138.

[22] Sir Thomas Beecham: The Berlin Orchestra (The Daily Telegraph, 20. Januar 1934)

[23] idem. Das Büro des BPhO fertigte fürs Schwarze Brett eine z. T. irreführende Rohübersetzung an, die Muck, S. 109, abgedruckt hat. Beecham dachte nur an antisemitische Veränderungen; daß 15 zum Teil parteigebundene Musiker inzwischen ausgeschieden waren, fiel ihm nicht auf.

[24] so z. B. BBZ, Nr. 473, 9. Oktober 1934.

[25] s. Th. E. = Theodor Eberhard: Furtwängler in der Philharmonie (Der Angriff, 14. Februar 1934). Unter diesem Pseudonym schrieb Friedrich Mahling, Pg. Nr. 2.588.722 seit 1. Mai 1933 und zu der Zeit noch in voller Gnade bei Goebbels.

[26] s. E. R. = Erich Roeder: Vater und Sohn am Pult (Der Angriff, Nr. 60, 12. März 1935)

[27] Otto Steinhagen: Neuntes Philharmonisches Konzert unter Max Fiedler (BBZ, 12. März 1935)

[28] BPhO an ProMi, 22. Februar 1934. Quelle: BA R 55/1148, S. 130.

[29] WF: Denkschrift vom 6. März 1934, S. 1. Quelle: WFA

[30] idem, S. 4–5

[31] Friedrich Welter: Hindemith – eine kulturpolitische Betrachtung (Die Musik XXVI/6, März 1934. S. 421)

[32] Viktor Reimann: Dr. Joseph Goebbels (Wien, 1971), S. 193, legt die Aufführung, weil er wie Riess S. 178 falsch bei Geissmar S. 161 abschrieb, in den Oktober 1934; sein Buch strotzt von Fehlern und ist als Quelle für die Beziehung Goebbels-WF unbrauchbar.

[33] BZ am Mittag, Nr. 62, 13. März 1934.

[34] s. Welda: Mit kritischem Ohr (Deutsche Wochenschau, Berlin, Nr. 11, 17. März 1934)

[35] Heinz Joachim: Hindemith-Uraufführung in Berlin (Frankfurter Zeitung und Handelsblatt, 15. März 1934)

[36] s. Th. E.: Noch immer Paul Hindemith? (Der Angriff, Nr. 63, 15. März 1934)

[37] Hugo Rasch: Das vorletzte Furtwängler-Konzert (VB, Berliner Ausgabe, Nr. 73, 14. März 1934)

[38] Paul Zschorlich: Furtwängler und Hindemith (Deutsche Zeitung, Abendausgabe, Nr. 61, 13. März 1934)

[39] ProMi an P. Wehe, 29. Mai 1934. Quelle: BA R 55/197, S. 166 f.

[40] B. Geissmar an Botschafter von Hassell, Paris, 17. April 1934. Quelle: PAA.

[41] Deutsche Botschaft an Ulrich von Hassell, Paris, 20. April 1934. Quelle: PAA.

[42] Deutsche Botschaft an AA, Rom, 5. Mai 1934. Quelle: PAA.

[43] L. = Richard Litterscheid: Furtwängler wieder in Westdeutschland (National-Zeitung, Essen, Nr. 104, 17. April 1934). Ein Kalendereintrag vom 20. April weist aus, daß WF sich bei der Redaktion beschwerte.

[44] Dr. Engelmann an WF, New York, 8. Juli 1954. Quelle: WFA. Frau de Strozzi war 1933/34 als jugendliche Dramatische für 16 000 RM verpflichtet; selbst die »ersten« Kammersängerinnen Käte Hei-

dersbach und Margarete Klose erhielten nur 20 000 und 20 502 RM; Göring war an einen festen, vom Finanzminister kontrollierten Gagenetat gebunden.

[45] s. GStA Rep. 151/217, S. 18–20. Die Sängerin war noch für die Titelrolle von Reznicek »Donna Diana«, Premiere am 29. Dezember 1933, eingesetzt, die zunächst an Margarethe Slezak vergeben gewesen, doch reagierte die Kritik zurückhaltend.

[46] NSDAP, Landesleitung Österreich, an ProMi, München, 7. Mai 1933. Quelle: BDC.

[47] ProMi an WF, 25. Mai 1934. Quelle: BA R 55/1184, S. 6.

[48] s. Hanns Eisler: Musik und Politik. 1924–1948 (München, 1973) S. 231. Die Behauptung, WF habe die Austreibung »zugelassen«, unterstellt in perfider Weise, er hätte sie verhindern können. Eisler wußte natürlich, daß es sich um »Staatsakt« war; die Sündenbock-Konzeption ist modellhaft deutlich.

[49] Protokoll des Polizei-Inspektors Lahl, Essen, 27. April 1934. Quelle: BA R 55/1147, S. 125. Fritz Alexander Cohen, Tanzkapellmeister und Oberspielleiter, arbeitete nach wie vor für Jooss.

[50] Aktenvermerk von Ministerialrat Rüdiger, 7. August 1934. Quelle: BA R 55/1147, S. 128.

[51] Vertragsentwurf vom 3. Juli 1934. Quelle: BDC.

[52] Geänderter Vertragsentwurf zum Schreiben des ProMi vom 20. Juli 1934. Quelle: BDC.

[53] Projektierter Inhalt des Vertrages mit Konzertmeister Kolberg. Quelle: BA R 55/197, S. 189.

[54] Aufzeichnungen, 1934–B. S. 96' des Ms., unveröffentlicht. Eintrag vom 23. Juni 1934. Quelle: WFA.

[55] WF: Denkschrift, undatiert, nicht adressiert (etwa Mitte Dezember 1934). Quelle: WFA.

[56] Aktennotiz der NSKG, Abt. Musik, 28. August 1934. Quelle: CDJC Dokument CXLV-533.

[57] WF an Ludwig Curtius, 10. September 1934; Briefe S. 77. Der Adressat, Leiter des Zweiginstituts Rom des Archäologischen Reichsinstituts, galt Rosenberg als »typischer Vertreter des Liberalismus« (Schreiben an Bormann, Parteikanzlei, vom 30. Januar 1936). Licht nur in der Diktatur dient die Stellung als Disziplinierungsmittel; daher sind in jedem Regime die Nichtangestellten suspekt, seien sie freischaffend oder stellungslos.

[58] Hans Jenkner: Wo steht das deutsche Lied? (Die Musik XXVII/1, Oktober 1934, S. 11).

[59] Paul Hindemith – kulturpolitisch untragbar (Die Musik XXVII/2, November 1934, S. 138). Autor des nicht signierten Artikels war F. W. Herzog.

[60] Bei dieser Audienz hatte WF bitten wollen, erst einmal das Textbuch »Mathis der Maler« zu lesen, das Hitler überhaupt nicht kannte. Die zuerst bei Riess S. 177 geäußerte, dann von Joseph Wulf: Musik im Dritten Reich (Gütersloh, 1963) S. 337, und noch mehrfach übernommene Gewißheit, die Opernszene der Bücherverbrennung habe das »Verbot« motiviert, läßt sich demnach nicht halten. Das Veto gegen Hindemith entsprang keinem Argument, sondern einzig der gewisse Defekte zudeckenden Prüderie Hitlers

angesichts jener Badewannen-Szene mit der »nackten« Laura in Hindemiths Oper »Neues vom Tage«, die er gesehen hatte. Der Vorwurf »atonale Musik« war nur eine Rationalisierung. Hitlers verräterische Unsicherheit in der Behandlung des Komponisten, die dokumentiert ist, hat tiefenpsychologische Ursachen.

[61] WF: Denkschrift, undatiert, nicht adressiert (etwa Mitte Dezember 1934). Quelle: WFA.

[62] Karl Silex: Lebensbericht eines Journalisten (Frankfurt/M., 1968) S. 140.

[63] WF: Der Fall Hindemith (DAZ, Nr. 549/550, 25. November 1934) Mehrfach vollständig nachgedruckt, so Geissmar S. 162–165, Riess S. 142–144, Wessling S. 285–288. Der Ausdruck »ohne weiteres« hat nicht nur bei einem Spruchkammerbeisitzer, sondern selbst bei Persönlichkeiten, denen Sicherheit im Umgang mit der deutschen Sprache zuzutrauen gewesen wäre – s. Alexander Mitscherlich: Analyse des Stars (Die Neue Zeitung, 8. Juli 1946) u. a. –, zur Unterstellung geführt, er habe das Gegenteil gemeint und nicht etwa »ohne Folgen«, für das Kunstleben nämlich.

[64] E. R. = Erich Roeder: Warum Vorschußlorbeeren für Konjunktur-Musiker Hindemith? (Der Angriff, Nr. 279, 28. November 1934)

[65] h. g. = Heinrich Guthmann: Bannerträger der Zukunft? (Deutsche Bühnenkorrespondenz III/94, 28. November 1934. S. 2)

[66] z. B. Für und wider Hindemith (Kreuz-Zeitung. Nr. 280, 30. November 1934)

[67] Th. Mann: Tagebücher 1933–1934 (Frankfurt/M., 1977) S. 577. Münchner Behörden hatten Haus und Bibliothek des Dichters beschlagnahmt, um Druck auf ihn auszuüben.

[68] s. Erklärung (Die Musik XXVII/3, Dezember 1934. S. 215–216) Riess S. 183 zitiert einen verstümmelten Text fälschlich als Erklärung aus dem »Reichskulturamt des Herrn Rust«; im NS-Staat existierte keine solche Dienststelle, und Rust war zu dieser Zeit Preußischer und Reichserziehungsminister und hatte mit dem Fall nichts zu tun. Aus der Erwähnung der »Zeitnähe« von Hindemiths Frühwerk durch WF machte die NSKG prompt den unglaubwürdigen »Anpasser«.

[69] Hans Lyck = Fred Hamel: Die Entscheidungsstunde der deutschen Musik (Deutsche Zukunft, 2. Dezember 1934)

[70] Geissmar S. 166 und Riess S. 182 legen diese »Tristan«-Aufführung auf den 25. November 1934.

[71] Staatsrat war ein Titel, der nur aberkannt, nicht abgelegt werden konnte; er war verbunden mit einer Dotation von 6 000 RM jährlich für Mitglieder, die in Berlin, von 12 000 RM für solche, die außerhalb Berlins gemeldet waren; in der Praxis wurden hohe Beträge für das Winterhilfswerk, Geburtstagsgeschenke an Göring etc. abgezogen.

[72] s. Signe Scanzoni: Wiener Oper. Wege und Irrwege (Stuttgart, o. J. – 1956) S. 50–51.

[73] Der Preußische Ministerpräsident an WF, 10. Dezember 1934. Quelle: WFA.

Gast in Deutschland

[1] s. Aufzeichnungen, S. 57.

[2] idem, S. 64.

[3] s. a. Vermächtnis, S. 10.

[4] Vermächtnis, S. 41

[5] Die Frage nach dem Deutschen in der Kunst (Vermächtnis, S. 88–96)

[6] Deutsche Gesandtschaft, Der Attaché, an ProMi, Den Haag, 12. Dezember 1934. Quelle: BA R 55/1174, S. 22. Erst am I/II/35 antwortete das ProMi wahrheitswidrig; WF sei zurückgetreten, nachdem Goebbels in seiner Kulturkammer-Rede am 6. Dezember im Sportpalast »den Standpunkt der Reichsregierung in der Frage der Formulierung des nationalen Kulturwillens« dargelegt habe.

[7] Die bei Geissmar S. 168 genannte und u. a. von Muck S. 116 ungeprüft übernommene Zahl 180 000 RM, die »am Tag nach Furtwänglers Amtsniederlegung« zurückzuerstatten gewesen wären, ist unrichtig. Korrekte Ziffern lieferte die Auslandspresse, s. z. B. Der unentschiedene Fall Furtwängler (Basler Nachrichten, 8. April 1935)

[8] A. Rosenberg: Ästhetik oder Volkskampf? (VB, Berliner Ausgabe, 6. Dezember 1934). Man beachte die Sprache des kleinkarierten Funktionärs, der sich hinter dem als Über-Ich dargestellten Nationalsozialismus versteckt, dann wird klar, welcher Typus es war, der damals solches Unheil anrichtete und auch heute noch nicht ausgestorben ist.

[9] Fernschreiben, Ausrichtung Herrn Reifenberg, 6. Dezember 1934. Quelle: BA Sammlung Sänger. Es handelt sich um eine Benachrichtigung der »Frankfurter Zeitung« durch ihre Berliner Redaktion.

[10] u. a. abgedruckt in 23, Nr. 17–19, 15. Dezember 1934. S. 48. Der Komponist schmeichelte dem Minister am 10. Dezember auf diese Weise, um zu demonstrieren, daß er loyal sei; auch wenn der Sohn Franz Strauss ohne Vaters Wissen telegrafiert haben sollte, ändert dies nichts am erwünschten Effekt. s. a. Gerhard Splitt: Richard Strauss 1933–1935. Ästhetik und Musikpolitik zu Beginn der nationalsozialistischen Herrschaft (Phil. Diss. masch. Freiburg/Br., 1985), S. 236

[11] Betrifft Sammlung von Unterschriften für den aus seinen Ämtern ausgeschiedenen General-Musikdirektor Furtwängler, Stapo, Stützp. 9, Berlin-Charlottenburg, 10. Dezember 1934. Quelle: BA NS 15/69 o. S. Fehler im Original.

[12] WF: Deutsche Musik-Probleme, 17. Dezember 1934, unveröffentlicht. S. 3–4. Quelle: WFA.

[13] idem, S. 4–5. WF spielte auf die Volksabstimmung im Saarland an, die gerade propagandistisch vorbereitet wurde.

[14] K istori s Gindemitom (Sowetskaja Musyka, No. 1, Januar 1935. S. 88). Redaktioneller Kommentar.

[15] BPhO an ProMi, 2. Januar 1935. Quelle: BA R 55/1148, S. 26–27.

[16] Anbruch XVII/4, April-Mai 1935. S. 109.

[17] Friedrich W. Herzog: Der Fall Hindemith-Furtwängler (Die Musik XXVII/4, Januar 1935. S. 243)

[18] H. Gerigk: Auslandspresse und deutsche Musikpolitik (idem, S. 250)

[19] Vorschlag Furtwängler an Göring nach Rücktritt Dez. 34. Typoskript. Quelle: WFA. Dieser Entwurf zeigt, daß WF seine Situation völlig falsch einschätzte und daher sinnlos trotzte.

[20] WF an Staatssekretär Funk, München, 3. Januar 1935. Quelle: BDC. WF ignorierte die Kränkung, die ihm Goebbels dadurch antat, daß er wenig später diesen seit Jahr und Tag wegen einer »angemessenen« Stellung bei den NS-Behörden antichambrierenden GMD zu seinem Nachfolger als Vizepräsident und Präsidialrat der RMK ernannte; freilich sah sich der Minister nach internen Konflikten, Beschwerden und politischen Denunziationen genötigt, Stange schon am 14. November 1935 aus dem Amt des Vizepräsidenten zu entlassen.

[21] Grete Busch: Fritz Busch. Dirigent (Frankfurt/M., 1970) S. 282, behauptete, WF habe seine Sekretärin »als Jüdin« entlassen. Dies ist die Unwahrheit.

[22] s. Geissmar, S. 173–179. Gewisse Anzeichen lassen erkennen, daß sie unter dem Verdacht stand, WF durch politische Kompromittierung zur Emigration zwingen zu wollen. Dies würde erklären, weswegen das Regime, das ihn behalten wollte, sich nicht zu ernsten Maßnahmen provozieren ließ.

[23] An die Abonnenten der 10 Philharmonischen Konzerte! Berlin, 3. Januar 1935. Quelle: BA R 55/1148, S. 125 f.

[24] Aktennotiz von Walter Funk, 18. März 1935. Quelle: BA R 55/1148, S. 173. Die Lesart des letzten Worts ist nicht sicher.

[25] -tz- = Hermann Matzke: Berliner Philharmonisches Orchester (Breslauer Neueste Nachrichten, 17. Januar 1935). Matzke, KfdK-Mitglied, war Urheber einer gegen WF gerichteten Dankadresse an Goebbels nach dem Briefwechsel 1933, der mehrere Musikerorganisationen Schlesiens beitraten; s. Zeitschrift für Musik IC/6, Juni 1933, S. 625.

[26] Herman Roth: Konzert der Berliner Philharmoniker (Hamburger Nachrichten, Nr. 32, 19. Januar 1935)

[27] Quelle: BA R 55/1148, S. 23. Die Übersetzung: Wie Sie wissen, wurde mein Rücktritt verlangt und angenommen. Meine verlorene Stellung beinhaltete die Leitung von Konzerten des Berliner Philharmonischen Orchesters in Deutschland und anderen Ländern. Deshalb tut es mir wirklich leid, daß ich das Orchester in dieser Saison in England nicht dirigieren kann. Ich hoffe, das Konzertpublikum wird diese Tatsachen verstehen und seine Sympathie für die Zukunft aufbewahren.

[28] s. Gillis II, S. 46–48.

[29] Leopold Stokowski, bis 1936 Leiter des Philadelphia-Orchesters; Serge Koussevitzky, Leiter des Boston Symphony Orchestra; Artur Bodanzky, Dirigent an der Metropolitan Opera New York, vor dem 1. Weltkrieg in Mannheim Operndirektor und von daher beiden Briefpartnern bekannt; Anthony van Hoboken, Musikwissenschaftler und Musikbibliograph, der bis 1938 in Wien das Photo-

gramm-Archiv für musikalische Meisterhandschriften an der Nationalbibliothek betreute.

[30] Aufzeichnungen, 1935. S. 131 des Ms., gekürzt veröffentlicht in Aufzeichnungen, S. 120. Quelle: WFA.

[31] Aufzeichnungen, 1935. S. 131'–132 des Ms., unveröffentlicht. Quelle: WFA.

[32] Aufzeichnungen, 1935. S. 132', 134 des Ms., unveröffentlicht. Quelle: WFA. Eintragung vom 10. September 1935.

[33] WF: Entwurf, vierseitiges Typoskript, handschriftlich datiert: Jan.-März 35. S. 3. Quelle: WFA.

[34] WF: Denkschrift, undatiert, nicht adressiert, ca. Januar-März 1935. S. 2. Quelle: WFA.

[35] WF: Hans Sachs wies den Weg. Gedanken über Kunst und Volk (MNN, Nr. 291, 24. Oktober 1944); s.a. WF: Ton und Wort (10. Auflage; Wiesbaden, 1982) S. 192–197.

[36] wie 34, S. 5–6.

[37] WF: Exposé, Typoskript, undatiert, nicht adressiert. Februar 1935. S. 2–3. Quelle: WFA.

[38] Ingeborg Mörschner an Brückner, Berlin, 24. Januar 1935. Quelle: BDC.

[39] Stegmann an Goebbels, Berlin, 2. Februar 1935. Quelle: BA R 55/1148, S. 171.

[40] Minutes of the hearing held by the Sub-Commission for Denazification of Cultural Workers at Magistrat Level in the case of Dr. Wilhelm Furtwängler, 11. Dezember 1946. S. 14. Quelle: BA OMGUS AG 1949/88/3; s.a. Riess, S. 200–201.

[41] Aussprache Goebbels-Furtwängler, DNB-Meldung vom 28. Februar 1935 (BBZ, 1. März 1935 u.a.)

[42] Aussprache zwischen Dr. Goebbels und Furtwängler (DAZ, 1. März 1935)

[43] s. Muck, S. 118.

[44] Rosenberg an Heß, 5. März 1935. Quelle: BA NS 8/177, S. 88. Die Fehler verraten, wie erregt Rosenberg war.

[45] WF an Hitler, Potsdam, 4. April 1935. Quelle: WFA.

[46] s. Der Führer IX/168, Morgenblatt, 10. April 1935.

[47] Erich Ebermayer: Denn heute gehört uns Deutschland ... Persönliches und politisches Tagebuch (Hamburg/Wien, 1959) S. 505.

[48] s. Muck, S. 119.

[49] BPhO, Stegmann, an Funk, 17. April 1935. Quelle: BA R 55/1148, S. 184. Geissmar, S. 185, läßt irrtümlich Hitler an diesem Konzert teilnehmen.

[50] Furtwängler får rosor av Hitler (Dagens Nyheter, Stockholm, 4. Mai 1935)

[51] Riess, S. 207, nennt den »Intendanten der Philharmoniker«; aber zu jener Zeit existierten Stellung und Titel eines Intendanten noch nicht. Nachweisbar sind lediglich zwei Geschäftsführer, ein kaufmännischer und ein künstlerischer.

[52] Die Frage des Grußes gegenüber dem Publikum durch Orchesterdirigenten wurde erst durch Anweisung der ProMi an die RMK vom 28. Dezember 1936 – und keineswegs restriktiv – geregelt: Der Deutsche Gruß sei zwar erwünscht, doch dürfe wegen der Form, in

der sie das Publikum begrüßen, auf die Dirigenten kein Zwang ausgeübt werden.

[53] BBZ, Morgenausgabe, 10. Mai 1935.
[54] Unsere Meinung (DAZ, Reichsausgabe, Nr. 216–217, 11. Mai 1935)
[55] Ingeborg Mörschner an Hauptmann a. D. Wiedemann, o. Dat. Quelle: BA NS 10/161, S. 190.
[56] Lorenz Höber: Denkschrift an das ProMi, 14. Juni 1935. Quelle: BA R 55/245, S. 38, 39, 40.
[57] Reichsfinanzministerium an Göring, 8. Juli 1935. Quelle: GStA Rep. 151 Nr. 208 Blatt 2. Henry Bair: Die Lenkung der Berliner Opernhäuser (in: Musik und Musikpolitik im faschistischen Deutschland, hrsg. von Hanns-Werner Heister und Hans-Günter Klein, Fischer-TB, Frankfurt/M., 1984, S. 87) erwähnt diesen Brief mit unrichtiger Quellenangabe als Beweis für einen Besucherrückgang wegen Repertoire-Routine, ohne den personellen Zusammenhang zu beachten.
[58] WF: Vertragsentwurf, o. Dat., S. 3. Quelle: WFA.
[59] idem, S. 2.
[60] Frauenfeld an Staatssekretär Funk, RKK, 23. Juli 1935, S. 3. Quelle: BDC.
[61] idem, S. 6.
[62] Furtwängler und Dr. Herbert Graf (Der Morgen, Wien, 24. Juni 1935)
[63] Schreiben ohne Absender an Ingeborg Mörschner, 10. August 1935. Quelle: BDC.
[64] ProMi, Abt. VI, an RKK, Staatskommissar Hinkel, 3. August 1935. Quelle: BDC.
[65] Hauptmann a. D. Wiedemann an das Personalamt des Stellvertreters des Führers, 8. August 1935. Quelle: BA NS 10/161, S. 189.
[66] Wiedemann an Schaub, 22. August 1935. Quelle: BA NS 10/161, S. 188.
[67] Erhebende Feierstunden (Fränkische Tageszeitung, Nürnberg, 11. September 1935)
[68] Oskar Jölli an Hinkel, 17. September 1935. Quelle: BDC.
[69] Frauenfeld an Wiedemann, 29. November 1935. Quelle: BA NS 10/161, S. 67.
[70] Gerigk an das Geheime Staatspolizeiamt Berlin, Dr. Gotthardt, 18. Dezember 1935. Quelle: BA NS 15/69, o. S.
[71] Aufzeichnungen, 1936. S. 41 des Ms., unveröffentlicht. Quelle: WFA
[72] Karl Holl: Wilhelm Furtwängler 1936 (Frankfurter Zeitung, Reichsausgabe, 21. Januar 1936).
[73] WF stand in Hitlers Terminkalender für Geburtstage verzeichnet; s. BA NS 10/124; S. 267. Durch Gratulationen, die Mediennachricht sind, beuten Politiker zu allen Zeiten Künstlerruhm aus.
[74] Der Führer ehrt Furtwängler (DAZ, 26. Januar 1936)
[75] BPhO, von Benda, an Wiedemann, 30. Januar 1936. Quelle: BA NS 10/110, S. 82.
[76] Stuckenschmidt an Staatskommissar Hinkel, PMWKuV, 3. Mai 1933. Der Autor verdankt das Dokument seinem Musikkritikerkollegen Prof. Dr. h. c. Hans Heinz Stuckenschmidt.

454

[77] WF an Hinkel, ProMi, Wien, 12. Februar 1936. Quelle: BDC. Noch 1944 gab WF dem boykottierten Kritiker eine Empfehlung an Reichsprotektor Frick in Prag.

[78] RKK an Stuckenschmidt, 21. Januar 1937. Quelle: BDC.

[79] WF an Irme Schwab, 26. Februar 1936 (Briefe, S. 84)

[80] Gillis II, S. 51–54, liefert eine lesenswerte Schilderung der Ereignisse in New York. Offensichtlich ist die Tatsache, daß eine geradezu generalstabmäßige Kampagne stattfand, sozusagen Anti-Produktwerbung.

[81] Furtwängler wieder an der Berliner Staatsoper (BBZ, 29. Februar 1936)

[82] Am 29. Juli 1933 richtete Harry W. Garing, der »Grand Dragon« der »Knights and Women of the Ku Klux Klan, Inc.« im Staate New York einen Brief in deutscher Sprache an Hitler, berief sich auf seine – antisemitische – Vortragstätigkeit beim »Bund«, gratulierte zur Befreiung Deutschlands von seinen Feinden – den Juden – durch ihn und gelobte Unterstützung durch den Ku Klux Klan. Quelle: PAA.

[83] Philharmonic's Choice (Time, 9. März 1936, S. 55)

[84] Nazi Stays Home (Time, 23. März 1936, S. 51)

[85] Telegramm Furtwänglers (Berliner Lokalanzeiger, Nr. 72, 24. März 1936)

[86] WF an John Knittel, Zürich, 3. April 1936 (Briefe, S. 90). Der Herausgeber Frank Thiess vermerkte zum Stichwort Wahlpropaganda – in Unkenntnis des Zusammenhangs: »Die in Br. 70 erwähnte Erklärung, daß F. ›auch draußen als Deutscher tätig sein‹ werde, ist zu seinem Verdruß von der Auslandspresse so verstanden worden, als habe er mit ihr dem NS-Regime das Recht auf sein künstlerisches Wirken in Deutschland bezahlt. Für eine Wahlpropaganda hätte sich F. nie hergegeben« (Briefe, S. 300–301). Brief 70 bezieht sich auf die Aussprache mit Goebbels am 28. Februar 1935; Thiess fragte sich nicht, wieso die Auslandspresse über ein Jahr hätte warten sollen, ehe sie die Sache aufgriff. Paris sagte in der Tat aus politischen Gründen ab.

[87] WF an Hitler, Potsdam, 15. April 1936. Quelle: WFA

[88] Aufzeichnungen, 1936. S. 66' des Ms., unveröffentlicht. Quelle: WFA. Eintrag vom 4. Mai 1936.

[89] idem, S. 64. Eintrag vom 29. April 1936.

[90] s. Werner Egk: Die Zeit wartet nicht (Goldmann-TB, München, 1981) S. 250 ff.

[91] R. = Erich Roeder: Solist Wilhelm Furtwängler (Der Angriff, Nr. 94, 22. April 1936)

[92] WF an Hitler, Potsdam, 24. April 1936. Quelle: BA NS 10/110, S. 77–78.

[93] idem, S. 78.

[94] Th. Mann: Tagebücher 1935–1936 (Frankfurt/M., 1978). S. 305. Eintrag vom 21. Mai 1936.

[95] Th. Mann: Tagebücher 1933–1934, S. 400. Eintrag vom 27. April 1934.

[96] Ministerialrat Berndt an Reichskulturwalter Moraller, 25. Mai 1936. Quelle: BDC.

[97] idem, handschriftl. Aktennotiz Hinkels. Albrechtstraße meint die Gestapo-Zentrale in der Prinz-Albrecht-Straße in Berlin; Mo war die Paraphe von Moraller.

[98] Pgn. Maria Zinkler: Vertraulicher Bericht, S. 1–2, handschriftlich, nicht adressiert, Berlin, 24. Mai 1936. Quelle: BDC.

[99] idem, S. 4–5.

[100] O. S. = Otto Steinhagen: Die Welt hört Bayreuth (DAZ, 20. Juli 1936)

[101] Th. Mann: Tagebücher 1935–1936, S. 334.

[102] Aus der Kulturpolitischen Pressekonferenz vom 13. August 1936. Quelle: BA ZSg. 102/62 Bd. 1 (Sammlung Sänger) o. S.

[103] Kunstbetrachtung statt Kunstkritik (Kölnische Zeitung, Abendblatt, Nr. 605, 27. November 1936)

[104] In der Literatur ist der Kritik-Erlaß maßlos überschätzt worden, weil es leichter fiel, die Absichtserklärung nebst Kommentaren der Hundertprozentigen für bare Münze zu nehmen, statt anhand des Meinungsspektrums in der Presse nach dem Stichtag – 30. Juni 1937 – die Realität zu analysieren.

[105] WF: Denkschrift ohne Titel und Adressat, 26. November 1936. Quelle: WFA.

[106] B. Geissmar an WF, London, 2. Dezember 1936. Quelle: WFA.

[107] B. Geissmar an WF, London, 3. Dezember 1936. Quelle: WFA.

[108] Otto Steinhagen: Furtwängler dirigiert für die Winterhilfe (DAZ, Abendausgabe, 12. Februar 1937)

[109] Merkblatt der Kameradschaft der Deutschen Künstler e. V., Juni 1934. Archiv des Autors. Der Verein war keine Gliederung und kein angeschlossener Verband der NSDAP noch sonstwie mit ihr verbunden.

[110] Erich Roeder: Berliner Konzertrunde (Der Angriff, Nr. 93, 22. April 1937)

[111] Herbert S. Sonnenfeld: Der Fall Furtwängler (Aufbau, New York, 2. Mai 1947)

[112] Trotzdem benutzten andere Leute und Behörden beide Titel in Korrespondenz und Gespräch mit WF.

[113] 47. Ausrichtung Politik aus der Kulturpolitischen Pressekonferenz, 22. April 1937, Fernschreiben. Quelle: BA ZSg. 102/62 (Sammlung Sänger), o. S.

[114] Staatssekretär Gutterer, ProMi, an WF, 11. Juni 1937. Quelle: WFA

[115] WF an ProMi, 14. Juni 1937. Quelle: WFA.

[116] WF an Hitler, 16. Juni 1937. Quelle: WFA.

[117] Aktennotiz Funks vom 28. Juni 1937. Quelle: BA R 55/902, S. 14–15.

[118] Der Reichs- und Preußische Minister für Wissenschaft, Erziehung und Volksbildung an den Staatssekretär und Chef der Reichskanzlei, 13. Dezember 1935. Quelle: BA R 43 II/1245, S. 111.

[119] idem, S. 112.

[120] Aus der Kulturpolitischen Pressekonferenz vom 8. Oktober 1936. Quelle: BA ZSg 102 (Sammlung Sänger)

[121] WF: Denkschrift, ohne Adressat, Bayreuth, Juli 1937. Quelle: WFA

[122] Umbildung der Preußischen Akademie der Künste (VB, 16. Juli 1937). Die Meldung verschweigt, daß 1933 eine »Säuberungs- aktion« stattgefunden hatte.

[123] WF an Dr. Strecker, Bayreuth, 3. August 1937. Quelle: BDC. Der Plan ist nicht verwirklicht worden.

[124] Friedrich Herzfeld: Wilhelm Furtwängler. Weg und Wesen (Leip- zig, 1941), S. 105. Einzelheiten s. Gillis II, S. 54–57, der auch mit- teilt, daß T. 1919 Kandidat der faschistischen Partei gewesen sei, zuletzt 1931 in Italien dirigiert, aber bis in den Sommer 1939 immer wieder trotz Mussolini-Regime seine Heimat besucht und nichts dabei gefunden habe, in Wien auf der Trauerfeier für den klerikal- faschistischen Kanzler Engelbert Dollfuss Verdis Requiem zu diri- gieren. In einem noch unveröffentlichten Interview, das Eugeen Liven d'Abelardo für seine Sendereihe zum 100. Geburtstag von WF im holländischen Rundfunk VPRO aufnahm, äußerte der Di- rigent Sergiu Celibidache am 25. Mai 1985 in München, Toscanini habe mit der Parteinummer 58 zu den Gründern der faschistischen Partei Italiens gehört und auf deren Abgeordnetenliste an elfter Stelle gestanden, doch seien nur die ersten zehn gewählt worden – und T. sei deswegen dann Antifaschist geworden.

[125] Gerd Rühle: Das Dritte Reich. Dokumentarische Darstellung des Aufbaus der Nation. Das fünfte Jahr, 1937 (Berlin, 1938) S. 76, 77.

[126] Großer Erfolg Furtwänglers in Paris (Der Mittag, Nr. 209, 8. Sep- tember 1937)

[127] Paul Schmidt: Statist auf diplomatischer Bühne 1923–45 (Bonn, 1949. S. 360–361.

[128] WF an Hitler, München, 26. Oktober 1937. Quelle: WFA.

[129] WF an Winifred Wagner, Potsdam, 15. November 1937. Quelle: WFA.

Attacke aus dem Hinterhalt

[1] Tietjen an Friedelind Wagner, handschriftlich, 16. November o. J. (1937). Quelle: WFA.

[2] Aufzeichnungen, S. 125.

[3] Aus der Kulturpolitischen Pressekonferenz vom 10. September 1936. Quelle: BA ZSg 102/62, o. S. (Sammlung Sänger)

[4] WF an Göring, Wien, 11. Dezember 1937 (Aus Görings Schreib- tisch. Ein Dokumentenfund. Bearbeitet von Theodor Richard Emessen, Berlin 1947. S. 38)

[5] Göring an WF, 16. Dezember 1937 (idem, S. 39)

[6] WF an Göring, 23. Dezember 1937 (idem, S. 41–42)

[7] Notiz der Dienststelle des Außerordentlichen und Bevollmächtig- ten Botschafters des Deutschen Reiches an Hauptmann Wiede- mann, 28. Februar 1938. Quelle: BA NS 10/110, S. 75–76.

[8] Hauptmann Wiedemann an Herrn von Wussow, 1. März 1938. Quelle: BA NS 10/110, S. 73.

[9] Entwurf des Schreibens in Aufzeichnungen, 1938, S. 177 des Ms., unveröffentlicht. Quelle: WFA.

[10] Die Musik-Woche VI/15, 9. April 1938. S. 243.

[11] idem, S. 242.

[12] Musiker bekennen sich zur Heimkehr ins Reich. Quelle: Dokumentationsarchiv des österreichischen Widerstandes, Wien, ZL. 1203/46, S. 8.

[13] Wilhelm Rode: Warum ich »Ja« sage! (DTZ, Nr. 42, 8. April 1938. S. 3)

[14] WF: Unauslöschbare geschichtliche Tat (Berliner Lokalanzeiger, Morgenausgabe, Nr. 83, 6. April 1938). Im Frieden von St. Germain war Österreich durch die Weltkriegsalliierten 1919 auf das Stammland und zum »Einvolkstaat« reduziert worden.

[15] WF an Riess, 6. Januar 1953 (Briefe, S. 238)

[16] Hans Lyck = Fred Hamel: Aachen erobert Berlin (Deutsche Zukunft VI/16, 17. April 1938, S. 15)

[17] s. Otto Strasser: Und dafür wird man noch bezahlt. Mein Leben mit den Wiener Philharmonikern (Wien/Berlin, 1974) S. 148 ff.

[18] Aktennotiz der Abt. X des ProMi, 20. Juni 1938, mit der Paraphe Lg = Ernst Ludwig. Quelle: BA R 55/247, S. 322 f.

[19] Gleichwohl und trotz intensivster Arbeitsleistung hielt sich das Einkommen von WF auf dem Niveau anderer Spitzenmusiker und lag weit unterhalb der Summen, die Filmschaffende einnahmen. WF erklärte gegenüber dem Finanzamt an Einkommen vor Steuern:

67 327 RM	(1935)	204 282 RM (1940)
75 945 RM	(1936)	129 375 RM (1941)
101 852 RM	(1937)	209 049 RM (1942)
155 960 RM	(1938)	201 131 RM (1943)
132 467 RM	(1939)	ca. 130 000 RM (1944).

Bei einem Steuersatz von rund 58 Prozent reduzierten sich die Bruttoeinnahmen erheblich und betrugen:

45 449	(1935)	108 113 (1940)
55 749	(1936)	24 987 (1941)
67 326	(1937)	110 143 (1942)
106 647	(1938)	17 897 (1943)
22 068	(1939)	25 389 (1944).

Die in der Vermögensaufstellung zum 31. Dezember 1945 ausgewiesenen Aktiva in Höhe von 344 501 RM widerlegen die Beschuldigung, er habe durch das NS-Regime finanziell profitiert, als Zwecklüge.

[20] WF an Matthes, 29. Juli 1938. Quelle: BDC.

[21] WF an Goebbels, 24. August 1938. Quelle: BA NS 10/333, S. 239.

[22] WF an Erwin Kerber, 20. August 1938. Quelle: WPhHA

[23] Wilhelm Jerger: Die Wiener Philharmoniker (Wien, 1942) S. 74. So formuliert ein ertappter Komplize, der sein Gewissen damit beruhigt, so schlimm sei es gar nicht gewesen; daß die »Veränderung« eine »Entjudung« war, wäre zu viel der peinlichen Wahrheit.

[24] Otto Burg: Die Meistersinger von Nürnberg. Glanzvolle Festaufführung in Anwesenheit des Führers im Nürnberger Opernhaus (Fränkische Tageszeitung, 6. September 1938)

[25] betrifft: Festvorstellung »Die Meistersinger von Nürnberg«, ohne Datum. Quelle: PAA.

[26] Die zuerst im Spruchkammer-Protokoll 1946 unterlaufene Falsch-

schreibung »van« hat sich durch die Literatur fortgeerbt bis zu Bachmann und Wessling. Das Berliner Telefonbuch gibt unter der Nummer der überlebenden Witwe die korrekte Schreibung; wo Nüll seinen vollen Namen unter Kritiken ausschrieb, steht übrigens immer »von«.

[27] E. v. d. Nüll: Wilhelm Furtwängler. Aufstieg und Leben eines großen Mannes (Der Stern, Nr. 3, Berlin, 4. Oktober 1938. S. 71)

[28] s. Wessling, S. 337.

[29] s. Bachmann, S. 358–359, und Walter Legge/Elisabeth Schwarzkopf: Gehörtes – Ungehörtes. Memoiren (München, 1982), S. 256.

[30] Heinrich Strobel: Erfolg Herbert v. Karajans in der Berliner Staatsoper (DTZ, Nr. 102, 5. Oktober 1938, S. 3)

[31] E. v. d. Nüll: Zweimal Berliner Theaterpublikum (DTZ, Nr. 107, 16. Oktober 1938. S. 1)

[32] Salzburger Volksblatt, 8./9. April 1933, S. 1.

[33] Details und Folgerungen s. Bachmann, S. 88 f.

[34] Karajans frühe Biografen, u. a. Karl Löbl (Das Wunder Karajan, Bayreuth 1965, und Heyne-TB 1978) und Ernst Haeussermann (Herbert von Karajan, Wien 1978, und Goldmann-TB 1979) kolportierten in – absichtlicher? – Unkenntnis der Dokumente Karajans Behauptung, er habe 1935 der NSDAP beitreten »müssen«, um in Aachen GMD werden zu können. Bei dieser Unwahrheit beließ es Karajan auch in Interviews anläßlich seines 75. Geburtstags. Am 31. Mai 1983 wandte sich der Autor daher an Karajans Rechtsanwalt Dr. Detlev Wunderlich in München und machte auf die Aufnahmesperre 1933–1937 aufmerksam:
Gesperrt waren, und zwar auf Anordnung Hitlers, lediglich die Neu-aufnahmen in die Partei. Nach wie vor möglich während der Sperrzeit waren aber Übertritte aus einer der Gliederungen der NSDAP, sofern die politischen Verdienste ausreichten. Mit anderen Worten: Herrn von Karajans »subjektive Wahrheit« vom Eintritt in die NSDAP zwecks Ernennung zum Generalmusikdirektor 1935 in Aachen ist zugleich ein Freibrief für die eines Tages öffentlich zu diskutierende Frage, ob er dann der SA oder gar von der SS in die NSDAP übergetreten sei. Ich hatte ehedem für die »Flucht nach vorn« plädiert. Nun zeigt sich, daß die »objektive Wahrheit« weniger Schaden für das ohnehin weltweit zweifelsfrei etablierte Image Ihres Mandanten mit sich brächte als das Beharren auf der »subjektiven Wahrheit«. Ich maße mir nicht an, dem Maestro eine bestimmte Verhaltensweise zu empfehlen; aber ich könnte mir vorstellen, daß eine juristisch versierte Persönlichkeit seines Vertrauens ihm Entscheidungshilfe in dieser Sache geben wollte und könnte.
Dieser Brief blieb unbeantwortet.

[35] Aufzeichnung einer Aussage des Zeugen Eduard Lucas vor der Spruchkammer, 12. Dezember 1946. Quelle: WFA.

[36] Edwin v. d. Nüll: In der Staatsoper: Das Wunder Karajan (BZ am Mittag, 22. Oktober 1938). Die Zeitung wurde von der Universitätsbibliothek Uppsala gesammelt, doch fehlt dort ausgerechnet die Nummer vom 22. Oktober 1938; der Autor verdankt das Original einem Zufallsfund seines Wiener Historikerkollegen DDr. Oliver Rathkolb.

[37] Karajan-Biograph Löbl, S. 65, zitierte ohne Angabe der Quelle aus dieser zweiten Hand, nämlich Bernd Ruland: Das war Berlin. Erinnerungsbuch an die Reichshauptstadt (Bayreuth, 1972), S. 279, und übernahm dabei einen ganzen Satz, der im Original nicht enthalten ist!

[38] Aufzeichnungen, 1928. S. 10–11 des Ms., unveröffentlicht. Quelle: WFA.

[39] Berta Geissmar an WF, 18. Januar 1933. Quelle: WFA. Hermann Roth, der später eine Professur an der Akademie für Kirchen- und Schulmusik in Berlin annahm, war derzeit Kritiker für »Hamburger Nachrichten« und »Hamburger Fremdenblatt«, wo der ältere Heinrich Chevalley als Ressortchef herrschte. Siegfried Lütgert war Leiter der Konzertabteilung der Firma J. A. Böhme, also Künstleragent.

[40] s. Ruland: Das war Berlin (Bayreuth, 1972) S. 280.

[41] Resultat mehrerer Stichproben; wegen des unverhältnismäßigen Aufwands einer kompletten Dokumentation mußte sich der Autor damit bescheiden.

[42] Loben mit Geschmack... (Signale, 2. November 1938). Verfasser war Wilhelm Matthes.

[43] W. Matthes: Furtwängler greift zu Bruckners Urschrift (BZ am Mittag, 7. November 1938).

[44] s. Berliner Illustrierte Zeitung XLVII/45, 10. November 1938. S. 1786.

[45] W. Steinhauer: Am Pult: Herbert von Karajan. Nochmals »Tristan« in der Staatsoper (BZ am Mittag, 10. November 1938). Steinhauer galt bei der Fraktion Rosenberg – lt. Schreiben H. Killers, kulturpolitisches Archiv, vom 12/X/42 – als »weltanschaulicher Gegner«.

[46] Aufzeichnungen, 1939–I. S. 23 des Ms., unveröffentlicht. Quelle: WFA. Eintrag vom 2. Februar 1939.

[47] Protokoll einer Besprechung Furtwänglers mit den Musikern Dieburtz, Buchholz, Peppermüller, Machula, Kleber und Troester, am 27. Oktober 1939. Quelle: WFA.

[48] Aufzeichnung einer Aussage des Zeugen Eduard Lucas vor der Spruchkammer, 12. Dezember 1946. Quelle: WFA.

[49] R. Vedder: Aufzeichnung vom 28. November 1933. Quelle: BDC. Eine der Töchter, Edith Stargardt-Wolff, schrieb ein Memoirenbuch über die berühmte Konzertdirektion – Wegbereiter großer Musiker (Berlin/Wiesbaden, 1954) –, ohne diesen massiven Arisierungsversuch zu erwähnen.

[50] Anstellungsvertrag, Entwurf, o. Dat. Quelle: BDC. Der Text beweist, daß es tatsächlich um Inbesitznahme ging.

[51] B. Geissmar an WF, 22. März 1934. Quelle: WFA.

[52] Handschriftliche Notiz auf Max R. Müllers Schreiben an Hitler vom 28. April 1935. Quelle: BDC. Vedder konnte sich auf seine Schutzherren – vor allem RMK-Geschäftsführer Heinz Ihlert, Dr. Friedrich Mahling, Pressechef der RMK, und Prof. Havemann, Leiter der Reichsmusikerschaft in der RMK – absolut verlassen; sie sorgten dann auch dafür, daß der neue RMK-Vizepräsident Hermann Stange, der den Fall Vedder

aufgedeckt hatte, bereits im November seines Amtes enthoben wurde.

[53] Zeugnis vom 5. Oktober 1935. Quelle: BDC.

[54] Er fiel – wiewohl nicht Mitglied der NSDAP – 1945 als Freiwilliger beim Endkampf um Berlin in der Nähe von Potsdam.

[55] SS-Brigadeführer Ludolf von Alvensleben an den Chef des SS-Hauptamtes, Berlin, 14. November 1941. Quelle: BDC.

[56] SS-Gruppenführer und Generalleutnant der Waffen-SS Gottlob Berger, Chef des SS-Hauptamts, an den Chef des SS-Personalhauptamtes, 24. November 1941. Quelle: BDC.

[57] Taschner erhielt als 2. Konzertmeister – erster war Erich Röhn – 1 060 RM brutto.

[58] WF: fünfseitiges Exposé, undatiert, nicht adressiert. Quelle: WFA

[59] s. Heinz Joachim: Dirigenten-Profile (Frankfurter Zeitung, Reichsausgabe, Nr. 582–583, 14. November 1940)

[60] Goebbels: Tagebücher, Eintragung vom 14. Dezember 1940. Der Autor verdankt den Zugang zu diesen Texten seinem Schweizer Musikschriftstellerkollegen Robert C. Bachmann; s. dessen »Karajan«, S. 136.

[61] Kulturpolitische Pressekonferenz vom 20. Dezember 1940. Quelle: BA R 55/741 (Nachlaß Lothar Band). Gegenüber der Presse setzte der Minister – wie hier – auf Überzeugung und zeigte sich oft sehr geduldig.

[62] s. Bachmann, S. 136. B. bemängelt hier – in Unkenntnis der Machenschaften im Hinterhalt – »Furtwänglers menschlich wenig souveräne Haltung«.

[63] Quelle: WFA.

[64] Werner Oehlmann: Das Berliner Konzert. Wesen und Gestalten (Das Reich, 5. Januar 1941. S. 20)

[65] Karl Holl: Berliner Konzertleben (Frankfurter Zeitung, 16. Dezember 1941)

[66] Ministerialdirektor Hinkel, ProMi, an SS-Obergruppenführer und General der Waffen-SS Schmitt, 5. August 1942. Quelle: BDC.

[67] RPA Berlin, Rundspruch Nr. 135/42, 18. Dezember 1942. Quelle: BA ZSg. 115/16, S. 66.

[68] s. Luis Trenker: Alles gut gegangen. Geschichten aus meinem Leben (2. Auflage; Heyne-TB, München 1965/1972) S. 440.

[69] Bachmanns Frage – S. 124 – »Oder steht der Antrag in Zusammenhang mit der Heirat?« entbehrt der Logik, weil die Standesämter keinen politischen Unbedenklichkeitsnachweis forderten; zudem hätte der Dienstweg über Gauleitung und Reichsleitung der NSDAP länger gebraucht als die zwanzig Tage zwischen Antrag und Heiratstag.

[70] s. Die Organisation der NSDAP (7. Auflage; München, 1943). S. 6 d.

[71] idem, S. 6 e.

[72] Nicolaus von Below: Als Hitlers Adjutant 1937–45 (Mainz, 1980) S. 166. Die Biographen haben diesen berühmten Abend, bei dem der alkoholisierte Bockelmann die Einsätze »schmiß«, falsch datiert, Löbl (S. 73) vage, Haeussermann (S. 67) und Bachmann (S. 133) grob auf 1940. Wessling (S. 353) widerlegt zwar anhand von

Bockelmanns Repertoirenotizen seine Kollegen, trägt aber das richtige Datum auch nicht nach, nämlich den 2. Juni 1939. WF dirigierte nur gelegentlich auswendig.

[73] s. Dokumente über die Verfolgung der jüdischen Bürger in Baden-Württemberg durch das Nationalsozialistische Regime 1933–1945. Band 1 (Hrsg. durch die Archivdirektion Stuttgart, 1966) S. 38–39.

[74] Schreiben vom 23. Juni 1943. Paul Moor, der es im BDC fand, erwähnt es in seinem Aufsatz »The Operator« (High Fidelity Magazine VII/10, Oktober 1957, S. 190); inzwischen ist es aus der dortigen Akte Karajan verschwunden.

[75] s. Muck, S. 172–173. Diesen Brief – WF an Goebbels, Potsdam, 19. Mai 1943 – nannte Muck »an ein Regierungsmitglied« und ließ nicht weniger schamhaft, ohne Elision, den letzten Relativsatz fallen. Die Kopie des Originals verdankt der Autor seinem Dokumentatorkollegen Peter Muck.

[76] Mit ärztlichem Attest hatte WF es vermeiden können, nochmals zu Hitlers Geburtstag das Festkonzert dirigieren zu müssen.

[77] Goebbels-Tagebücher, Eintrag vom 29. Mai 1943. Quelle: BA NL 118/55, S. 24.

[78] Der Führer des SS-Oberabschnitts Elbe an SS-Obergruppenführer Schmitt, Dresden, 3. August 1942. Quelle: BDC.

[79] SS-Personalhauptamt an Chef des Hauptamts SS-Gericht, 7. Januar 1943. Quelle: BDC.

[80] SS-Gruppenführer und Generalleutnant der Waffen-SS Breithaupt an SS-Untersturmführer Vedder, 11. Juni 1943. Quelle: BDC.

[81] SS-Sturmmann Diefenbach an SS-Untersturmführer Vedder, Trebbin, 2. Mai 1944. Quelle: BDC. RF-SS = Reichsführer-SS Himmler; PK = Parteikanzlei; Dr. N. = Staatssekretär Dr. Naumann.

[82] RKK, Dr. Schrade, an Staatssekretär Naumann, 20. Juli 1944. Quelle: BDC.

[83] SS-Obersturmführer Vedder an SS-Hauptsturmführer Emde, 10. August 1944. Quelle: BDC.

[84] RKK, Dr. Schrade, an Staatssekretär Naumann, 16. März 1945. Quelle: BDC.

In Zukunft schweigen

[1] Toscanini gemaßregelt (DAZ, 26. November 1938)

[2] Andrew Schulhof erinnerte sich später – Brief an WF aus New York vom 1. November 1946:
Am 10. November 1938 sind Sie plötzlich von Wien nach Budapest gekommen. Sie haben mir bevor Ihrer Abreise telegrafieren lassen und Sie kamen in so zerstörten Zustand an, daß ich Sie kaum im Zug entdecken konnte. Sie hatten keinen Pfennig in Ihrer Tasche und mußte ich dem Eisenbahnkonduktuer Ihr Billet bezahlen. Die Ursache war, daß Sie am vorigen Tage als das erste Progrom und Synagogenbrennen in Wien stattfand, alles was Sie hatten wieder unter ihre jüdischen Freunde als Hilfe verteilt hatten (Quelle: WFA).

Die Aktion begann reichsweit am Abend des 9. November 1938. Schulhof vertat sich im Datum; WF reiste erst am 13. November nach Budapest, wo er am 14. probte und nachmittags einen Presseempfang gab, am 15. nochmals probte, abends mit Ernö von Dohnányi zusammen war und am 16. das Konzert dirigierte.

[3] ProMi, Abt. X, an Dr. Werner, Berlin, 18. November 1938. Quelle: ÖStA, Allgemeines Verwaltungsarchiv RSt. III/202.360/38.

[4] s. Schriftwechsel zwischen Deutscher Bruckner-Gesellschaft und ProMi bzw. ProMi. Schirach, ca. 60 Seiten, März 1938 bis Oktober 1941. Quelle: ZStA Potsdam (DDR) ProMi Abt. X/583.

[5] s. Ulrich von Hassell: Vom andern Deutschland. Aus den nachgelassenen Tagebüchern 1938–1944 (Zürich, 1946). S. 44.

[6] F. Wagner: Nacht über Bayreuth (Bern, 1946). S. 321.

[7] Emigration hätte mindestens finanziellen Gewinn bedeutet; der Manager von Ansermet und Beecham, Andrew Schulhof, bot – zuletzt bei einem Treffen in Den Haag 1939 – gute Konditionen, nämlich 30 000 US-Dollar pro Jahr ohne Kommission und darüber hinaus 60% für WF, 40% für den Vermittler, abgedeckt durch die Garantie einer schweizerischen Bank.

[8] ProMi, Abt. IB, an WF, 16. März 1939. Quelle: BDC.

[9] s. W. Egk: Die Zeit wartet nicht (Goldmann-TB; München, 1981) S. 318.

[10] WF: Ton und Wort (Wiesbaden, 1982) S. 119.

[11] WF an Hitler, Potsdam, 19. Juli 1939, lt. handschriftl. Vermerk nicht abgeschickt. Quelle: WFA.

[12] Aufzeichnungen, 1939–III. S. 20' des Ms., unveröffentlicht. Quelle: WFA.

[13] idem, S. 19 des Ms.

[14] idem, S. 19–19' des Ms. Hans von Benda war künstlerischer Geschäftsführer des BPhO, Heinz Drewes Leiter der Abteilung X Musik des ProMi, Tietjen – inzwischen mit Generalvollmacht von Göring – Generalintendant der Preußischen Staatstheater; alle drei waren mehr oder weniger verhinderte, aber ehrgeizige Dirigenten. Allerdings erreichte Benda nicht das Format der beiden anderen und hatte auch keine vergleichbare Machtposition.

[15] Aufzeichnungen, 1940–I, S. 30' des Ms., unveröffentlicht. Quelle: WFA. Eintrag vom 19. Februar 1940. Übertragung des Autors aus dem Original.

[16] wie 12, S. 23 des Ms.

[17] WF an Goebbels, 28. Juli 1939. Quelle: WFA.

[18] WF an Otto Strasser, 2. August 1939. Quelle: WPhHA.

[19] WF an Otto Strasser, 12. August 1939. Quelle: WPhHA. Dies war typisch für die Heuchelei des Propagandaexperten; obwohl die Dirigentenwahl prinzipiell so vor sich ging wie die Ja-Nein-Abstimmungen für Hitler im 3. Reich, verstieß nur jene, nicht diese gegen ein »nationalsozialistisches Grundgesetz«.

[20] Aufzeichnungen, 1939–IV, S. 35' des Ms. unveröffentlicht. Quelle: WFA.

[21] Aufzeichnungen, 1939–III, S. 12 des Ms., unveröffentlicht. Quelle: WFA.

[22] idem, S. 32' des Ms.

[23] Bormann an Rosenberg, Berneck, 25. Juli 1939. Quelle: BA NS 8, Mikrofiche aus der Sammlung »Akten der Parteikanzlei der NSDAP«, Hrsg. H. Heiber (München/Wien, 1984) Nr. 126.02115. Glucks Oper heißt richtig »Iphigenie in Aulis«.

[24] anonyme Denunziation an das RMVP, 21. September 1939. Quelle: BA R 55/197, S. 110.

[25] BPhO an RMVP, 13. Oktober 1939. Quelle: idem, S. 109.

[26] Kulturpolitische Pressekonferenz Nr. 52, 5. Januar 1939. Quelle: BA

[27] Aktennotiz von Oberregierungsrat Kohler an Staatssekretär Hanke, 17. August 1938. Quelle: BA R 55/197, S. 33. Der Minister erweiterte Kolbergs bislang nur für das BPhO geltende Sondergenehmigung ab 8. August 1938 sogar auf uneingeschränkte musikalische Betätigung.

[28] Musik in dieser Zeit (Volksfunk IX/39, 24. September 1939. S. 4, 11).

[29] Bericht des künstlerischen Leiters über die Spielzeit 1939/40 an das RMVP, o. Dat. Quelle: BA R 55/247, S. 229.

[30] Wilhelm Jerger an Herrn Dr. Kern, Wien, 14. Oktober 1939. Quelle: ÖStA, Allgemeines Verwaltungsarchiv – Der Reichskommissar für die Wiedervereinigung Österreichs mit dem Deutschen Reich 2425/5.

[31] Der Reichskommissar für die Wiedervereinigung Österreichs mit dem Deutschen Reich an Staatskommissar Dr. Friedrich Plattner, Dezember 1939. Quelle: ÖStA, idem 2425/0

[32] Der Inspektor der Sicherheitspolizei und des SD in Wien an Gauleiter Bürckel, 13. Dezember 1939. Quelle: BA R 58/375, S. 91.

[33] idem, 20. Dezember 1939. Quelle: BA R 58/375, S. 144.

[34] s. Aftenposten, Nr. 156, 29. März 1940. Übersetzung der Dt. Botschaft Oslo. Quelle: PAA

[35] Deutsche Botschaft an AA, Oslo, 3. April 1940. Quelle: PAA.

[36] Gerigk: Vorschlag zur Kulturtagung des Reichsparteitages, 20. Juli 1940. Quelle: BA NS 8, Mikrofiche Nr. 126.02526.

[37] idem, Mikrofiche Nr. 126.02527.

[38] s. Taschen-Brockhaus zum Weltgeschehen (Leipzig, 1940) S. 213.

[39] H. H. Stuckenschmidt: Ein Fest der Musik (Der neue Tag, Nr. 311, 9. November 1940. S. 8)

[40] s. F. K. Prieberg: Musik im NS-Staat (Fischer-TB; Frankfurt/M., 1982) S. 395–396.

[41] s. Karl Lahm: Pläne der Kunststadt Wien (DAZ, Nr. 168, 8. April 1941)

[42] Aufzeichnungen, 1940–II, S. 16 des Ms., unveröffentlicht. Quelle: WFA.

[43] WF: Empfehlung, nicht adressiert, 10. März 1941. Quelle: BA R 55/73, S. 69.

[44] Gutachten vom 7. November 1939. Quelle: BDC.

[45] H. Killer: Berliner Konzerte (Die Musik XXXIV/3, Dezember 1941, S. 111)

[46] Aufzeichnungen, 1927. S. 96'–97 des Ms., unveröffentlicht. Quelle: WFA.

[47] Die Konzerte der Berliner Philharmoniker unter Leitung von Wil-

helm Furtwängler im Großdeutschen Rundfunk (Deutscher Kulturdienst, Rundfunk, November 1941) Quelle: BA R 58/1090, S. 47.

[48] Goebbels Tagebücher. Aus den Jahren 1942–43, hrsg. von Louis P. Lochner (Zürich, 1948) S. 104. Eintrag vom 28. Februar 1942.

[49] Goebbels Tagebücher. Eintrag vom 28. Februar 1942. Quelle: BA NL 118. Herausgeber Lochner hat diesen Text in seiner Edition weggelassen.

[50] In Dankbarkeit und Treue. Ansprache von Reichsminister Dr. Goebbels in der Feierstunde der NSDAP (VB LV/110, Norddeutsche Ausgabe, 20. April 1942. S. 1–2)

[51] Die NS-Volkswohlfahrt war Veranstalterin dieser Sammlung.

[52] Bericht des künstlerischen Leiters über die Spielzeit 1942/43. Quelle: BA R 55/246, S. 133. Die Deutsche Reichsbahn war in der Tat bis zur Grenze ihrer Leistungsfähigkeit durch den Transport von Nachschub und Verwundeten, von Beutegut und durch die Deportation der Juden in die Vernichtungslager beansprucht.

[53] Rudolf Zoba: Violin Contraband (The ABC Weekly, Melbourne, 28. November 1942)

[54] Urteilsbegründung zu Az. 1 L 74/43; s. Der lautlose Aufstand, hrsg. von Günther Weisenborn (Rowohlt-TB; Hamburg, 1962). S. 245.

[55] s. Elisabeth Furtwängler: Über Wilhelm Furtwängler (Wiesbaden, 1979) S. 128. Ihre Formulierung, Dobrowen habe »dort während des Krieges in der Emigration« gelebt, reicht nicht aus, um die Rolle von WF bei dieser Emigration zu klären, dokumentiert aber seine Schweigsamkeit selbst im engsten Kreis.

[56] Goebbels Tagebücher, Eintrag vom 29. Mai 1943. Quelle: BA NL 118/55.

[57] WF an Oberbürgermeister von München, Potsdam, 23. Juni 1943. Quelle: BDC.

[58] Gauleiter Giesler an Leiter der Parteikanzlei, 6. August 1943. Quelle: BDC.

[59] s. Erwin Völsing: Bayreuther Kriegsfestspiele 1943 (Deutsche Dramaturgie, September/Oktober 1943. S. 165)

[60] SD-Berichte zu Inlandfragen. Der Chef der Sicherheitspolizei und des SD, Amt 3, Berlin, 27. September 1943. Quelle: BA NS 15 neu, Mikrofiche.

[61] Die »philharmonischen Spione« (Nordschlesische Tageszeitung, Glogau, 6. Oktober 1943). Der Verfasser der Glosse »vergaß« natürlich, an die triumphalen Gastspiele des London Philharmonic unter Beecham vor dem Krieg zu erinnern, weil er sich damit die Pointe verdorben hätte; freilich gastierten die Briten – eben wegen ihres Weltrangs – nie in Glogau.

[62] s. Protest till Furtwängler stoppades – men av vem? (Dagens Nyheter, 8. Dezember 1943)

[63] Aufzeichnungen, 1943–IV. S. 38 des Ms. Quelle: WFA. Dieser Text ist vollständig in Aufzeichnungen S. 236 abgedruckt.

[64] SD-Bericht zu Inlandsfragen – Geheim! 27. Dezember 1943. Quelle: BA NS 15/73, o. S. Das Original nennt in Kopf und Text das falsche Jahr 1934.

[65] Erwin Völsing: Festliche »Meistersinger« (VB, Nr. 40, 12. Februar 1944).

[66] Hermann L. Mayer: Festliche Musik (Der neue Tag, Nr. 77, 18. März 1944)

[67] s. Wilfried von Oven: Finale Furioso. Mit Goebbels bis zum Ende (Tübingen, 1974). S. 268. Eine inhaltsgleiche Tagebuch-Notiz des Ministers, die 1948 u. a. von »Paris-Presse« und »Basler National-Zeitung« nachgedruckt wurde, bestätigt diese Erinnerung seines Privatsekretärs. Der letzte Satz beweist aber auch, wie Begeisterung den Faktenstand beeinträchtigt; tatsächlich erschien Furtwängler nur sporadisch und zu seinen – in der Saison 1943/44 – höchstens zwölf Verpflichtungen in Berlin, die zudem nur selten »im Dienst« der Luftkriegsopfer und Rüstungsarbeiter standen.

[68] WF an Hitler, Achleiten, 21. Mai 1944. Quelle: BA R 3/1578, S. 242–243.

[69] Vertrauliche Bekanntmachung der NSDAP-Parteikanzlei 12/44 vom 14. Januar 1944. Quelle: BDC.

[70] Wortprotokoll des Termins von Pg. Hagemeyer beim Reichsleiter, 19. Mai 1944. Quelle: BA NS 8/132, o. S. RL = Reichsleiter. Daß die Vorbereitung der Veranstaltung als »Geheime Reichssache« klassifiziert war, besagt etwas über die Bedeutung, die das Regime ihr beimaß.

[71] Gerigk an Hagemeyer, Langenau, 13. Juni 1944. Quelle: CDJC CXLV-643. Noch im Juli wandte sich Regierungsrat Fritz von Borries, Musikabteilung des ProMi, deswegen an die Wiener Philharmoniker.

[72] Aufzeichnungen, 1943–III. S. 53 des Ms., unveröffentlicht. Quelle: WFA.

[73] Deutsches Propaganda-Atelier an ProMi, Berlin, 4. September 1944. Quelle: BA R 55/164, S. 162.

[74] Werner Egk an den Autor, Lochham, 6. Juli 1964.

[75] ProMi, Abt. Kult, an Staatssekretär (Dr. Naumann), 30. November 1944. Quelle: ZStA ProMi 616 Blatt 81. Erst im September waren die Einzelabteilungen Theater (T), Musik (M) und Bildende Kunst (BK) zu einer Abteilung Kultur (Kult) zusammengelegt worden. Der beim Wehrmeldeamt Potsdam I am 7. November 1944 ausgestellte Wehrpaß von WF weist aus, daß er am 7. Dezember dort gemustert und mit dem Tauglichkeitsgrad »arbeitsverwendungsfähig« in den Landsturm II eingegliedert wurde; lt. Wehrgesetz vom 21. Mai 1935 galt diese Kategorie als letzte Ersatzreserve, aber eben sie – so weit noch nicht einberufen – speiste nun den Volkssturm. »Verdächtige« Künstler und Intellektuelle zeitgemäß in hoffnungslosem Volkssturm-Einsatz zu opfern und so die eigne Existenz um Stunden zu verlängern, wäre allerdings die ideale Kombination der beiden letzten Wünsche der Führer-Clique gewesen: die Unerwünschten liquidieren und damit selber etwas Zeit gewinnen!

[76] Johannes Jacobi: Bayreuth 1944 (MNN, 18. August 1944)

[77] Karl Holl: Bayreuth 1944 (DAZ, Nr. 221, 12. August 1944). Gerade die DAZ war »zwischen den Zeilen« zu lesen, und daß der Kritiker verschwieg, welche Gefühle und Regungen er meinte, sprach für damalige Leser Bände. Holl galt zudem als »unsicherer Kantonist« seit einer Auseinandersetzung 1943 mit dem Amt Rosenberg, wo Gerigk die Sängerin Sabine Offermann – Frau Holl – in der 2. Auf-

lage seines »Judenlexikons« verzeichnet hatte, obwohl sie arisch und 1937 von Hitler zur Kammersängerin ernannt worden war; weil G., so feige wie unverschämt, den Fehler nicht wiedergutmachen wollte, ließ er den Beschwerdeführer seine Macht spüren.

[78] Aufzeichnung der Deutschen Gesandtschaft Bern, 29. Januar 1944. Quelle: PAA

[79] Telegramm vom ProMi an Dt. Gesandtschaft Bern vom 8. September 1944, 22 Uhr 10. Quelle: PAA. Weil im Reich Sommerzeit herrschte, in der Schweiz aber MEZ, kam das Telegramm um 21 Uhr 25 in Bern an.

[80] O. M. = Otto Maag: Internationale Musikalische Festwochen Luzern (National-Zeitung, Abendblatt, Nr. 392, 23. August 1944).

[81] In einem Brief an den Autor vom 3. November 1984 dementierte Peter Maag dies mit dem Argument: »1944 studierte ich Theologie und Philosophie und stand vor der pianistischen Abschlußprüfung. Deshalb halte ich es auch für ausgeschlossen, daß mein Name im Zusammenhang mit einer Mitwirkung an den Luzerner Festwochen genannt wurde«. Fest steht in der Tat, daß »Die Tat« vom 3. April 1945 – Salander = Alfred Kober: Carmen, die politische Kultur und ein Flüchtlingskommissar – seinen Namen nicht nannte, sondern im Zusammenhang mit dem Gerücht um Luzern nur »den Sohn« Otto Maags erwähnte.

[82] Anordnung 178/44 des Reichsleiters Bormann vom 12. August 1944, zitiert in dem Betreff »Tätigkeit des Kulturpolitischen Archivs während des Krieges«. Quelle: BA NS 8, Mikrofiche Nr. 126.04168.

[83] Gerigk an Bormann, Langenau, 14. September 1944. Quelle: BA NS 8, Mikrofiche Nr. 126.04170.

[84] NSDAP, Parteikanzlei, an Rosenberg, München, 4. Dezember 1944. Quelle: BA NS 8, Mikrofiche Nr. 126.4038.

[85] Diese Meinung war irrig; WF riskierte, wenn überhaupt, höchstens ein Ermittlungsverfahren wegen Verdacht eines Devisenvergehens.

[86] Leiter Rundfunk an Staatssekretär Dr. Naumann, 2. November 1944. Quelle: BA R 55/558, S. 30R.

[87] Protokoll der Programmsitzung am 6. Dezember 1944. Quelle: BA R 55/556, S. 114.

[88] Albert Speer in einem Interview mit Lothar Seehaus, ZDF, am 27. Februar 1979. Tonkopie im Besitz des Autors; s. a. A. Speer: Erinnerungen (Frankfurt/M.-Berlin, 1969) S. 466.

[89] WF: Über meine Beziehungen zum Nationalsozialismus, o. Dat. Denkschrift für das Spruchkammerverfahren 1946. Quelle: WFA.

[90] Elisabeth Furtwängler an den Autor, Clarens, 7. September 1984.

[91] Faksimile des Telegramms s. Muck, S. 180.

[92] Da die Seiten vom 3. bis 6. Februar aus seinem Kalender 1945 herausgerissen sind, fehlt wichtige nähere Information. Möglicherweise fürchtete WF die Grenzkontrolle.

[93] Das Dirigierverbot für Furtwängler (National-Zeitung, Basel, 20. Februar 1945)

[94] Dr. Alfred Domes, Dt. Botschaft Mailand, an Gesandtschaftsrat Fürst von Urach, Dt. Gesandtschaft Bern, 16. Februar 1945. Quelle: PAA

[95] Der Chef der Eidgenössischen Fremdenpolizei, gez. Paul Baechtold, an M. Hürlimann, Bern, 27. Februar 1945. Quelle: WFA.

[96] Vom Fall Furtwängler zum Fall Jaeckle (Volksrecht, Nr. 45, 22. Februar 1945). Unter diesem Aspekt würde die moralische Beurteilung jener Häftlinge interessieren, die auf Befehl des KZ-Wachpersonals in den Lagern tatsächlich die Todesschreie der Opfer musizierend übertönen mußten und eben dadurch überlebten; s. a. H. G. Adler: Theresienstadt 1941–1945. Das Antlitz einer Zwangsgemeinschaft (Tübingen, 1955). S. 584–589.

[97] Zum Fall Furtwängler. Schweizer Musiker zu den Vorkommnissen in Zürich (Neue Zürcher Zeitung, Nr. 433, 12. März 1945).

[98] WF an Dt. Generalkonsulat Zürich, Vevey, 5. März 1945. Quelle: PAA.

[99] Offener Brief an die Unterzeichner des Manifestes zum »Fall Furtwängler« (National-Zeitung, Basel, Nr. 123, 14. März 1945). Weitere Abdrucke u. a. Arbeiter-Zeitung Basel (14/III/45), St. Galler Tageblatt (15/III/45), Neue Bündner Zeitung (16/III/45). Dieser Appell war nicht durchdacht; eine Aufrechnung Beethovens gegen Greueltaten müßte nach aller historischen Erfahrung dazu führen, daß er überhaupt verstummen würde, ohne daß die Täter dadurch im geringsten beeindruckt wären. Zudem war es kaum intelligent, den Mißbrauch, den das NS-Regime mit Beethoven trieb, durch einen eben solchen Mißbrauch – als Symbol für irgendetwas Außermusikalisches – neutralisieren zu wollen.

[100] 1922 hatte er Betty Calisch geheiratet, nachdem seine dritte Frau nach zehnjähriger Ehe verstorben war.

[101] Salander = Alfred Kober: Carmen, die politische Kultur und ein Flüchtlingskommissar (Die Tat, 3. April 1945).

[102] Quelle: PAA.

[103] WF an Dt. Gesandtschaft, Gesandtschaftsrat Dr. Federer, Clarens, 20. April 1945. Quelle: PAA. Dr. Köcher war der Gesandte des Reiches in der Schweiz und hatte Ministerrang.

[104] Gesandtschaft Bern, Dr. Federer, an WF, 23. April 1945. Quelle: PAA.

[105] Diese Frage ist nicht weit hergeholt. Die zur Gänze immer noch unveröffentlichten Tagebücher des Ministers – der Autor verdankt dem Copyright-Inhaber François Genoud zur Erlaubnis zur Einsichtnahme – weisen nämlich mit ihren vielen Eintragungen über WF aus, daß J. G. den Dirigenten aufmerksamer beobachtete als sein Fachressort notwendig gemacht hätte, weithin sogar in einer Weise, die eine persönliche, psychologische Beziehung vermuten läßt, sozusagen nach dem Modell der griechischen Dioskuren Kastor und Polydeukes, jener sterblich – ein Kleinbürger, einige Tage gar Reichskanzler ohne Reich, eitel, theatralisch noch im Selbstmord –, dieser unsterblich und doch immer wieder in den Hades hinabgezerrt.

[106] Aufzeichnungen, 1945. S. 56–57 des Ms., unveröffentlicht. Quelle: WFA. H. = Hitler.

Register

Akademische Titel sind nur bei Medizinern genannt. Die – umständehalber nicht vollständige – Angabe von Mitgliedschaft bzw. Dienst-
rängen in der NSDAP und ihren Gliederungen beweist, wie weitgehend WF unter der Beobachtung von Parteigenossen und Funktionären stand, eine Situation, in der seine musikpolitischen Leistungen
desto schwerer wiegen. Auf der anderen Seite kennzeichnet ein * Personen aus seinem Umkreis, die zwischen 1933 und 1945 als Juden,
„Mischlinge", „nichtarisch Versippte" oder sonstwie politisch Miß-
liebige diffamiert und zum großen Teil in die Emigration gezwungen
waren.

469

471

C

473

480

481

482

»The Daily Telegraph« (London) 448.

Thibaud, Jacques 125.

Thierfelder, Hellmut (Pg.) 154.

Thiess, Frank 455.

Thomas, Walter (Pg., Generalreferent) 337.

Thoms-Paetow, Johanna 440.

Thorborg, Kerstin 112.

Thiedemann, Agathe von 359.

Tietjen, Heinz 63, 87, 129, 136–139, 174, 176, 182, 191, 192, 194, 240, 250, 254, 261, 267, 291, 292, 293, 308, 309, 313, 320, 336, 342, 355, 356, 394, 444, 445, 446, 447, 457, 463.

»TIME« (New York) 455.

Toch*, Ernst 86.

Todt, Fritz (Pg., SA-Standartenführer, Reichsminister, Generalinspekteur) 294, 404.

Toscanini, Arturo 75, 77, 114, 118, 119, 127, 147, 216, 254, 285, 295, 349, 370, 441, 457, 462.

Trapp, Max (Pg.) 86, 130, 444.

Trenker, Luis 338, 461.

Treptow*, Günther 280.

Trienes, Walter (Pg.) 166, 168.

Trinius, Hans (Pg.) 219.

Troester, Arthur 460.

Troost, Ludwig 286.

Tschaikowskij, Peter 57, 58, 198.

Tschechoslowakei 273, 372, 373, 399.

Tucholsky, Kurt 34.

Türkei 20, 398.

U

UdSSR 155, 166.

Uk-Stellungen 379.

Ulm 309, 311, 339.

Ungarn 122, 124, 147, 273, 386.

Unger*, Heinz 86.

Unkel, Peter (Pg.) 113.

Unruh*, Fritz von 16, 439.

Uppsala 390, 459.

Urach, Fürst von (Gesandtschaftsrat) 467.

Urban, Gotthard (Pg., Stabsleiter) 294.

Ursuleac, Viorica 62.

USA 15, 17, 18, 19, 20, 76, 77, 123, 138, 159, 195, 216, 256, 260, 265, 288, 352, 364, 365, 402, 431.

V

Varèse, Edgard 86.

Vedder, Rudolf (Pg., SS-Obersturmführer) 87, 171, 312, 318, 320–332, 337, 343–347, 381, 460, 462.

Verdi, Giuseppe 61, 457.

Vereinigung Carl Schurz, Berlin 219.

Verhoeven, Paul 419.

Verfassungsfeiern 48, 49, 50.

Vito, Gioconda de 327.

Vogel*, Wladimir 86.

Vogler, Carl 430.

»Völkischer Beobachter« (Berlin, München, Wien) 68, 375, 441, 448, 451, 457, 465.

»Volksfunk« (Berlin) 464.

»Volksrecht« (Zürich) 430, 439, 468.

Volkssturm 409, 421, 422, 466.

Vollerthun, Georg (Pg.) 444.

Völsing, Erwin (Pg.) 465.

»Vossische Zeitung« (Berlin) 146.

Vuataz, Roger 430.

W

Wagner*, Friedelind 292, 351, 457, 463.

Wagner, Richard 23, 28, 49, 51, 52, 57, 58, 69, 75, 99, 118, 147, 152, 203, 212, 223, 230, 245, 263, 279, 288, 289, 291, 303, 350, 447.

Wagner, Winifred 52, 75, 87, 94, 95, 118, 234, 267, 288, 293, 355, 442, 457.

Wagner-Régeny, Rudolf 319, 374.

Wahrsagerin 36.

Wallerstein*, Lothar 241.

Walter*, Bruno 15, 67, 68, 70, 74, 96, 110, 127, 147, 177, 216, 439, 444.

490

Der Dank des Autors

Für Mitteilungen, Hinweise, Informationen aus öffentlichen und privaten Archivbeständen, ohne die keine hinreichende Behandlung des Themas möglich gewesen wäre, gilt der Dank des Autors neben vielen anderen den hier alphabetisch genannten Persönlichkeiten und Institutionen:

Peter Ackermann, Miltenberg
Akademie der Künste, Pressearchiv und Bibliothek, Prof. Dr. Walter Huder, Berlin
Amerika-Gedenkbibliothek, Zeitungsarchiv, Berlin
Archiv der Berliner Philharmoniker, Jutta March, Berlin
Archiv der Bundestheaterverwaltung, Wien
»Aufbau«, Redaktion, Ass. Editor Robert Breuer, New York
Auswärtiges Amt, Politisches Archiv, Dr. Hans G. Pretsch und Dr. Maria Keipert, Bonn
Robert C. Bachmann, CH-6354 Vitznau-Luzern
Badische Landesbibliothek, Karlsruhe
»Basler Zeitung«, Archiv, Basel
Bayerische Staatsbibliothek, München
Boleslaw Barlog, Berlin
Berlin Document Center, Berlin
Der Bevollmächtigte der Bundesregierung in Berlin, Geschäftsbereich des Innern
Dr. Günter Birkner, D-7891 Küssaberg
Rudolf Boll, Bonn
Bundesarchiv, Dr. Wolfram Werner, Koblenz
Centre de Documentation Juive Contemporaine, Paris
»Dagens Nyheter«, Redaktion/Archiv, Stockholm
Der Senator für Inneres, Frau Perz, Berlin
Dokumentationsarchiv des österreichischen Widerstandes, Wien
George Dreyfus, Camberwell, Victoria (Australien)
Marianne Feuersenger, München
Friedrich-Ebert-Stiftung, Bibliothek, Bonn
Theodore Front, Los Angeles
Dr. Andreas Furtwängler, Heiligenwald
Elisabeth Furtwängler, CH-1815 Clarens
Geheimes Staatsarchiv, Preußischer Kulturbesitz, Frau Grabowski, Berlin
François Genoud, Lausanne

Gesellschaft der Musikfreunde, Archiv, Dr. Otto Biba, Wien
Daniel Gillis, Haverford, Pa. (USA)
Dr. Fritz Greiner, Linz/Donau
Leopoldine Herbst, Linz/Donau
Peter Heyworth, London
Dr. Theodor Hladik, Dornbirn
Institut für Auslandsbeziehungen, Bibliothek, Stuttgart
Institut für Grenzgebiete der Psychologie und Psychohygiene, Bibliothek, Freiburg/Br.
Institut für Zeitgeschichte, Frau Dr. Fröhlich-Broszat, München
Internationaler Suchdienst, Arolsen
Prof. Dr. Raymond Klibansky, Montreal
Landesarchiv, Bibliothek, Berlin
Klaus Lang, Berlin
Eugeen Liven d'Abelardo, Amsterdam
Peter Maag, Bern
Magistrat der Stadt Wien, Wiener Stadt- und Landesarchiv
Peter Muck, Berlin
»New York Times«, New York
Ruth von der Nüll, Berlin
Österreichische Nationalbibliothek, Musiksammlung, Hofrat Dr. Günter Brosche, Wien
Österreichisches Staatsarchiv, Allgemeines Verwaltungsarchiv, Dr. Lorenz Mikoletzky, Wien
Österreichisches Staatsarchiv, Haus-, Hof- und Staatsarchiv, Dr. Franz Dirnberger, Wien
Presse- und Informationsamt der Bundesregierung, Bonn
DDr. Oliver Rathkolb, Wien
Richard-Wagner-Museum, Dr. Manfred Eger, Bayreuth
Curt Riess, CH-8127 Scheuren auf der Forch
Gert Ruddies, D-7597 Diersheim
Erna Samuel, Wien
Helmut Schlövogt, D-8221 Tengling
Adelheid Schmitz-Valckenberg, München
Prof. Hans-Hubert Schoenzeler, London
Sonderstandesamt Arolsen
Dr. Gerhard Splitt, Freiburg/Br.
Staatliche Lenin-Bibliothek der UdSSR, Moskau
Staatsbibliothek, Preußischer Kulturbesitz, Musikabteilung, Berlin
Stadtarchiv, Dr. Vogelsang, Bielefeld
Stadtarchiv Mannheim
Stadtarchiv, Dr. Helmut Häußler, Nürnberg
Stadtarchiv, Nikolaus Harter, Offenburg
Stadtbibliothek Baden-Baden
Stadtbibliothek Trier

Stadt- und Universitätsbibliothek Köln
Státní Knihovna ČSR, Praha
Prof. Dipl. Ing. Otto Strasser, Wien
Prof. Dr. h. c. Hans Heinz Stuckenschmidt, Berlin
Südwestfunk, Bibliothek, Michael Murer, und Notenarchiv,
  Siegfried Zorn, Baden-Baden
»The Daily Telegraph«, Archiv, London
»TIME«, Archiv, New York
Universitätsbibliothek Bochum
Universitätsbibliothek Bonn
Universitätsbibliothek Düsseldorf
Universitätsbibliothek Erlangen-Nürnberg
Universitätsbibliothek Mannheim
Universitätsbibliothek Saarbrücken
Universitätsbibliothek Tübingen
Universitetsbiblioteket, Kerstin Herelius, Uppsala
Dr. Eva Weissweiler, Königswinter
Bernd W. Wessling, Hamburg
Wiener Philharmoniker, Historisches Archiv, Dr. Clemens
  Hellsberg
Wilhelm Furtwängler-Gesellschaft, Herr Hildebrandt, Berlin
Johannes Winkelmann, Rottach
Zweites Deutsches Fernsehen, Lothar Seehaus, Mainz
Zentralbibliothek, Musikabteilung, Zürich
Zentrales Staatsarchiv, Potsdam (DDR)

Anfragen des Autors ignorierten:

Dr. Henry Bair, Portland (USA)
Irmingard Barsoff, Buenos Aires
Bundesarchiv, Abt. Militärarchiv, Freiburg/Br.
Ira Hirschmann, New York
Musikverlag Schotts Söhne, Archiv, Frau Dr. Marbach, Mainz
Dr. Helmut Peitsch, Berlin

Dr. Maria Strecker-Daelen, Wiesbaden, lehnte »zum Schutz des
persönlichen Bereichs« Informationen und Herleihe der Dienst-
korrespondenz von WF ab, die sie in Verwahrung hat, obwohl alle
Persönlichkeitsrechte bei den Erben liegen und trotz Hinweises
darauf, daß sie durch Schweigen das Geschäft der Verleumder betreibe.

Bildnachweise

Abbildungen im Text:

AUT: S. 67, 71, 79, 91, 96, 109, 122, 125, 158, 164, 167, 178, 209, 217,
234, 242, 266, 268, 296, 311, 319, 358, 397, 410.
BA: S. 181, 213, 305, 376, 403.
BDC: S. 134, 152, 193, 247, 330, 344, 346, 428.
PAA: S. 27, 173, 413.
WFA: S. 15, 18, 58, 115, 197, 200, 223, 255, 275, 283, 385.

Bildtafeln:

BA (UFA-Tonwoche), BDC, J. W. Thompson,
Ullstein-Bilderdienst Berlin, WFA.

Der Autor

Fred K. Prieberg, geb. 1928 in Berlin, Schulen wie üblich; »unakademisches« Studium der Musikwissenschaft, Kunstgeschichte und Psychologie in Freiburg; Rundfunksendungen und Veröffentlichungen zum Themenkreis Musikpolitik und Neue Musik. Buchpublikationen: Musik in der Sowjetunion, 1965; Musik im anderen Deutschland, 1967; Musik und Musikpolitik in Schweden, 1975; Lexikon der Neuen Musik, 1958; EM – Versuch einer Bilanz der elektronischen Musik, 1980 im Rohrdorfer Musikverlag, der bislang weder abgerechnet noch Honorarzahlungen geleistet hat, etc.

BERTA GEISSMAR

MUSIK IM SCHATTEN
DER POLITIK

Vorwort und Anmerkungen
von Fred K. Prieberg

Dieses Buch ist gleich nach dem 2. Weltkrieg
zuerst auf Englisch und dann auf Deutsch
erschienen und schildert das europäische
Musikleben zwischen 1920 und 1945, erlebt
von der Sekretärin Wilhelm Furtwänglers und
Sir Thomas Beechams. Die 4. Auflage dieses
wichtigen Buches, die aus Anlaß von Furtwänglers 100. Geburtstag erscheint, hat Fred
K. Prieberg mit seinem ausführlichen Vorwort
und mit detaillierten Anmerkungen zu den
entsprechenden Buchstellen in den Rahmen
unserer heutigen Kentnisse der Tatsachen
gestellt, die Berta Geissmar damals nicht
wissen konnte oder aus der Zeit heraus und aus
Rücksicht auf andere nicht nennen wollte.
Dieses Buch ergänzt Priebergs Untersuchung
über Wilhelm Furtwängler im Dritten Reich in
idealer Weise.

ATLANTIS MUSIKBUCH-VERLAG,
ZÜRICH